高等学校交通运输类实践系列教材

JIAO TONG YUN SHU GAI LUN

交通运输概论

◎ 主 编　王苏林　彭 元

◎ 副主编　赵海霞　马义龙　李 焕

◎ 参 编　邓 鑫　白远洋

西安电子科技大学出版社

内 容 简 介

本书系统地介绍了公路运输系统、城市道路交通系统、铁路运输系统、城市轨道交通系统及综合运输系统等地面交通运输方式的基本概念、基本原理和运营组织方式。本书主要内容包括三个部分：道路运输部分，包含公路运输系统、城市道路交通系统；铁路运输部分，包含铁路线路与车站、铁路机车与车辆、铁路信号、车站联锁、区间闭塞设备、行车调度及列车运行控制系统、铁路通信设备；城市轨道交通部分，包含城市轨道交通概述、城市轨道交通设施设备和城市轨道交通运营组织。

本书是交通运输相关专业的必修课教材，可供高等学校交通运输类专业的学生选用，也可供从事交通运输与管理的工程技术人员与研究人员参考。

图书在版编目(CIP)数据

交通运输概论 / 王苏林，彭元主编. 一西安：西安电子科技大学出版社，2022.9
ISBN 978-7-5606-6609-9

Ⅰ. ①交… Ⅱ. ①王… ②彭… Ⅲ. ①交通运输 Ⅳ. ①U

中国版本图书馆CIP数据核字(2022)第 165928 号

策　　划　刘玉芳　刘统军
责任编辑　成毅
出版发行　西安电子科技大学出版社(西安市太白南路 2 号)
电　　话　(029)88202421 88201467　　　　邮　编　710071
网　　址　www.xduph.com　　　　　电子邮箱　xdupfxb001@163.com
经　　销　新华书店
印刷单位　广东虎彩云印刷有限公司
版　　次　2022 年 9 月第 1 版　　2022 年 9 月第 1 次印刷
开　　本　787 毫米 × 1092 毫米　1/16　印　张　19
字　　数　452 千字
印　　数　1～1000 册
定　　价　53.00 元

ISBN 978-7-5606-6609-9 / U

XDUP 6911001-1

如有印装问题可调换

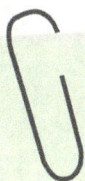

前　言

交通运输是衔接生产和消费的重要环节，也是保障人们在政治、经济、文化、军事等方面联系交往的手段，同时，交通运输在促进社会分工、工业大发展和规模经济的形成，巩固国家的政治统一和加强国防建设，扩大国际经贸合作和人员往来等方面发挥着重要作用。

我国曾长达数千年走在世界交通领域的前列，引领着人类交通文明的发展方向，在世界文明史上留下了辉煌的印记。中华人民共和国成立以来，在中国共产党的坚强领导下，我国交通运输发展取得了巨大成就，交通基础设施建设成绩斐然，客货运输规模和质量显著提升，交通技术装备水平实现跨越式发展。目前，全国运输线路总里程、高速铁路总里程和高速公路总里程居世界第一。在我国交通运输不断深入发展的进程中，培养素质优良的知识型、技能型、创新型交通运输专业人才，打造支撑中国制造、中国创造的交通技术技能人才队伍，是交通强国战略的重要组成部分。

本书是根据高等学校交通运输类专业建设要求编写的。全书共分八章，内容涵盖公路运输系统、城市道路交通系统、铁路运输系统、城市轨道交通系统及综合运输系统等地面交通运输方式的基本概念、基本原理及运营组织方式等，为培养学生的实践能力，最后一章设置了三个实训。文末的三个附录（见文末二维码）给出了普通国道路线的名称和编号，国家高速公路主线及其联络线、并行线的名称和编号，国家高速公路城市绕城环线的名称和编号。

王苏林、彭元（西南交大研究院）担任本书主编。编写分工如下：第二章第三、四、五节由邓鑫编写，第三章由赵海霞编写，第四章由彭元编写，第五章由李焕编写，第六章第三节由白远洋编写，第七章由马义龙编写，其余部分由王苏林编写。马义龙负责全书的校对工作。

由于编者水平有限，书中难免存在不妥之处，恳请读者不吝指正。

编　者

2022 年 4 月

目 录
CONTENTS

第一章 绪 论

学习目标

知识目标

理解并掌握交通运输的含义；了解交通运输业的发展历程；理解交通运输在国民经济中的地位和作用；掌握各种运输方式的技术经济特征；了解我国交通运输发展概况；掌握近年来我国交通运输基本统计数据。

能力目标

能根据实际需要，检索交通运输相关文献资料；能对文献数据进行正确分析与应用。

素质目标

在分析与应用数据的过程中，培养学生严谨认真、实事求是的科学精神；在学习近年来我国交通运输发展相关材料的过程中，增强学生的家国情怀与大国自信。

本章导读

2021 年 2 月 25 日，中华人民共和国交通运输部发布《国家综合立体交通网规划纲要》（以下简称《纲要》），规划期为 2021 年至 2035 年，远景展望到 21 世纪中叶。《纲要》明确：到 2035 年，基本建成便捷顺畅、经济高效、绿色集约、智能先进、安全可靠的现代化高质量国家综合立体交通网，实现国际国内互联互通、全国主要城市立体畅达、县级节点有效覆盖，有力支撑"全国 123 出行交通圈"（都市区 1 小时通勤、城市群 2 小时通达、全国主要城市 3 小时覆盖）和"全球 123 快货物流圈"（国内 1 天送达、周边国家 2 天送达、全球主要城市 3 天送达）；交通基础设施质量、智能化与绿色化水平居世界前列；交通运输全面适应人民日益增长的美好生活需要，有力保障国家安全，支撑我国基本实现社会主义现代化；拥有世界一流的交通基础设施体系，交通运输供需有效平衡、服务优质均等、安全有力保障；新技术广泛应用，实现数字化、网络化、智能化、绿色化；出行安全便捷舒适，物流高效经济可靠，实现"人享其行、物优其流"，全面建成交通强国，为全面建成社会主义现代化强国当好先行。

想一想

请谈一谈你对我国现代交通运输发展的认识。

第一节　交通运输概述

一、交通运输的含义

交通运输是指通过使用运输工具和设备，有目的地将人和物从一个地方转移到另一个地方，实现空间场所变动的活动。

1. 交通

"交通"一词的概念，最早可追溯至《易经》"天地交而万物通"之概念，意为"互通"，即天与地之间阴阳之气交合就会风调雨顺，因而众多物产会顺利成长；晋陶渊明《桃花源记》又有"阡陌交通，鸡犬相闻"之说，意为"往来通达"；康有为《大同书》辛部第三章中写道："大同之世，全地皆为自治，全地一切大政皆人民公议，电话四达，处处交通"。

当今，对于"交通"一词的概念，传统上认为交通指从事旅客和货物运输及语言和图文传递的行业，包括运输和邮电两个方面。比如《辞海》对交通的解释为："各种运输和邮电通信的总称，即人和物的转运和输送，语言、文字、符号、图像等的传递和播送。"我国第一部大百科全书《中国大百科全书·交通卷》对交通的解释则为："交通包括运输和邮电两个方面。运输的任务是输送旅客和货物。邮电是邮政和电信的总称，邮政的任务是传递信件和包裹，电信的任务是传送语言、符号和图像。"

随着科学技术的发展，伴随而来的专业化物质传输系统的形成，使得人们已不再把语言、文字、符号、图像等形式的信息传输列入交通的范围。从专业角度出发，交通是指通过一定的组织管理技术，实现运载工具在交通网络上流动的一种经济活动和社会活动。随着社会的进步和经济的发展，物资的位移和人员的流动都要借助于运载工具来实现，因此"交通"的含义特指"交通工具在交通网络上的流动"。根据交通网络范围的不同，交通可分为全国交通、区域交通和城市交通。应该指出，"交通"一词在很多场合专用于城市范围，即交通工具在城市交通网络上的流动。

2. 运输

"运输"一词在日常生活、专业领域和科学研究中都用得十分广泛。"运"具有搬运、移动的含义，"输"具有输送的含义。一般人们认为运输是将物品或人员从一地运送到另一地，以及完成这类运送的各种手段。可以说，运输是指借助交通网络设施和运载工具，通过一定的组织管理技术，实现人与物空间位移的一种经济活动和社会活动。

运输作为一项经济活动和社会活动，具有特定的含义。在经济和社会生活中发生的人与物的空间位移几乎无所不在，但运输只指具备相关要素的人与物的空间位移。构成运输的四要素如下：

(1) 交通网络设施；

(2) 运载工具；

(3) 运输组织管理技术；

(4) 运输对象 (人或物)。

例如，经济活动中的输电、供暖、供气和电信传输的信息等，虽然也产生物的位移，但都已拥有独立于交通网络及其设施之外的专用传输系统，不再依赖于人们一般公认的运载工具，它不完全具备运输四要素，因此不属于运输的范围。又如，一些由运载工具改作他用的特种移动设备(如特种车辆、船舶和飞机等)行驶所发生的人与物的位移，虽然利用交通网络及其设施，但因运载工具安装了多种为完成特种任务所需的设备，其行驶的直接目的是为了完成某项特定工作，而不是为了完成人与物的位移，它不完全具备运输四要素，所以也不属于运输的范围。此外，在工作单位、家庭周围、建筑工地由运载工具所完成的人与物的位移，由某种工作性质所引起的位移，以及在娱乐场所人的位移，也都因不完全具备运输四要素，而不属于运输的范围。

3. 交通与运输的关系

从上述"交通"与"运输"两个概念的论述中可以看出：交通强调的是运载工具在交通线网(基础设施)上的流动情况，而与交通工具上所载运人员与物资的有无和多少关系不大；运输强调的是运载工具上载运人员与物资的多少、位移的距离，而并不特别关心使用何种交通工具和运输方式。

交通与运输反映的是同一事物的两个方面，或者说是同一过程的两个方面。同一过程指的是运载工具在交通线网上的流动；两个方面是指交通关心的是运载工具的流动情况(流量的大小、拥挤的程度)，而运输关心的是流动中运载对象的位移情况(载人与物的有无与多少，将其输送了多远的距离)。用交通量与运输量这两个指标便能很好地进行说明；交通量是指在单位时间内通过道路某一地点、某一断面或某一车道的车辆数，它与运输对象、运输量都没有关系，只关注通过的车辆数，通常用"辆/小时"来衡量；运输量则不同，它是指一定时期内运送人员或物资的数量，空驶的车辆不产生运输量，通常用"吨"来衡量。

4. 交通运输的含义

随着对交通与运输及两者相互关系认识的深化，人们看到了交通与运输既相互区别又密切联系，认识到其中任一概念都不能包括交通与运输的全部内容，而交通运输同时表明了同一过程的两个方面，因此，目前通常采用交通运输这一复合型概念。

二、交通运输业的发展历程

交通运输是一项古老的活动，是人类社会生产、生活中不可缺少的重要环节，伴随着人类社会与经济技术的发展而不断发展和变化。纵观交通运输的发展史，从世界范围内交通运输业的发展侧重点和起主导作用的角度考察，交通运输业的发展可划分为四个阶段：水路运输阶段，铁路运输阶段，公路、管道、航空运输阶段和综合运输阶段。

1. 水路运输阶段——18 世纪中叶至 19 世纪初

水路运输既是一种古老的运输方式，又是一个现代化运输领域。这个发展阶段经过了漫长的历史时期，大约从原始社会到 19 世纪 20 年代。在原始社会，人类的活动受交通的限制，活动范围很小，随着社会生产力的发展，出现了畜牧业和农业的分工，开始了产品交换，也产生了早期的交通运输。早期的运输方式是手提手搬、背扛肩挑和头顶，后来发展到绳拖棍撬。随着人类活动范围的扩大，为了求得生存和发展，出现了最早的交通工具——筏和独木舟，以后逐渐出现了车，进而出现了最原始的水路航线和陆上道路。船和车的发明与使用，使运输业进入了新的发展阶段，邮递与客货运输逐渐发展起来，并出现了专门从事运输的商人，运输业开始萌芽。车的出现，促进了道路的发展。陆上交通发展的同时，水路运输发展尤为迅速，随着人类对河流和海洋认识的深化、造船技术的进步、新航路的开辟、指南针的使用、人工运河的开凿，内河运输和沿海海洋运输迅速发展起来。这个时期船舶主要靠人力拉纤、划撑，以小帆船为主。在产业革命后，商品生产得到大规模发展，运输规模大幅增大，尤其是煤炭运输的需要，使人们将目光转向了运输效率远远高于道路运输的水路运输。在英国兴起了开凿运河的热潮，形成了大规模的水运网，并在欧洲大陆和美国形成共识，促进了内河运输的发展。1807 年美国人富尔顿制造了世界上第一艘轮船"克莱门"号，1838 年英国轮船"南阿斯"号和"大西洋"号横渡大西洋，这些事件都促进了水运的兴起。这一阶段，内河水运和跨洋海运得到了大规模的发展，水运成为运输的主要形式。

2. 铁路运输阶段——19 世纪 30 年代至 20 世纪 30 年代

1814 年，斯蒂芬森发明了蒸汽机。1825 年，英国在斯托克顿和达灵顿之间铺设了世界上第一条铁路，全长 43.5 千米，轨距 1435 毫米。蒸汽机的发明和锻铁铁轨的出现，促进了铁路的产生和发展。由于铁路能够高速、大量地运送旅客和货物，欧美各国相继都掀起了铁路建设高潮，横贯北美大陆的铁路就是在这个时期建成的，到 19 世纪后半叶，已扩展到非洲、南美洲和亚洲各国，从此，铁路成了陆地交通的主要工具。从 19 世纪后期起，铁路运输就已成为当时最重要的运输方式，几乎垄断了陆上运输。第二次世界大战以后，比较先进的内燃机车和电力机车逐步取代了传统的蒸汽机车，并且在重载、高速和运营组织管理技术等方面取得了新的突破，铁路在陆路运输中仍然发挥着重要作用。但随着公路、航空和管道运输的迅速发展，铁路运输不断受到冲击和挑战，在发达国家一度处于萎缩状态。然而能源危机、环境污染、经济社会可持续发展等问题的提出，以及对交通运输安全、快速、高效、节能和环保的需求，又使铁路运输获得了新的生机。

在中国，1949 年之前的中国铁路具有浓厚的半封建半殖民地色彩。1876 年在上海修建的吴淞铁路是中国领土上出现的第一条运输铁路，但因当时的清朝政府未认识到铁路这种新式运输工具的优越性而将其拆毁。1876—1949 年，我国铁路里程只有 2.1 万多千米（不包括台湾铁路），而且分布极不合理，技术设备陈旧落后。1949 年以来，特别是最近十几年，我国铁路建设取得了举世瞩目的大发展，2020 年，全国铁路营业里程达到 14.63 万千米（其中高速铁路营业里程达到 3.8 万千米），复线率达到 59.5%，电气化率达到 72.8%，西部地区铁路营业里程达到 5.9 万千米，全国铁路路网密度达到 152.3 千米 / 万平方千米。

3. 公路、管道、航空运输阶段——20 世纪 30 年代至 50 年代

20 世纪 30 年代至 50 年代，公路、管道与航空交通运输相继发展，与铁路运输进行了激烈的竞争。由于汽车工业的发展和公路网的扩大，公路运输机动灵活、迅速方便的优势得以充分发挥，公路运输成为运输体系中的基本组成部分。20 世纪 30 年代，随着石油运输的需要，管道运输成为建设热点，并得到较大发展。工业的发展和科学技术的进步，促使人们对效率的价值观念日益增强，而航空运输在速度上的优势，不仅在长途旅客运输

方面占有重要地位，而且在货运方面也发展很快。

19世纪末，在铁路运输发展的同时，随着汽车工业的发展(1886年德国人本茨发明了真正的汽车)，公路运输悄然兴起。第二次世界大战结束后的二三十年，随着战后经济的恢复和社会的发展，汽车拥有量及汽车运输量剧增，尽管各国采取了各种措施改造干线公路，提高其通行能力，但仍难以满足汽车运输快速发展的需要。为此，英、美、德、法等经济相对发达的国家相继提出了以高速公路为主的干线公路发展规划，纷纷掀起了大规模修建高速公路的热潮。以美国为例，在1950—1980年间平均每年新增高速公路300千米，一时间高速公路成为时尚的象征、成功的象征、经济发达和现代化的标志。这个阶段全球高速公路总里程已达10万千米左右。进入20世纪后期，世界公路交通运输的路网结构趋向高级化，公路交通运输管理更为现代化，并向智能化方向发展。

在管道运输方面，最早使用管道运输的国家是中国。在秦朝，我国劳动人民便通过打通竹节来运输卤水。随着石油工业的发展，现在管道运输建设成为热点，管道运输得到较大发展。经过几十年的发展，管道交通运输已成为工业国家重要的运输技术，不仅用来运输各类矿物、煤炭、石油、天然气、工农业产品、邮包、信件和垃圾，还有人研究将它用于旅客运输。管道交通运输是国民经济综合运输的重要组成部分之一，也是衡量一个国家的能源与运输业发展水平的标志之一。因为管道运输具有成本低、输送方便、连续性的特点，所以管道交通运输的发展潜力极大。

航空技术的发展是从1903年美国莱特兄弟研制成功第一架飞机开始的。他们在滑翔机上安装轻型汽油发动机，第一次实现了用螺旋桨作动力的飞行。第二次世界大战中，喷气技术开始在航空领域应用，远程轰炸机和军用运输机在战争中得到很大发展。第二次世界大战结束后，战争中发展起来的航空技术转入民用，民用航空开始广泛采用航程大的四引擎飞机，从而使横跨大西洋和太平洋的航线愈加活跃。目前，航空交通运输已发展成为一个规模庞大的行业，以世界各国主要都市为起讫点的世界航线网已遍及全球。航空交通运输的速度优势，不仅使其在旅客运输方面，特别是长途旅客运输方面占有重要地位，而且也使其在货运方面得到长足发展。

这一阶段，水路运输、铁路运输也有长足的发展，但公路、管道、航空这三种运输发挥的作用显著增强，从而成为交通运输业发展的第三阶段。

4. 综合运输阶段——20世纪50年代以来

经过几百年的发展，水运、铁路、公路、管道、航空运输都得到了充分的发展，在运输体系中形成了各自特有的运输作用。20世纪50年代以来，人们开始认识到在交通运输业的发展过程中，水运、铁路、公路、管道和航空五种交通运输方式是相互制约、相互影响的，需要有预见、有计划地综合考虑各种交通运输方式之间的分工与合作。由此，世界交通运输历经各自发展、互联互通发展这两个阶段之后，现在正朝着一体化和可持续发展阶段迈进。许多国家开始大力推进综合运输，其重点是针对五种运输方式进一步协调、统筹规划、合理布局，通过交通设施的有效接驳与多式联运等，充分发挥不同运输方式的技术经济优势，构建海陆空立体交通的综合运输体系。同时，还必须从人类与环境和能源关系的角度来考虑交通运输业的发展，因此，调整交通运输布局、提高交通运输质量、注重与环境协调发展是综合运输阶段的主要趋势。

三、交通运输在国民经济中的地位与作用

　　运输的目的是实现旅客和货物在空间的移动，运输生产是社会再生产过程中的重要环节。随着社会经济的不断发展，生产力布局的展开，各地区、各部门、各生产领域、各企业之间的经济联系更加广泛和紧密，这就需要及时地将原材料、燃料、成品、半成品送往加工企业和消费地，以保证社会生产有计划地进行。没有交通运输业，经济发展就要停止，社会生产将无法进行。各国在不同经济发展阶段所提供的使人与物移动的能力在数量上和质量上有很大差别，这不但取决于社会所能提供的物质和技术的手段，也取决于其生产和生活方式本身在数量和质量上所提出的运输需求。比较完善的交通运输体系，客观上就为工农业提供了方便而廉价的运力，有利于开发资源、加速货物运送和社会生产的流通过程，对促进经济发展起着重要作用。在现代社会中，交通运输发展的水平已经成为国家发达水平和人类文明的重要标志。运输网的规模越大，经济上就越发达，技术上就越先进。

　　运输业是一个特殊的产业部门，属于第三产业。国民经济各部门所包括的物质生产部门和非物质生产部门，统称为产业部门。为社会提供初级产品，满足人类最基本的食品需要的农业为第一产业；为社会提供加工产品和建筑物，满足人类更进一步生活需要的工业、建筑业等为第二产业；为人类提供物质需要以外的更高级需要的其他行业和部门为第三产业。第三产业包括的行业多、范围广。我国将第三产业划分为流通部门和服务部门两大部分，并将运输业列入第三产业，既是流通部门，又是服务部门。

　　交通运输是社会经济重要的基础结构之一，是国民经济的命脉，是经济发展的基本需要和先决条件。交通运输业担负着社会产品的流通任务，现代化大生产要求能及时地供应大量的原料、燃料和材料，并从生产地向消费地输出产成品，所以运输业和国民经济各个部门是紧密联系着的。生产的规模、配置以及交换的性质，在很大程度上取决于运输条件。发达的运输业是保证工农业之间与国家各地区之间可靠、稳固的经济联系的必要条件。通过交通运输，国家才能把中央和地方、沿海和内地、工业和农业、城市和乡村、生产和消费，联结成为一个严密的有机整体，生产、分配、交换和消费也必须通过运输的纽带才能得到有机地结合。生产的社会化程度越高，商品经济越发达，生产对流通的依赖性就越大，运输在再生产中的作用也越重要。

　　交通运输推动现代工业的发展。在经济发达的社会中，交通运输业不仅可以通过不断扩大人与物空间位移的规模去刺激流通，而且通过本身提出的巨大需求，又刺激其他部门生产的扩大，推动了工业和科技的进步。可以说，发展运输就是发展工业。一百多年来，随着运输业的不断更新、进步，工业也以前所未有的速度发展起来。铁路、公路、港口、机场的大规模修建，促进了建筑业的崛起；交通运输业的巨大能源消耗，促进了煤炭和石油工业的兴旺；铁路和运输机械对金属的需求，是采矿和冶金工业取得迅猛发展的基本动力之一；而各种运输工具的大量生产，则大力推动了机械加工工业的发展；此外，交通运输业还是各种先进科学技术得以应用的广阔市场。交通运输就是这样以自己在各方面几乎是无限的需求，强有力地推动了大工业的前进。

　　交通运输担负着社会产品的流通任务。流通时间的缩短，可相对地减少产品在流通过程中的数量，减少流通费用，这对整个社会来说，是一个很大的节约，对企业来说，可以节省流动资金。只有发展现代化交通运输业才是缩短流通时间的重要手段，这不仅是货畅

其流、民便其行的问题，而且关系到整个社会劳动生产率的提高，资金周转的加速，其经济效益也是十分可观的。

交通运输是国土资源开发的先锋。我国西部地区生产力相对落后，经济欠发达，一个重要原因是交通闭塞导致流通不畅。因此，西部大开发首当其冲的就是交通运输的大发展。青藏公路、青藏铁路、兰渝铁路等交通线路的建设，极大的促进了西部地区的资源开发和经济繁荣。交通运输的发展，不但可以促进欠发达地区或边远地区的资源开发，而且可以优化资源配置，调整农牧业结构，推动农业现代化；可以改善投资环境，推动技术工业化进程；加快人流、物流、信息流的流转，促进第三产业的发展和社会文明的进步。

交通运输在国防建设与防务方面有着不可低估的作用。交通运输的军民两用性质是非常鲜明的，平时为经济建设服务，战时为军事服务。高速公路可供军用飞机起降，铁路、水运大通道可保证部队的快速集结和居民、工厂的疏散等。交通运输是联系前方和后方、运送武器弹药和粮食等物资的保证，因此，交通运输具有半军事性质，是国家战斗实力的组成部分。

另外，交通运输也是各国之间交流的重要桥梁和纽带，可以促进各国之间物资交换、经济发展和人们之间的友好往来，是经济全球化的重要保证。

总之，交通运输的发展影响着社会生产、流通、分配和消费的各个环节，对人们的生活、政治和国防建设以及国际经济发展和合作都有重要作用。

四、交通运输业的性质与特点

（一）交通运输业的性质

人类社会生活的基础是从事各种生产活动。在生产过程中，必然会发生生产工具、劳动对象和劳动者本身的位置变化即位移，离开这种位置变化，一切生产活动将无法进行。运输是人类社会一种不能缺少的需求，它使人和物的所在位置发生变化。随着社会生产力的发展，运输工具也发生了相应的变革。人类从利用体力、兽力进行搬运开始，逐步发展到利用各种简单的以至复杂的水上、陆上和空中的交通运输工具。各种现代化交通运输方式的出现，是人类社会生产力高度发展的结果。

工业和农业是人类社会两个最基本的物质生产部门。在农业生产中（无论个体的或集体的），种子、肥料和收获物的运送工作，要由田间运输来完成。就工业生产来说，在一个企业内部，它的生产工具、劳动对象的搬移或传送，有时还包含劳动者本身的移动，是由企业内部的运输工具如传送带、起重机、汽车及厂内铁路机车与车辆来完成的，通常叫作厂内运输。这种发生在企业生产过程中间或生产范围以内的运输活动，是作为每一个企业生产过程的必要条件而存在的，离开它企业就不能进行生产。

交通运输活动是工业、农业等物质生产过程能够顺利进行的必要条件，是人类社会物质生产的组成因素。

（二）交通运输业的特点

交通运输业按其在社会生产中的地位、运输生产过程和产品属性，与其他产业部门有很大区别，主要表现在以下几个方面。

1. 运输的延续性

运输生产是在流通过程中进行的，以满足把产品从生产地运往下一个生产地或消费地的运输需要。因此，就整个社会生产过程来说，运输生产是在流通领域内继续进行的生产过程。

2. 生产与消费的同一性

运输生产过程不像工农业生产那样改变劳动对象的物理、化学性质和形态，而只改变运输对象（客、货）的空间位置，并不创造新的产品。对旅客来说，其产品直接被人们所消费，表现为生产与消费的同一性；对货物运输来说，它把价值追加到被运输的货物身上，运输成本是构成商品成本的重要组成部分。

3. 运输产品的不可储存性

在运输生产过程中，运输工具和运输对象（客、货）是同时运动的，它创造的产品（客、货在空间上的位移）不具有物质实体，并在运输生产过程中同时被消费掉。因此，运输产品既不能储备，也不能调拨，只有在运输能力上留有后备，才能满足运输量的波动和特殊的运输需要。

4. 运输产品的同一性

各种运输方式虽然使用不同的技术装备，具有不同的技术经济性能，但生产的是同一产品，它对社会具有同样的效用。然而工农业生产部门的工艺不同，其产品有很大差异，这是运输生产的又一特征。

5. 运输的网络性

人和物的运输过程往往要由几种运输方式共同完成，旅客旅行的起讫点、货物的始发地和终到地遍及各地，因此，必须有一个干支相连、互相衔接的交通运输网与之相适应。同时，运输业的生产场所分布在有运输联系且广阔的空间里，而不像工农业生产那样可以在比较有限的地区范围内完成。由此可见，如何保证运输生产的连续性，以及根据运输需要，按方向、分工形成综合运输能力就具有重要意义。

第二节　各种运输方式的技术经济特征

交通运输业作为物质生产部门，与其他物质生产部门一样，经历了不同的发展时期，为了满足社会发展的各种需求，形成了水路、铁路、公路、航空、管道五种运输方式。这几种交通运输方式在满足人或物的空间位移的要求上具有同一性，即安全、迅速、经济、便利、舒适，但各种运输方式所采用的技术手段、运输工具和组织形式等都不相同，因此具有不同的技术经济特征。

一、水路运输

1. 水路运输的地位

水路运输是以船舶运输为核心的运输，它是由海上运输、内河运输、湖泊运输、港口装卸作业和仓储构成的水运运输体系。我国东、南、东北面分别濒临四大海域和两大海峡，陆地上三横一纵的长江、珠江、黑龙江、京杭大运河水系，为水路运输提供了极大的便利条件。水路运输在我国运输体系中占有重要的地位。

水路运输主要以大宗货物运输、集装箱运输为主，如煤炭、粮食、石油、钢材、海盐、矿石等大宗货物。近年来沿海集装箱运输得到大规模的发展，成为我国华南、华北、华东、华中地区商品流通的重要方式。集装箱作业采取完全的机械化，大大提高了装卸作业效率，加快了周转速度；集装箱装卸船舶的高效率，使得船舶的周转速度大大提高，船舶停港时间大为缩短和可受控制，能够实现船舶定线、定港、定时的标准班轮运输；高速的转换运输作业以及标准化箱型的实行，使集装箱特别适合于多式联运的开展，可实现门到门 (Door to Door) 的运输；集装箱本身的强度具有保护货物的能力，大幅度降低了货物的运输包装成本，提高了运输质量，且有利于降低整体物流成本。目前大多数适箱的货物都已采用集装箱运输，特别是高价值的工农业产品、日用生活用品、食品、化工添加原料及产品、危险品均采用集装箱运输。

虽然水路运输具有大运量、低运费的优点，但是其运输时间较长，货损、货差率较高。货物采取水运，运费支出较低，但仓储费用、时间成本较高，若在水运中涉及多次的转运换装，则会大幅度增加运输成本。

2. 水路运输的特点

水路运输包括内河运输和海上运输等，这种运输方式是交通运输业之"祖先"，至今仍在现代运业中发挥着不可替代的作用。

(1) 运量大。海运船舶的载重吨位从几千吨至几十万吨，世界海运业的油船最大载重量达到 56.3 万吨，2011 年最大的矿石船载重达到 40 万吨。内河的轮船吨位也有几十吨，甚至几千吨。

(2) 能耗小，成本低。据统计，2000 年长江航运的内燃机拖轮能耗为 4.45 千克 / 千吨·千米，铁路运输的内燃机能耗为 7.47 千克 / 千吨·千米，水运单位能耗只为铁路运输的 59.6%。而运输业中能耗成本要占运输成本的 35% ~ 40%，由此可推算出水运成本只有铁路运输成本的 70% 左右，所以各国的水路运价均要比铁路运价低，如美国内河运输的平均运费仅为铁路运输的 1/3，德国也只为 1/3 ~ 1/2。

水路运输成本低的原因除能耗低外，就是运量大，正是这种规模效应导致了其运输成本大大下降。

(3) 投资少，占地少。水运航道多为天然形成，基本建设投资很少，海运航线则几乎不需要投资。据统计，内河航道的整治，其每千米的投资只相当于公路建设和管道铺设所需投资的 1/10，只相当于铁路建设的 4%。前些年国家对交通的投资占国家总投资的 17%，但内河航运投资仅占 1%。

在我国，平均建设 1 千米铁路约占农田 25 亩，内河航道则几乎不占用农田。我国人均耕地较少，仅是世界平均水平的 1/4，保护农田刻不容缓。内河航道建设还可与防洪、发电、灌溉等项目结合。

(4) 生产率高。美国内河航运中的劳动生产率是铁路运输的 155%，全员劳动生产率为 382 万吨千米。我国内河航运的全员劳动生产率为 50.6 万吨千米，是铁路运输劳动生产率的 112%。水路运输的劳动生产率之所以高，主要原因是运量大，其规模效应促进了操作的机械化，因而提高了劳动生产率。

(5) 航速低，机动性差，易受气候影响。当今海运轮船的航速一般只有 25 ～ 40 千米 / 小时，内河船舶的航速更低，货物在途时间长，增加了货主的资金占用量；水运的机动性差，仅可在合适的水域运行，往往需要借助于其他运输方式来集散客货，中转换装环节多，易造成货损、货差；气候的影响常常导致轮船难以连续装卸运输，海运遭受自然风险的影响更大。

二、铁路运输

1. 铁路运输的地位

我国疆域辽阔，国土呈大半圆形，东西跨越 5400 千米，南北相距 5200 千米，陆地内只有贯穿东西的长江，铁路运输必然成为内陆运输最为重要的方式。中华人民共和国成立之后，我国政府就高度重视铁路的建设，20 世纪 50 年代至 80 年代是铁路初始发展时期，以线路建设为主。20 世纪 80 年代之后，我国铁路进入现代化发展时期，继续加强了线路建设，并对线路进行电气化改造、复线建设且多次提速，使得铁路运输能力进一步发展。

高速铁路作为新时代的"中国名片"，营业里程在 2013 年突破一万千米，在 2016 年突破两万千米，在 2019 年突破三万千米，并在 2020 年达到 3.79 万千米，位列世界第一，实现了从无到有、从有到强的历史性跨越。

我国铁路货运主要以西煤东运、北煤南运、北粮南调、南矿北运、西棉东送以及南方、东部工业品的向北、向西运输为主。近年来五定班列和集装箱专用车厢、双层集装箱车厢的投入使用，使得集装箱多式联运得以快速发展。基于当前我国经济发展的水平，铁路运输仍然是我国旅客运输的最主要方式。

铁路运输是我国旅客运输和中长距离货物运输的主要方式，其运输主体是国有的铁路运输企业 (铁路集团) 和少量的地方铁路运输企业，由政府专营并采取政府统一定价和计划运输的组织方式，由各地车站代表铁路参与市场交易。铁路运输是国家调控运输市场的杠杆，是政府实行经济宏观调控、调节全国物资市场的工具之一。

2. 铁路运输的特点

铁路运输在世界运输业中已有一百多年的历史，至今仍在各国发挥着巨大作用，这与其自身的特点和优点有着十分密切的关系。铁路运输具有受气候影响较小，运输速度较快，运输量较大的优点。铁路运输费用较低，且单位距离的运费随着距离的增长呈递减趋势。但是铁路线路固定，货物通过两端周转后再利用铁路运输会大大增加运输成本，因此，铁路运输更适合于铁路沿线附近无需转运的货物运输。铁路运输的特点如下：

(1) 货运量大。一列货运列车，一般情况下一次可牵引 50 辆货车，运输货物 3000 余吨，最大可达 6000 ～ 10 000 吨，国外长大列车甚至可达 2 万吨。单线干线铁路年运输货物一般在 1000 万吨以上，双线干线铁路年运输货物一般在 2500 ～ 4000 万吨。

(2) 速度快。列车一般速度可达 100 ～ 160 千米 / 小时。现在我国已大量使用速度达到 350 千米 / 小时的高速火车，还有速度达 540 千米 / 小时的磁悬浮列车。列车车速之所以能够高于汽车的车速，原因是列车在铁路上是封闭运行的，设计者可以按指定行车车速去设计车和路，并使之高度匹配。

(3) 运行的连续性高。铁路运输方式基本上不受气候、季节的影响，除受特大自然灾害等的影响外，可全天候运行。

(4) 能源消耗低。铁路运输方式中的能源利用水平比公路运输方式、航空运输方式高，比水路运输方式差。运输方式的能耗有三种损失：坡度损失、变形损失、阻力损失。

① 坡度损失主要来自线路的坡度变化。几种运输方式中的坡度变化幅度由大到小依次为航空、公路、铁路、水路。

② 变形损失主要来自车轮或流体的变化。几种运输方式中的变形损失由大到小依次为航空、公路、铁路、水路。

③ 阻力损失分为内摩擦损失和外摩擦损失，内摩擦损失主要来自动力系统，外摩擦损失主要来自空气与水的黏附阻力。火车、汽车的速度处在同数量级的水平，故两者的阻力损失相当；航空运输由于速度高，所以运输的阻力损失大；船舶的水阻力最大。

综上所述，铁路运输的能耗低，主要基于坡度、变形、阻力等三项损失都较低之故。

(5) 占地比公路少。据德国的调查，各种运输方式共占用的土地约占其国土面积的4.8%，其中铁路占地约0.4%。在同等运能条件下，铁路与高速公路之间的用地比为1∶2.5～1∶3。

土地是各种资源中最珍贵的资源，地球上陆地（包括高山）只占地球表面积的29.2%。对国土而言，在国与国之间是寸土必争的，这也反映了土地的珍贵性。珍贵来自不可替代，因此在交通建设中节约土地有着非常重要的意义。

铁路运输之所以比公路运输节约土地，是因为其运输系统的集中化、标准化程度大大高于公路运输系统。

(6) 安全舒适，适宜长距离运输。这一点主要是针对客运而言的，铁路客运是由多节车厢组合而成的，可实现在途时间的生活日常化，它通过卧铺、餐车、厕所、流动售货和不断上水等来保障日常生活。铁路上行车平稳、受外界环境干扰小等优势均保障了列车行驶中的舒适性。

铁路运输过程中的事故少。据国外的统计表明，在同等运能条件下，高速公路上的交通事故死亡人数为铁路的27倍，受伤人数为铁路的10倍。按完成单位客运量的事故伤亡人数来看，航空运输也数十倍于铁路。铁路的高安全性来自列车运动横向的不可移动性，火车运动受轨道的"束缚"，只能在狭窄的空间内来回高速运输。故铁路运输是一种最易用的硬（结构设计）、软（制度、管理）件配合解决环境安全问题的运输方式。

由于铁路运输具有系统性强、列车日常生活化程度高、统一结算、能耗低、运输成本不高等优势，故适于长途运输。

(7) 环境污染小，噪声低。电气化铁路运输过程中几乎无废气排出。焊接长钢轨无缝线路的噪声强度可降低5～10分贝，而且在人口稠密区还可以采用隔音墙的方法使噪声得到有效控制，列车噪声对城市的影响也大大低于喷气式客机的影响。

(8) 运输成本不高。在铁路运输成本不高的特点中，暗含其成本在几种运输方式之中是处在居中水平的意思。铁路运输成本比公路运输成本低，就货运成本而言，铁路货运仅为公路汽车货运成本的1/15，但今后这个比例会缩小。铁路运输成本比水路运输成本要高。铁路运输成本介于公路和水路运输之间的深层原因，主要还是由于铁路运输的单次运量介于汽车与轮船之间,即运输规模是影响运输成本的重要原因。

三、公路运输

1. 公路运输的地位

公路运输是世界各国最普遍采用的运输方式,这与它具有其他运输方式所不可替代的特点有关。公路运输是地区运输市场的主力,以汽车运输的方式为主。公路运输市场的开放程度最为彻底,我国已形成以个体运输业者为主的完全竞争市场。随着我国高速和高等级公路网的建设与完善,长途汽车运输的规模也在不断增大。公路运输的对象包括货物运输和旅客运输,在多数城乡和部分城市之间,汽车运输是旅客运输的唯一方式。

公路运输是短途运输的主要运输方式,其运输的经济距离为几百千米。它适合近距离货物运输,或者是其他运输方式两端运输的环节。公路运输具有高密度、机动性强的优点,但是单位运量较小、运输成本较高。公路运输的运费与运量之间呈非线性变化关系,运量小时运费较高;当运量适当时,由于运输设备充分利用,运价降低;若运量过大,会造成交通阻塞、运力占用过量,从而促使机会成本显著升高,运费大幅上升。虽然公路设施建设,特别是高速公路建设成本巨大,但公路运输企业的投入相对较少,因而公路运输市场是一个低门槛的市场。

2. 公路运输的特点

公路运输的特点如下:

(1) 机动、灵活、方便。截至 2020 年底,全国公路总里程达 519.81 万千米、公路密度达 54.15 千米每百平方千米。公路分布面广,公路网密度值比铁路网、水运网密度值高十几倍,全国 90% 以上的乡、村都通汽车。厂内、厂外、田间、仓库、码头等地均可进行公路运输,而且可以取货、接客上门,送货、送客到家,实现门到门直达运输,避免了中转换装环节,减少了货损、货差。公路运输还可以为其他运输方式提供集散服务。

公路运输时间可根据用户要求随时调度,并可满足各式客、货装载要求,适应性强。正是这种机动、灵活、方便的特点,使公路运输越来越受现代人的喜爱。

(2) 运送速度快。在运送过程中,运送速度是对客、货运输的对象而言的。由于公路运输具有门到门直达的特点,运输对象在运输过程中无需中途换装、换乘,这样可使旅客或货物在中、短途运输时,在途时间缩短,从这个角度来说,公路运输的运送速度也相对加快了。目前,我国一般公路运行速度可达 50 ～ 60 千米/小时,高速公路可达 80 ～ 120 千米/小时。

公路运输运送速度快的意义在于可以大大加速资金的周转,这样不但可提高货币价值,还有利于保证货物质量,以及提高客货的时间价值。故高档、贵重物品,鲜货以及需紧急运输的客货,多数都采用公路运输。

(3) 原始投资少,资金周转快。公路建设不像铁路那样需要铺轨、安装复杂的信号通信系统等,所以一般等级公路建设的原始投资少。特别是运输车辆的投资较少,资金周转快,且投资回收期短,利润率较高。据统计,在正常经营条件下,汽车运输投资每年可周转 2 ～ 3 次,而铁路运输则需 3 ～ 4 年才周转一次。此外,汽车驾驶技术容易在较短时间内掌握,火车、轮船的驾驶人员则需数年才能培养成才。

(4) 公路建设占地多，高等级公路建设投资大。美国公路网占其国土面积的 3%；汽车的停放亦需占用土地，仅停放 1 亿辆汽车就需几百万亩的土地。

(5) 运量小，能耗大，运输成本高。汽车的运量小，目前单车的最大载重量仅为 200 余吨。汽车运输中的能耗占到运输成本的 30% ～ 40%，高速公路上单位运量的能耗比铁路高 2 ～ 3 倍，可见公路运输的能耗高。公路运输运量小，难以实现规模效应，而能耗又在其总成本中占很大的权重，故公路运输的成本高。

(6) 环境污染严重。公路运输会产生四种污染。一是气体污染，主要有铅、一氧化碳 (CO)、碳氢化合物 (CH)、二氧化硫 (SO_2) 和氮的氧化物 (NO)。二是固体污染，主要来自废弃的汽车和轮胎等。三是噪声污染，主要来自汽车运动时的噪声，噪声如果大于 70 分贝，就会损害人体健康。四是电磁波污染，干扰源来自发动机火花塞。这些污染源的积累都会造成环境严重污染。

(7) 事故率高。公路交通的安全事故率大大高于铁路。如高速公路上的交通安全事故率十几倍或几十倍于铁路运输，其原因是车辆安全难以控制、驾驶员素质与作息难以保证、行车环境恶劣 (相对于铁路而言) 等。

四、航空运输

1. 航空运输的地位

世界航空运输史不足百年，但其发展速度惊人，现在每天都有几千架飞机在空中穿梭，航空运输无与伦比的特点使其越来越受各国的欢迎。

航空运输成为近年来发展最快的运输方式，并保持高速的增长势头。经过近几十年的建设，我国已形成功能齐全、布局合理、设施先进的机场网点。采购的大量先进机型，使得我国民航机型已达到世界先进水平的行列。航空航线已将全国各大城市连成网络。航空运输已成为国内旅客运输的重要方式，航空货物运输也在不断增加。根据《2020 年民航行业发展统计公报》，2020 年全行业完成旅客运输量 41 777.82 万人次，旅客周转量 6311.28 亿人千米；货邮运输量 676.61 万吨，货邮周转量 240.20 亿吨 / 千米。

航空运输为商品贸易提供了特快速度、送及内陆的直达运输。由于航空运输的小批量、高成本，使得运输费用极高，因此航空运输适合于高价值、时间性极强的少量商品的运输，如贵重物品、活鲜易腐物品、邮件、样品等运输价格弹性极小的商品的运输。

2. 航空运输的特点

航空运输的特点如下：

(1) 速度快。速度快是航空运输最大的优势。先进的航空运输机速度约为 900 ～ 1400 千米 / 小时，航程可达 10 000 千米，比火车快 5 ～ 10 倍，比轮船快 20 ～ 30 倍。航空运输所创造的时间价值是其他运输方式无法比拟的。

(2) 机动性强。航空运输的机动性源于其运输过程中只需在起止点有合适的机场，可以起降，就可以开辟航线进行运输，不受地理条件的限制。凡要求在短时间内与边远闭塞地区建立交通联系的，都可以考虑航空运输。如灾区的物资供应和医疗救助、近海油田的后勤支持，航空运输均是理想的方式。但要注意，这时其经济效益和安全往往得不到可靠保证。

（3）舒适。舒适性源于飞机不能超载运输，按高技术标准设计，且客舱宽敞、噪声小，有饮食、视听娱乐设备。喷气式客机的飞行高度一般在万米以上的平流层内，它不受低空气流的影响，飞行平稳、舒适。

（4）建设周期短，投资少，回收快。航空运输中筹办开航所需的建筑物和设备较少，仅是两端的机场兴建和飞机的购置，故投资少，建设快。据测算，在相距 1000 千米的两座城市之间建一条交通线，在相同的载客能力下，修建铁路所需的投资是开辟空中航线所需投资的 1.6 倍，铁路建设周期约 5 ～ 7 年，民航只需 2 年。铁路投资回收期为 33 年，民航只需 4 年。在航空运输基本建设中，航线无需占用土地，仅是机场建设占用少量土地，这一点也是铁路运输和公路运输无法比拟的。

（5）运量小、能耗大、运输成本高、易受气象条件影响。飞机的机舱容积和载运量都比较小，如波音 747 飞机的载运量仅为 76 吨，但其速度快，一天可往返多次。能耗大，主要是飞机要负载荷上升数千米，在近万米的高空中高速飞行，坡度损失和空气阻力损失很大。运输成本高，主要是运量规模小和能耗大的原因，故其运价比其他运输方式都高。低价值货物不宜采用航空运输。飞机飞行在一定程度上受气候条件和气象条件的限制，受气候影响最大。如强降雨、台风、雷电、浓雾、下雪等都不适合飞机飞行。

五、管道运输

1. 管道运输的地位

管道运输的对象是液体或者气体，包括石油、煤浆、淡水等液体，天然气、石油气、化学气体等气体。管道运输采取全程封闭式运输，可以实现连续不间断的运输，但只能进行单向运输。管道运输的投资额极大，只能在完全建成后使用，但其运输成本极小，因而特别需要规模化的运输，以分摊固定投入。管道可以掩埋在地下，不占用地面土地，运输过程基本不受环境影响，但是管道运输只能是专用性的运输，具有高度的自建、自用的特点。管道运输已成为城市供水、供气、供热的唯一方法。

2. 管道运输的特点

管道运输的特点如下：

（1）运输货物种类有限。管道只能输送流动态物质。对于固态物质，需要粉碎并用水制浆后才能传送；对于黏性大的液体货物，还需沿管道加热、加压或添加增强流动性的添加剂。因此，管道运输能运送的货物种类是有限的。

（2）连续性强，货物运输完整，损耗小，有保障。这一特点是源于管道运输系统是封闭运输的。

（3）货物运送简便。货物运送过程中无需换装，可直达用户或仓库。运输过程中无回空现象，故经济效益好，但只适用于不间断的单方向、大批量运输的需求。

（4）运输成本低，运输安全，污染小。管道运输是靠机械作业实现货物运输的，整个过程的完成需要的劳动力很少，在大量运输时，其运输成本与水路运输接近，燃料消耗量也较铁路运输低得多。例如，20 世纪 60 年代美国俄亥俄煤炭运输公司所修建的第一条煤炭运输管道（长 173.8 千米），运送每吨煤的运输成本仅 0.76 美元。

运输安全可从两个方面来理解。一是由于是封闭式机械作业，货物可安全地抵达用户，易燃的油料在管道中运输既可以减少挥发，又能保证安全；二是一旦出事故，对环境的影响小。如若采用大型、巨型油轮运输石油制品，一旦发生事故，则对海洋环境的影响会极为恶劣，且处理污染的费用也极高。

(5) 不占用地表土地。管道可深埋于农作物种植所需土地深度之下，基本上不占用耕地。

(6) 管理简单，使用方便。管道运输可"全天候"进行，其连续性好、封闭作业、货物品种少、运送批量大，故运输管理很简单。由于输送干线与支线一体、数量的可控性好，因此管道运输的使用也较方便。

六、多式联运

多式联运是指由在两种及两种以上的运输方式之间实行两程及两程以上的相互衔接、转运，从而联合实现货物或旅客的全程运输。多式联运是多种运输工具、多道运输环节、多种运输方式衔接的组织方式，通常可以理解为铁路、公路、水路、航空、搬运等各运输环节联结起来的运输方式。多式联运是按照社会化大生产客观要求组织运输的一种方法，它通过各环节的协调配合，充分发挥各种运输方式的优势，提高运输效率，缩短运达期限，以获得最佳的运输经济效益。

多式联运的优点如下：

(1) 方便旅客和货主，实行一票到家，简化旅行和托运手续。

(2) 减少旅客中转业务手续和货物运输中转搬运环节，缩短旅客或货物流转时间和全程运费支出，节约大量的人力、物力、财力，能取得较好的经济效果，而且效率高，加快运达速度。

(3) 提高不同运输方式的协作配合，计划性强，使客源、货源相对稳定，提高参加联运企业运输工具的利用效率，资源利用率高。

(4) 多式联运把一些地区的运输手段结合为新的综合运输能力，扩大了运输组织面，从而为选择经济运输线路提供了新的条件，促进了合理运输。

我国地域辽阔，水、陆、空交通交错，运输方式多种多样，旅客或货物往往需要几次中转才能完成全程运输，因此实行多式联运是十分必要的。在国际多式联运方面，工业发达国家极其重视组织多种运输方式的联运，在公路、铁路联运中已广泛采用驮背运输，即把汽车拖挂的挂车或带底盘车的集装箱，直接装上铁路车辆，运至中转地点后，再用汽车拉走，这样可节省装卸和包装费用且减少货损，有利于开展"门到门"运输。许多国家的运输业为了提供多样化服务，满足货主需要，较普遍地成立了专业性货运公司，负责办理承、托和组织货源工作，既为货主提供服务，又为运输企业提供货源。美国联邦快运公司在美国 125 个城市中设有服务网点，负责承运小件货物。法国包裹运输公司在法国有 17 个换装中心站和 350 个联运作业网点。瑞典 ASG 货运公司除在其国内形成联运服务网外，还把其分支机构或有相互业务往来的货运公司扩展到世界各地，形成国际货运代理网，开展国内外货物的承、托运和运输咨询业务，实行"一次托运、一票直达、一次清算、一次保险"，并采用电传、信使等手段，加快送达速度和结汇时间。

多式联运的优点已经得到越来越多国家和企业的重视，是效能运输发展的必然趋势，具有强大的生命力和广阔的发展前景。

七、各种运输方式的适用范围

各种运输方式由于主要技术优点的不同，其有效适用范围也有所不同。在选择运输方式时，必须先了解各种运输方式与运输对象间的有效匹配关系，即运输方式的有效适用范围，如表 1.2-1 所示。

表 1.2-1　各种运输方式的有效适用范围

运输方式	主要技术优点	有效适用范围
水路运输	每船(或拖船)小时净载重(吨千米)产量高	大件货物运输，低档货物运输；有水道且其他运输工具又不能到达的地区运输；速度不是主要运输要求的一般货物运输
铁路运输	牵引阻力低，适应性较强，可靠、安全	大宗货物、一般货物运输；城市间运输；中、长途运输
公路运输	适运性(尤其是径路机动性)强；可枢纽内及地方运输，中等运行速度，方便程度高	专业运输，零担货物及中等规格数量的普通货物运输；集运与分送；中短途运输；支线运输
航空运输	高速	时间是重要因素的运输；中长距离运输；单位体积及重量价值高的货物运输
管道运输	流程连续，安全可靠性高	总运量及日运量大的运输；要求运输不间断，其货物为液体或加工成悬浮固体物的运输

第三节　我国交通运输的概况

一、我国交通运输的发展

1. 铁路运输

我国铁路运输的发展最早可追溯至 19 世纪中期。在近代中国最早提出修筑铁路的是太平天国时期的"干王"洪仁玕。1859 年刊行的太平天国政治纲领——《资政新篇》，主张"先于二十一省,通二十一条大路,以为全国之脉络",在修筑铁路方面提出"兴车马之利,以利便轻捷为妙。倘有能造如外邦之火轮车,一日夜能行七八千里者,准其自专其利,限满准他人仿照。"

在近代中国早期，对铁路运输的重视程度最高、对铁路计划的研究最为详尽的伟人非孙中山先生莫属。早在 1894 年，孙中山先生在考察西方国家经济发展过程中，就认识到了铁路在整个国民经济社会中的重要意义："故凡有铁路之邦，则全国四通八达，流行无滞；无铁路之国，动辄掣肘，比之瘫痪不仁。地球各邦今已视铁路为命脉矣。"1912 年 6 月 26 日，孙中山先生在上海与《民立报》记者谈话时也曾指出："交通为实业之母，铁道又为交通之母。世界列强之所以经济富强，在于交通便利，交通之便利，在于铁路之通达，今日之世界，非铁道无以立国"。1919年8月，《实业计划》一文六大计划中的三大计划都关系到铁路。

我国大地上的第一条铁路——德小铁路，于1865年由英国商人杜兰德修建。他在北京宣武门外沿着护城河修建了一条长约0.5千米，有小型蒸汽机车行驶的模型铁路，供人观赏。但不久，清政府以"见着诧骇，谣诼纷起"为由，勒令把它拆除。

1876年，我国大地上出现了第一条真正进入运营阶段的铁路——吴淞铁路。这条铁路自上海站起到吴淞结束，全长14.53千米，由英国怡和洋行采用欺骗手段修建。一年后吴淞铁路被清政府正式回购并拆除。

中国人自建的第一条铁路——唐胥铁路，由时任开平矿务局总工程师克劳德·威廉·金达 (Claude Willian Kinder) 于1881年6月主持动工开建，并于当年11月建成通车。唐胥铁路采用国际通用标准轨距1435毫米，是中国最早的标准轨铁路。

中国人自主设计建造的第一条铁路——京张铁路 (见图1.3-1)，由北京西直门至张家口，一路崇山峻岭，尽为险坡，修建难度可想而知。"中国铁路之父"詹天佑任京张铁路总工程师，主持全路修建事宜，他创造性地设计出"人"字形铁路，通过延长距离顺利解决了坡度大、修路难的问题，他还首次使用炸药开采隧道，开创了至今仍在沿用的竖井施工法。1909年9月，京张铁路全线完工。当今，历经百余年的碎石轨枕、钢筋铁轨述说着中国早期铁路建设之掠影；时隔110年，京张高铁在2019年12月30日建成通车，新老京张铁路历史交汇，见证着大国速度的崛起。

图 1.3-1 京张铁路

中华人民共和国成立后，中国铁路运输逐渐发展。1949年底，经过大力抢修，我国铁路营业里程共计2.18万千米。1978年底，铁路运输线路营业里程达到了5.17万千米，相当于中华人民共和国成立时的2.37倍，运营网络有了很大的改善，铁路网骨架基本形成。

在铁路旅客运输和货物运输方面，1978年底，全国铁路客运量达到81491万人次，是1949年客运量的7.9倍。1949年，铁路旅客周转量仅为130.01亿人千米，经过近30年的发展，至1978年年底，旅客周转量完成1093.22亿人千米。货运量从1949年的5589

万吨上升到了 1978 年的 110 119 万吨，货运周转量从 1949 年的 184 亿吨千米上升到了 1978 年的 5345.19 亿吨千米。截至 1978 年年底，货运量和货运周转量分别是中华人民共和国成立时的 20 倍和 29 倍。

改革开放以来，我国铁路发展取得了举世瞩目的成就，在营业里程、电气化改造和复线改造方面均取得了显著发展。我国铁路营业里程由 1978 年的 5.17 万千米，增加为 2012 年的 9.76 万千米，增长了 88.78%；全国铁路路网密度由 1978 年的 53.11 千米 / 万平方千米增加为 2012 年的 100.256 千米 / 万平方千米。铁路旅客运输成绩斐然，1978—2003 年，全国铁路旅客发送量在 8 ~ 12 亿人次范围内波动；2004 年后，铁路旅客发送量呈高速增长，由 2004 年的 111 800 万人次，增加为 2012 年的 189 000 万人次，增加了 69.1%。旅客周转量由 2004 年的 5712.2 亿人千米增加为 2012 年的 9812.3 亿人千米，增长了 71.78%。铁路货物运输稳步增长，货运量由 1978 年的 110 100 万吨，增至 2012 年的 390 000 万吨。货物周转量由 1978 年的 5345.17 亿吨千米，增加到 2012 年的 29 187.1 亿吨千米。中国高铁从无到有，从引进、消化、吸收再创新到自主创新，取得了举世瞩目的成就，已经领跑世界。2003 年，秦沈客专的建成及运营标志着中国拥有了第一条真正意义上的高速铁路；2004 年，《中长期铁路网规划》拉开了中国高铁建设大幕；2008 年 10 月，国家批准《中长期铁路网规划 (2008 年调整)》，由此中国高铁发展步伐不断加快。2008—2012 年中国高铁历年开通统计表如表 1.3-1 所示。

表 1.3-1　2008—2012 年中国高铁历年开通统计表

年份	序号	项目名称	线路标准名称	起点—终点	运营里程 / 千米	通车时间	设计速度 (千米 / 小时)
2008	1	合宁铁路	沪蓉线	南京南—合肥南	157	2008.4.18	250
	2	京津城际铁路	京津城际线	北京南—天津	117	2008.8.1	350
	3	胶济客专	胶济客专线	大明湖—青岛	357	2008.12.21	200
2009	1	石太客专	石太客运专线	石家庄—太原南	206	2009.4.1	250
	2	合武客专	沪蓉线	合肥南—汉口	359	2009.4.1	250
	3	遂成铁路	沪蓉线	遂宁—成都东	146	2009.7.7	200
	4	甬台温铁路	杭深线	宁波—温州南	275	2009.9.28	250
	5	温福铁路	杭深线	温州南—福州南	294	2009.9.28	250
	6	武广高铁	京广高速线	武汉—广州南	1069	2009.12.26	350
2010	1	郑西高铁	徐兰高速线	郑州东—西安北	523	2010.2.6	350
	2	福厦铁路	杭深线	福州南—厦门北	226	2010.4.26	250
	3	成灌城际铁路	成灌线	成都—青城山	65	2010.5.12	200
	4	沪宁城际铁路	沪宁城际线	上海—南京	301	2010.7.1	300
	5	昌九城际	昌九城际线	南昌—九江	135	2010.9.20	250

年份	序号	项目名称	线路标准名称	起点—终点	运营里程/千米	通车时间	设计速度/(千米/小时)
2010	6	沪杭城际铁路	沪昆高速线	上海虹桥—杭州东	159	2010.10.26	350
	7	长吉城际铁路	长吉城际线	长春—吉林	111	2010.12.30	250
	8	海南东环铁路	海南环岛高铁线东段	海口—三亚	308	2010.12.30	250
2011	1	广珠城际铁路	广珠城际线	广州南—珠海北	93	2011.1.7	200
			江门线	小榄—新会	27		
	2	京沪高铁	京沪高速线	北京南—上海虹桥	1318	2011.6.30	380
	3	广深港高铁	广深港高速线	广州南—深圳北	102	2011.12.26	350
2012	1	龙厦铁路	杭深线	厦门北—漳州	42	2012.6.29	250
			龙潭线	龙岩—漳州	114		200
	2	汉宜铁路	沪蓉线	汉口—宜昌东	292	2012.7.1	250
	3	石武客专郑州东—武汉段	京广高速线	郑州东—武汉	536	2012.9.28	350
	4	合蚌高铁	合蚌客专线	合肥—蚌埠南	132	2012.10.16	350
	5	哈大高铁	京哈高速线	沈阳北—哈尔滨西	538	2012.12.1	350
			沈大高速线	大连北—沈阳北	383		
	6	集包第二双线呼包段	京包客专线	呼和浩特东—包头	173	2012.12.3	200
	7	京石、石武客专石家庄—郑州东段	京广高速线	北京西—郑州东	693	2012.12.26	350
	8	广珠城际铁路珠海北—珠海	广珠城际线	珠海北—珠海	23	2012.12.30	200
	9	遂渝铁路	沪蓉线	重庆北—遂宁	158	2012.12.30	200

资料来源：《中国高铁历年开通里程统计，总里程已近4万千米》。

党的十八大以来，中国铁路在新的历史时期，取得了重要成就（见表1.3-2）。路网建设水平不断提高，截至2020年，铁路营业里程达14.63万千米；铁路复线里程和电气化里程不断提高，截至2020年，复线里程达8.70万千米，电气化里程达10.65万千米；高速铁路建设实现历史性跨越，截至2020年，高速铁路营业里程达3.79万千米，位居世界第一。

表 1.3-2　党的十八大以来中国铁路路网建设情况统计

年份	全国固定资产投资总额 /亿元	全国铁路营业里程 /万千米	复线里程 /万千米	铁路电气化里程 /万千米	高铁营业里程 /万千米
2012	6580	9.76	4.37	5.11	0.97
2013	6901	10.3	4.83	5.58	1.1
2014	8088	11.18	5.68	6.52	1.65
2015	8238	12.1	6.47	7.48	1.98
2016	8157	12.4	6.81	8.03	130
2017	8230	12.7	7.18	8.66	152
2018	8277	13.17	7.63	9.22	2.99
2019	8029	13.99	8.3	9.96	3.54
2020	7819	14.63	8.7	10.65	3.79

资料来源：历年《中国统计年鉴》。

党的十八大以来，铁路客运以深化供给侧结构性改革为主线，实施客运提质计划和复兴号品牌战略，使得铁路旅客运量快速增长（见表 1.3-3）。到 2019 年，我国铁路客运量达到 36.6 亿人，比 2012 年增长了 17.7 亿人；旅客周转量达到 14 706.64 亿人千米，比 2012 年增加了 4894.31 亿人千米；旅客平均运距从 2012 年的 518.25 千米缩短为 2019 年的 401.82 千米。铁路货运围绕国家"调整运输结构，增加铁路运量"的决策部署，大大提高货运增量能力。2013—2016 年，货运量由 39.7 亿吨变为 33.3 亿吨，呈下降态势。2016 年以后，铁路货运量则扭转为上升态势，直到 2018 年，货运量达到 40.3 亿吨，实现了恢复性大增长，到 2019 年底，货运量达到 43.9 亿吨。货物周转量则在 2012—2015 年呈下降态势，由 2012 年的 29 187.09 亿吨千米下降到 2015 年的 23 754.31 亿吨千米，在 2015—2019 年呈上升态势，到 2019 年年底达到 30 181.95 亿吨千米；货物平均运距自 2012 年的 747.55 千米下降到 2019 年的 687.67 千米。2020 年，新冠肺炎疫情给铁路客货运输造成巨大冲击，全国铁路旅客发送量完成 22.03 亿人，比上一年减少 14.57 亿人，下降 39.8%；全国铁路旅客周转量完成 8266.19 亿人千米，比上一年减少 6440.45 亿人千米，下降 43.8%。

表 1.3-3　党的十八大以来铁路客货运情况统计

年份	客运量 （亿人）	货运量 （亿吨）	旅客周转量 （亿人千米）	货物周转量 （亿吨千米）	旅客平均运距 （千米）	货物平均运距 （千米）
2012	18.9	39	9812.33	29 187.09	518.25	747.55
2013	21.1	39.7	10 595.62	29 173.89	503.12	735.42
2014	23	38.1	11 241.85	27 530.19	487.8	721.94
2015	25.4	33.6	11 960.6	23 754.31	471.85	707.39
2016	28.1	33.3	12 579.29	23 792.26	447.02	714.08
2017	30.8	36.9	13 456.92	26 962.2	436.38	730.95
2018	33.7	40.3	14 146.58	28 820.99	419.16	715.82
2019	36.6	43.9	14 706.64	30 181.95	401.82	687.67
2020	22.03	45.52	8266.19	30 514.46	375.14	670.30

资料来源：历年《中国统计年鉴》。

2. 公路运输

早在公元前 2000 年，我国已出现可行驶牛、马车的道路。秦朝时期，强调 "车同轨、书同文"。公元前 2 世纪，我国通往中亚细亚和欧洲的丝绸之路开始发展起来。唐代是我国古代道路发展的鼎盛时期，当时已经初步形成了以城市为中心的四通八达的道路网。

我国近现代公路交通运输与工业发达国家相比发展较晚。中华人民共和国成立初期，我国经济百废待兴，由于战争的破坏，已建成的公路基本处于瘫痪和半瘫痪状态，全国大陆公路仅有 8.07 万千米。经过两年的恢复建设，公路里程由 1949 年的 8.07 万千米发展至 12.7 万千米。从 1949 年至 1978 年改革开放，初步建成了较为完整的交通运输网络，到 1978 年公路通车里程达到 89.02 万千米。客货运输持续发展，在国民经济中的地位明显增强。据统计，中华人民共和国成立初期我国公路客运量为 1809 万人，旅客周转量为 7.96 亿人千米，货运周转量为 8.14 亿吨千米，到 1976 年公路运输量有了较快发展，客运量和旅客周转量分别比 1949 年增长了 81 倍和 64 倍，货物周转量为 274.1 亿吨千米，比 1949 年增长了 32 倍。

改革开放以来，针对公路建设资金短缺问题，国务院出台了 "贷款修路、收费还贷" 政策，极大地提高了行业和地方政府建设公路的积极性，很快形成了 "国家投资、地方筹资、社会融资、利用外资" 的多元化筹资渠道。同时前瞻性和系统性地进行交通基础设施战略、规划研究，划定国家干线公路网，确定高速公路建设发展方向。截至 1991 年，公路建设总投资达到 121.41 亿元，是 1978 年的 21 倍；公路总规模达到 104.11 万千米，比 1978 年增加了 15 万千米。1992—2002 年，交通部开始全面实施 "三主一支持" 交通长远发展规划，并确定了 "五纵七横" 国道主干线中首先建设 "两纵两横和三个主要路段" 的方针，开启了我国公路大规模建设热潮。截至 2002 年，全国公路总里程 (不含农村公路) 达到 176 万千米，比 1991 年增加 72 万千米，其中高速公路总里程为 0.6 万千米；公路客运量达 1 475 257.00 万人，旅客周转量达 7805.80 亿人千米，货运量达 1 116 324 万吨，货物周转量达 6782.50 亿吨千米。

"十二五" 初期，在基本解决公路建设资金和建设模式逐步成熟的状况下，公路建设投资大幅增加。重点实施《国家高速公路网规划》，基本建成了国家高速公路网骨架；长江三角洲、珠江三角洲和京津冀地区形成了较为完善的城际高速公路网；中部地区基本建成了比较完善的干线公路网，承东启西、连南接北的高速公路通道基本贯通；西部地区公路建设取得突破性进展。截至 2012 年底，公路总里程达到 423.8 万千米，比 2002 年增加 247 万千米，其中高速公路总里程为 11.3 万千米，比 2002 年增加 10.7 万千米；公路客运量达 3 557 010.00 万人，旅客周转量达 18 467.55 亿人千米，货运量达 3 188 475 万吨，货物周转量达 59 534.86 亿吨千米。

党的十八大以来，经济社会发展所面临的新趋势和新机遇对公路运输提出了新的、更高的要求，在新的历史时期，公路运输取得了重要成就 (见图 1.3-2)。截至 2020 年年底，公路总里程达 519.81 万千米，公路密度为 54.15 千米 / 百平方千米。2020 年全国公路里程技术等级构成如图 1.3-3 所示。全国四级及以上等级公路里程达 494.45 万千米，二级及以上等级公路里程达 70.24 万千米，高速公路里程达 16.10 万千米，高速公路车道里程达 72.31 万千米，国家高速公路里程达 11.30 万千米。2020 年年末，国道里程达 37.07 万千米，省道里程达 38.27 万千米，农村公路里程达 438.23 万千米 (其中县道里程达 66.14 万千米、乡道里程达 123.85 万千米、村道里程达 248.24 万千米)。

图 1.3-2　2016—2020 年全国公路里程及公路密度

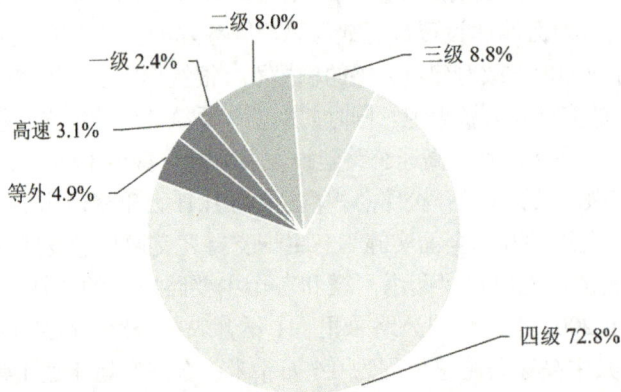

图 1.3-3　2020 年全国公路里程技术等级构成

2020 年年末全国拥有公路营运汽车 1171.54 万辆，其中载客汽车 61.26 万辆、1840.89 万客位，载货汽车 1110.28 万辆、15 784.17 万吨位（普通货车 414.14 万辆、4660.76 万吨位，专用货车 50.67 万辆、596.60 万吨位，牵引车 310.84 万辆，挂车 334.63 万辆）。图 1.3-4 为 2016—2020 年全国载货汽车拥有量。

图 1.3-4　2016—2020 年全国载货汽车拥有量

2020 年完成营业性客运量 68.94 亿人，旅客周转量 4641.01 亿人千米；完成营业性货运量 342.64 亿吨，货物周转量 60 171.85 亿吨千米。2020 年机动车年平均交通量为 14 395 辆 / 日，年平均行驶量为 318 301 万车千米 / 日。

2020 年完成公路固定资产投资 24 312 亿元，比上一年增长 11.0%。其中，高速公路完成 13 479 亿元，增长 17.2%；普通国、省道完成 5298 亿元，增长 7.6%；农村公路完成 4703 亿元，增长 0.8%。图 1.3-5 所示为 2016—2020 年公路固定资产投资额及增长速度。

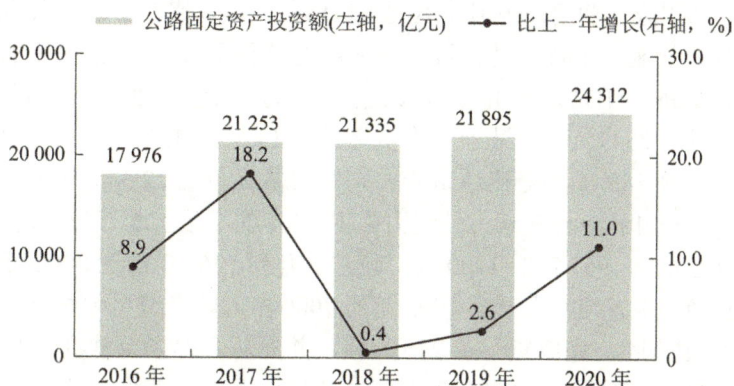

图 1.3-5　2016—2020 年公路固定资产投资额及增长速度

党的十八大以来，逐步形成了以创新为引领的交通高质量发展的体制机制，交通运输新业态模式蓬勃发展，我国互联网技术、产业与交通融合方面取得积极进展。2015 年国务院印发《关于积极推进"互联网 +"行动的指导意见》，首次提出"互联网 +"便捷交通。2016 年，国家发改委、交通运输部印发的《推进"互联网 +"便捷交通促进智能交通发展的实施方案》指出，交通与互联网融合发展有利于方便旅客出行、优化资源配置、提高综合效率，也是培育交通发展新动能、提升发展水平的重要方面，随着互联网等新技术的快速发展，网约车、共享单车、共享汽车等交通运输新业态呈井喷式发展。交通新型基础设施蓬勃发展，新一代国家交通控制网、智慧公路试点、交通旅游服务大数据试点工作有序实施，基础设施数字化、路运一体化车路协同、北斗高精度定位综合应用成效显著。传统交通基础设施智能化升级加快，高速公路电子不停车收费系统 (ETC) 基本实现全国联网，截至 2019 年年底，ETC 客户累计近 2 亿人。

3. 水路运输

人类利用天然水道发展航运已有几千年历史，水路交通运输在目前各主要交通运输方式中兴起最早、历史最长，历经水及人工动力、风动力、蒸汽机动力、柴油机动力和核动力几个阶段，可分为内河交通运输和海洋交通运输两大类。

中国是世界上水路交通运输发展较早的国家之一。据记载，我国在公元前 2500 年已经制造舟楫并从事水运。在商代就已经出现帆船运输，春秋吴国阖闾九年（公元前 506 年），开凿了世界上第一条运河——胥溪，全长约 100 千米。秦始皇 33 年（公元前 214 年），挖成长约 30 千米的灵渠，连接长江和珠江两大水系。灵渠的斗门（又称陡门——现代船闸的前身）是世界上最早的通航设施。举世闻名的大运河，始于春秋吴国，后经历代（特别是隋、元两代）的大规模开凿，沟通了钱塘江、长江、淮河、黄河、海河五大水系。8 至

9世纪，唐代对外运输丝绸及其他货物的船舶，可以直达波斯湾和红海之滨，开创了著名的"海上丝绸之路"。北宋时为增加粮食载运量和提高结构强度而建造的对漕船，是当今航运发达国家所用分节驳船的雏形。12世纪初，我国首先将指南针应用于航海导航，人类海上运输的大时代真正开始。15世纪初至15世纪30年代，明朝航海家郑和率领庞大船队七次下西洋，历经亚洲、非洲30多个国家和地区，这是世界航海史上的壮举，使我国古代航海事业进入鼎盛时期。

中华人民共和国成立初期，内河航运利用自然条件，以比较少的投入修复被战争破坏的有关航运的基础设施。经过疏通，被堵塞的航道获得了较大的运输能力，1949年全国航道通航里程为7.36万千米，到1952年即达到9.5万千米。根据统计资料，1949年水运全年全社会货运量达2543万吨，占全社会货运量的13.5%，1952年增长到5141万吨，占货运量的比重上升到14.4%。截至1958年，全社会货运量达22 540万吨，占全社会货运量的17%。同时积极开拓远洋航运，使运力由1957年的不足100万吨，发展到1965年的近200万吨，货运量由1957年的1200余万吨，上升到1965年的近2000万吨，港口吞吐量由1957年的3700多万吨，上升到1965年的7000多万吨。截至1965年，已拥有63艘远洋船舶，60万载重吨，完成货运量246万吨，并先后开辟了至欧洲、亚洲、非洲等多条国际航线。1975年在交通、水电两部召开的长江水系航运工作会议上研究制定了《关于编制长江水系航运开发利用建设规划的意见》，提出用10年左右时间，通过对长江干流及重要支流的综合开发整顿与建设，把长江水系建成一个联系淮河、沟通钱塘江、连接战略大后方的干支直达水运交通网。

改革开放初期，由于对外贸易的快速发展，带来了对港口特别是沿海港口的急剧需求。1985年国务院制定和发布了《关于中外合资建设港口码头优惠待遇的暂行规定》，开启了我国利用外资建设港口的序幕，集装箱等专业性泊位建设速度提高，沿海港口能力不足的局面得到很大改善。截至1991年，全国水运建设投资达到40.45亿元，是1978年的8倍；沿海规模以上泊位数达到968个，比1978年增加了657个，其中万吨级以上泊位数296个，比1978年增加了163个。2001年我国正式加入WTO，开始快速融入世界经济，对外贸易规模剧增。2003—2011年，我国货物进出口贸易年均增长21.7%，截至2011年底，我国货物贸易进出口总额已跃居世界第二位。外贸进出口的迅速增长，为港口水运带来新的发展机遇。截至2012年底，沿海规模以上港口码头泊位数达到5623个，比2002年增加4150个，其中万吨级以上码头达到1517个，比2002年增加970个。

党的十八大以来，交通运输走进建设交通强国新时代，进入"适度超前"进而引领发展的新阶段，进入发展方式由"高速度增长"转向"高质量发展"的新时代，进入由"国内发展"转向"全球拓展"的新时代。2020年年末，全国内河航道通航里程达12.77万千米，其中等级航道里程达6.73万千米（其中一级航道1840千米，二级航道4030千米，三级航道8514千米，四级航道11 195千米，五级航道7622千米，六级航道17 168千米，七级航道16 901千米），等外航道里程达6.04万千米；各水系内河航道通航里程分别为：长江水系64 736千米，珠江水系16 775千米，黄河水系3533千米，黑龙江水系8211千米，京杭运河1438千米，闽江水系1973千米，淮河水系17 472千米。图1.3-6所示为2016—2020年全国内河航道通航里程。

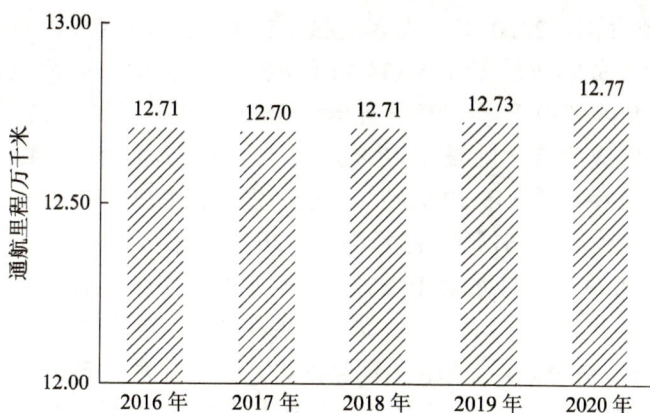

图 1.3-6 2016—2020 年全国内河航道通航里程

2020 年年末，全国港口生产用码头泊位 22 142 个。其中，沿海港口生产用码头泊位 5461 个，内河港口生产用码头泊位 16 681 个；全国港口万吨级及以上泊位 2592 个，其中，沿海港口万吨级及以上泊位 2138 个，内河港口万吨级及以上泊位 454 个；全国万吨级及以上泊位中，专业化泊位 1371 个，通用散货泊位 592 个，通用件杂货泊位 415 个。2020 年全国港口万吨级及以上泊位数量如表 1.3-4 所示。

表 1.3-4 2020 年全国港口万吨级及以上泊位数量　　单位：个

泊位吨级	全国港口	沿海港口	内河港口
1～3 万吨级 (不含 3 万)	865	672	193
3～5 万吨级 (不含 5 万)	437	313	124
5～10 万吨级 (不含 10 万)	850	725	125
10 万吨级及以上	440	428	12
合计	2592	2138	454

2020 年年末，全国拥有水上运输船舶 12.68 万艘，净载重量为 27 060.16 万吨，载客量为 85.99 万客位，集装箱箱位为 293.03 万标准箱。2016—2020 年全国水上运输船舶拥有量如图 1.3-7 所示。

图 1.3-7 2016—2020 年全国水上运输船舶拥有量

运输服务成效突出，2020 年完成客运量 1.50 亿人，旅客周转量 32.99 亿人千米，货运量 76.16 亿吨，货物周转量 105 834.44 亿吨千米（其中，内河货运量 38.15 亿吨、货物周转量 15 937.54 亿吨千米，海洋货运量 38.01 亿吨、货物周转量 89 896.90 亿吨千米）；全国港口完成旅客吞吐量 4418.8 万人（其中，内河港口 74.6 万人，沿海港口 4344.2 万人），货物吞吐量 145.50 亿吨（其中，内河港口 50.70 亿吨，沿海港口 94.80 亿吨），集装箱铁水联运量 687 万国际标准箱。2020 年末，全球吞吐量前 10 的港口中，我国包揽 7 席（货物吞吐量排名前 10 的港口分别是宁波舟山港、上海港、新加坡港、苏州港、天津港、广州港、唐山港、青岛港、德黑兰港、鹿特丹港；集装箱吞吐量排名前 10 的港口分别是上海港、新加坡港、深圳港、宁波舟山港、香港港、釜山港、广州港、青岛港、迪拜港、天津港），宁波舟山港、上海港连续多年分别位居货物吞吐量、集装箱吞吐量全球第一。

4. 航空运输

我国的航空交通运输事业在中华人民共和国成立以前的 30 余年里发展缓慢。在 1929—1949 年的 20 年时间里，航空交通运输的总周转量只有 2 亿吨千米。中华人民共和国成立以后，航空交通运输事业得到较快的发展。1950 年，中国民航初步创立时仅有 30 多架小型飞机，年旅客运输量仅 1 万人，运输总周转量仅 157 万吨千米。到 1976 年底，民航开通国内航线 123 条，通航里程 56 885 千米，国际航线 8 条，通航里程 40 933 千米。

改革开放以来，我国民航行业的面貌发生了天翻地覆的变化，为国民经济建设和社会发展作出了积极贡献。1978 年，我国民航旅客运输量为 230 万人，世界综合排名第 37 位，旅客运输量在国家综合交通体系中的比重仅为 1.6%。到 2017 年年底，我国民航旅客运输量为 5.5 亿人、货邮运输量为 705.9 万吨，分别是 1978 年的 239 倍和 110 倍，旅客运输量在国家综合交通体系中的比重上升到 29%。1978 年，我国国内航线仅 150 条，2017 年，国内航线数量已经达到 3519 条（不含港澳台航线），是 1978 年的 23.5 倍；1978 年，我国仅有 12 条国际航线，国际旅客运输量为 11 万人，2017 年底，我国共有 31 家航空公司经营 810 条国际航线，国际旅客运输量达 5544 万人，分别是 1978 年的 67.5 倍和 504 倍。

根据中国民用航空局发布的《2020 年民航行业发展统计公报》，2020 年年底我国境内有运输机场（不含香港、澳门和台湾地区）241 个（如表 1.3-5 所示），颁证运输机场按飞行区指标分类：4F 级机场 13 个，4E 级机场 38 个，4D 级机场 38 个，4C 级机场 147 个，3C 级机场 4 个，3C 级以下机场 1 个。民航全行业运输飞机期末在册架数 3903 架（如表 1.3-6 所示）。共有定期航班航线 5581 条，国内航线 4686 条，其中，港澳台航线 94 条，国际航线 895 条（如表 1.3-7 所示）。2020 年，全行业完成运输总周转量 798.51 亿吨千米，国内航线完成运输总周转量 587.67 亿吨千米（其中港澳台航线完成 3.19 亿吨千米），国际航线完成运输总周转量 210.83 亿吨千米；全行业完成旅客周转量 6311.28 亿人千米，国内航线完成旅客周转量 5868.87 亿人千米（其中港澳台航线完成 12.83 亿人千米），国际航线完成旅客周转量 442.41 亿人千米。

表 1.3-5 2020 年各地区颁证运输机场数量

地区	颁证运输机场数量/个	占全国比例/%
全国	241	100.0
其中：东部地区	54	22.4
中部地区	36	14.9
西部地区	124	51.5
东北地区	27	11.2

表 1.3-6 2020 年运输飞机数量

单位：架

飞机分类	飞机数量/架	比上一年增加	在运输机队占比/%
合计	3903	85	100.0
客运飞机	3717	72	95.2
其中：宽体飞机	458	1	11.7
窄体飞机	3058	61	78.3
支线飞机	201	10	5.1
货运飞机	186	13	4.8%

表 1.3-7 2020 年我国定期航班航线条数及里程

指标	数量
航线条数/条	5581
国内航线	4686
其中：港澳台航线	94
国际航线	895
按重复距离计算的航线里程/万千米	1357.72
国内航线	925.92
其中：港澳台航线	13.68
国际航线	431.08
按不重复距离计算的航线里程/万千米	942.63
国内航线	559.76
其中：港澳台航线	13.68
国际航线	382.78

　　随着"互联网＋"交通技术应用业务领域的不断扩展，互联网在民用航空领域得到逐步应用。截至 2020 年年底，233 个机场和主要航空公司可实现"无纸化"出行；39 家千万级机场国内旅客平均自助值机比例达 72.2%；在 8 家航空公司、29 家机场开展跨航司行李直挂试点；20 家航空公司的 654 架飞机能够为旅客提供客舱网络服务，其中的 11 家

航空公司的 213 架飞机同时具备了空中接入互联网能力；航空货运电子运单使用量达到 182.16 万票；12326 民航服务质量监督电话开通，国内航空公司投诉响应率达 100%。

5. 管道运输

我国是最早使用管道运输的国家，公元前 200 年，人们就将打通的竹子连接后长距离送水。新中国成立以来，我国油气管道运输经历了初始发展（1958—1969 年）、快速发展（1970—1987 年）、稳步发展（1988—1995 年）和加快发展（1996 年至今）四个阶段。

我国具有现代意义的管道运输始于 1958 年修建的从新疆克拉玛依油田到独子山炼油厂的 147 千米原油管道。1963 年，四川巴县石油沟——重庆的巴渝输气管线建成投运。该管线全长 54.43 千米，是中国第一条长距离天然气管道，也是第一条穿越和跨越长江的管道。1970 年 8 月 3 日，国务院批准建设的"八三工程"是我国自行设计安装的第一条大口径输油管道工程，是中国第一次建设长距离、大口径、输送"三高"（高凝点、高黏度、高含蜡）原油的管道，先后建成输油管道 8 条，总长 2471 千米。1977 年 10 月，格尔木至拉萨成品油管道建成投产，管线全长 1080 千米，是中国第一条长距离成品油输送管道，也是世界上海拔最高的输油管道。1997 年 9 月，陕京输气管道工程建成投产，该管线是中国陆上当时距离最长、管径最大、所经地区地质条件最为复杂、自动化程度最高的天然气输送管线。2002 年 7 月 4 日，西气东输工程开工典礼在北京举行；2004 年 12 月 30 日，该工程投产庆典暨表彰大会在北京举行。该工程西起新疆轮南，途径 9 个省份，全长 4000 千米，是中国当时距离最长、投资最多、输气量最大、施工条件最复杂的输气管道。此后西气东输二线、三线工程相继建设。同年开工建设的还有哈萨克斯坦肯基亚克——阿特劳输油管道一期工程，全长 118.8 千米，这是中国石油在中亚地区的第一个海外合资管道建设项目。该管道与俄罗斯石油管道连通，年输油能力为 700 万～1250 万吨。2009 年，继西气东输工程后又一项天然气远距离管网输送工程——川气东送开工建设，该工程西起四川达州，跨越四川、重庆、湖北、江西、安徽、江苏、浙江、上海 6 省 2 市，管道总长 2170 千米，年输送天然气 120 亿立方米，相当于 2009 年中国天然气消费量的 1/7，全部达产后预计为中石化增加销售收入 200 亿元。2010 年 9 月，中国——俄罗斯原油管道全线竣工。2013 年，中国——缅甸天然气管道投产通气，全线约 2520 千米。

据 2014 年 9 月 19 日《光明日报》报道，目前我国已建成"西北、东北、西南、海上"四大油气战略通道，三纵四横管道走廊及全国骨干管网，油气管道总里程从 1958 年的 0.02 万千米增加到超过 10 万千米。我国已成为管道运输的大国。

2017 年，国家发改委、国家能源局共同印发了《中长期油气管网规划》。规划指出，到 2020 年，全国油气管网规模达到 16.9 万千米，其中原油、成品油、天然气管道里程分别为 3.2、3.3、10.4 万千米，储运能力明显增强。到 2025 年，逐步形成"主干互联、区域成网"的全国天然气基础网络，全国油气管网规模达到 24 万千米，网络覆盖进一步扩大，结构更加优化，储运能力大幅提升。全国省区市成品油、天然气主干管网全部连通，100 万人口以上的城市成品油管道基本接入，50 万人口以上的城市天然气管道基本接入。油气供需预测和管道发展预期目标如表 1.3-8 所示。

表 1.3-8 油气供需预测和管道发展预期目标

指 标	2015 年	2025 年	年均增速
总里程			
原油管道 / 万千米	2.7	3.7	3.2%
成品油管道 / 万千米	2.1	4.0	6.7%
天然气管网 / 万千米	6.4	16.3	9.8%
原油管道进口能力 / 亿吨	0.72	1.07	4.0%
原油海运进口能力 / 亿吨	6.00	6.60	1.0%
天然气管道进口能力 / 亿立方米	720	1500	7.6%
LNG 接卸能力 / 万吨	4380	10 000	8.6%
天然气 (含 LNG) 储存能力 / 亿立方米	83	400	17%
城镇天然气用气人口 / 亿	2.9	5.5	6.6%

二、综合立体交通网络

交通运输业的一种定义是使用运输工具完成货物或者旅客的空间位置转移的业务活动，主要包括铁路运输、航空运输、公路运输、水路运输和管道运输这五种运输方式，且各种运输方式的技术经济特征各有优劣，有各自的适用范围。因此在交通运输业实现一体化衔接，形成综合立体交通网络从广义上说就是充分利用五种运输方式各自的优势，实现各种运输方式之间的有效衔接，从而为旅客或者货物提供完整的位移服务。

综合立体交通网络在我国并不是近几年新兴的词汇，而是经历了多阶段发展的国家目标。综合立体交通网络的前身是综合交通体系。我国的综合交通体系始建于 20 世纪 60 年代，改革开放以来在服务于我国经济建设的过程中，逐步形成了与当前社会经济需求相适应的客货运和能源的综合交通通道、各种运输方式一体化衔接的综合交通枢纽、辐射全国的综合立体交通网络。1981—1990 年是我国综合交通体系的形成与起步阶段。1991—2000 年是成长阶段，在此期间，我国综合交通体系发展的特点是在空间布局上助力东南沿海与长江流域优先发展、推进陇海、兰新线建设以促进中西部经济交流以及强化经济协调发展，形成全国性的铁路网、公路网、航空网，但网络与网络之间没有构成综合的、协调的综合交通运输网络。2001—2010 年是我国综合交通体系腾飞期，这一时期以全面提升综合交通体系有效供给能力和服务水平为宗旨，重点解决国家骨干通道、区域间通道和区域内交通等基础设施网络结构层次矛盾，全面提升交通机动性和可达性。

党的十八大以来，交通运输业进入了综合立体交通体系高质量发展的新阶段，加快综合交通运输基础设施成网，推进多种运输方式有效衔接。到 2017 年末，多节点、全覆盖的综合交通运输网络初步形成，"五纵五横"综合运输大通道基本贯通，以高速铁路为骨架、以城际铁路为补充的快速客运网络初步建成。一大批综合客运、货运枢纽站场 (物流园区) 投入运营，交通运输体系进一步完善。

2017 年国务院印发《"十三五"现代综合交通运输体系发展规划》(以下简称《规划》)，提出构建现代综合交通运输体系，明确了现代综合交通运输体系是支撑全面建成小康社会的客观要求。《规划》还提出建设多向连通的"十纵十横"综合运输大通道，以高速铁路、高速公路、民用航空等为主体，构建高品质的综合交通骨干网络，加快高速铁路网建设，扩大高速铁路覆盖范围。到2020年，基本建成安全、便捷、高效、绿色的现代综合交通运输体系，高速铁路覆盖80%以上的城区常住人口100万以上的城市，建设一批现代化、立体化的综合客运枢纽，使旅客换乘更加便利。国家发改委在2021年1月19日的新闻发布会上表示，2020年已实现高铁基本覆盖100万人口以上城市，对《规划》交了一份满意的答卷。

2019年9月19日，中共中央、国务院印发了《交通强国建设纲要》，提出统筹铁路、公路、水运、民航、管道、邮政等基础设施规划建设，完善多层次网络布局，实现立体互联，建设现代化、高质量的综合立体交通网络。建设城市群一体化交通网，构筑多层级、一体化的综合交通枢纽体系，大力发展枢纽经济。其实实现各种运输方式的一体化衔接，形成综合交通体系的最重要载体就是建设综合交通枢纽。综合交通枢纽是综合交通运输体系的重要组成部分，是衔接铁路、公路、航空、内河航运、海港和运输管道等多种运输方式的客货运转运中心。我国在《全国城镇体系规划(2006—2020年)》中首次提出建设综合交通枢纽，从国家发改委批准武汉成为全国首个综合交通枢纽研究试点开始，目前已经建成国际性综合交通枢纽12个，全国性综合交通枢纽63个。

本章练习

1. 简述构成运输的四要素。
2. 简述交通与运输的关系。
3. 简述交通运输业发展的四个阶段。
4. 简述交通运输业的特点。
5. 简述各种运输方式的技术经济特征。
6. 在"交通强国"背景下，交通运输业该如何发展？

第二章 公路运输系统

学习目标

知识目标

理解并掌握公路运输的特点；了解我国公路运政管理；掌握公路等级的划分及线形组成；掌握高速公路的概念及特点；掌握高速公路的沿线设施；了解汽车的分类及构造。

能力目标

会计算公路平纵线形相关参数；会进行公路客货运输组织。

素质目标

通过对我国高速公路发展及设施的学习与讨论，培养学生的职业认同感和民族自信心。

本章导读

电子不停车收费系统 (Electronic Toll Collection，ETC)，是通过"车载电子标签 + IC 卡"与 ETC 车道内的微波设备进行通讯，实现车辆不停车支付高速公路通行费功能的全自动收费系统。

ETC 系统是利用微波 (红外或射频) 技术、电子技术、计算机技术、通信和网络技术、信息技术、传感技术、图像识别技术等高新技术的设备和软件 (包括管理) 所组成的先进系统，以实现车辆无需停车即可自动收取道路通行费用。目前，大多数 ETC 系统均采用微波技术。

不停车收费系统通过路边车道设备控制系统的信号发射与接收装置 (称为路边读写设备，简称 RSE)，识别车辆上设备 (称为车载器，简称 OBU) 内特有的编码来判别车型和计算通行费用，并自动从车辆用户的专用账户中扣除通行费。

高速公路电子收费系统通过在高速公路收费站应用组合式联网电子收费技术，提高收费站通行能力，缓解收费站拥堵，为高速公路用户提供安全、便捷的电子支付和通行服务。使用电子收费系统可以降低车辆磨损和油耗，减少大气污染，可实现节能减排，有利于环境保护。同时，通行费实现免现金支付便于车辆与财务管理。

想一想

请谈一谈 ETC 在高速公路快速高效通行缓解收费站交通拥堵方面的优势及存在的问题。

第一节　公路运输概述

一、公路运输的概念

公路运输主要指城市对外道路运输。公路运输有广义和狭义两种含义。从广义来说，公路运输是指货物和旅客借助一定的交通工具（人力车、畜力车、拖拉机、汽车等）沿着公路（一般土路、有路面铺装的道路、高速公路）的某个方向做有目的的移动的过程；从狭义来说，公路运输是指汽车运输，目前世界上多数经济发达国家，在公路上已经实现了由汽车取代人力车、畜力车和拖拉机等慢速运输工具。因此，公路运输或者说作为现代交通运输方式之一的公路运输，就是指汽车运输。

二、公路运输的特点

与其他运输方式相比，公路运输具有以下特点：

(1) 机动灵活，适应性强。

(2) 可实现"门到门"直达运输。

(3) 在中短途运输中，运送速度较快。

(4) 原始投资少，资金周转快。

(5) 运量较小，运输成本较高。

(6) 运行持续性较差。

(7) 安全性较低，环境污染较大。

三、公路运输的产生及发展趋势

1. 公路运输的产生

现代交通运输方式的公路运输比水运和铁路运输起步晚，直到 19 世纪末才有了第一批汽车。这种新型交通工具问世后，在实践中显示出突出的优越性，即机动、灵活、方便、快速、直达，因此为人们所广泛采用，它的发展速度远快于水运和铁路运输。纵观公路运输的发展过程，可以划分为以下三个主要阶段：

(1) 发展初期，即从 19 世纪末到第一次世界大战前。这一时期，汽车发展数量不多，公路也不够发达，公路运输还只是铁路运输和水运的辅助手段，所承担的客货运量很少。

(2) 发展中期，即第一次世界大战至第二次世界大战之间。第一次世界大战后，一些西方国家将军事工业转为民用工业，其中汽车生产发展很快，并且公路建设、道路网规划得到迅速发展，质量也不断提高。随着小客车的增加，汽车逐渐成为人们的主要运输工具。货运方面，由于运输条件的改善，公路运输的优越性逐渐显示出来，它不仅成为短途运输的主要工具，而且在中长途运输中，也开始与水运和铁路运输竞争。

(3) 发展的新时期，即从第二次世界大战结束到现在。70 多年来，发达国家先后形成了比较完善的全国公路网，同时大力兴建高速公路；战后恢复的汽车工业，已形成了一个比较完整的体系，生产能力和技术水平大为提高。一些工业发达国家公路建设也达到了新水平，实现了公路现代化，这些主要表现在以下几个方面：

① 建成了一个有相当规模的沟通全国城乡的公路网；

② 形成了跨越各主要城市的具有较高标准的国家干线公路网骨架，以保证长途直达运输畅通无阻；

③ 建立了高速公路网，其中还包括超级高速公路；

④ 实现了筑路和养路机械化并向自动化迈进；

⑤ 积极采用和发展先进的公路科学技术。

我国公路运输的发展与工业发达国家相比发展较晚。新中国成立以来，尤其是改革开放以来，国家把能源、交通作为国民经济的重点，使我国公路建设和管理得到了突飞猛进的发展，取得了很大的成就。目前我国所有县城都已通了公路，98.9% 的乡镇和88.6% 的行政村也通了公路，在全国范围内已形成了一个干支相连、四通八达的公路运输网。

2. 公路运输发展趋势

(1) 加强公路建设，特别是高速公路的建设；广泛研究和应用道路建设新技术，如软土路基处理技术、土工合成材料及改性沥青材料的应用技术，使公路建设水平更加适应未来车辆及运输对道路的要求。

(2) 大力开展汽车安全技术、节能和多种燃料技术、环保技术、舒适性技术和电子技术的研究和应用，提高车辆的使用性能，减少汽车带来的"公害"。

在安全技术上，广泛采用安全气囊和侧向防护装置，防抱死制动系统将成为标准装备；在节能与环保技术上，使用各种代用燃料（如太阳能、电动、液化石油气、压缩天然气以及甲醇燃料）；在舒适技术上，设置吸音材料减少车内噪声；在电子技术上，许多机械系统特别是精密复杂的控制系统将被电子技术取代，如怠速控制、车速控制、空燃比控制、自动启停及防盗系统等。

(3) 从运营管理与技术的发展趋势来看，随着公路网的完善，特别是高速公路网的形成，公路运输将按规模化要求建立集约化经营的运输企业，行政区域的界限将趋于淡化；广泛开展公路快速客货运业务；大力开展集中运输、集装箱运输、专业化运输等，公路货运业将纳入物流服务业发展的系统中，更强调公路内部及不同运输方式之间的专业化合作；运输企业内部将广泛建立和运用运输信息管理系统，采用车轮运行动态监控系统以及车辆运行自动记录仪（汽车"黑匣子"）。

(4) 发展公路智能运输系统。近几年来，智能运输系统将先进的信息技术、数据通信传输技术、电子控制技术及计算机处理技术等综合运用于整个地面运输管理体系，建立起一种实时、准确、高效的公路运输综合管理系统。此系统可以将汽车、驾驶员、道路及相关部门联结起来，使汽车与道路的运行功能智能化，由此将带来如下的发展：

① 全球定位系统 (GPS) 广泛被应用；

② 地理信息系统 (GIS) 方兴未艾；

③ 计算机辅助设计技术 (CAD) 应用范围进一步拓展；

④ 道路检测技术有所突破。

四、我国公路运政管理

1. 公路运政管理机构的设置

当前我国的公路运政管理机构的设置是在交通部 1987 年发布的《公路运输管理部门工作条例》基础上，根据《国务院办公厅关于印发交通部职能配置、内设机构和人员编制方案的通知》，参照各省、自治区的有关《道路运输管理条例》，按中央、省 (自治区、直辖市)、市 (地、盟、州)、县 (市、旗、区)、乡 (镇) 五级管理层次设置的组织机构。各级运政管理机构的具体职责如下所述：

(1) 交通部设立公路司，负责对全国道路运输行业的指导、监督工作；

(2) 省 (自治区、直辖市) 交通厅 (局、委) 下设道路运输管理局或厅 (局) 内设道路运输管理处，负责本省 (区、市) 行政辖区内道路运政管理的指导、监督工作；

(3) 市 (地、盟、州) 交通局下设道路运输管理处，负责本市 (地、盟、州) 行政辖区内的道路运政管理工作；

(4) 县 (市、旗、区) 交通局下设道路运输管理所，负责本县 (市、旗、区) 行政辖区内的道路运政管理工作；

(5) 乡 (镇) 设立道路运输管理站，属于县道路运输管理所的派出机构，负责本乡 (镇) 规定辖区内的道路运政管理工作及县交通局委托的工作。

2. 各级运政管理机构的任务及作用

各级道路运政管理机构，由于其职责及任务不同，所起的作用也不同。

(1) 交通部公路司和省 (自治区、直辖市) 道路运输管理局 (处)，分别是全国及各省 (自治区、直辖市) 道路运政管理的决策机构。

(2) 各市 (地、盟、州) 道路运输管理处有决策层和执行层的双重职责，起承上启下作用，属中间层次机构。

(3) 各县 (市、旗、区) 道路运输管理所和乡 (镇) 道路运输管理站，属执行层次机构，也是道路运政最基层的行政执法机关。

3. 我国公路运政管理机构体系

我国现行的公路运政管理体系如图 2.1-1 所示。

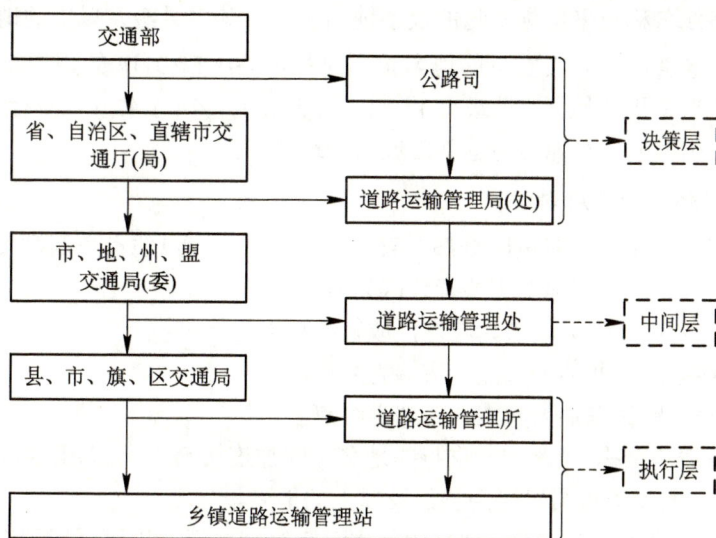

图 2.1-1　公路运政管理机构体系

五、我国现行公路网

1. 我国公路等级划分

我国的公路按行政等级分为国道、省道、县道、乡道、村道和专用公路六个等级。其中，国道包括国家高速公路和普通国道，省道包括省级高速公路和普通省道。

我国的公路按技术等级分为高速公路、一级公路、二级公路、三级公路和四级公路五个等级。其中，高速公路以外的其他公路称为普通公路。

2. 我国公路命名规则

1) 普通公路路线命名规则

普通公路路线的命名，应按照首都或省会放射线、北南纵线和东西横线的起讫点方向顺序排名，采用起讫点所在地的主要行政区划名称命名。

(1) 放射线以首都或省会城市为起点，放射线止点为终点；

(2) 北南纵线以路线北端为起点，南端为终点；

(3) 东西横线以路线东端为起点，西端为终点。

普通公路路线的全称，由路线起讫点的地名中间加连接符"——"组成，称为"××——×× 公路"。其中普通国道和普通省道宜采用县级及以上的地名作为起讫点地名。

普通公路路线的简称用起讫点地名的首位汉字组合表示，也可采用起讫点城市或其所在省、自治区、直辖市的法定地名简称表示，称为"××线"。县道及以下的公路也可简称为"××路"。如"北京——香港公路"简称为"京港线"。

普通公路为城市绕城环线或地区环线时，全称为"×× 市 (地区) 环线公路"，简称为"×× 环线"。

普通公路路线名称应采用规范化的汉字地名表示。其中县级及以上的地名按国家标准GB/T 2260 的规定执行，县级以下的地名按国家标准 GB/T 10114 的规定执行。未列入标准而实际存在或新变更的地区 (地级市)、县 (县级市)、乡 (乡镇) 以及行政村 (建制村) 名称，也可采用国家或省级地名主管部门颁布的地名。

2) 高速公路路线命名规则

高速公路路线的命名，应按照首都或省会放射线、北南纵线和东西横线的起讫点方向顺序排名，采用起讫点所在地的主要行政区划名称命名。

(1) 放射线以首都或省会城市为起点，放射线止点为终点；

(2) 北南纵线以路线北端为起点，南端为终点；

(3) 东西横线以路线东端为起点，西端为终点。

高速公路路线的全称，由路线起讫点的地名中间加连接符"——"组成，称为"××——×× 高速公路"。起讫点地名宜采用县级及以上的地名。

高速公路路线的简称用起讫点地名的首位汉字组合表示，也可采用起讫点城市或所在省、自治区、直辖市的法定地名简称表示，称为"×× 高速"。如"沈阳——海口高速公路"简称"沈海高速"。

高速公路为地区环线时，以路线所在的地区名称命名，全称为"×× 地区环线高速公路"，简称为"×× 环线高速"。如"杭州湾地区环线高速公路"简称"杭州湾环线高速"。

高速公路为城市绕城环线时，以路线所在的城市名称命名，全称为"×× 市绕城高速公路"简称为"×× 绕城高速"。如"沈阳市绕城高速公路"简称"沈阳绕城高速"。

3. 我国公路编号规则

1) 标识符

公路路线编号的首位代表公路的行政等级，采用一位字母标识符表示。公路行政等级的字母标识符见表 2.1-1。

表 2.1-1　公路行政等级字母标识符

公路行政等级	字母标识符
国道	G
省道	S
县道	X
乡道	Y
村道	C
专用公路	Z

2) 编号结构

(1) 普通公路路线编号结构。普通公路的路线编号，应由一位公路行政等级字母标识符 "G(S/X/Y/C/Z)" 和三位数字编号组配表示，见表 2.1-2。

表 2.1-2　普通公路路线编号结构

公路行政等级	路线编号结构
普通国道	G×××
普通省道	S×××
县道	X×××
乡道	Y×××
村道	C×××
专用公路	Z×××

(2) 国家高速公路路线编号结构。国家高速公路的首都放射线、北南纵线、东西横线和地区环线等主线编号，应由一位国道字母标识符"G"和不超过两位的数字编号组配表示；国家高速公路的城市绕城环线、联络线和并行线编号，应由一位国道字母标识符"G"和两位主线编号以及一位路线类型识别号"*"和一位顺序号"#"组配的四位数字编号表示。国家高速公路路线编号结构见表 2.1-3。

表 2.1-3　国家高速公路路线编号结构

国家高速公路类型		路线编号结构
主线	首都放射线	G××
	北南纵线	G××
	东西横线	G××
	地区环线	G××
城市绕城环线		G××*#
联络线		G××*#
并行线		G××*#

(3) 省级高速公路路线编号结构。省级高速公路的省会放射线、北南纵线、东西横线等主线编号，应由一位省道字母标识符"S"和不超过两位的数字编号组配表示；省级高速公路的城市绕城环线和联络线的编号，宜由一位省道字母标识符"S"和两位数字编号组配表示。省级高速公路路线编号结构见表 2.1-4。

表 2.1-4　省级高速公路路线编号结构

省级高速公路类型		路线编号结构
主线	省会放射线	S×
	北南纵线	S××
	东西横线	S××
城市绕城环线		S××
联络线		S××

3) 普通公路路线编号规则

(1) 普通国道路线编号规则。普通国道的路线编号，由国道标识符"G"和三位数字编号组配表示，编号结构见表 2.1-2。其数字编号的第一位用"1、2、3、5"分别标识首都放射线、北南纵线、东西横线和联络线，以全国为范围编制系列顺序号。

① 普通国道的首都放射线编号，从正北方向起，总体上按顺时针方向排列编号。

② 普通国道的北南纵线编号，按路线的纵向排列，总体上由东向西顺序编号。

③ 普通国道的东西横线编号，按路线的横向排列，总体上由北向南顺序编号。

④ 纳入普通国道的地区环线或城市绕城环线编号，可纳入首都放射线的编号区间。

⑤ 普通国道联络线的编号，在全国范围内总体上按照路线起点位置由北向南顺序编号，起点位于同一纬度附近的路线按照由东向西顺序编号。

(2) 普通省道路线编号规则。普通省道的路线编号，由省道标识符"S"和三位数字编号组配表示，其编号结构见表 2.1-2。其数字编号的第一位用"1、2、3、5"分别标识省会放射线、北南纵线、东西横线和联络线，以省级行政区域为范围编制系列顺序号。

① 普通省道与相邻省级行政区域的普通省道连接贯通时，宜统一编号。

② 跨省的普通省道为北南纵线时，宜以北侧省（自治区、直辖市）的路线编号为准。

③ 跨省的普通省道为东西横线时，宜以东侧省（自治区、直辖市）的路线编号为准。

(3) 县道路线编号规则。县道的路线编号，由县道标识符"X"和三位数字编号组配表示，编号结构见表 2.1-2。编号宜在本省级行政区域内，以县（县级市）或地区（地级市）级行政区域为范围编制系列顺序号，也可按省级行政区域为范围顺序编号。

(4) 乡道路线编号规则。乡道的路线编号，由乡道标识符"Y"和三位数字编号组配表示，编号结构见表 2.1-2。宜在本省级行政区域内，以县（县级市）级行政区域为范围编制系列顺序号，也可按地区（地级市）级或省级行政区域为范围编制系列顺序号。

(5) 村道路线编号规则。应对纳入国家里程统计范围的村道进行编号。村道的路线编号，由村道标识符"C"和三位数字编号组配表示，其编号结构见表 2.1-2。宜以县（县级市）级行政区域为范围编制系列顺序号。

(6) 专用公路路线编号规则。专用公路的路线编号，由专用公路标识符"Z"和三位数字编号组配表示，编号结构见表 2.1-2。宜以各省级行政区域为范围编制系列顺序号。公路、林业、农垦、油田、矿区等行业管理养护的专用公路需要加以区别时，其编号可分别列入本省（自治区、直辖市）专用公路编号中的不同系列区间。

(7) 其他编号规则。普通国道、普通省道及县道若是绕城环线，同一城市建有多条绕城环线时，其编号从主城区边缘到郊区由内向外按升序编排。

4) 高速公路路线编号规则

(1) 国家高速公路路线编号规则。国家高速公路的主线编号，由国道标识符"G"和一至两位数字编号组配表示；城市绕城环线、联络线和并行线编号，由国道标识符"G"和四位数字编号组配表示，其编号结构见表 2.1-3。

① 国家高速公路的首都放射线数字编号为一位数，总体上由正北开始按顺时针方向升序编排。

② 国家高速公路的北南纵线数字编号为两位奇数，总体上由东向西按升序编排。

③ 国家高速公路的东西横线数字编号为两位偶数，总体上由北向南按升序编排。

④ 国家高速公路的地区环线数字编号为两位数，其中第 1 位为"9"，在全国范围总体上按照由北向南的顺序编排。

纳入国家高速公路的城市绕城环线的数字编号为四位数，由两位主线编号加一位识别号"0"再加一位顺序号组成，即"G××0#"，如成都绕城高速在全国范围内统一编排为 $G42_{02}$。其中，主线编号和顺序号的选取应符合下列规定：

① 主线编号应优先选取该城市绕城环线所连接的北南纵线、东西横线和地区环线中编号最小者，若该主线所连接的城市绕城环线编号空间已全部使用，则选用主线编号次小者，以此类推。

② 城市绕城环线仅连接首都放射线时，主线编号前应以"0"补位，即"G0×0#"。

③ 同一条国家高速公路穿越多个省（自治区、直辖市）时，所连接城市绕城环线的顺序号，宜沿主线起讫方向增序排列。例如：$G42_{01}$ 属于武汉绕城高速，成都市绕城高速公路的高速编码为 $G42_{02}$。成都绕城高速编号由原 $G42_{01}$ 调整为 $G42_{02}$，成都第二绕城高速将由原 $G42_{02}$ 调整为 SA_2，成都经济区环线高速（三绕）由原 $G42_{03}$ 调整为 SA_3。

国家高速公路的并行线数字编号为四位数，由两位主线编号加一位识别号"2"再加一位顺序号组成，即"GX×2#"，在全国范围内统一编排。并行线数量突破容量时，可将识别号扩容至"4"，即"G××4#"。其中，主线编号和顺序号的选取应符合下列规定：

① 主线编号应优先选取并行线所连接的北南纵线和东西横线中编号最小者，若该主线所连接的并行线编号空间已全部使用，则选用主线编号次小者，以此类推。

② 并行线仅连接首都放射线时，主线编号前以"0"补位，即"G0×2#"。

③ 同一条国家高速公路主线穿越多个省（自治区、直辖市）时，所连接的并行线的顺序号宜沿主线起讫方向增序排列。

当新增国家高速公路路线时，原国家高速公路路线编号维持不变，新增的路线按其走向及所在位置，分别在原路线编号序列中的预留区间内顺序编号，预留区间不足时，在下一预留区间内编号；利用原有路线延伸起点或终点的国家高速公路，仍采用原路线的编号。

(2) 省级高速公路路线编号规则。省级高速公路的主线编号规则宜与国家高速公路主线的编号规则保持一致，由省道标识符"S"加一到两位数字编号组配表示；省级高速公路城市绕城环线和联络线的编号，宜由省道标识符"S"加两位数字编号组配表示。省级高速公路路线的编号结构见表 2.1-4，且其还应遵守以下原则：

① 省级高速公路与相邻省级行政区域的省级高速公路连接贯通时，宜统一编号。

② 跨省的省级高速公路为北南纵线时，宜以北侧省（自治区、直辖市）的路线编号为准。

③ 跨省的省级高速公路为东西横线时，宜以东侧省（自治区、直辖市）的路线编号为准。

5) 公路编号区间

(1) 公路主线编号区间。公路主线的编号区间见表 2.1-5。

表 2.1-5　公路主线编号区间

路线类型	编号区间	说　明
普通国道首都放射线	G101～G199	系列顺序号
普通国道北南纵线	G201～G299	系列顺序号
普通国道东西横线	G301～G399	系列顺序号
普通省道省会放射线	S101～S199	系列顺序号
普通省道北南纵线	S201～S299	系列顺序号
普通省道东西横线	S301～S399	系列顺序号
县道	X001～X999	顺序号或系列顺序号
乡道	Y001～Y999	顺序号或系列顺序号
村道	C001～C999	顺序号或系列顺序号
专用公路	Z001～Z999	顺序号或系列顺序号
国家高速公路首都放射线	G1～G9	顺序号
国家高速公路北南纵线	G11～G89	奇数号
国家高速公路东西横线	G10～G90	偶数号
国家高速公路地区环线	G91～G99	顺序号
省级高速公路省会放射线	S1～S9	顺序号
省级高速公路北南纵线	S10～S99	顺序号或系列顺序号，宜采用奇数
省级高速公路东西横线	S10～S99	顺序号或系列顺序号，宜采用偶数

(2) 普通公路联络线编号区间。普通公路联络线的编号区间见表 2.1-6。

表 2.1-6　普通公路联络线编号区间

路线类型	编号区间	说明
普通国道联络线	G501～G599	系列顺序号
普通省道联络线	S501～S599	系列顺序号

(3) 高速公路城市绕城环线、联络线和并行线编号区间。国家高速公路城市绕城环线、联络线和并行线以及省级高速公路城市绕城环线及联络线的编号区间见表 2.1-7。

表 2.1-7　高速公路城市绕城环线、联络线和并行线编号区间

路线类型	编号区间
国家高速公路城市绕城环线	G××01～G××09 G0×01～G0×09
国家高速公路联络线	G××11～G××19[a] G0×11～G0×19[a]
国家高速公路并行线	G××21～G××29[b] G0×21～G0×29[b]
省级高速公路城市绕城环线和联络线	S××（根据需要确定编号区间）

注：a 超容后，识别号可用"3"扩容。b 超容后，识别号可用"4"扩容。

4. 国道路线的名称和编号

普通国道路线的名称和编号见附录 1，国家高速公路路线的名称和编号见附录 2 和附录 3。

第二节 公路运输基础设施

一、公路设计的依据及公路等级

公路是指连接城市、乡村，主要供汽车行驶的具备一定技术条件和设施的道路。根据公路的作用和使用性质，可划分为国道主干线公路（国道）、省级干线公路（省道）、县级干线公路（县道）、乡级公路（乡道）以及专用公路。

公路设计是根据公路的使用任务、性质和交通量以及所经地区的地形、地质等自然条件来决定公路在空间的位置线形与尺寸，即公路在平面、纵断面和横断面上的几何形状与各部分尺寸的设计。

1. 公路设计的依据

在进行公路网的规划或确定一条公路的类型线形的过程中，都必须以公路所经地区的自然条件和交通资料为依据。在设计中应考虑以下交通数据：

1）设计车辆

以标准型号的汽车作为设计控制的车辆，其外廓尺寸见表 2.2-1。

表 2.2-1　设计车辆外廓尺寸

车辆类型	总长/米	总宽/米	总高/米	前悬/米	轴距/米	后悬/米
小客车	6	1.8	2	0.8	3.8	1.4
载重汽车	12	2.5	4	1.5	6.5	4
鞍式列车	16	2.5	4	1.2	4+8.8	2

2）设计车速

设计车速是指气候正常，交通密度小，汽车运输只受公路本身条件（几何要素、路面、附属设施等）影响时，一般驾驶员能安全舒适地行驶的最大车速。设计车速是确定公路几何线形的基本依据，如曲线半径、缓和曲线长度、超高率、视距、路幅等都与设计车速有关。各级公路的设计速度见表 2.2-2。

表 2.2-2　各级公路设计速度

公路等级	高速公路			一级公路			二级公路		三级公路		四级公路
设计速度 / (千米/小时)	120	100	80	100	80	60	80	60	40	30	20

3）交通量

交通量是确定公路等级的主要依据，它分为以下三种情况：

(1) 年平均日交通量 (AADT) 是公路普遍采用的交通计量单位，以全年交通量除以 365 而得，即

$$AADT = \frac{1}{365}\sum_{i=1}^{365} Q_i$$

(2) 年第 30 位高峰小时交通量 (30 HV) 是将一年中测得的 8760 个小时的交通量，从大到小按序排列，排在第 30 位的那个小时交通量。公路设计小时交通量宜采用年第 30 位小时交通量，也可根据公路功能采用当地的年第 20 ~ 40 位小时之间最为经济合理时位的小时交通量。我国部分地区设计小时交通量的系数如图 2.2-1 所示。

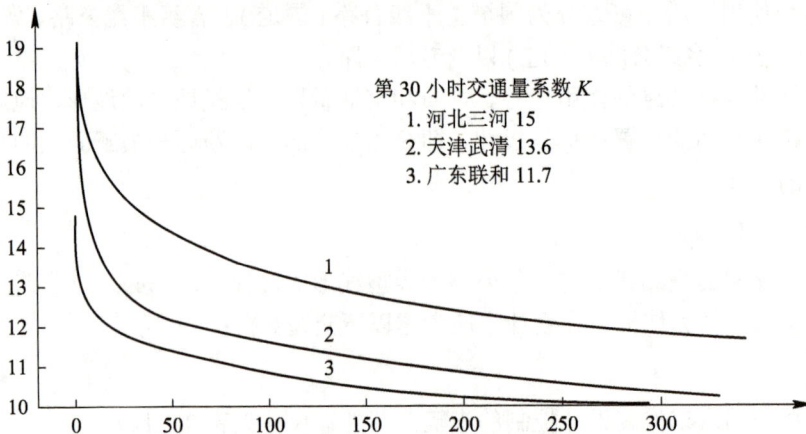

图 2.2-1　我国部分地区设计小时交通量系数图

(3) 远景交通量是公路改建和新建的依据，可以由现行交通量推算而得。因为我国公路一般是混合交通，所以在计算交通量时一般是将公路上行驶的各种车辆换算成标准车辆的数量，各种车辆的换算系数与车辆的行驶速度和其在道路上占用的面积有关。交通量换算采用小客车为标准车型 (折算系数为 1.0)，确定公路等级的各汽车代表车型和车辆折算系数规定见表 2.2-3。

表 2.2-3　各汽车代表车型与车辆折算系数

汽车代表车型	车辆折算系数	说　明
小客车	1.0	小于等于 19 座的客车和载质量小于等于 2 吨的货车
中型车	1.5	大于 19 座的客车和载质量大于 2 吨小于等于 7 吨的货车
大型车	2.0	载质量大于 7 吨小于等于 14 吨的货车
拖挂车	3.0	载质量大于 14 吨的货车

2. 公路的等级

公路根据交通特性及控制干扰能力，可分为高速公路、一级公路、二级公路、三级公路和四级公路五个等级，各级公路的交通特性如表 2.2-4 所示，各级公路的主要技术指标如表 2.2-5 所示。

表 2.2-4　各级公路的交通特性

公路等级	交 通 特 性	日交通量（辆小客车/日）
高速公路	专供汽车分方向、分车道行驶，全部控制出入的多车道公路	15 000 以上
一级公路	专供汽车分方向、分车道行驶，可根据需要控制出入的多车道公路	15 000
二级公路	供汽车行驶的双车道公路	5000～15 000
三级公路	供汽车、非汽车交通混合行驶的双车道公路	2000～6000
四级公路	供汽车、非汽车交通混合行驶的双车道或单车道公路	双车道：2000 以下　单车道：400 以下

表 2.2-5　各级公路主要技术指标

公路等级		高速公路		一		二		三		四	
地　形		平原微丘	山岭重丘	平原微丘	山岭重丘	平原微丘	山岭重丘	平原微丘	山岭重丘	平原微丘	山岭重丘
设计车速/(千米/小时)		——		100	60	80	40	60	30	40	20
计算行车速度/(千米/小时)		120	100	100	60	80	40	60	30	40	20
行车道宽度/米		2×7.5	2×7.5	2×7.5	2×7.5	9	7	7	6	3.5	
路基宽度/米		26	24.5	24.5	21.5	12	8.5	8.5	7.5	6.5	
最大纵坡/%		3	5	4	6	5	7	6	8	6	9
曲线最小半径/米	极限值	650	400	400	125	250	60	125	30	60	15
	一般值	1000	700	700	200	400	100	200	65	100	30
停车视距/米		210	110	160	75	110	40	75	30	40	20
设计车速/(千米/小时)		/	/	100	60	80	40	60	30	40	20
圆曲线长/米		/	/	85	50	70	35	50	25	35	20
曲线最小长度/米		/	/	170	100	140	70	100	50	70	40
合成坡度值/%		10	10.5	10	10.5	9.0	10.0	9.0	10	9.5	10.0
最小坡长/米		300	200	250	150	200	120	100	100	100	60

资料来源：《公路工程技术标准》。

二、公路的线形组成

公路路线是指公路的中线。线形是指公路中线在空间的几何形状和尺寸。公路中线是一条三维空间路线，由直线和曲线组成。为了把公路这个三维空间的实体表达出来，通常采用三个不同方向的投影图来分别研究公路的位置和形状。公路在水平面上的投影图称为公路的平面图；通过公路中线的竖向剖面图称为公路纵断面图；公路上任一点垂直于公路中线的竖向剖面图称为公路的横断面图。

公路线形是从平面、纵面和空间三个方面来进行研究的。公路线形设计包括平面线形设计、纵面线形设计和空间线形 (又叫平、纵组合线形) 设计三个部分。

路线平面图是公路路线设计文件中的主要内容之一，通过路线平面图可以展示出公路路线的平面位置、走向和海拔高程，还可以反映沿线人工构造物和工程设施布置以及它们与地形、地物的关系。路线平面图一般应示出地形、地物、路线位置、里程及百米桩、断链、水准点和大中桥、隧道位置，以及省、市、自治区、县的分界线，并示出其中的曲线元素。某山岭区一般公路的路线平面图如图 2.2-2 所示。

曲线元素表

JD		A		R	Ls	T	L	E	ZH	HY(ZY)	QZ	YH(YZ)	HZ
		Z	Y										
248	K53+002.52	51°47'	34°33'	50	0	15.54	30.14	2.36		K52+986.98	K53+003.05	K53+017.11	
249	+110.8			35	0	16.99	31.63	3.91		K53+093.81	+109.63	+125.44	
250	+161.45	60°08'		25	0	15.97	28.42	3.51		+145.46	+159.69	+173.90	
251	+217.96	87°17'		25	0	23.84	38.08	9.6		+194.12	+213.16	+232.20	
252	+259.66	26°26'		45	0	17.61	34.60	0.63		+242.35	+259.65	+276.95	
253	+325.66	38°38'		75	0	15.78	30.36	1.21		+346.88	+362.06	+377.24	
254	+372.44		38°42'	90	0	31.61	60.78	2.42		+340.83	+371.23	+401.62	
255	+448.83	6°20'		300	0	16.60	33.16	0.03		+431.83	+448.41	+464.99	
256	+628.54		51°10'	90	0	43.09	80.37	5.80		+583.45	+623.64	+663.82	
257	+757.11	62°18'		30	0	18.13	32.62	3.65		+748.96	+765.29	+781.60	
258	+822.72	25°45'		60	0	13.71	26.97	0.46		+808.01	+822.49	+835.98	
259	+895.91	15°20'		150	0	20.19	40.14	0.24		+875.72	+895.79	+915.86	
260A	+976.44		28°58'										
260	+994.56	62°33'		110	0	31.52	56.66	6.39		+963.04	+991.37	K54+019.69	
260D	K54+005.51	33°35'											

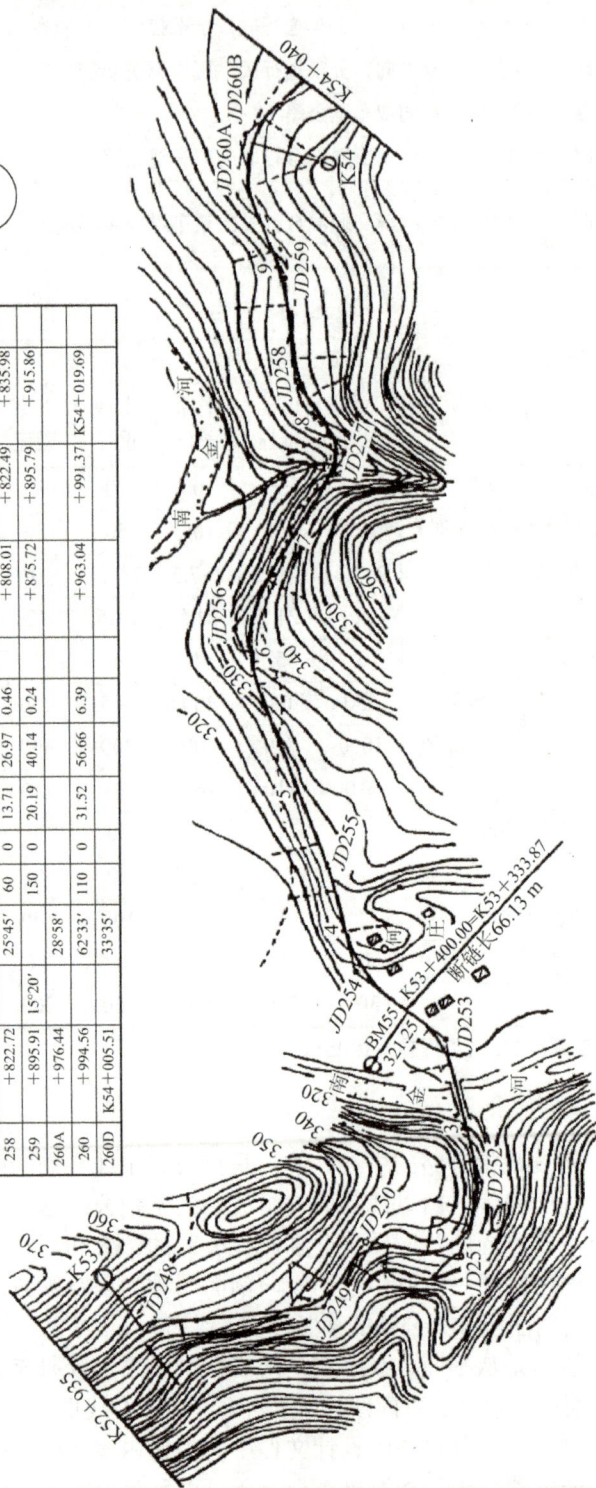

图 2.2-2 路线平面图

1. 公路线路的平面线形

由于各种因素及地形、地物、地质等自然条件的限制，一条较长的公路从起点到终点在平面上不可能是一条直线，而且常常需要有很多转折，每到转折处都需要设置平缓的曲线，以消除公路的突然转折，使汽车能够安全顺适地通过。因此，公路的平面线形就是由一系列的直线段及曲线段组合而成的。公路曲线一般为圆曲线，为了使线形更符合汽车的行驶轨迹，从而确保行车的顺适和安全，在直线与圆曲线间或不同半径的两圆曲线之间要插入缓和曲线。所以，构成道路平面线形的主要组成要素就是直线、圆曲线和缓和曲线。

1) 直线

直线是平面线形的基本要素之一。直线作为道路的主要线形，虽然具有路线直接、前进方向明确和测设简便等优点，但是长直线道路由于景观单调和公路环境缺少变化往往会使驾驶员产生疲劳或注意力分散，以致发生交通事故。因此，在线形设计中，选取直线及其长度时必须慎重考虑，应避免使用过长直线，并注意直线的设置应与地形、地物、环境相协调。直线的最大与最小长度应有所限制，从理论上求解是非常困难的，主要应根据驾驶员的视觉反应及心理承受能力来确定。

据国外资料介绍，对于设计速度大于或等于 60 千米 / 小时的公路，最大直线长度以汽车按设计速度行驶 70 秒左右的距离控制，一般直线路段的最大长度 (以米计) 应控制在设计速度 (以千米 / 小时计) 的 20 倍为宜；另外，从视觉特性上考虑，同向曲线之间直线的最小长度以不小于设计速度的 6 倍为宜，反向曲线之间的最小直线长度以不小于设计速度的 2 倍为宜。

2) 圆曲线

当公路需要改变方向时，在转弯处需要设置圆曲线来连接两条相交的直线段，连接方式采用圆曲线与两直线相切，采用平缓而适当的圆曲线，既能保证汽车平稳地行驶，又可引起驾驶员的注意力集中，有利于安全行车。同时，采用圆曲线也能符合汽车作转向行驶的行驶轨迹。

(1) 曲线半径。汽车在圆曲线上行驶时，除受重力影响外，还要受到离心力的影响。离心力使汽车产生两种不稳定的危险，一是汽车向外滑移，二是向外倾覆。离心力的大小是与圆曲线半径成反比的，即半径越小，离心力就越大，对行车安全很不利。为了保证行车安全与舒适，需要对圆曲线半径的最小值进行限制。圆曲线半径按下式确定：

$$R = \frac{v^2}{127(\mu \pm i)}$$

式中：R——圆曲线半径 (米)；

　　　　v——计算行车速度 (千米 / 小时)；

　　　　μ——横向力系数；

　　　　i——路面横向坡度，当汽车行驶在曲线内侧时取 "+"，在曲线外侧时取 "-"。

曲线半径大小的确定分为曲线设置超高和不设置超高两种情况。根据公路的等级和具体地形，在选择曲线半径时，应尽量采用最大的半径；一般情况下宜采用不设超高的半径；当地形或其他条件限制时，可以采用设置超高的半径，但不要轻易采用最小半径，尤其是位于平坡或下坡的长直线尽头处，不得采用最小半径。各等级公路的最小半径值见表 2.2-5。

(2) 曲线超高和加宽。为了使汽车能在小半径曲线上安全行驶，应把曲线部分的行车道建成外侧高于内侧的单向横坡，其外侧超高的部分即为曲线超高（如图2.2-3）。当公路弯道上的路面曲线半径小于一定数值时，路面需要适当加宽。因为汽车在弯道上行驶时，各个车轮的轨迹半径是不相等的，后轴内侧车轮行驶的半径最小，前轴外侧车轮行驶的半径最大，所以此时在弯道上行驶的汽车就需要有更宽的路面。曲线上的路面加宽一般设置在道路曲线内侧，如图2.2-3中的阴影部分所示。路面加宽后，对应的路基也应作相应的加宽。

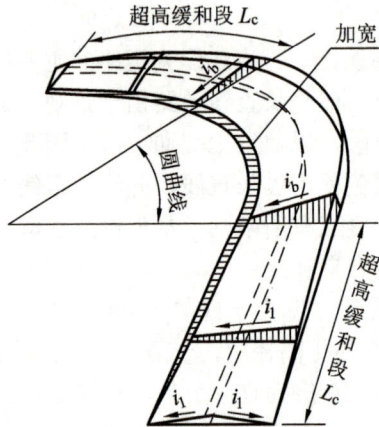

图 2.2-3　超高加宽示意图

(3) 曲线的最小长度。汽车在弯道上行驶时，如果曲线过短，就会造成驾驶员的疲劳和横向力对乘客的冲击。特别是汽车在高速行驶时，曲线过短可能造成离开理论上的安全行车轨迹过多而发生事故。因此，为了提高公路的使用质量，使行车迅速、安全与舒适，应尽量设置较长的曲线。即使各方面条件受限，仍应要求汽车在圆曲线上行驶的时间不少于3秒。各级公路的曲线最小长度如表2.2-5所示。

曲线连接有同向曲线、反向曲线和复曲线的连接等形式。在公路上，转向相同的两条相邻曲线称为同向曲线；转向不同的称为反向曲线；直接相连的曲线称为复曲线。两同向曲线连接，如果夹直线较短，则往往影响驾驶员的判断，导致行车不安全，道路也不美观，应尽力避免这样设计。此时，应将两曲线的半径加大，使它们连成复曲线。在设计复曲线时，两同向曲线的交点之间要有一定的距离，应能布置下两曲线的切线。两反向曲线相连时，若半径都较大且没有超高，则可以直接连接；若有超高，则在两曲线之间要设计有一段直线，以便设置缓和曲线或超高缓坡段。

3) 缓和曲线

缓和曲线是设置在直线与圆曲线之间或半径相差较大的两个转向相同的圆曲线之间的一种曲率连续变化的曲线，如图2.2-4所示。

缓和曲线的作用：在曲率变化缓和段，从直线向圆曲线或大半径圆曲线向小半径圆曲线变化；在横向坡度

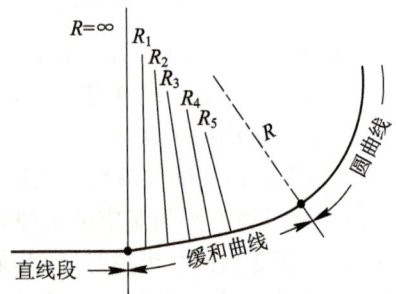

图 2.2-4　缓和曲线

变化的缓和段，直线段的路拱横坡渐变至弯道超高横坡度的过渡或圆曲线之间不同横坡度的过渡；在加宽缓和段，直线段的标准宽度向圆曲线部分加宽段之间的渐变。

缓和曲线的形式主要有回旋曲线式、三次抛物线式、双纽式等。缓和曲线长度的确定，主要考虑三方面的因素，即驾驶员操作从容和旅客感觉舒适；超高的附加坡度不宜过陡；行驶时间不宜过短。各级公路缓和曲线最小长度如表 2.2-6 所示。

表 2.2-6　公路缓和曲线最小长度

设计速度 /(千米 / 小时)	120	100	80	60	40	30	20
一般值 / 米	100	85	70	50	35	25	20

4) 平面线形设计

道路平面线形的基本要素是直线、圆曲线与缓和曲线。由于道路是连续不断的线形结构，更由于路线所经地形常常千差万别，所以道路的平面线形更多的是以直线、圆曲线与缓和曲线相结合而成的各种线形。

(1) 直线的应用。直线是道路平面线形中常见的线形。虽然直线有短捷、方向明确、容易布设等优点，但过长的直线并不被认为是好的线形，尤其是过长的直线线形易使驾驶员感到单调、疲倦，难以准确目测车间间距从而易生事故。

(2) 直线与曲线的组合。从线形的美观、协调及行车的平顺、舒适等方面考虑，要求直线和曲线在平面线形中应彼此协调且成比例地交替而不显单调，特别是高等级道路。直线与曲线组合通常应注意以下方面：

① 长直线的尽头不宜设置小半径的平曲线，如德国规定，曲线半径的大小取决于相连接直线的长度 L。当 L 小于等于 500 米时，$R \geqslant L$；当 L 大于 500 米时，R 大于等于 500 米。

② 同向曲线间应避免短的直线，即应满足 L 大于等于 $6V$，反向曲线间直线长 L 大于等于 $2V$，若难以避免短直线，则短直线部分宜用大半径曲线或缓和曲线来代替，以使线形顺适和自然。

(3) 曲线组合。曲线由于具有线形流畅、顺适、自然并与环境协调的优点，因而在道路平面线形设计中被广泛应用。德国、日本等国在高速公路的平面线形设计中就很重视曲线线形的作用。曲线之间的组合有以下几种：

① 基本型：按直线——回旋线——圆曲线——回旋线——直线的顺序来组合的形式，如图 2.2-5 所示。为使线形连续、协调，回旋线——圆曲线——回旋线的长度之比最好设计为 1：1：1。

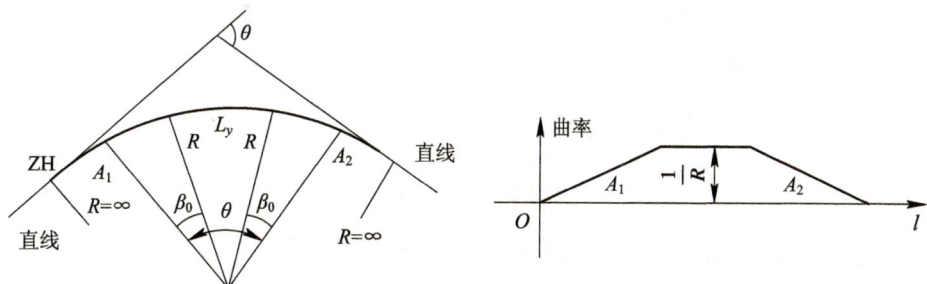

图 2.2-5　基本型曲线

② S 型：两个反向圆曲线用回旋线连接的组合形式称为 S 型，如图 2.2-6 所示。

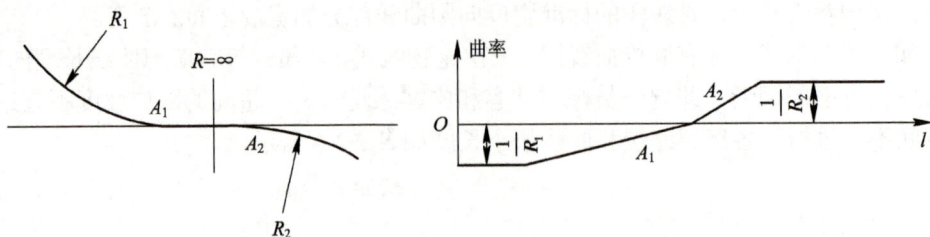

图 2.2-6 S 型曲线

③ 卵型：用一个回旋线连接两个同向圆曲线的组合形式，如图 2.2-7 所示。

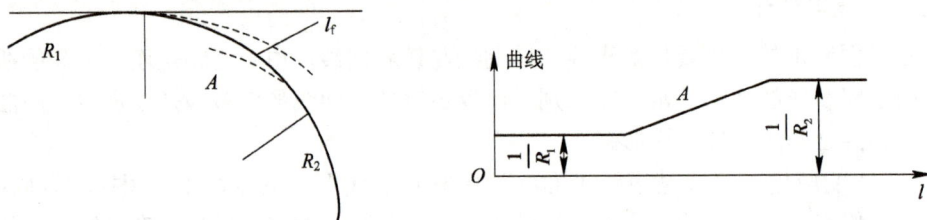

图 2.2-7 卵型曲线

④ 复曲线：半径不同的同向圆曲线直接相连接处，原则上应插入的回旋线，如图 2.2-8 所示。

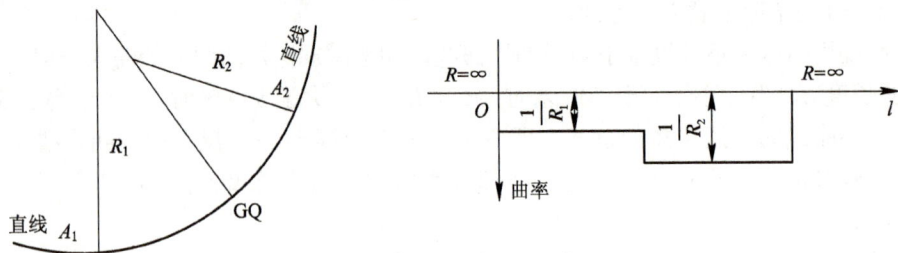

图 2.2-8 圆曲线直接相连接的复曲线

⑤ 凸型：在两个同向回旋线间不插入圆曲线而直接衔接的形式，如图 2.2-9 所示。一般情况下最好不采用凸型曲线，只有在地形、地物受限的山嘴等处方可采用。

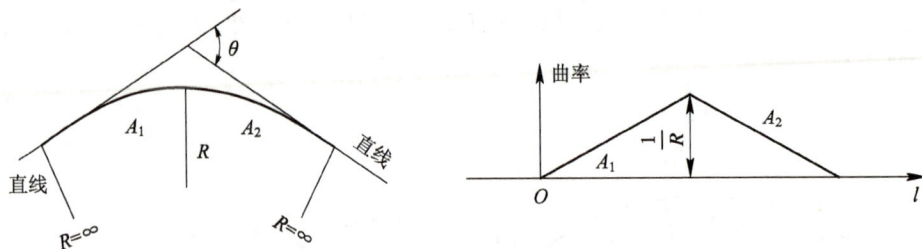

图 2.2-9 凸型曲线

⑥ 复合型：两个以上同向回旋线间在曲率相等处相互连接的形式，如图 2.2-10 所示。复合型曲线的两个回旋参数之比以小于 1∶1.5 为宜。复合型曲线除受地形或因其他特殊原因限制外，一般较少使用。

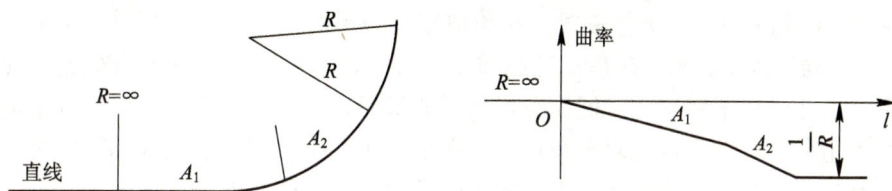

图 2.2-10 复合型曲线

(4) 行车视距。行车视距也是道路平面设计的要素之一。为了行车安全，驾驶员应能随时看到汽车前方一定距离的路面，一旦发现前方路上有障碍物和对面来车时，能及时采取措施从而避免相撞，这一必要的最短距离就称为行车视距。行车视距主要分为以下几种情况：

① 停车视距 ($S_停$)：小客车行驶时，当视点高为 1.2 米，物高为 0.1 米时，驾驶人员自看到前方障碍物时起，至障碍物前能安全停车所需的最短行车距离，即为小客车停车视距 (简称停车视距)；载重货车行驶时，当视点高为 2.0 米，物高为 0.1 米时，驾驶人员自看到前方障碍物时起，至障碍物前能安全停车所需的最短行车距离即为货车停车视距。停车视距及货车停车视距与设计速度对应的具体数值见表 2.2-7。

表 2.2-7 停车视距及货车停车视距表

设计速度 /(千米 / 小时)	120	100	80	60
停车视距 / 米	210	160	110	75
货车停车视距 / 米	245	180	125	85

如图 2.2-11 所示，停车视距由 S_0、S_1、S_2 三部分组成，即

$$S_停 = S_1 + S_2 + S_0$$

式中：S_1——驾驶员反应时间内行驶的距离；

S_2——驾驶员开始制动到车辆完全停止时行驶的距离；

S_0——安全距离。

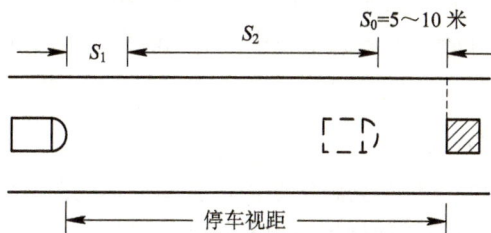

图 2.2-11 停车视距

② 会车车距 ($S_会$)：两对向行驶的汽车能在同一车道上及时刹车所必需的距离。

关于会车视距，在双车道公路上，尤其是交通量不大时，所需的安全视距按几何关系及运动状态计算，因为涉及的因素很多且不实用，所以一般不作计算。参照国外的普遍做法，会车视距取停车视距的两倍为宜。

由于高速公路和一级公路采用分道行驶，车辆同向行驶，不存在会车的问题，主要考虑的是停车视距。对于二、三、四级公路，除必须保证会车视距的要求外，某些双车道公路还应考虑超车视距的要求。

③ 超车视距 ($S_{超}$)：汽车行驶时为超越前车所必需的视距。在双车道公路上，当视点高为 1.2 米，物高为 1.2 米，在后车超越前车过程中，从后车开始驶离原车道之处起，至可见逆行来车并能超车后安全驶回原车道所需的最短距离，即为超车视距。双车道公路的行车特征是超车时经常要占用对向车道，为保证行车安全，相关的设计标准中规定双向行驶的双车道公路，应结合地形在适当的间隔内设置具有超车视距的路段。

超车视距有全超车视距和最小必要超车视距之分，如图 2.2-12 所示。

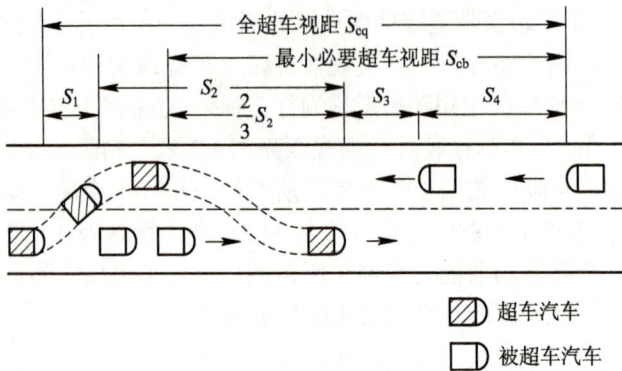

图 2.2-12 超车视距

全超车视距：

$$S_{cq} = S_1 + S_2 + S_3 + S_4$$

最小超车视距：

$$S_{cb} = \frac{2}{3}S_2 + S_3 + S_4$$

式中：S_1——加速行驶距离；

　　　S_2——超车汽车在对向车道上行驶的距离；

　　　S_3——超车完毕后，超车汽车与对向汽车间安全距离；

　　　S_4——超车汽车从开始加速到超车完毕，对向汽车的行驶距离。

2. 公路线路的纵断面

1) 线路纵断面及其组成要素

沿公路中线的竖向剖面，称为公路纵断面，其图形称为公路纵断面图，如图 2.2-13 所示。它反映了公路中线地面高低起伏的情况和设计线路的坡度情况，从而可以计算出纵向土石方工程的挖填工作量。公路纵断面图是公路设计的重要技术文件之一。把公路的纵断面图和平面图结合起来，就能够完整地表达出道路的空间位置。

公路纵断面的线形要素包括直线 (即均匀坡度线) 和竖曲线两种。坡度线分为上坡和下坡，是以坡度和水平长度表示的。

纵断面设计是线路设计的重要环节，直接关系到公路的造价和使用质量。为保证汽车以一定的速度安全顺利地行驶，线路纵断面应具有一定的平顺性，起伏不宜过于频繁，尽量避免采用极限纵坡。在较大的纵坡上应限制坡段的长度，保证汽车能以一定的速度上坡或下坡；在连续升坡和降坡路段不宜设置反坡或小半径曲线，以保证汽车行驶的平顺和稳定。

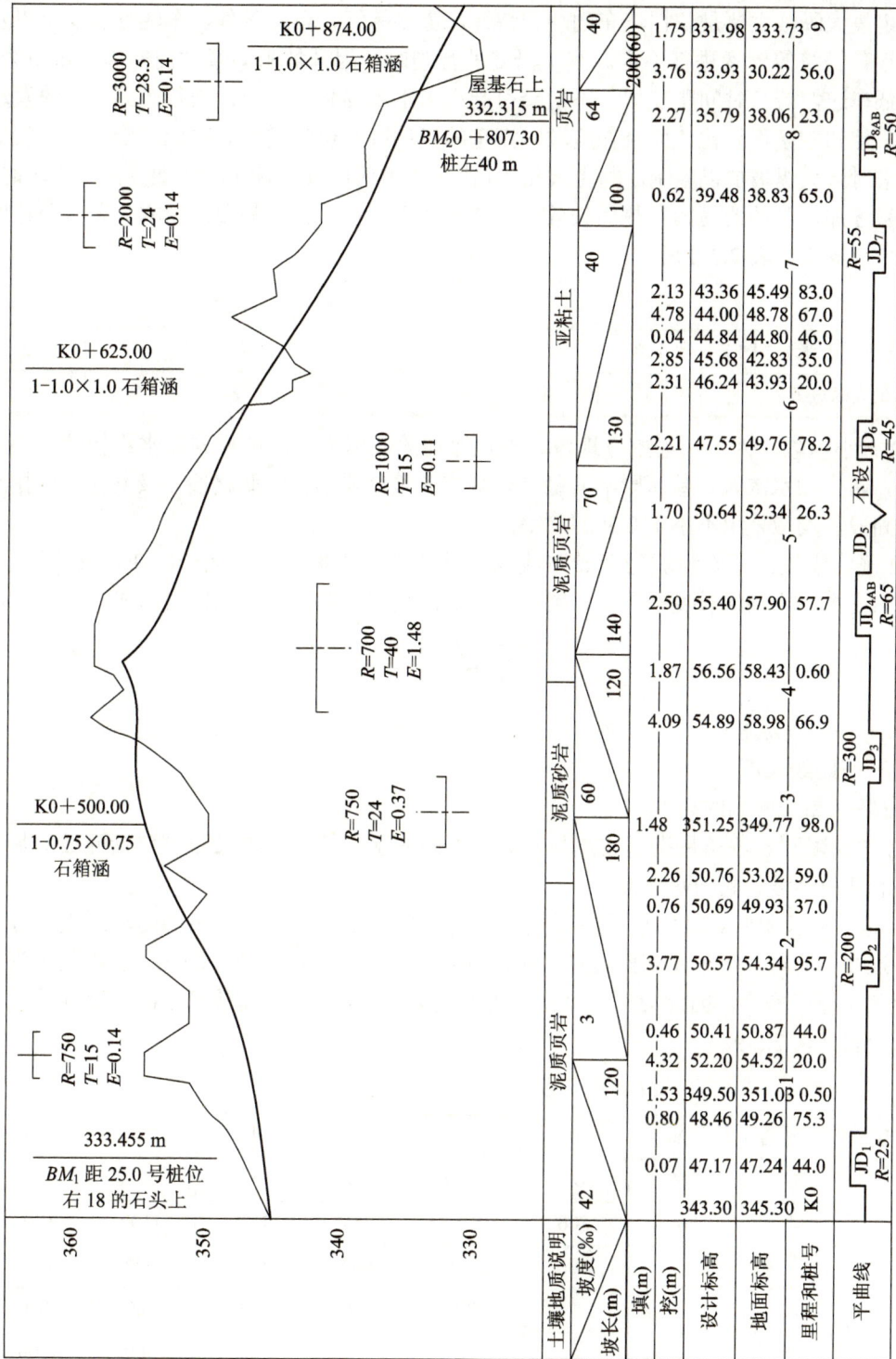

图 2.2-13 公路纵断面图

2) 纵坡

(1) 最大纵坡。最大纵坡是道路纵坡设计的极限值，是纵面线形设计的一项重要指标。最大纵坡的大小将直接影响路线的长短、使用质量、行车安全以及运营成本和工程的经济性。制定最大纵坡主要是依据汽车的动力特性、道路等级、自然条件、车辆行驶安全以及工程、运营经济等因素进行确定。汽车沿陡坡行驶时，因升坡阻力增加而需增大牵引力，从而降低车速，若长时间爬陡坡，不但会引起汽车水箱沸腾、气阻，使行驶无力以致发动机熄火，使驾驶条件恶化，而且在爬坡时汽车的机件磨损也将增大。因此，应从汽车爬坡能力考虑对最大纵坡加以限制。与上坡相比，汽车下坡时的安全性更为重要。汽车下坡时，制动次数增加，制动器易因发热而失效，驾驶员心理紧张，也容易发生车祸。各级公路的最大纵坡值规定如表 2.2-8 所示。

表 2.2-8　公路最大纵坡值

设计车速 /（千米 / 小时）	120	100	80	60	40	30	20
最大纵坡 /%	3	4	5	6	7	8	9

(2) 最小纵坡。为了保证挖方地段、设置边沟的低填方地段和横向排水不畅地段的纵向排水，防止积水渗入路基而影响其稳定，规定各级公路的长路堑路段以及其他横向排水不畅的路段，均应采用不小于 0.3% 的纵坡。

(3) 平均纵坡。平均纵坡是衡量路线线形设计质量的重要指标之一。在道路设计中，平均纵坡是指一定路线长度范围内，路线两端点的高差与路线长度的比值，即

$$i_p = \frac{H}{l}$$

式中：i_p——平均纵坡；

　　　l——路线长度；

　　　H——路线两端的高差。

(4) 坡长限制。坡长是指变坡点与变坡点之间的水平长度，坡长限制包括陡坡的最大坡长限制和最小坡长限制两个方面。

① 最大坡长限制。最大坡长应根据汽车动力性能来决定。长距离的陡坡对汽车行驶不利。连续上坡时，汽车发动机过热影响机械效率，从而使行驶条件恶化；下坡则因刹车频繁而危及行车安全，因此应对陡坡的长度有所限制。《公路工程技术标准》对陡坡的最大坡长限制见表 2.2-9。

表 2.2-9　公路最大坡长

设计车速 /（千米 / 小时）		120	100	80	60	40	30	20
纵坡坡度 /%	33	900	1000	1100	1200			
	4	700	800	900	1000	1100	1100	1200
	5		600	700	800	900	900	1000
	6			500	600	700	700	800
	7					500	500	600
	8					300	300	400
	9						200	200
	10							200

② 最小坡长限制。最小坡长是指相邻两个变坡点之间的最小水平长度。若其长度过短，则会使变坡点个数增加，行车时颠簸频繁，当坡度差较大时还容易造成视觉的中断以及视距不良，从而影响到行车的平顺性和安全性。另外，从线形的几何构成来看，纵断面是由一系列的直坡段和竖曲线所构成，若坡长过短，则不能满足设置最短竖曲线这一几何条件的要求。为使纵断面线形不致因起伏频繁而呈锯齿形状况，并便于平面线形的合理布设，故应对纵坡的最小长度做出限制。最小坡长通常以设计车速行驶 9 ~ 15 秒的行程作为规定值。一般在设计车速大于或等于 60 千米 / 小时时取 9 秒，设计车速为 40 千米 / 小时时取 11 秒，设计车速为 20 千米 / 小时时取 15 秒。《公路工程技术标准》对各级公路的最小坡长规定见表 2.2-10。

表 2.2-10　公路最小坡长

设计车速 /(千米 / 小时)	120	100	80	60	40	30	20
最小坡长 / 米	300	250	200	150	120	100	60

(5) 合成坡度。道路在平曲线路段，若纵向有纵坡且横向又有超高时，则最大坡度在纵坡和超高横坡所合成的方向上，这时的最大坡度称为合成坡度，如图 2.2-14 所示。

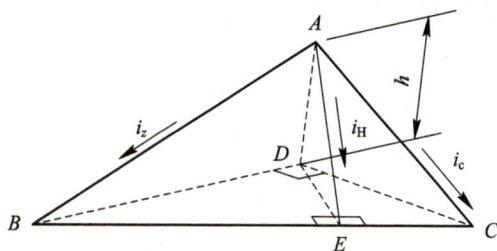

图 2.2-14　合成坡度

合成坡度的计算公式为

$$i_H = \sqrt{i_z^2 + i_c^2}$$

式中：i_H——合成坡度；

　　　i_z——路线纵坡；

　　　i_c——超高横坡。

在陡坡急弯处，若合成坡度过大，则将产生附加阻力以及汽车重心偏移等不良现象，给行车安全带来影响，为防止汽车沿合成坡度方向滑移，应对由超高横坡和路线纵坡组成的合成坡度加以限制。《公路工程技术标准》对公路和城市道路合成坡度的规定见表 2.2-11。

表 2.2-11　公路最大合成坡度

设计车速 /(千米 / 小时)	120	100	80	60	40	30	20
合成坡度 /%	10.0	10.0	10.5	10.5	10.0	10.0	10.0

3) 竖曲线

当纵断面上相邻的两条坡度线相交时，出现了变坡点和变坡角。汽车驶过该处时，将受到冲击，行车的平顺性会受到破坏。为了缓和这种突变，保证行车平稳和满足视距要求，在变坡点处应设置竖曲线。相邻两坡度线的交角用坡度差"ω"表示，坡度角一般较小，可近似地用两坡段坡度的代数差表示，即 $\omega = i_2 - i_1$，式中 i_1、i_2 分别为两相邻坡段的坡度值，上坡为正，下坡为负，如图 2.2-15 所示。ω 为正时，变坡点在曲线下方，竖曲线开口向上，称为凹形竖曲线；ω 为负时，变坡点在曲线上方，竖曲线开口向下，称为凸型竖曲线。

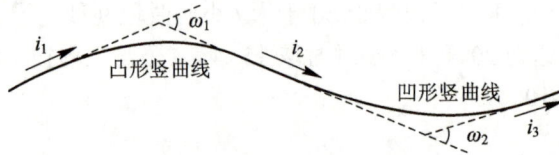

图 2.2-15　竖曲线示意图

各级道路在变坡点处均应设置竖曲线。竖曲线的线形采用二次抛物线。由于在其应用范围内，圆曲线与抛物线几乎没有差别，因此竖曲线通常表示成圆曲线的形式，用圆曲线半径 R 来表示竖曲线的曲率半径。

(1) 竖曲线几何要素。竖曲线的几何要素主要有竖曲线切线长 T、曲线长 L 和外距 E，如图 2.2-16 所示。其中：

$$L = R \cdot \omega$$

$$T = \frac{L}{2}$$

$$E = \frac{T^2}{2R}$$

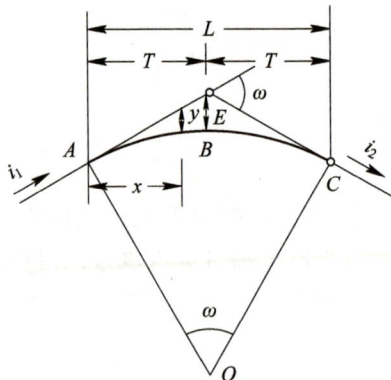

图 2.2-16　竖曲线几何要素

(2) 竖曲线最小半径。凹形竖曲线极限最小半径，主要从限制离心力、夜间行车前灯照射的影响以及在跨线桥下的视距三个方面计算分析确定；凸型竖曲线极限最小半径，主要从限制失重不至过大和保证纵面行车视距两个方面计算分析确定。公路竖曲线最小半径如表 2.2-12 所示。

表 2.2-12　公路竖曲线最小半径和最小长度

设计车速 /(千米 / 小时)		120	100	80	60	40	30	20
凸型竖曲线半径 / 米	极限最小值	11 000	6500	3000	14 000	450	250	100
	一般最小值	17 000	10 000	4500	2000	700	400	200
凹型竖曲线半径 / 米	极限最小值	4000	3000	2000	1000	450	250	100
	一般最小值	6000	4500	3000	1500	700	400	200
竖曲线最小长度 / 米		100	85	70	50	35	25	20

竖曲线极限最小半径是缓和行车冲击和保证行车视距所必需的竖曲线半径的最小值,该值只有在地形受限制迫不得已时才采用。通常为了行车有较好的舒适条件,设计时多采用大于极限最小半径 1.5 倍～ 2.0 倍的半径值,此值即为竖曲线一般最小半径。

(3) 竖曲线最小长度。与平曲线相似,当坡度角较小时,即使采用较大竖曲线半径,竖曲线的长度也很短,这样容易使驾驶员产生急促的变坡感觉。同时,竖曲线长度过短,易对行车造成冲击。我国公路按照汽车在竖曲线上 3 秒的行程时间控制竖曲线最小长度,如表 2.2-12 所示。

4) 公路线形与景观的配合

高速公路出现以后,人们越来越感到应该将高速公路作为景观的对象来考虑。也就是说,道路设计在满足运动学和力学要求的同时,还必须重视视觉的感受。

公路景观工程包括内部协调和外部协调两方面。内部协调主要是指公路的平、纵断面线形方面,视觉的连续性和立体协调性;外部协调则主要指公路两侧坡面、路肩、中央分隔带的协调设置,以及宏观的路线设置。

对于在公路上行车的驾驶员来说,只有眺望起来具有滑顺、优美线形和景观的公路,才能称为舒适和安全的公路。

3. 公路线路的横断面

公路是具有一定宽度的带状结构物。若在垂直于线路中心线方向上作一垂直剖面,这个剖面就叫作横断面,其图形叫作横断面图,它反映了路基的形状和尺寸。横断面图也是公路的主要技术设计文件之一。公路横断面的一般布置形式如图 2-2.17 所示。

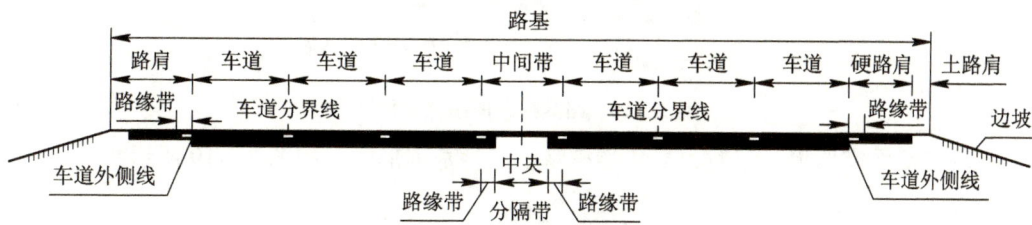

图 2-2.17　公路横断面图

公路横断面包括路面、路肩 (路面和路肩构成路基)、边坡、边沟、截水沟、护坡道、分隔带以及专门设计的取土坑、弃土坑、树林等。

1) 路基宽度

路基宽度为路面宽度和两侧路肩宽度之和 (一级及高速公路包括分隔带)。

路面宽度是指供车辆直接行驶的公路表面宽度,即行车部分。路面宽度视车道数和每一条车道的宽度而定。

车道数根据交通密度、车辆类型和行车速度以及地形来确定，一般分为单车道、双车道、四车道和多车道。

车道宽度主要与汽车的外形尺寸和行驶速度有关。车速越高，车辆在行驶中偏离直线的程度越大，因此确定车道宽度时，应充分考虑车辆在行驶中的横向摆幅和安全距离。

行车道的两侧需设置路肩，以保持行车道的功能和临时停放车辆，并起到为路面作横向支撑的作用。

一级公路或高速公路为了保证来与往两个方向的车辆能高速、安全地行驶，必须在相对方向的中间设置分隔带。

2) 路拱

路基经常受雨水的侵袭，为了保证它的强度和行车安全，必须将雨水排走。因此，应将路面设计成中间高并向两侧倾斜的拱形，以利横向排水，这种拱形构造即为路拱。

路拱坡度与路面的粗糙程度有关。路面越粗糙，排水阻力越大，要求的路拱坡度也越大。过大的横坡，虽利于排水，但不利于行车，会引起车轮沿路面横向滑移，尤其在湿滑的路面处更危险。

三、公路的构成

公路的结构组成主要包括路基、路面、桥涵、排水系统、防护工程、隧道、特殊构造物等部分。

1. 路基

路基是公路行车部分的基础，是由土、石按照一定尺寸和结构要求所构成的带状土建工程构造物。路基横断面构成如图 2.2-18 所示。

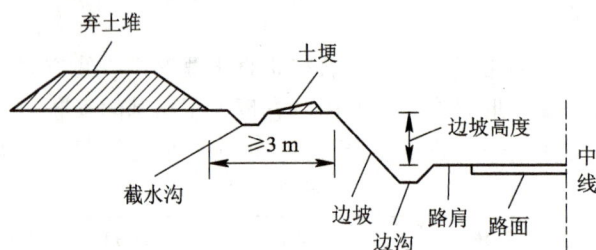

图 2-2.18　路基横断面组成示意图

路基横断面有路堤、路堑、半填半挖路基三种基本形式，如图 2.2-19 所示。

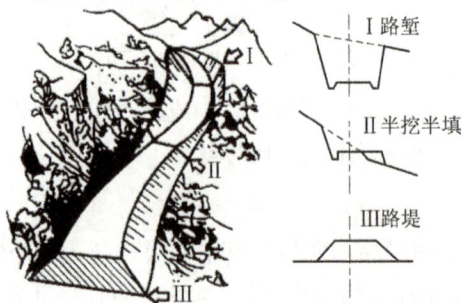

图 2-2.19　路基横断面形式

(1) 路堤。路堤亦称填方路基，指路线高于天然地面时填筑而成的路基。

(2) 路堑。路堑亦称挖方路基，指路线低于天然地面时开挖而成的路基。

(3) 半填半挖路基。介于上述两者之间的路基称为半填半挖路基。

2. 路面

公路路面是在路基上用坚硬材料铺筑的供汽车行驶的层状结构物，它直接承受车辆的行驶作用力。路面一般分为面层、基层、垫层和土基。

(1) 路面的含义。路基顶面用各种材料分层铺筑而成的结构层叫路面。

(2) 对路面的基本要求。路面应具有足够的强度、平整度和粗糙度，以保证汽车以一定的速度安全、舒适地行驶。

(3) 路面的分类。路面按其材料组成、结构强度和使用品质有高级、次高级、中级和低级路面之分；按其力学性质有柔性路面和刚性路面之分。

3. 桥涵

当公路跨越河流、沟谷或者和铁路、另一条公路交叉时，需要修建桥梁来跨越障碍。我国文化悠久，是世界上文明发达最早的国家之一。在桥梁建筑方面，我们的祖先在世界桥梁建筑史上曾写下了光辉灿烂的篇章。例如，富有民族风格的我国古代石拱技术，其结构的精心巧思，以及艺术造型的丰富多彩，长期以来一直驰名中外。举世闻名的河北省赵县的赵州桥（又称安济桥），就是我国古代石拱桥的杰出代表，如图 2.2-20 所示。该桥在隋大业初年（公元 605 年左右）为工匠李春所创建，是一座空腹式的圆形石拱桥，净跨37.02 米，宽 9 米，拱矢高度 7.23 米。

图 2.2-20　赵州桥

1) 桥梁的组成

桥梁主要由桥跨结构、墩台及基础两个基本部分组成，如图 2.2-21 所示。

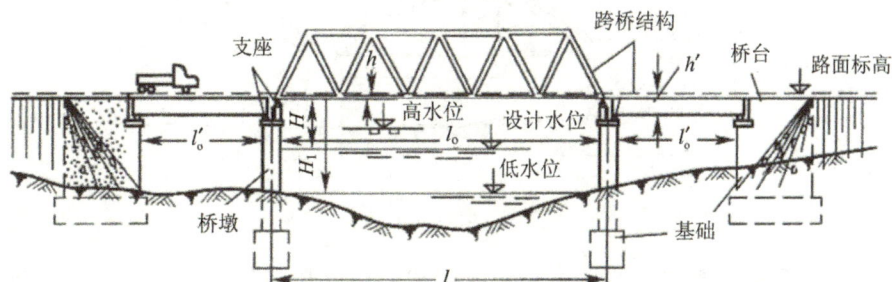

图 2.2-21　梁式桥结构

桥跨结构常称上部结构，它包括承重结构和桥面系两部分。承重结构是跨越障碍物、承受自重、行人和车辆荷载的主要构件。桥面系由桥面铺装、桥面排水、防水措施、伸缩缝、人行道和栏杆等组成，如图 2.2-22 所示。

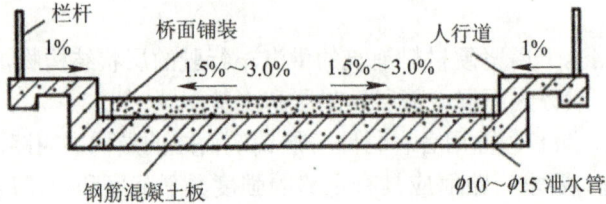

图 2.2-22　桥面构造

桥墩和桥台是支撑桥跨结构并将恒载和车辆等活载传至地基的建筑物。设在桥两端的称为桥台，与路面相衔接，以抵御路堤的压力，防止路堤填土的滑坡和坍落。中间支承叫桥墩。单孔桥没有中间桥墩。桥墩和桥台为桥梁下部结构。

基础是桥墩和桥台中使全部荷载传至地基的底部奠基部分，它是确保桥梁能安全使用的关键。因为基础往往深埋于土层之中，并且需要在水下施工，所以也是桥梁建设中比较困难的一个部分。

在路堤与桥台衔接处以及桥台两侧应设置石砌的锥形护坡，以保证迎水部分路堤边坡的稳定。在桥梁建筑工程中，除了上述基本结构外，还常常修筑护岸、导流结构物等附属工程。在设计和建设桥梁时，还应充分考虑水位因素的影响。

低水位：河流中的水位是变动的，在枯水季节的最低水位称为低水位。

高水位：在河流涨水季节，洪峰时河流中的最高水位称为高水位。

设计洪水位：桥梁设计中按规定的设计洪水频率计算所得的高水位称为设计洪水位。

2) 桥梁的类型

(1) 按桥梁的不同结构分类，其可分为梁式桥、拱式桥、钢架桥、吊桥以及它们之间的各种组合。

① 梁式桥。它是一种在竖向荷载作用下无水平反力的结构，如图 2.2-21 所示。

② 拱式桥。拱式桥的主要承重结构是拱圈。这种结构在竖向荷载作用下，桥墩或桥台将承受水平推力。拱桥概貌如图 2.2-23 所示。

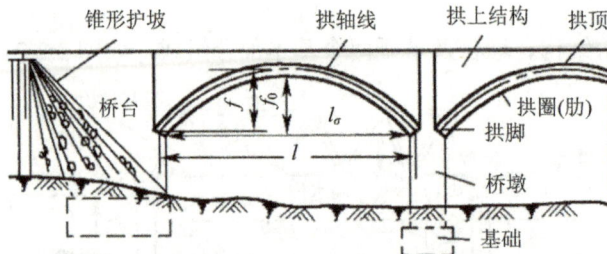

图 2.2-23　拱桥

③ 钢架桥。钢架桥的主要承重是梁或板和立柱或竖墙整体结合在一起的钢架结构，梁和柱的连接处具有很大的刚性，如图 2.2-24 所示。

门形钢架桥

路面

斜腿钢架桥

高水位

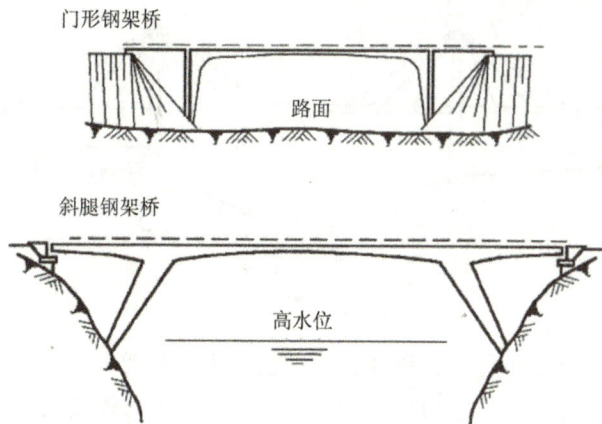

图 2.2-24　钢架桥

④ 吊桥。传统的吊桥均用悬挂在两边塔架上的强大缆索作为主要承重结构。在竖向荷载作用下，通过吊杆使缆索承受很大的拉力，通常需要在两岸桥台的后方修筑巨大的锚碇结构。吊桥也是具有水平反力（拉力）的结构。现代的吊桥上，广泛采用高强度钢丝编制的钢缆，以充分发挥其优异的抗拉性能。因这种结构自重较轻，所以能以较小的建筑高度跨越其他任何桥型都无法跨越的特大跨度。吊桥概貌如图 2.2-25 所示。

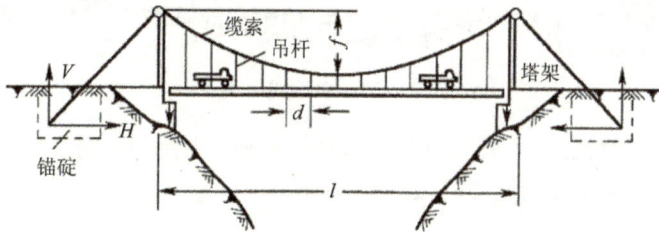

缆索
吊杆
塔架
V
H
d
l
锚碇

图 2.2-25　吊桥

⑤ 组合体系桥。根据结构的受力特点，由几个不同体系的结构组合而成的桥梁称为组合体系桥，如图 2.2-26 所示。

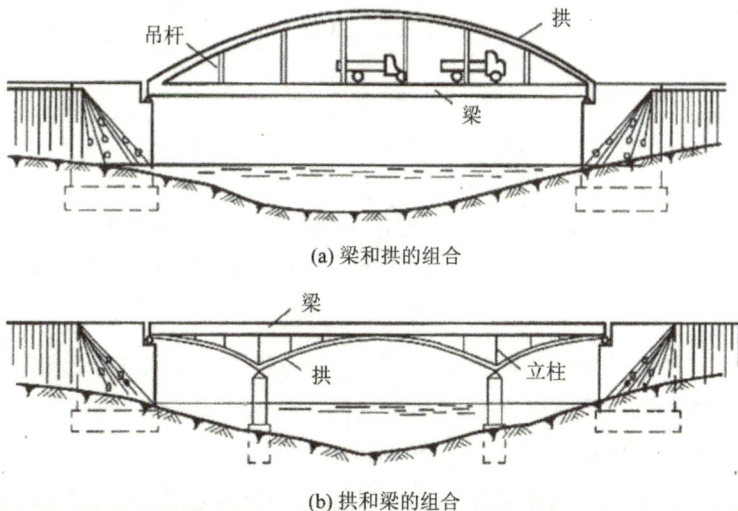

吊杆
拱
梁

(a) 梁和拱的组合

梁
拱
立柱

(b) 拱和梁的组合

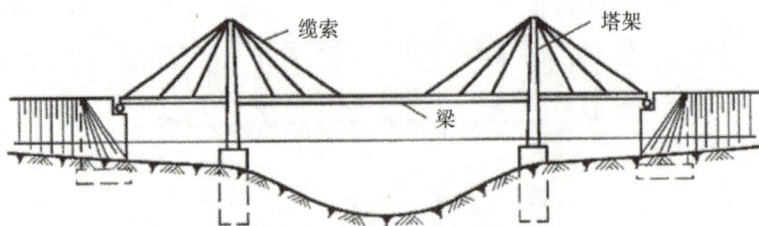

(c) 梁和斜缆的组合

图 2.2-26　组合体系桥

(2) 按不同用途，桥梁可分为公路桥、生产桥、人行桥等。

(3) 按跨越障碍的性质，桥梁可分为跨河桥、跨线桥（立体交叉）、高架桥和栈桥等。

(4) 按上部结构的行车道位置，桥梁可分为上承式（图 2.2-26(b)）、下承式（图 2.2-26(a)）和中承式桥梁。中承式桥梁如图 2.2-27 所示。

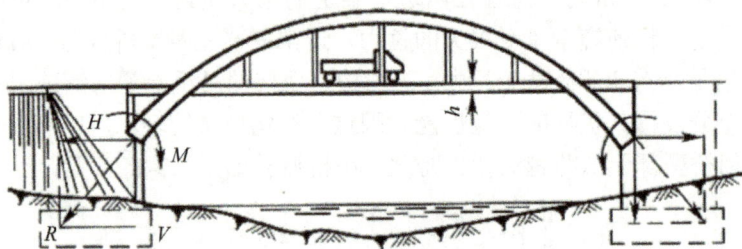

图 2.2-27　中承式桥梁

(5) 按桥梁全长和跨径的不同可分为特大桥、大桥、中桥和小桥。《公路工程技术标准》规定的大、中、小桥划分的标准如表 2.2-13 所示。

表 2.2-13　按桥梁全长和跨径分类

桥梁分类	多孔跨径总长 L/ 米	单孔跨径 L_K/ 米
特大桥	$L > 1000$	$L_K > 150$
大桥	$100 \leqslant L \leqslant 1000$	$40 \leqslant L_K < 150$
中桥	$30 < L < 100$	$20 \leqslant L_K < 40$
小桥	$8 \leqslant L \leqslant 30$	$5 \leqslant L_K < 20$
涵洞	——	$L_K < 5$

3) 涵洞

涵洞是用来排泄路堤下水的构筑物。通常在建造涵洞处路堤不中断。为了区别于桥梁，《公路工程技术标准》中规定，单孔跨径不到 5 米的泄水结构物均称为涵洞，如表 2.2-13 所示。

4. 排水系统

为了确保路基稳定，避免受水的侵蚀，公路还应修建排水系统。公路排水系统可按其排水方向和排水位置的不同进行分类。

(1) 按排水方向分为纵向排水系统和横向排水系统。

① 纵向排水系统。纵向排水系统常见的有边沟、截水沟和排水沟等，如图 2.2-18 所示。

② 横向排水系统。横向排水系统常见的有路拱、桥涵、透水路堤、过水路面和渡槽等，如图 2.2-28 所示。

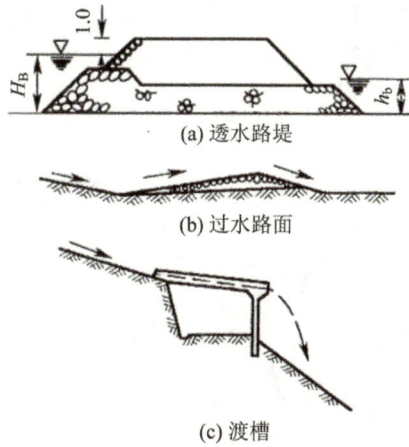

(a) 透水路堤

(b) 过水路面

(c) 渡槽

图 2.2-28　横向排水系统

(2) 按排水位置不同，又可分为地面排水和地下排水。

① 地面排水。地面排水主要是排除危害路基的雨水、积水及外来水等地面水。

② 地下排水。地下排水主要是排除地下水和其他需要通过地下排除的水。盲沟是常见的公路地下排水结构物，如图 2.2-29 所示。

图 2.2-29　盲沟

5. 隧道

公路穿过山岭，置于地层内或地面下的结构物称为隧道，如图 2.2-30 所示。隧道也是公路上的重要结构物，特别是在山区修建的一级公路和高速公路，隧道占的比例较大。一些长大隧道往往是关键工程。

图 2.2-30　隧道

6. 防护工程

在公路通过山区或沿河地段时，在陡峭的山坡上或沿河一侧，为保证公路路基的稳定，加固路基边坡所修建的构造物，称为防护工程。常见的公路路基防护工程有填石路基、砌石护坡、挡土墙、护脚及护面墙等，如图 2.2-31 所示。

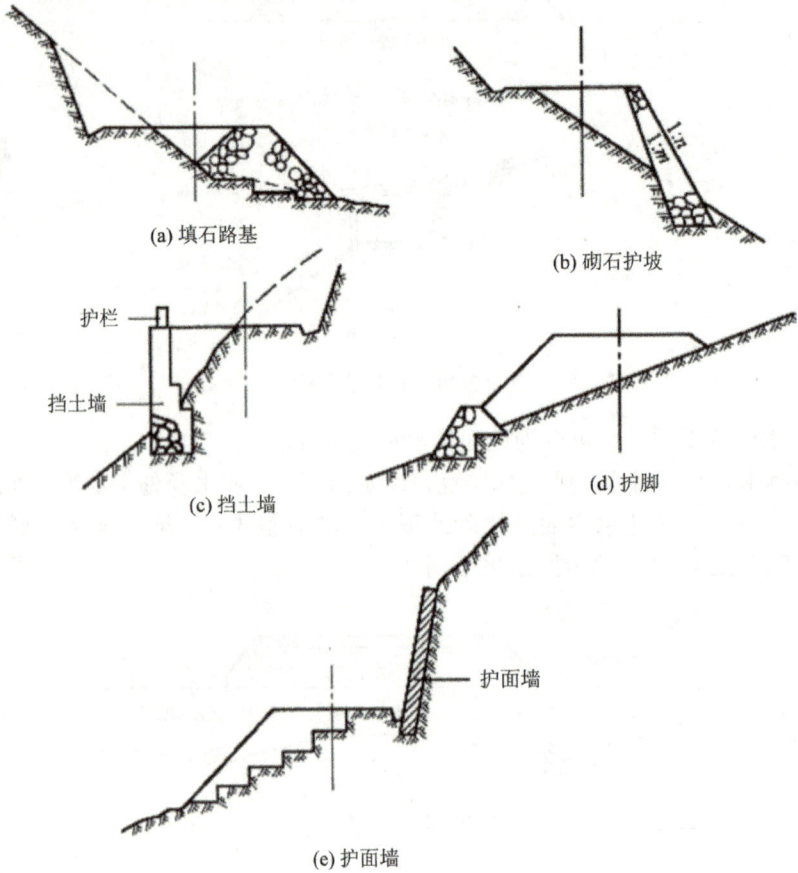

图 2.2-31　防护工程

7. 特殊构造物

公路在山区地形或地质特别复杂的路段，为了保证公路的连续和路基的稳定，有时需修建一些特殊的构造物，如悬出路台、半山桥、明洞等，如图 2.2-32 所示。

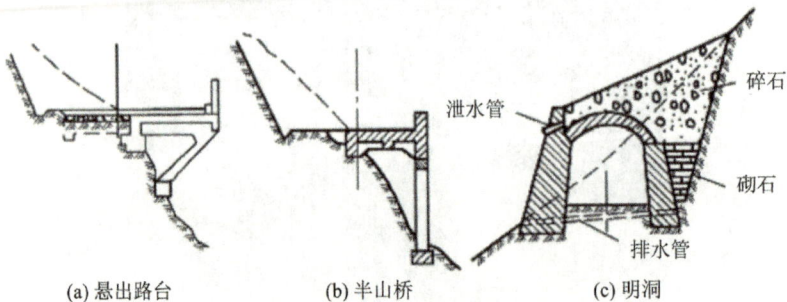

图 2.2-32　特殊构造物

四、沿线设施

公路除了线形组成和结构组成外，为了保证行车安全、舒适，增进路容美观，还需要设置各种沿线设施，主要有交通安全设施、交通管理设施、交通服务设施和其他沿线设施等。由于公路的技术等级和具体情况不同，对沿线设施的要求也不一样。如高速公路、一级公路的交通量大且车速高，要求沿线设施齐全、坚固、醒目、美观、经济。沿线设施可根据近期及远期需要的不同，采取一次建成或分期修建。

1. 交通安全设施

1) 防护设施

防护设施是为避免车辆碰撞和伤及行人或因失误而驶出路外等交通事故而设置的，通常采用护栏（包括波形钢护栏、隔离栅等）。对于高速公路和一级公路是为了防止非机动车辆、行人以及牲畜等的闯入或横穿；对于其他等级的公路，应在通过城镇、村庄及可能发生此类情况的路段上设置。前者用金属材料并单独设计，后者视情况采用木、石、钢筋混凝土等设置。在高路堤、桥头引道、极限最小半径、陡坡路段等处可设置护柱，用木、石、钢筋混凝土制成，为醒目起见，可将护柱涂以红白相间的颜色。在地形险峻且危险的地段，可采用整体式或间断式护墙，用浆砌片（块）石等砌筑。

2) 照明设施

在高速公路和一级公路的运输繁忙和重要的路段，为使夜间交通畅通和行车安全，尽可能按一定间距设置路灯，使整个路段得以照明。在有条件的其他各级公路的交叉口、人行横道等处，可采用局部照明。

3) 视线诱导标志

对高速公路和一级公路，应在两侧路缘带上明显示出行车道边缘，以引导司机视线，有利于行车安全，其他各级公路在需要的路段上，也可采用标志以标明公路边缘及线形。

2. 交通管理设施

1) 交通标志

交通标志是对司机、行人等起禁止、限制、警告、指示等作用的交通管理设施，它的形状、图案、尺寸和设置，应符合中华人民共和国国家标准《道路交通标志和标线》的规定。此外，必要时应在规定的地点设置路栏、锥形交通路标、导向标等设施和可变信息标志。可变信息标志是一种按交通、道路、气候等情况的变化而改变其显示内容的标志。它主要用于高速公路和一级公路，按照公路的交通情况、标志的功能和检测方式等进行专门设计。

2) 交通标线

交通标线是由路面标线、箭头、文字、立面标记、突起路标和路边线轮廓标等构成，其作用是引导交通，它可单独使用，也可与交通标志配合使用。路面标线的分类、功能和标划方法，立面标记和突起路标等的构造、制作和设置方法，详见《道路交通标志和标线》的有关规定。

3) 紧急电话

在高速公路和一级公路上，为使司机能及时向管理机构报告事故、故障和救援等，应在适当的间隔内和在停车场等处设置紧急电话。对其他各级公路，在特大桥、长隧道处，可根据需要设置电话。

4) 公路情报板

在高速公路和一级公路的特定路段上，应设置公路情报板，管理机构通过交通自动控制中心，可随时将实时的公路、交通、气象等情况通知路上的驾驶人员。

5) 交通监视设施

在高速公路和一级公路上，可根据需要设置交通监视设施，用现代化手段来管理和指挥公路交通。

3. 服务设施

服务设施是为了方便旅客消除疲劳和精神紧张，以及满足汽车加油、修理等的需要而设的公路附属设施，它主要有停车设施、公路养护和营运用房等。

1) 停车设施

停车场是为司机和旅客消除疲劳和临时检修车辆而设置的，一般设于车站、服务区、游览区、城镇附近等处，应便于使用和车辆出入，其大小应根据停车的数量、车辆类型、停车方式、过道宽度等而定。禁止将行车道当作停车场。对高速公路和一级公路，服务区内应设有加油站、保修间、餐厅、休息室等。除高速公路外的其他各级公路，可根据需要设公共汽车停靠站，停靠站可利用外侧车道或适当加宽道路而成。其他服务性设施可根据具体需要而定。

2) 公路养护和营运用房

养路用房包括养路职工办公、居住、存放器材和修理机具的房屋。此类用房应本着适用、经济、就地取材的原则修建，并注意与当地民房相协调。设置地点应靠近公路，尽量利用荒地以少占农田。营运用房包括食宿站、服务区、仓库等，应根据需要和本着适应、经济、就地取材的原则修建。

4. 其他沿线设施

其他沿线设施主要是绿化、小品建筑及装饰等。

公路绿化是公路建设的项目之一，对保持生态平衡，防止环境污染和水土流失等发挥着很大的作用，而且对公路本身能起到稳定路基、美化路容、诱导视线等作用，从而增加乘客的舒适性和安全感。因此，公路两侧应大力进行绿化，在进行公路绿化时不但在路肩上不得植树，而且在公路交叉范围和弯道内侧植树时应满足视距的要求。

在高速公路和一级公路的中央分隔带上，可种植高约 1.2 ～ 1.4 米的常绿植物等，以美化景色和避免对向汽车灯光眩目。

五、公路站场

站场是公路运输办理客、货运输业务及保管、保修车辆的场所，它是汽车运输企业的技术基地，又是基层生产单位，也是公路运输网点的重要组成部分。按其使用性质的不同，可分为客运站、货运站、技术站和停车场 (库)。

1. 客运站

汽车客运站按其位置的不同，可分为起点站、终点站和中间站。

中间站办理旅客上下和行李包裹的托运和交付作业，一般不办理有关车辆作业，因而设备比较简单，规模也较小。起（终）点站除办理与乘客有关的业务外，一般还设有保养场，办理车辆的保养和小修作业。

2. 货运站

汽车货运站一般规模都比较小，以适应汽车运输的灵活性。货运站多设于仓库、工业区或铁路货运站及货运码头附近。

货运站分为两类：一类是运输整车货物的运输公司的基地，它由办公用房和停车场组成，车辆较多时还设有保养场甚至保修厂；另一类是以零担货物运输为主要作业的车站，它与第一类车站的不同之处是站内设有仓库和货物存放场地。

3. 技术站

技术站的主要任务是对汽车进行保养和维修，按作业性质不同，技术站分为保养厂和修理厂，或二者合而为一。

4. 停车场（库）

停车场（库）是公路运输站场的一部分，主要任务是保管停放车辆。停车场（库）从建筑形式上可分为暖式车库、一般车库、车棚和露天停车场四种形式。

另外，一般情况下，若客、货车站兼有一部分车辆的技术作业，则称为混合型车站。

六、公路交叉

公路与公路或铁路相交的地方称为交叉口，它是道路系统中的重要组成部分，是道路交通的"咽喉"。行人和各种车辆都要在交叉口处汇集、换向、疏散。

在公路交叉中，可分为平面交叉和立体交叉两大类。

1. 公路与公路的平面交叉

1）一般要求

公路与公路的平面交叉口应选择在地形平坦、视线开阔的地方。交叉路段应尽量采用直线并尽量正交，当必须斜交时，交叉角应大于45°，平面交叉地点宜设在水平坡段，紧接水平坡端点的纵坡应不大于3%，在山岭工程等艰巨地段应不大于5%。汽车在距交叉点前后（相当于交叉公路要求的停车视距）范围内应能互相看得到。交叉口的竖向布置要符合行车舒适、排水通畅的要求，要使相交公路在交叉口内有一个平顺的共同面，使地面积水能及时排泄。

2）平面交叉口的类型

平面交叉口的形式取决于道路网的规划、交叉口用地及其周围建筑的情况以及交通量、交通性质和交通组织，常见的形式有简单交叉口、扩展路口式交叉口及环形交叉口。

2. 公路与公路的立体交叉

立体交叉是两条道路在不同高度（空间）上互相交叉的形式。在立体交叉上需设置跨线桥，一条道路自桥上通过，另二条道路则自桥下通过，彼此互不干扰。通过桥上及桥下的道路则由匝道连接。匝道是为相交路线互相通车而设置的联络道。

采用立体交叉是保证车辆迅速、安全、不间断地通过交叉口的有效措施，一般可在下述情况下采用立体交叉。

(1) 一级公路与其他各级公路相交时。

(2) 其他各级公路通过交叉口的交通量 (饱和小时交通量) 超过 1000 辆 / 小时时。

(3) 当地形和环境适宜时，比如各级公路在 3 米以上挖方地段与其他公路交叉，或较高的桥头引道与滨河路线交叉等。

立体交叉按有无匝道相连，可分为分离式和互通式两种。

3. 公路与其他道路的交叉

1) 公路与农村道路相交

为了保证汽车与非机动车的行驶安全，大车道、机耕道与一级以上公路相交时必须采用立交；与二级公路相交时，也可采用立交；与三、四级公路相交时一般应采用平交，在地形条件特别有利时也可采用立交。

2) 公路与铁路相交

公路与铁路交叉时，应根据公路的使用性质、交通情况、公路的规划断面和其他特殊要求以及铁路的使用性质、运行情况、线路数、有无调车作业 (作业次数和占用时间) 等情况来考虑采用平交还是立交，或者近期做平面交叉而远期改建立体交叉的方案。

公路与铁路平面交叉时，交叉路线应为直线，并尽量正交；必须斜交时，交叉角不宜小于 60°，在特殊困难地段也不得小于 45°。

3) 公路与管线交叉

公路与管线交叉包括公路与地上杆线交叉、与地下管线交叉等情况。这些管线除和公路产生交叉外，还常与公路平行设置，距公路一般也都较近。在公路测设时，应根据公路的性质、地形和地物的条件，使公路与管线相隔必要的距离，以保证在日常时、维修时和发生事故时不致相互干扰。

▶ 第三节　高速公路

一、高速公路的概念

根据《公路工程技术标准》(JTG B01—2014) 的规定，高速公路是专供汽车分向、分车道行驶，全部控制出入的多车道公路。由于在高速公路上采取了限制出入、分隔行驶、汽车专用、全部立交以及采用较高的标准和完善的交通设施等措施，从而为汽车的大量、快速、安全、舒适、连续地运行创造了条件。

我国《公路工程技术标准》规定了高速公路是一般能适应的年平均昼夜小客车交通量为 25 000 辆以上，具有特别重要的政治、经济意义的专供汽车分道高速行驶并全部控制出入的公路。高速公路的名称各国不一，欧洲多数国家称为 "汽车公路""汽车专用路"，例如英国称为 "motoway"，法国称为 "autoroute"，瑞典称为 "expressway" 快速公路，美国则分别称为 "expressway" (部分控制出入的快速公路)、"freeway" (全部控制出入的自由公路)、"parkway"(公园路)。

由此可见，高速公路应包括全部控制出入的"高速公路"和部分控制出入的"快速公路"两种。

二、高速公路的功能与特点

1. 功能

一般公路车速低，通行能力差的主要原因是混合交通车流的内部干扰大、对向车辆无分隔行驶、侧向干扰大等，而高速公路则具有下列功能。

(1) 实行交通限制，规定汽车专用。

(2) 实行分隔行驶。对向车辆中间设分隔带，同向两车道以上，并画线行驶。

(3) 严格控制出入。采用较高的线形标准和设施完善的交通安全与服务设施，从行车条件和技术上为安全、快速行车提供可靠的保障。

2. 特点

(1) 行车速度高。大部分国家,包括我国的高速公路最高时速一般设为120千米/小时，个别国家为140千米/小时。

(2) 通过能力大。一般双车道公路的通行能力约为每昼夜5000～6000辆；一条四车道的高速公路每昼夜可达34 000～50 000辆；六车道和八车道可达每昼夜70 000～100 000辆。

(3) 设置分隔带。分隔带由中央分隔带和两侧路缘带组成。

(4) 立体交叉。原则上高速公路与互切道路相交时都应设置立体交叉，只有个别特殊情况才允许设置平面交叉。

(5) 控制出入。交通设施完备，服务设施齐全。

(6) 特殊工程多。由于高速公路设计标准要求高，往往要修建许多桥梁和隧道，在市区往往还要修建高架桥。

三、高速公路的沿线设施

高速公路的沿线设施包括交通安全设施、服务设施、交通控制及管理系统以及绿化设施。这些设施是保证高速行车安全和调节驾驶员和乘客疲劳，方便旅客以及保护环境不可缺少的重要组成部分。

1. 交通安全设施

1) 护栏

护栏是一种纵向吸能结构，设在公路两侧及中央分隔带，通过自身变形或车辆爬高来吸收碰撞能量，从而改变车辆行驶方向以及阻止车辆越出路外或进入对向车道，最大限度地减少事故中司乘人员的受伤害程度。

护栏通常有刚性护栏、柔性护栏和半刚性护栏三类。

(1) 刚性护栏是一种基本上不变形的护栏结构，它利用失控车辆碰撞后爬高并转向来吸收碰撞能量。混凝土护栏是刚性护栏的主要形式，它是一种以一定形状的混凝土块相互连接而组成的墙式结构，如图 2.3-1 所示。

图 2.3-1　混凝土护栏

(2) 柔性护栏是一种具有较大缓冲能力的韧性护栏结构。缆索护栏是柔性护栏的代表形式，它是一种以数根施加初张力的缆索固定于立柱上而组成的连续结构，主要依靠缆索的拉应力来抵抗车辆碰撞并吸收碰撞能量，如图 2.3-2 所示。

图 2.3-2　缆索护栏

(3) 半刚性护栏是一种连续的梁柱式护栏结构，其具有一定的强度和刚度。它利用土基、立柱、横梁的变形来吸收碰撞能量，并迫使失控车辆改变方向。波形梁护栏是半刚性护栏的主要形式，它是一种以波纹状钢护栏板相互拼接并由立柱支撑而组成的连续结构，如图 2.3-3 所示。

图 2.3-3　波形梁护栏

2) 防眩设施

高速公路防眩设施能够防止夜间行车时，驾驶员受对向车辆前照灯眩目影响，保证行车安全并提高行车舒适性。防眩设施设置在高速公路的中央分隔带上。

高速公路防眩设施形式多种多样，总的来说有网络状的防眩网、扇面式的防眩栅、板条式的防眩板及植物墙防眩。目前，高速公路上广泛应用的防眩设施结构形式主要是防眩板，其次是植物墙防眩。防眩板是一种经济美观、风阻小、积雪少，并且对驾驶员心理影响较小的比较理想的防眩结构形式，如图 2.3-4 所示。

图 2.3-4　防眩板

3) 防噪声设施

高速公路噪声主要来自机动车在道路上的行驶噪声，其影响范围广且持续时间较长。行驶噪声主要由动力噪声和轮胎噪声两部分组成。

高速公路防噪声设施通常采用的有隔音墙、遮音堤、遮音林带等，如图 2.3-5 所示。

图 2.3-5　隔音墙

4) 照明设施

高速公路的照明费用较高，一般郊外不设置照明，只有接近市区和所有立体交叉处才采用全照明或局部照明。经验证明，增加照明高度(过去为 7.5 米，现在为 12～15 米)不仅将环视周围的清晰度提高很多，使得光线均匀和减少目眩，而且可以减少灯柱，从而节省电力和费用。

采用高灯塔可得到亮度大的照明区。这种装置是把 5～10 座特殊照明设备，装在 33 米的高塔上，以代替过去立体交叉地区灯柱林立的状态。驾驶人员不仅能看清道路，而且也能看清楚整个立体交叉。每一座灯塔可发出一种柔和而又不炫目的光线，在月光下依然能看清约 300 米的照明范围。

5) 交通标志

中国内地和中国台湾高速公路交通标志使用绿色背景（如图2.3-6）；中国香港快速公路标志是一个红色边框加白色底及红色过街桥的图案，其路牌背景色在1990年代由蓝色改成绿色。为更容易让司机在高速行驶时能清楚地阅读标志，中国内地使用黑体和Helvetica字体，中国台湾采用美国联邦公路总署(FHWA)字体，高速公路上均不使用带衬线的字体（如Times)或者白体（如宋体），中国京沪高速公路个别出口有罕见的serif体英文字母。

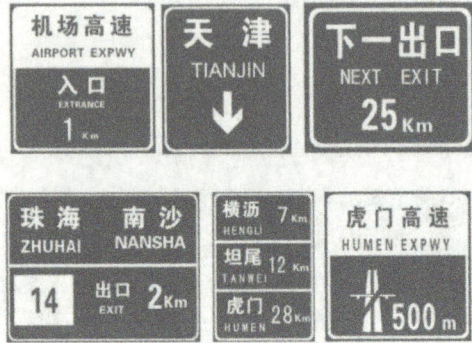

图2.3-6　高速公路交通标志

根据《道路交通标志和标线》和《Manual on Uniform Traffic Control Devices for Streets and Highways》（街道和公路统一交通控制装置手册），中国全国统一将高速公路出口前置指示标志(AGS)分三级设在出口匝道上游500米、1000米和2000米处。若受到桥梁或隧道影响，则第一次出口预告可能调整为出口前2500米或1500米处，在出口前500米处设置第二次出口预告，于出口前设置第三次出口预告。在出口的减速车道开始前300米处，设置绿底上绘制三条白色斜线的减速车道预告；200米处设置绿底上绘制二条白色斜线的减速车道预告；100米处设置绿底上绘制一条白色斜线的减速车道预告，并于减速车道与主线道分离处设置"出口"标示。中国香港仅在出口前500米处设有预告，在300米、200米和100米处设减速车道预告。

2. 服务设施

服务设施包括服务区（加油站、休息室、小卖部、厕所等）、停车区（停车场、电话等）和辅助设施（养路站、园地等）。当高速公路进行收费管理时，需要建立收费站。

3. 交通控制及管理系统

现代化的交通管理系统是用电子计算机控制及信号自动化来监视路段区段内的交通情况，迅速监测交通堵塞和交通事故，通过发出交通信息变换标志和无线电行车信号，告知司机有关信息，以便将汽车引导到合适的公路上并保证交通畅通。正确掌握道路上的交通状况是研究交通管理系统的先决条件，除需要掌握与测定交通量外，还需测定交通速度、交通密度等，以检验交通堵塞情况。目前交通监视方法有检测器监视、工业监视、通讯联系以及巡逻等。

4. 绿化设施

当前，公路美学已成为公路设计的重要方面，所以高速公路的线形与构造物应特别注意与周围优美景观及生态环境的协调，尽量减少施工痕迹或通过和谐地修复与绿化来恢复天然景观。高速公路两侧应进行绿化，种植风景林和防护林以美化路容。

中央分隔带应种植高约 1.2 ～ 1.4 米的长绿树木，以美化景色并避免对向汽车灯光眩目，影响驾驶员的视力，但不得在弯道内侧种树，以免妨碍行车视距的要求，如图 2.3-7 所示。

图 2.3-7　中央分隔带

第四节　公路运输运载工具

汽车是公路运输的基本运输工具，它由车身、动力装置和底盘三部分组成。车身包括驾驶室和车厢两部分；动力装置是驱动汽车行驶的动力源，现代汽车的动力装置主要是汽油机和柴油机；底盘是车身和动力装置的支座，同时是传递动力、驱动汽车、保证汽车正常行驶的综合体，它由传动系、行驶系和操纵系三部分组成。传动系将动力装置输出的动力传给驱动车轮，行驶系将汽车的各个组成部分连成一体并使整体能够行驶，操纵系用于保证按驾驶人的意志控制汽车行驶和选择行驶路线。

一、汽车的产生

世界上公认德国人卡尔·本茨是现代汽车的发明者，这是因为他于 1886 年 1 月 29 日申领到由德国皇家专利局颁发的专利证书 (专利号为第 37345 号)。其实在同年，另一位德国工程师戈特利布·戴姆勒也发明了四轮汽车，且与现代汽车外形更为接近，如图 2.4-1 所示。

图 2.4-1　四轮汽车

19世纪80年代是现代内燃机汽车诞生的年代。1914年，美国福特汽车公司的汽车流水装配线正式投产，年生产福特T型车30万辆，相当于当时全美300多厂家生产的总和，由此开启了汽车大规模生产的历史。福特汽车公司的生产方式包含三大技术成果：第一是开发大众化轿车的决策，这一决策思想为轿车能真正成为大众代步交通工具做出了决定性的贡献；其次是嫁接了机械制造的标准化思想；第三是流水化生产组织方式。福特T型车成为世界上以标准化思想和流水组织生产的大众化车辆，它是具有性能良好、规格统一、便于维修、成本低廉等优势的新产品。继福特之后出现了美国三大汽车公司，即福特、通用和克莱斯勒汽车公司，它们的年产量均以百万辆计。

欧洲和日本在两次世界大战中受到很大影响，没有形成大的汽车生产能力，直到20世纪60年代才有了改变。

1954年英国工业恢复后，汽车产量才超过年产百万辆大关。法国在1958年、德国在1956年才达到年产百万辆汽车。日本在1956年仅产汽车11万辆，在1963年才超过年产百万辆，但1980年却跃过1100万辆大关，成为当年产量第一汽车大国。日本在生产物美价廉、节能经济的汽车方面为汽车工业的发展和变革作出了重要贡献。1980年，世界汽车生产形成明确的三足鼎立的局面，北美、欧洲共同体和日本各自汽车产量均为千万辆级，传统市场逐渐走向饱和，整个西方汽车工业开始向全世界寻求新市场。于是出现了汽车生产厂向第二世界转移，汽车技术向全球扩散的局面。在这个趋势之下，第二批汽车生产大国开始出现。

在亚洲较成功的是韩国，1970年的产量仅为2.8万辆，1980年就达到了12.3万辆，1993年的产量已超过268万辆，成为了世界汽车生产大国之一。南美的巴西从1960年13.3万辆起步，1980年超过百万辆。以中国、印度、印尼为代表的第三世界国家也正以不同的速度加入这一潮流之中。

我国汽车技术水平和工业生产是中华人民共和国成立后在苏联的指导和帮助下发展起来的。1958年左右，在初步形成自己的基础工业之后，我国各地纷纷仿造和试制了多款汽车，逐步形成了几个较有规模的汽车制造厂。除长春第一汽车制造厂外，还有南京汽车制造厂、济南汽车总厂和北京汽车制造厂等。1964年在湖北省十堰市筹建了第二汽车制造厂，1979年该厂开始批量投产。1978年中国实施了改革开放的政策，此时世界汽车技术、汽车生产也正在向全球扩散。我国汽车生产逐步开始走上与世界工业经济接轨的道路，提高了我国汽车工业的整体生产水平。我国第一家大型中外合资企业是20世纪80年代中期在上海兴建的上海大众汽车公司。

后来随着国际交流合作大大增加，切诺基、夏利、标致、依维柯、奥迪和富康等汽车生产企业被纷纷引入，国内汽车产量不断增长，如第一汽车集团、东风汽车公司、上海汽车工业公司等相继成立。2019年我国汽车生产能力约为2572.1万辆。在提高规模化生产，增加汽车产量的同时，人们已注意到自主开发能力的重要性，努力培植自己的汽车产品开发队伍，为中国汽车工业的快速发展奠定坚实的基础。

二、汽车的种类

汽车是自带动力装置驱动且无架线的运载工具，其作为一种陆上交通工具，具有方便、机动、灵活、速度快、适应性强等特点。此外，汽车的品种多、数量大、用途广，已成为工农业生产和国防建设以及人们日常生活所不可缺少的工具。

1. 按用途分类

1) 载客车

载客车是专门用作人员乘坐的汽车,按其座位多少又可分为轿车和客车、旅游车等种类。

(1) 轿车:除司机外乘坐 2 ~ 8 人的小型客车。轿车按发动机的工作容积 (排量 / 升) 大小分为微型 (1 升以下)、轻型 (1 ~ 1.6 升)、中型 (1.6 ~ 2.5 升) 和大型 (2.5 升以上) 轿车。另外还可以分为普通轿车、高级轿车、旅行轿车和活顶轿车。

(2) 客车:除司机外乘坐 9 人以上的载客车为客车。客车有单层、双层两种形式,并可按总质量、总长度分为不同类型。另外,还可按使用目的分为旅行客车、城市客车、长途客车、游览客车和旅游车等。其中旅游车是专门用于旅游的客车,它是 20 世纪 60 年代以后才发展起来的现代化交通工具。有的长途旅游车为住宿式,具备住宿和生活条件。

2) 货车

主要供运载货物用的汽车称为货车, 又称载货汽车。

(1) 普通货车:按其载重量分为轻型 (3 ~ 5 吨)、中型 (4 ~ 8 吨) 和重型 (大于 8 吨) 货车。

(2) 特种车:为普通货车的变形,装备有特殊的货箱,并考虑到货物装载和运输上的专门需求,如有保温箱货车、罐式货车等。

(3) 自卸车:这类汽车的货箱能自动举升并倾卸散装货物、固体货物,如煤、砂石、矿料等。

(4) 牵引车:专门用来牵引挂车、半挂车和长货挂车的主体,一般车上不搭乘旅客和没有装货物的车厢 (少数具有短货箱) 的汽车称为牵引车,又称载货列车。牵引车一般可分为全挂牵引车和半挂牵引车,半挂车的载荷由自身和牵引车共同承受,全挂车的载荷全部由自身承受。

3) 特种用途的汽车

(1) 建筑工程用汽车:专门用来起重、挖沟、埋管、混凝土搅拌等施工作业的汽车。

(2) 市政、公共事业用汽车:用于清扫、除雪、医疗、救护、售货、邮政、消防等方面的专用汽车。

(3) 农用汽车。

(4) 竞赛汽车。

2. 按汽车对道路的适应性分类

(1) 普通汽车。普通汽车只适合在较好的道路上行驶。

(2) 越野车。越野车可以在路面质量差和无路地区行驶。越野车一般都是全轮驱动,因此它主要用于非公路上 (也可在公路上) 载运人员和货物或牵引各种设备。越野车根据其在较差道路上的装载质量可分为轻型、中型和重型越野车,也可按驱动轴数分为双轴、三轴和四轴驱动越野车。

三、汽车的基本构造

汽车的类型虽然很多,各类汽车的总体构造也有所不同,但它们的基本组成是一致的,都由发动机、底盘、车身和电气设备四大部分组成。货车的总体构造基本形式如图 2.4-2 所示。

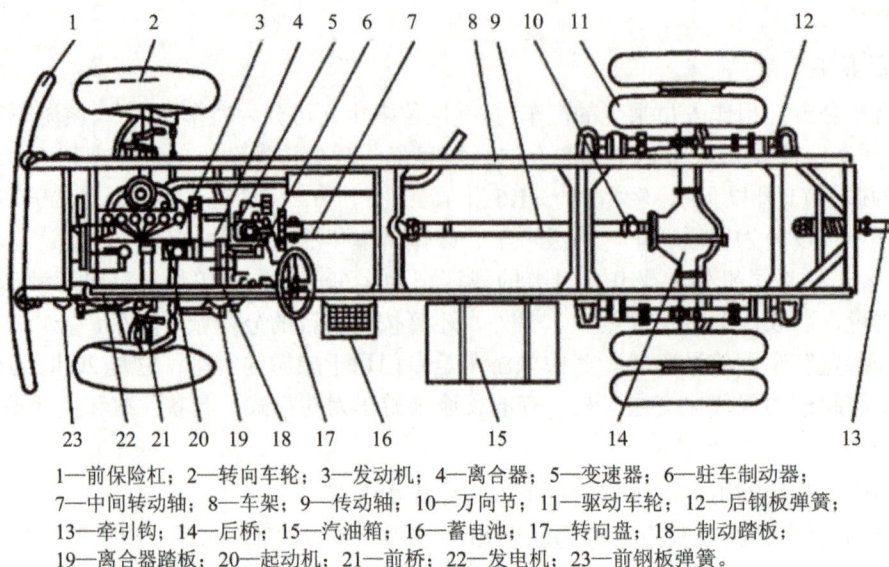

1—前保险杠；2—转向车轮；3—发动机；4—离合器；5—变速器；6—驻车制动器；
7—中间转动轴；8—车架；9—传动轴；10—万向节；11—驱动车轮；12—后钢板弹簧；
13—牵引钩；14—后桥；15—汽油箱；16—蓄电池；17—转向盘；18—制动踏板；
19—离合器踏板；20—起动机；21—前桥；22—发电机；23—前钢板弹簧。

图2.4-2　货车总体构造基本形式图

1. 发动机

发动机是汽车的动力装置，其作用是使燃料燃烧后产生动力，然后通过底盘的传动系驱动汽车行驶。汽车发动机由"两大机构"（曲柄连杆机构、配气机构）和"五大系"（燃料供给系、冷却系、润滑系和点火系、起动系）组成。

目前在汽车上占优势的是往复活塞式内燃机，其中主要是汽油机和柴油机。常见的汽油机是利用化油器使汽油与空气混合后吸入发动机气缸内，用电火花强制点燃混合气体，使其燃烧后产生热能而做功；柴油机则利用喷油泵使柴油产生高压，然后由喷油器直接喷入发动机气缸内并与气缸内压缩空气混合形成混合气，最后由混合气自燃后产生热能而做功。

2. 底盘

底盘是汽车的基础，其作用是接受发动机的动力，使汽车产生运动，并且支撑、安装汽车其他各部件和总成。底盘由传动系、行驶系、转向系和制动系等"四大系"组成。

1) 传动系

汽车传动系的基本作用是将发动机发出的动力传给驱动车轮，它由离合器、变速器、万向传动装置、驱动桥中的主减速器、差速器和半轴组成。

2) 行驶系

行驶系的主要作用是将汽车构成一个整体，支撑汽车的总质量；将传动系传来的扭矩转化为汽车行驶的驱动力；承受并传递路面作用在车轮上的各种反力及力矩；减少振动和缓和冲击，以保证汽车平顺行驶；与转向系配合，正确控制汽车的行驶方向。行驶系一般由车架、车桥、车轮和悬架等组成。

3) 转向系

转向系的作用是通过驾驶员转动方向盘，来实现根据需要改变汽车行驶方向，并减轻驾驶员的疲劳程度。转向系由转向器和转向传动机构两大部分组成。

4) 制动系

制动系的作用是根据需要使汽车减速或在最短的距离内停车，以确保行车安全；保证汽车停放可靠，不致自动滑溜。汽车的制动系一般至少装有两套各自独立的系统，即行车制动装置（脚制动装置）和驻车制动装置（手制动装置）。

3. 车身

车身安装在底盘车架上，车身用以安置驾驶员、乘客和货物。除轿车、客车一般是整体的车身外，货车车身是由驾驶室和货箱两部分组成。

汽车车身是一件精致的综合艺术品，其结构主要包括身壳体、车门、车窗、车前钣金件、车身内外饰件、车身附件、座椅以及通风、暖气、冷气、空气调节装置等等，载货汽车还包括货箱和其他设备。

汽车车身壳体结构形式可分为骨架式、半骨架式和无骨架式三种。

4. 电气设备

电气设备是指汽车的电源和电气装置，它由电源和用电设备两大部分组成。用电设备包括发动机的起动系统以及汽车的照明、信号、仪表装置等，在强制点火式发动机中还包括发动机的点火装置。

第五节 公路运输组织

一、运输生产过程及组织管理机构

（一）运输生产过程的构成

运输生产过程是指客货运输对象通过汽车运输实现其空间场所移动的运输过程，通常需要经过许多作业环节才能完成，一般可划分为运输准备、运输生产和生产辅助等三项主要工作环节。

1. 运输准备工作

运输准备工作是指运输客货之前所需要进行的全部准备工作，包括运输经济调查与运输工作量预测、营运线路开辟、营运作业点设置、客货运输对象组织、运力配置、运输生产计划安排以及制定有关运输组织管理制度、规章等。

2. 运输生产工作

运输生产工作是指直接实现客货空间场所位移的车辆运输工作，主要包括乘客上下及货物装卸作业和运送货物或旅客工作，以及必要的车辆调控作业等。

3. 运输生产辅助工作

运输生产辅助工作是为运输生产及其准备工作提供后勤保障服务的各项工作的总称，主要包括车辆选择与技术运用的组织、运输生产消耗材料的组织供应与保管工作、运输劳动组织工作等。

上述各项工作环节是构成汽车运输生产过程所必需的主要工作环节。其中又以运输生产工作为基本运输工作环节，它是运输生产经营中可获营运收入的有效运输工作环节，其余工作环节需要围绕运输生产工作环节的各类需要，科学、及时地进行组织，以保证运输生产过程正常进行。

(二) 运输组织管理机构

改革开放以来，我国公路运输行业得到了飞速发展。20 世纪 80 年代中期，运输市场全面放开，发展出了多种经济成分的运输主体。当前从事公路客货运输的经营业主主要有专业运输企业、个体 (或合伙) 运输经营户、公司制运输企业和企业集团、外资运输企业以及各企事业单位所属的运输经营部门等。不管何种性质的运输企业或经营户，都实现了自负盈亏、自主经营的管理模式，交通部公路运输管理部门只是代表政府主管公路运输的职能部门，其具体职能是通过运用政策、法律、计划、行政等手段，进行调控运输市场、管理经营户、维护各方权益、配置运输资源等工作，最终达到促进公路运输市场发展完善、提高公路运输行业的整体水平、满足社会经济日益增长对运输的需求以及提高运输资源运用效率的目标。因此我国公路运输行政管理组织机构是按照交通主管部门组织机构的系统层次来划分和设置的，实行中央、省 (自治区、直辖市)、市 (地、盟、州)、县 (市、旗)、乡 (区、镇) 五级运输组织管理机构，上述各级公路运输管理机构是同级交通主管部门 (交通厅、局等) 的职能机构，代表各级政府行使公路运输管理职权，分别负责所管辖区内公路运输行业的管理工作，并接受上级行业管理机构的业务指导。公路运输行业管理的主要内容有开 (停) 业管理、运价管理、运输单证管理及公路客货运管理等。从事营业性公路运输的企业或公司，在行业管理部门核准的经营范围和规定内，有独立经营活动的自主权。

因为各级管理组织机构的具体职责和任务不同，所以其所起的作用也不同。交通部公路管理司和省级的公路运输管理局 (处) 属于决策层，分别是全国和地方公路运输行业管理的决策机构，主要职责是对全局性运政管理工作进行筹划与决策。市 (地、盟、州) 公路运输管理处属于中间层次机构，起承上启下的作用，其主要职责是组织、指导、帮助和监督执行层运管机构工作，贯彻和执行决策层所制定的方针、政策和法规，做好各项管理工作。县 (市、旗) 公路运输管理所和乡 (区、镇) 公路运输管理站为执行层，它们是公路运输行业管理的具体执行机构，其主要职责是根据上级及国家有关方针、政策、法规和指令，进行公路运输行业管理的具体业务工作。

二、公路旅客运输组织

1. 公路旅客出行时间分析

旅客为旅行所费时间主要包括旅客从出发地到客运站所需时间、旅客购票所费时间、旅客在起点站等车时间、旅客沿线乘车时间及途中换乘和旅客从终点站到目的地所费时间等。

旅客乘行时间是旅客为旅行所费时间的主要组成部分，其长短对旅客选择出行运输方式有很大影响。就客运企业本身而言，它主要取决于客运行车组织方式、驾驶员的工作制度以及车辆性能和保修水平等。

发展各种客运方式的联合运输，组织公路汽车客运之间的衔接运输及公路汽车客运与其他旅客运输方式的联合运输，不仅可以减少旅客购票、等车和乘行时间，而且还可以节约基本建设投资费用，取得明显经济效益，从发达国家的旅客运输业发展实践也证明了这一点。

2. 公路客运班次的组织

公路客运班次的组织主要包括行车路线、发车时间、起讫站名及停靠点等的设置和安排。

客运班次的安排是车站提供给旅客旅行的依据。因此，科学合理地确定客运班次有重要意义。安排客运班次时，必须深入进行客流调查，在掌握各线、各区段、各区间旅客流量、流向、流时及其变化规律的基础上研究确定。具体在安排客运班次时应考虑以下因素：

(1) 根据旅客流向及其变化规律，确定班次的起讫点和中途停靠点，并兼顾始发站和中途停靠站旅客乘车的需要。尽可能开行直达班次，以减少旅客不必要的中转换乘。

(2) 安排班次的多少，取决于客流量的大小。若遇节假日或集会等客流量猛增时，则要及时增加班次或提供包车等来疏导客流。

(3) 根据旅客流时规律来安排班次时刻。例如，农村公共汽车要适应农民早进城晚归乡的习惯。此外，很多旅客要经由其他路线以及班次或火车、轮船中转换乘，因此各线班次安排应尽量考虑到相互衔接及与其他交通工具的中转换乘方便。

(4) 安排班次时刻时应考虑车辆运行时间、旅客中途膳宿地点、驾驶员作息时间以及有关站务作业安排。

客运班次的安排是一个既重要又细致复杂的工作。上述各项要求不可能都同时满足，实际工作中只能从具体情况出发，分清主次且统筹兼顾。客运班次经确定后由车站公布执行，一经公布应保持班次的稳定性和延续性。除冬夏两季因适应季节变化需要调整行车时刻外，平时应尽量避免临时变动，更不应任意停开班次。若需要减少班次或变动行车时刻，则最好在冬夏季调整时刻的同时一并进行。

3. 循环代号（或称路牌）的编排

客运班次确定后，就要安排车辆如何运行。对属于本单位经营分工范围内的全部班次，通过合理编排，确定需要多少辆客车运行，即编出多少个循环代号。所谓一个代号，就是一辆客车在一天内的具体任务，运行指定的一个或几个班次，全部循环代号即包括全部班次。有了循环代号，才能进一步编制单车运行作业计划和进行车辆调度。编排循环代号必须满足以下条件：

(1) 保证全部客运班次均有车参运。

(2) 充分发挥每辆客车的运输效率，且各项运用效率指标尽可能相近。

(3) 循环周期不宜过长，以便于安排车辆的保修作业以及司乘人员的食宿和公休。

(4) 确保行车安全正点。

根据不同班次和不同车型，可采用大循环运行或小循环运行，在特定条件下，也可以采用定车定线运行。

(1) 大循环运行是将全部序号统一编成两个周期，全部车辆按确定的顺序循环始终的运行方式。这种循环运行方式适用于各条道路条件相近及车型基本相同的情况。它的优点是每辆客车的运输任务基本相同，车日行程接近，驾驶员的工作量相当；缺点是循环周期长，司乘人员频繁更换运行线路，不利于其掌握客流及道路变化等情况，影响运输服务效果。此外，若某局部计划被打乱，则会影响到整个计划的进行。

(2) 小循环运行是将全部序号分成几个周期，将车辆分成几个小组分别循环的运行方式。一般是在营运区域内各道路条件及车型情况等不同时采用这种循环方式。它的优点是有利于司乘人员对运行范围内线路和客流情况的了解和掌握，有利于安全运行，提高良好的服务；缺点是有时不同循环内的运输任务难以相近，客车的运用效率也不如大循环。

(3) 定车定线运行是将某一车型固定于某条线路运行的方式。一般在营运区域内道路条件比较复杂或拥有较多车型时采用。其优点是有利于司乘人员对运行范围内线路和客流变化情况的详细了解和掌握，有利于搞好优质服务；缺点是客车不能套班使用，对提高运用效率有一定影响。

4. 单车运行作业计划与调度

单车运行作业计划一般是按月编制。由客运调度室依据循环代号、车辆状况及其运用情况（车辆型号、技术性能、额定座位、完好率、工作率、平均车日行程、实载率、车座产量等），预计保留一定数量的机动车辆以备加班、包车及其他临时用车等，加以统筹安排和综合平衡后，编制各单车运行作业计划并组织执行。在执行计划过程中，可能会遇到各种因素干扰，调度人员应采取相应措施，以保证运行作业计划的实施。

客运调度室是代表企业执行生产任务的职能机构，各级调度有权在计划范围内指挥客车运行，在特殊情况下实施计划外调度。驾驶员和乘务员对调度的命令必须严格执行，即使有不同意见，在调度未作出更改之前，仍应执行调度命令，以确保运行组织工作的顺利进行。

三、公路货物运输组织

（一）公路货运类型

公路货物运输主要有以下类型：

(1) 按货运地区范围可分为城市货运和城间货运；

(2) 按运输距离可分为短途货运和长途货运；

(3) 按车辆从属关系可分为公用货运和自用货运。公用货运是由汽车运输企业进行组织，用来完成国民经济各部门的货运要求，并具有营利性质的货运类型；自用货运是由拥有自用车辆的各社会单位等自行组织，仅完成本部门内部货运任务并不具有营利性质的货运类型。

（二）公路货物运输主要组织形式

1. 多（或双）班运输

多班运输是指在昼夜时间内的车辆工作超时一个班以上的货运形式。组织多班运输的基本方法是每辆汽车配备两名左右的驾驶员，分日、夜两班轮流行驶。它也是提高车辆生产率的有效措施之一，但要注意安排好驾驶员的劳动、休息和学习时间，同时也要考虑到定车、定人和车辆保修安排。

在组织多班运输时，由于夜班比日班条件差，因此除了工作时间长短不同外，在安排日、夜班的运行作业计划时，一般应遵循以下原则：难运的安排在日班，好运的安排在夜班。例如零星的货运任务及循环运输等由于装卸地点较多，情况比较复杂，所以应安排在日班完成，而大宗货运任务以及组成往复式的货运任务，由于任务比较稳定，变动少且涉及地点也较少，因此适宜于安排给夜班完成。

为了开展多班运输，还应特别注意组织好货源，并与收发单位搞好协作关系，创造良好的装卸现场条件，修整现场道路，安排照明设备等，以保证顺利地开展多班运输。

2. 定点运输

定点运输指按发货点固定车队，专门完成固定货运任务的运输组织形式。在组织定点运输时，除了根据任务固定车队外，还实行装卸工人和设备的固定，调度员也应固定在该点进行调度等工作。

实行定点运输可以加速车辆周转，提高运输和装卸工作效率，从而提高服务质量，并有利于行车安全和节能。定点运输组织形式既适用于装卸地点比较固定集中的货运任务，也适用于装货地点集中而卸货地点分散的固定货运任务。如某运输公司的粮食专业运输队，在采用定点运输前，每天每车只能运 4 次，在实行定点运输后，同样的运输任务，每天每车能运送 6 ～ 7 次，运输生产效率提高了 50% ～ 70%。

3. 定时运输

定时运输指运输车辆按运行作业计划中所拟定的行车时刻表来进行工作。

在汽车行车时刻表中规定了汽车从车场开出的时间、每个运次到达和开出装卸地点的时间及装卸工作时间等。由于车辆按预先拟定好的时刻表进行工作，也就加强了各环节工作的计划性，提高了工作效率。

在组织定时运输时，必须做到各项定额的制定和查定工作，包括车辆出车前的准备工作时间定额，车辆在不同运输路线上重载或空载的行驶时间定额，以及不同货种的装卸工作时间定额等。同时还应合理确定驾驶员的休息和用餐等生活时间，加强货源调查和组织工作，加强车辆调度和日常工作管理以及装卸工作组织等。

4. 甩挂运输

甩挂运输指利用汽车列车甩挂挂车的方法，以减少车辆装卸停歇时间的一种拖挂运输形式。在相同的运输组织条件下，汽车运输生产效率取决于汽车的载重量、平均技术速度和装卸停歇时间三个主要因素。实行汽车运输列车化，可以相应提高车辆每运次的载重量，从而显著提高运输生产效率。甩挂运输还可以提高车辆在路线上的工作车时利用效果。

采用甩挂运输时，需要在装卸货现场配备足够数量的周转挂车，在汽车列车运行期间，装卸工人预先装（卸）好甩下的挂车，列车到达装（卸）货地点后先甩下挂车，装卸人员集中力量装（卸）主车货物，主车装（卸）货完毕即挂上预先装（卸）完货物的挂车继续运行。

采用这种组织方法，就使得整个汽车列车的装卸停歇时间减少为主车装卸停歇时间加甩挂时间。但需要注意周转挂车的装卸工作时间应小于汽车列车的运行时间间隔。甩挂运输应在装卸能力不足、运距较短、装卸时间占汽车列车运行时间比重较大的运输条件下采用，并根据运输条件的不同而组织不同形式的甩挂运输。通常采用的甩挂运输形式主要有两头甩挂运输和一头甩挂运输。其中一头甩挂运输比较适用于装车困难而卸车容易或反之情况的大宗货物运输。

5. 直达联合运输

直达联合运输(即各种运输方式的直达联合运输)指以车站、港口或供需物资单位为中心，按照货物运输的全过程把供销部门与多种运输工具组织联合起来，将货物从生产地一直运输到消费地。其主要优点如下：

(1) 有利于各种运输方式的综合利用和发展，促进综合运输网的形成。

(2) 压缩车船等运输工具的停留时间，提高港站的通过能力，节省运力和降低运输成本。

(3) 可以减少货物运输的中间环节，加速物资周转，节约运输费用。

以汽车为主体的中短途货物联合运输，实际是汽车运输企业与产销部门之间的运输协作或汽车运输与其他运输方式之间的协作。

为了搞好直达联运工作，最有效地利用各种运输工具以满足社会生产和生活的需要，组织直达联合运输的有关部门应首先做好货源调查工作，掌握货源及货流规律，然后根据运输任务的要求和运输工具的特点以及道路情况，合理选配和安排各种运输工具及运输任务，并组织好各种运输工具的衔接。

6. 集装箱运输

集装箱运输是指把一定数量的货物集中于一个便于运输、搬运、装卸、储存的集装箱内来进行货物运送的运输组织形式。

公路集装箱运输多采用以下几种形式：

(1) 公路集装箱直达运输，即由汽车或汽车列车独立承担全程运输任务。许多发达国家一般都是以这种运输形式为主。

(2) 公路、铁路集装箱联运，即由汽车运输部门和铁路运输部共同完成集装箱运输任务。这种运输形式有利于发挥铁路运输能力大和公路运输机动灵活的特点。

(3) 公路、水路集装箱联运，即由汽车运输部门和水路运输部门共同完成集装箱运输任务，进出口货物运输常采用这种运输形式。

由上可见，汽车运输除了可独立承担集装箱运输任务外，在集装箱多式联运组织流程中也是处于第一个和最后一个运输环节。

集装箱运输的经济性主要集中表现在"门到门"运输，然而它的最终实现只能通过汽车运输才能予以保证，其更是不可缺少的运输环节。因此，汽车运输是铁路、水路集装箱运输最有效的集散方式。

7. 零担货物运输

零担货物运输是指一般采用定线定站式货运班车或客运班车捎带货物挂车的形式，将沿线零担货物集中起来运输的货运形式。

零担货运的营运组织形式主要有直达零担车、中转零担车、沿途零担车三种。

(1) 直达零担车是在起运站将不同发货人托运到同一到站且性质适宜配装的各种零担货物，同车装运至到达地的运输组织形式。这种形式可加快零担货物的送达速度，避免中转换装作业，确保货物完好并节省中转费用。在组织零担货物运输时应尽可能地安排这种形式。

(2) 中转零担车是指在起运站将不同发货人同一方向、不同到站且性质适宜配装的各种零担货物，同车运至规定的中转站，以便再另行配装为新的零担车继续运往到达地的运输组织形式。这种零担运输形式对运量零星、流向分散的零担货物的运输很适用，符合零担货运的特点。

(3) 沿途零担车是指在起运站将不同发货人托运同一线路、不同到站且性质适宜配装的各种零担货物，同车运装至沿途各作业计划点，卸下或装上零担货物后继续行驶，直至最后终到站的运输形式。这种零担车运输形式在组织工作上较为复杂，车辆在途时间也较长，但它能够满足沿途某些零担货主的运输需要。

四、车辆运行组织与调度工作

1. 车辆运输工作过程

车辆运输工作过程，即利用汽车或汽车列车运输旅客或货物的工作过程。主要包括以下几项工作内容：

(1) 准备工作：向起运地点提供运输车辆 (客车或空位)。

(2) 装载工作：在起运地点进行货物装车或旅客上车。

(3) 运送工作：在线路上由运输车辆运送货物或旅客。

(4) 卸载工作：在到达地点卸货或旅客下车。

2. 车辆运行作业计划与调度工作

车辆运行作业计划是运输生产计划的继续。车辆运行作业计划的主要作用是将运输生产计划中规定的各项任务，按月、旬、日以至工作班，具体、合理地分配到各基层生产单位，以保证企业运输生产计划能够按质、按量、按期完成。

车辆运行作业计划有不同的形式，通常按其执行时间的长短分为以下几种：

(1) 长期运行作业计划适用于经常性的运输任务，通常其运输线路、起讫地点、运输量及货物类型都比较固定。

(2) 短期运行作业计划适应性较广，对于货运起讫地点较多、流向复杂、货种繁多的货运任务，可对其编制周期为三日、五日、十日等作业计划。

(3) 日运行作业计划主要适用于货源多变、货源情况难以早期确定和临时性任务较多的情况。

(4) 运次运行作业计划通常适用于临时性或季节性且起讫地点固定的短途大宗货运任务。

调度工作是企业生产管理活动中一个重要的组成部分。汽车运输生产活动是围绕着车辆运行进行的，为了完成计划所规定的运输任务，企业必须进行一系列的日常运输工作组织，其中最为核心的部分就是车辆运行调度工作。调度工作不仅以车辆的运行为中心，而且通过车辆运行作业计划，可将企业内部各职能科室及车队、车站、车间、装卸等基层运输生产单位连接成一个有机的整体。同时，又通过车辆运行作业计划，保持与企业外部的港口码头、铁路站场、物资仓库及车船运行等的衔接和配合。车辆运行调度工作的任务是通过汽车运输企业所建立的各级调度机构，及时、全面地了解运输生产过程，并不间断地组织指挥和监督检查，正确处理运输生产中出现的各种问题，使各个生产环节和作业能协调地工作，保质、保量地完成车辆运行作业计划。

汽车运输部门一般采用三级调度体制，即省 (自治区、直辖市) 交通局或运输公司设一级调度机构，其总调度室是全省汽车运输的最高指挥机构，负责全省各地区运力、运量平衡和运输安排；各地区运输公司设二级调度机构，主要负责执行省平衡会议决议，综合本地区各站的运力、运量进行平衡，具体安排好各县、站、车队的运输任务；各县、站、车队设三级调度机构，其是车辆调度的直接执行机构。各级调度机构必须贯彻下级服从上级的原则，应经常互相联系，互通情况等。

目前，汽车运输企业为了分散经营风险，大部分运输企业实行了将单车承包、租赁或转让给个人经营，汽车运输企业由过去直接组织生产变成了只负责承揽货源、发布信息、收取相应服务及管理费用等工作。现在的汽车运输企业实际上已开始向货运代理的方向转化了。

本章练习

1. 何谓道路运输？
2. 什么是行车视距？视距类型有哪几种？
3. 公路线形由哪几个部分组成？
4. 公路站场有几种？它们的作业和设备有哪些？
5. 公路与公路交叉可分为哪两大类？
6. 高速公路有哪些特点？高速公路的沿线设施有哪些？
7. 汽车是如何分类的？
8. 汽车由哪几部分组成？各部分的主要作用是什么？
9. 城市道路按照国标分为哪几类？
10. 公路安排客运班次时是怎样考虑的？
11. 公路货物运输的主要组织形式有哪些及应注意的问题？

第三章　城市道路交通系统

学习目标

知识目标

理解并掌握城市道路交通的含义及特点；了解城市道路交通运输的产生及发展趋势；掌握城市道路交通的分类；掌握城市交通网络的基本结构及其主要特点；理解城市停车设施的类型；理解城市道路交通管理设施的类型及作用；掌握城市公共交通的含义；理解城市公共交通的地位和特征；掌握城市公共交通方式的特点；掌握城市公共交通的客运特点与功能。

能力目标

能梳理与分析城市道路交通系统中的各专业名词的含义；能梳理与分析城市交通网络的基本结构及其主要特点；能梳理与分析各类城市停车设施；能梳理与分析城市道路交通管理设施的类型及作用；能梳理与分析城市公共交通方式的特点；能梳理与分析城市公共交通的客运特点与功能。

素质目标

具备基本的专业基础技能，学会分析城市道路交通存在的基础问题及解决办法；具备"公交优先"的基本意识和素养；具备分析城市公共交通特点与功能的能力。

本章导读

城市公共交通是由公共汽车、电车、轨道交通、出租汽车、轮渡等交通方式组成的公共客运交通系统，是重要的城市基础设施，是关系国计民生的社会公益事业。改革开放以来，我国城市公共交通有了较快发展，但随着经济的发展和城市的扩大，一些城市交通拥堵、出行不便等问题日益突出，严重影响了人们的正常生活和城市的发展。优先发展城市公共交通，不仅是缓解城市交通拥堵的有效措施，而且是改善城市人居环境和促进城市可持续发展的必然要求。2005 年 9 月，国务院办公厅转发了建设部、科技部、公安部等六部委《关于优先发展城市公共交通的意见》，明确了"公交优先"的国策地位。

想一想

请谈一谈如何提高城市公共交通吸引力。

第一节　城市道路交通概述

一、城市道路的含义

城市道路是城市中担负城市交通的主要设施，是行人和车辆往来的专用地。

城市道路联系着城市的各个组成部分（城市中心、城市的各种用地、对外交通设施），它既是城市生产、生活的动脉，又是组织城市布局结构的骨架，同时还是安排绿化、排水及城市其他工程基础设施（地上、地下管线）的主要空间。

城市道路空间是城市基本空间环境的主要构成要素。城市道路空间的组织直接影响城市的空间形态和城市景观，城市道路既是城市街道景观的重要组成部分，又在一定程度上成为表现城市面貌和建筑风格的媒介。

二、城市道路交通的特点

城市道路交通的特点如下：

(1) 人多、车多。城市中有大量的交通集散点、枢纽点，这些地方时刻吸引着大量人流和较复杂的车流。

(2) 交通流在空间上的流动路线和流量经常变化且不稳定。在时间上周期性地形成早晚人流和车流高峰。

(3) 交通运输工具类型多，速度不同。

(4) 人流和车流以及车流和车流之间交叉多，相互干扰大。

(5) 城市道路交通需要大量附属设施和交通管理设施。

三、城市道路交通的产生及发展趋势

1. 城市道路交通的产生

自 18 世纪 60 年代英国产业革命以来，全球范围内的城市化迅速发展。世界各国先后开始由以农业为主的传统乡村社会向以工业和服务业为主的现代城市社会转变。1800 年，全世界城市人口的比重只有 3%，而到 1990 年，地球上已有 50% 的人生活在城市。随着经济发展和工业化的进程不断推进，城市道路交通的发展也不断加快。

1) 发展初期（工业革命以前）

发展初期，城市的数目少、规模小且发展缓慢。城市道路交通尚未形成规模，主要交通工具由人力或畜力、自然力来驱动。在当时的欧洲城市，马车曾作为一种重要的交通工具盛行一时。1600 年，公共四轮马车在伦敦出现。1660 年，巴黎出现了在固定线路上运行的公共马车。

2) 发展中期（从工业革命到 20 世纪初期）

发展中期，工业化与城市化不仅使城市人口和经济规模空前扩大，而且城市中的行政区、商业区、娱乐区、工业区等相继出现，这些促使了城市道路交通逐步形成，并使之成为维持城市社会经济活动系统运转的必要条件。同时，城市交通工具也开始采用现代先进技术。1885年，德国人本茨发明了第一辆内燃机汽车。不久后，有轨电车、无轨电车、公共汽车等运输工具相继投入使用，逐步取代了马车。1881年，有轨电车在柏林出现。1899年，世界上最早的公共汽车在伦敦开始运营。1901年，第一条无轨电车线路在法国投入使用。从19世纪中期开始，机动车逐渐成为城市道路交通的主导方式。

3) 发展新时期（工业革命后期至今）

随着城市化逐步走向成熟，发达国家城市道路交通系统日臻完善。由于城市郊区化和郊区城市化的发展，城市的空间形态日益呈分散化倾向，城市交通体系构成全方位、立体化的格局，交通工具和交通运输方式也呈多元性发展。城市内部交通与对外交通的衔接逐渐由无序走向有序。人员在城市内的空间位移也可借用地面、高架、地下等近十种方式（地铁、轻轨、城市铁路、公共汽车、无轨电车、有轨电车、私人汽车、磁悬浮列车、轮渡、直升机等）来实现，城市道路交通日益高速化、现代化。

2. 城市道路交通的发展趋势

20世纪70年代以来，以信息技术为突破口的新技术革命正以前所未有的气势冲击着人类社会生产和生活的各个方面。1993年，美国政府率先提出兴建信息高速公路，其他国家纷纷响应，分别提出了本国或本地区的信息高速公路计划，这标志着人类跨进了信息社会。未来信息社会的城市将变成高度信息化和全面网络化的城市。借助于联网的计算机多媒体系统，人们足不出户就能进行工作、交友、购物、娱乐等活动。届时，以旅游、观光和享受大自然等为目的的出行比例将显著提高。城市产业结构进一步高级化，信息产业将从第三产业中独立出来成为第四产业。城市由传统的制造中心、贸易中心转变为信息流通中心、信息管理中心和信息服务中心。城市空间结构进一步演变，由于信息传递不再受地理和气候条件限制，空间距离对城市发展的约束降低为次要因素，这使得生产要素的高度集聚效益弱化，超级城市走向裂解。同时，小城镇及其组成的城市群显示出多方面的优越性。

与信息社会城市的基本特征相适应，城市道路交通将呈现出新的发展趋势。首先，城市道路交通与信息通信业将高度结合，通信将和交通运输一样成为城市社会经济、生活联系的主要手段。信息社会中，人们之间的一些交往已不再需要空间的位移。由于信息传播的充分性，产品的不合理运输也大为减少。其次，城市道路交通强度有所降低。由于办公家庭化的实现，使得上下班出勤人数与次数大为减少，困扰目前城市的工作出行量集中的难题会明显缓解。产业结构高级化和空间结构合理化，又会减少城市货物的运输强度。不仅城市产品更加轻薄短小，而且产品运输量在空间上得到更加有效地分散。另外，城市道路交通将实现智能化。计算机和自动控制技术将广泛应用于城市道路、车辆及其管理部门，使得城市交通技术水平和管理水平进一步提高，迈向智能化的新阶段。

总体来说，在进入现代城市发展阶段后，城市交通已经基本形成了以城市道路交通和城市轨道交通为主体的城市公共交通体系。

第二节 城市道路交通设施设备

一、城市道路分类

城市道路就是城市城区内的道路。城市道路既是城市的骨架，又要满足不同性质交通流的功能要求。作为城市交通的主要设施和通道，城市道路首先应该满足交通的功能要求，其次要起到组织跨线城市和城市用地的作用。

国家标准城市道路是按城市骨架分类的，主要根据道路在城市总体布局中的位置和作用，分为以下四类。

1. 快速路

快速路又称城市快速干道，它是城市中为联系城市各组团的中长距离机动车快速出入的交通服务设施，一般布置在城市组团之间的绿化分隔带中，成为城市组团的分界。

快速路是大城市交通运输的主要动脉，同时也是城市与高速公路的联系通道。在快速路两侧不宜设置吸引大量人流的公共建筑物的进出口，对两侧一般建筑物的进出口也应加以控制。快速路在城市中的布置不一定要采用高架的形式，在必须通过繁华市区时，若采用路堑的形式，则可以更好地协调用地与交通的关系。

2. 主干路

主干路又称城市主干道，它是城市中主要的常速交通道路，主要为城市相邻组团之间和与市中心区的中距离运输服务，是联系城市各组团及与城市对外交通枢纽联系的主要通道。主干路在城市道路网中起骨架作用，它与城市组团的关系可比作"串糖葫芦"的关系。

大城市的主干路多以交通功能为主，除可分为以货运或客运为主的交通性主干道外，也有少量主干路可以成为城市主要的生活性景观大道。

3. 次干路

次干路是城市各组团内的主要干道。次干路联系主干路，并与主干路组成城市干道网，在交通上主要起集散交通的作用。同时，由于次干路的沿路常布置公共建筑和住宅，又兼具生活性服务功能。

次干路又可分为交通性次干道（常为混合性交通干道和客运交通次干道）和生活性次干道（包括商业服务性街道或步行街等）。

4. 支路

支路又称城市一般道路或地方性道路，它是城市的一般街坊道路，在交通上起汇集作用，也是以提供生活性服务功能为主的道路。

二、城市交通网络布局

1. 交通网络布局

交通网络的布局和线路规划应充分考虑节点重要度和线路重要度的值。具体而言，节点重要度用以确定交通枢纽和车站以及高速公路出入口等；线路重要度用以确定线路的走向和线路的等级，如高速公路、高速铁路、城市轨道交通、城市快速路、主干路、次干路和支路等，从而完成交通网络布局。

2. 交通网络结构

交通网络结构尤其是城市交通网络结构，决定了城市的骨架和城市的发展。我国的大城市中，如北京、上海、广州、香港等，轨道交通发展迅速并形成了较大规模，因此城市交通网络结构主要由道路和轨道交通构成。

1) 城市交通网络基本形态

城市交通网络的基本形态大致可以分为方格网式、带状、放射状、环形放射状和自由式等。

(1) 方格网式。方格网式交通网是一种常见的交通网络形态，如图 3.2-1 所示。其优点是各部分的可达性均等，秩序性和方向感较好，易于辨别且网络可靠性较高，有利于城市用地的划分和建筑的布置。其缺点是网络空间形态简单，对角线方向交通的直线系数较小。我国的西安等城市的城区道路网属于这种形态。

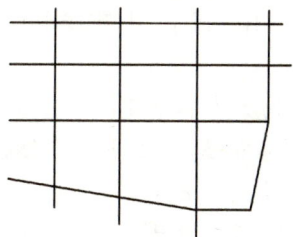

(2) 带状。带状交通网是由一条或几条主要的交通线路沿带状轴向延伸，并且与一些相垂直的次级交通线路组成类似方格状的交通网，如图 3.2-2 所示。这种交通网络形态可使城市的土地利用布局沿着交通轴线方向延伸并接近原有自然形态，对地形、水系等条件适应性较好。我国的兰州市的交通网络由于受黄河和南北山脉的影响，其结构属于典型的带状结构。

图 3.2-1　方格网式交通网　　　　图 3.2-2　带状交通网

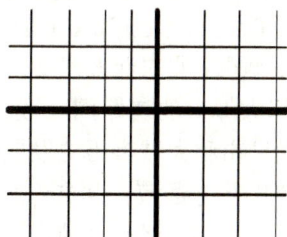

(3) 放射状。放射状交通网络常用于连接主城与卫星城，如图 3.2-3 所示。

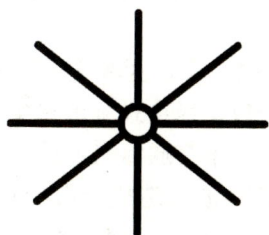

(4) 环形放射状。城市骨架交通网络由环形和放射交通线路组合而成，如图 3.2-4 所示。放射状交通线路承担内外出行，并连接主城与卫星城；环形交通网承担区与区之间或过境出行，连接卫星城之间，减少卫星城之间的出行穿越主城中心。北京市的交通网络为此种形态，道路网络由二环至六环的五条城市快速环线和 11 条放射道路组成；城市轨道交通网络目前由两条环线和 15 条纵横交错的轨道交通线路组成。

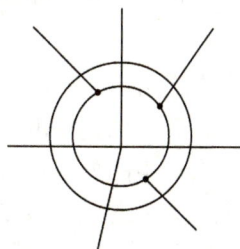

图 3.2-3　放射状交通网　　　　图 3.2-4　环形放射状交通网

(5) 自由式。自由式结构如图 3.2-5 所示。该形态的路网结构多为因地形、水系或其他条件限制而使道路自由布置，因此其优点是较好地满足了地形、水系及其他限制条件，缺点是无秩序、区别性差，同时道路交叉口易形成畸形交叉。该种形态的路网适合于地形条件较复杂及其他限制条件较苛刻的城市。在风景旅游城市或风景旅游区可以采用自由式路网，以便于与自然景观较好地协调。上海、天津的道路网属于该种形态。

实际上，在特大城市中，道路网并非严格按照上述形态布置，常常是两种或两种以上简单路网形态的组合，如图 3.2-6 所示。

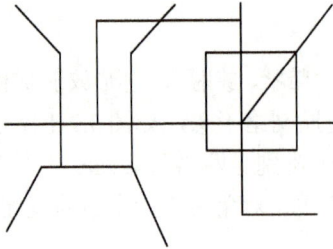

图 3.2-5　自由式交通网　　　　图 3.2-6　混合式交通网

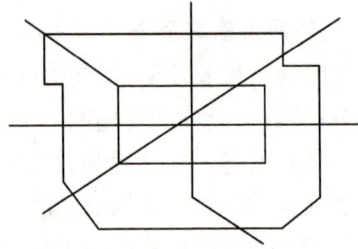

2) 城市交通网络形态与城市类型

(1) 城市规模与路网形态。城市的规模通常用城市人口规模来表示，该人口规模是指一定期限内城市发展的人口总数。我国的城市按照人口规模大致可以分为特大城市（非农业人口 100 万以上）、大城市（非农业人口 50 万～100 万）、中等城市（非农业人口 20 万～50 万）、小城市（非农业人口 20 万以下）。

特大城市和大城市的道路网一般比较复杂，多为集中典型路网形态综合的混合式路网。其一，特大城市和大城市历史发展过程较长，用地规模大，地形、自然条件比较复杂，很难以单一的路网形态适应；其二，我国古代的城市是以礼制建城，"匠人营国，方九里，旁三门，国中九经九纬，经涂九轨，左祖右社，面朝后市，市朝一夫"（《周礼·考工记》）。在该思想的支配下，我国的古城（如西安、开封、北京等）形成了方正的路网布局。中等城市的路网布局相对比较简单，多以一种典型形态为主，在平原地区和限制条件比较少的地区，多以方格网式为主。小城市一般以几条主干街道为主。

(2) 城市性质与路网形态。城市按照其主要的土地利用、经济位置等可分为工业城市、中心城市、交通枢纽城市及特殊功能城市（如旅游城市等）。交通枢纽城市又可以分为铁路枢纽城市、海港城市、河埠城市和水上交通枢纽城市等。例如，郑州市有我国最大的铁路编组站郑州北站，加上郑州东站（货运）和郑州站（客运），形成了具有铁路特色的城市，因此在该种意义上可以说郑州为铁路枢纽城市。但是，该种分类方式与城市道路网的关系不明确。

(3) 城市在区域交通网中的位置与路网形态。按照城市在区域交通网络中的位置和对外交通的组织形态，又可以把城市分为交通枢纽式城市、尽头式城市和穿越式城市。该种分类与城市交通网布局中的外围环线建设密切关联。对于交通枢纽式城市，外围环线的规划、建设比较重要，以避免不必要的过境交通通过市中心，造成城市中心区的交通拥挤、阻塞。相反，对于尽头式城市，环线的规划和建设则应该慎重。穿越式城市通常为小城市，交通网络规划应考虑城市的发展，引导过境交通偏离城市中心区。

(4) 城市发展形态结构与路网形态。城市的基本布局形态一般分为中央组团式、分散组团式、带状、棋盘式和自由式。

① 中央组团式结构。中央组团式城市的特点是有一个强大的城市中心，因此与此对应的交通网络应该是放射形或环形放射状，以处理城市的内外交通和过境交通。它适用于平原城市，如北京、成都等城市。汤姆逊在 20 世纪 70 年代中期研究城市交通与城市布局的关系时，给出了五种交通战略结构模式。将如图 3.2-7 所示的方格加环形放射交通网络布局称为限制交通战略模式，并指出其适用于具有强大的市中心，周边设置卫星城，采用分级规划建设，且具有较好的公共交通系统的城市。我国的北京的规划建设接近于该种模式。

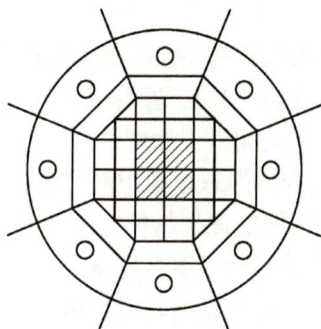

图 3.2-7　汤姆逊的城市结构模式

② 分散组团式结构。分散组团式城市的特点是城市由几个中心组成，与此对应的交通网络应该是环形放射状或带状形态。前者对应于一般的分散组团式城市；后者对应于带状分散组团式城市。它适用于地形比较复杂的城市，如重庆、包头等城市。

③ 带状结构。带状城市的特点是城市由几个分布于同一地带上的组团组成，因此与此对应的交通网为带状形态。它适用于受地形限制的城市，如兰州、桂林、深圳等城市。

④ 棋盘式结构。棋盘式城市的特点是城市均匀分布，与此对应的交通网络为方格式交通网。它适用于地形限制较少的平原地区，如北京、西安、开封等城市。

⑤ 自由式结构。自由式城市的特点是城市受特定的地形、水系等约束而自由发展，与此对应的交通网络为自由式交通网。它适用于海岸城市或水系比较发达的地区，如天津、大连、青岛等城市。

由于我国当前城市化水平和基础设施水平相对较低，城市用地较少，所以绝大部分城市为中央组团式城市。

3) 交通网络布局规划评价

交通网络是城市或区域的骨架，是保证用地功能的发挥和保持拉动经济以及保障可持续发展的基础设施，左右着城市或区域的发展方向或规模。因此，交通网络布局的合理性也应作为研究的问题之一。

交通网络布局规划评价主要是对其空间布局合理性和有效性进行综合评价，其内容主要有综合交通网络体系和单一交通方式网络体系。

(1) 综合交通网络体系及评价。为了支撑和拉动其社会经济、人流和物流的发展，一个国家、区域和城市要有一个合理的综合交通网络体系结构，以实现各种交通方式的竞争与协同配合。

国家交通网络应该根据国家产业、能源、资源和人口等的布局，以及交通方式的运输效能和合理运距，合理布局综合交通网络。我国的能源结构是北多南少，水资源结构则相反。南方经济相对发达，产品需要向北方输送。这就需要综合考虑能源结构和交通网络，尽量减少利用不经济运输方式的运输。

区域交通网络应从区域协调发展的角度布局交通网络体系和规划交通网络结构。

城市交通网络尤其是大城市的交通网络，应采用 TOD 发展模式和低碳交通策略构建交通网络体系和规划城市交通网络，实现居民出行的主体由城市公共交通承担，并且规划舒适的步行环境。

(2) 单一交通方式网络体系及评价。国家和区域的铁路、公路、航空、水路等交通方式通过综合交通枢纽实现客流换乘和货物转运。城市范围内的道路、轨道交通、公共交通、非机动车交通和行人等，均需要其相应的交通网络。

进行交通网络布局评价时主要遵循以下原则：

① 静态指标与动态指标相结合。静态指标指网络密度、面积率、各等级网络的比例等。动态指标是对网络服务的交通流因素的评价指标。

② 科学性定量评价与专家经验判断相结合。

③ 符合我国的经济发展水平，避免过高确定目标。

网络体系结构的评价指标如下：

① 交通设施用地率。交通设施用地率即交通设施用地面积占城市建设用地面积的比例。交通设施用地是安排城市交通基础设施的前提条件，对城市交通发展具有举足轻重的作用。若该用地不足，则无法安排足够的交通基础设施，这是产生道路交通拥堵的根源之一。《城市用地分类与规划建设用地标准》(GB 50137—2011) 规定，我国城市交通设施用地比例应在 10% ~ 30%，并且规划人均交通设施用地面积不应小于 12.0 平方米 / 人。

② 网络密度。网络密度主要评价交通网络服务的公平性和服务质量水平，分为公路网密度、铁路网密度、城市道路网密度、城市轨道交通网密度、城市公共电汽车网密度和站点覆盖范围等。

网络密度是指单位用地面积内交通网络的长度，表示区域中交通网络的疏密程度，通过交通用地率、人均交通用地和面积率等指标来反映。

就城市道路而言，表 3.2-1 和表 3.2-2 列出了国内外主要城市道路网的部分指标值。

表 3.2-1　发达国家城市道路网部分指标

指标	纽约	芝加哥	旧金山	伦敦	巴黎	巴塞罗那	东京	名古屋	大阪	平均值
道路网密度 /（千米 / 平方千米）	13.10	18.60	36.70	8.00	13.30	18.40	18.40	18.10	18.10	16.21
道路用地率 /%	33.7	23.4	14.9	25.2	25.8	15.8	24.4	14.4	17.2	17.05
人均道路用地 /（平方米 / 人）	28.3	45.9	25.3	27.11	—	8.8	10.3	22.8	14.2	21.4

表 3.2-2　我国主要城市道路网部分指标

城市	道路用地率 /%	人均道路用地 /（平方米 / 人）	道路网密度 /（千米 / 平方千米）
上海	9.43	3.2	9.07
北京	6.69	7.6	4.57
天津	9.59	7.1	9.29
沈阳	9.19	4.7	9.16
武汉	5.72	3.6	6.06
广州	6.66	4.5	6.66
哈尔滨	8.74	5.3	10.4
重庆	8.92	4.0	11.46
南京	7.07	4.8	6.98
西安	7.64	5.5	7.59
成都	8.40	4.2	7.74
大连	6.34	7.0	4.28
长春	7.75	5.0	6.60
太原	6.26	6.6	6.96
济南	13.65	10.4	11.09
兰州	3.19	4.2	3.09
昆明	3.57	2.9	3.38
郑州	5.83	5.0	4.90
长沙	4.96	4.3	6.61
杭州	6.33	5.0	8.19
南昌	5.09	2.9	9.37
石家庄	7.53	6.0	7.27
乌鲁木齐	7.99	4.8	7.34
深圳	8.04	7.4	3.65
平均值	7.27	5.25	7.15

可见，我国城市道路网密度普遍偏低。其原因有以下几个：一是我国经济基础薄弱，资金不足和政策导向等致使城市基础设施条件薄弱，建设水平低；二是从城市结构布局看，我国的城市多为用地紧凑和人口高度密集型城市，道路用地也受到很大程度的限制。因此，我国的城市在进行城市中心区改造时，应考虑加强交通基础设施的建设，增加交通用地比例和道路网密度，有条件的城市应考虑增加轨道网（地铁或轻轨）的密度。对于规划区或新开发区，为了适应现代化城市发展的需要，应尽量接近国家标准值的上限来规划。

对于城市轨道交通和城市公交而言，主要通过线网密度、站间距和站点覆盖率来评价。站点覆盖率又有 300 米半径、500 米半径和 1000 米半径覆盖率等。此外，对于城市公交而言，还可通过线路重复系数和非直线系数等指标评价。

③ 干道网间距。干道网间距即两条干道之间的间隔，其对道路网密度起决定性作用。我国没有规定城市干道的间隔，国际上各国采用的标准也不一致。荷兰规定干道间隔为 800 ～ 1000 米；美国为 0.5 ～ 2 英里 (1 英里 = 1.609 344 千米)；丹麦哥本哈根为 700 米；德国慕尼黑为 700 ～ 1000 米；英国道路多采用区域自动化控制，规定道路间距以 250 ～ 700 米为宜；日本没有规定干道间隔的具体数值。

根据国外城市道路网规划建设经验，我国确定道路网布局时应该考虑以下内容：

交通流的连续性。道路间隔过密，交叉口数量增加，会增加车辆在交叉口的等候时间和频繁加减速，从而使车辆行驶延误增加，降低了交通流的连续性和道路的通行能力。因此，为了保持车辆行驶效率和提高道路的通行能力，以次干道间距不小于 300 米、主干道间距不小于 600 米为宜。

城市用地。对于特大城市和大城市，中心区一般为商务区，其人口密度高、出行率高、客流较为集中，干道间距过稀不利于居民出行。另一方面，居民小区一般规模较大，而小区内部不能行驶过境交通和公共交通。因此，以次干道间距为 300 ～ 400 米、主干道间距为 600 ～ 800 米为宜。对于城市工业区及城市边缘地区，由于交通量较小，干道间距可以适当增大，以次干道间距为 500 ～ 600 米、主干道间距为 1000 ～ 1200 米为宜。

④ 路网结构。路网结构是指城市快速路、主干道、次干道、支路在长度上的比例，用于衡量道路网的结构合理性。根据城市道路功能的分类和保证交通流的畅通，道路的交通结构应该为"塔"字形，即城市快速路的比例最小，且按照城市快速路、主干道、次干道、支路的顺序比例逐渐增高，其比例值分别被推荐为小于等于 5%、27% ～ 30%、32% 和 33% ～ 36%。

⑤ 道路面积率。道路面积率即城市道路用地面积占城市建设用地面积的比例。我国国家标准《城市用地分类与规划建设用地标准》(GB 50137—2011) 中，要求交通设施用地占城市建设用地的比例为 10% ～ 30%。

⑥ 人均道路面积。人均道路面积是指城市居民人均占有的道路面积。我国国家标准《城市用地分类与规划建设用地标准》中给出了道路广场用地为 7 ～ 15 平方米 / 人，这一指标是与上述 10% ～ 30% 的交通设施用地率相对应的。

三、城市停车设施

城市停车设施指城市中的社会公共停车设施，它是城市道路系统的组成部分之一。城市中往往由于停车设施能力不足或布局不合理而造成停车占用道路行车面积，从而影响道路系统的正常运转。

根据城市交通的停车要求，停车设施可以分为以下六种类型。

1. 城市出入口停车设施

城市出入口停车设施是为外来或过境货运机动车服务的停车设施，其作用是从城市安全、卫生和对市内交通的影响出发，截流外来车辆或过境车辆，使之经检验后可按指定时间进入城市装卸货物。这类停车设施一般设在城市外围的城市主要出入干道附近，并附有车辆检查站、车辆小修设施、旅馆、饭店、商店等服务设施，还可配备一些文娱设施。

2. 交通枢纽停车设施

交通枢纽停车设施主要是指在城市对外客运交通枢纽和城市客运交通换乘枢纽所需配备的停车设施，是为疏散交通枢纽的客流以及完成客运转换而服务的。这类停车设施一般都结合交通枢纽布置。

3. 大型集散场所停车设施

大型集散场所停车设施包括体育场馆、中心广场、大型公园以及交通限制区边缘干道附近的停车设施。这类停车设施的停车量大而且集中，高峰期明显，要求集散迅速。停车场以停放客车为主，并应考虑自行车停车场地的设置。

4. 商业服务设施附近的社会公用停车设施

根据城市商业、文化娱乐设施的布局，应合理安排规模适宜的社会公用停车场（包括一定规模的自行车停车场地）。这类停车场一般布置在商业、文娱中心的外围，步行距离以不超过 100～150 米为宜，并避免对商业中心入口以及广场、影剧院等建筑的正立面景观和空间的遮挡和破坏。

5. 生活居住区停车设施

从安全的角度考虑，一个住宅组群应设置一处有人管理的自行车停放设施，并在生活居住区服务中心附近安排一定规模的机动车、自行车停放场地。

6. 路边临时停车设施

为避免沿街任意停车造成的交通混乱现象，在那些需要经常停车的地点，应设置一定数量的路边临时停车位，一般一处路边临时停车带的停放车位数以不超过 10 个为宜。公共交通线路沿线的车站应采用港湾式停车方式布置。

四、城市道路交通管理设施

城市道路交通管理设施是按照交通组织设计对道路实施交通管理而设置的交通信号设备、交通标志、交通标线、交通隔离设施等。

1. 交通信号设备

城市道路主、次干道交叉口一般都设置交通信号设备，用于指挥交叉口交通的通行。交叉口交通信号设备有指挥信号灯、车道信号灯和人行横道信号灯，如图 3.2-8 所示。

| (a) 指挥信号灯 | (b) 车道信号灯 | (c) 人行横道信号灯 |

图 3.2-8　交通信号设备

（1）指挥信号灯。指挥信号灯是指挥各交叉路口车辆通行的信号灯，一般设在交叉口中央、进入交叉口的路口停止线前或交叉口出口一侧。

(2) 车道信号灯。车道信号灯是为适应交通信号控制和区域控制的需要，用以提前提示前方车道能否通行的信号灯，一般设在可变车道上。

(3) 人行横道信号灯。人行横道信号灯主要设置在交通比较复杂的路口或路段，以保障行人安全有序地通过道路。

2. 交通标志

道路交通标志是用图形、符号、颜色和文字向交通参与者传递特定信息，从而管理交通的设施。城市道路交通标志如图 3.2-9 所示。

图 3.2-9　城市道路交通标志

我国现行的交通标志依据功能可分为主标志和辅助标志两大类。主标志包括警告车辆、行人注意危险地点的警告标志，禁止或限制车辆、行人交通行为的禁令标志，指示车辆、行人行进的指示标志，传递道路方向、地点、距离信息的指路标志，提供旅游景点方向、距离的旅游区标志和通告道路施工区通行的道路施工安全标志。辅助标志是设于主标志下起辅助说明作用的标志，不能单独使用。按用途的不同，辅助标志又可分为表示区域、距离、时间、车辆种类、警告及禁令理由等的标志。

依据交通标志的支撑方式，还可将标志分为路侧式、悬臂式、门式和附着式四类。

3. 交通标线

城市道路交通标线是由标画于路面上的各种线条、箭头、文字、立面标记和轮廓标等所构成的交通安全设施，如图 3.2-10 所示。其作用是管制和引导交通，可以与标志配合使用，也可单独使用。高速公路，一、二级公路，城市快速路以及主干路上的交通标线应使用反光材料。

图 3.2-10　城市道路交通标线

交通标线按功能可分为以下三类。

(1) 指示标线：用于指示行车道、行车方向、路面边缘、人行道位置等的标线。

(2) 禁止标线：用于告示道路交通的遵行、禁止、限制等特殊规定，车辆驾驶及行人需严格遵守的标线。

(3) 警告标线：用于促使车辆驾驶人及行人了解道路上的特殊情况，提高警觉并准备防范应变措施的标线。

交通标线按设置方式可分为以下三类。

(1) 纵向标线：沿道路行车方向设置的标线。

(2) 横向标线：与道路行车方向成一定角度设置的标线。

(3) 其他标线：字符标记或其他形式的标线。

交通标线按形态可分为以下四类。

(1) 线条：标画于路面、缘石或立面上的实线或虚线。

(2) 字符标记：标画于路面上的文字、数字及各种图形符号。

(3) 突起路标：安装于路面上用于标示车道分界、边缘、分合流、弯道、危险路段、路宽变化、路面障碍物位置的反光或不反光体。

(4) 路边轮廓标：安装于道路两侧，用以指示道路方向和行车道边界轮廓的反光柱或反光片。

4. 交通隔离设施

城市道路隔离设施安装在城市道路的行车道与人行道之间、机动车道与非机动车道之间、对向行驶的机动车道之间或快速路的主路与辅路之间的界线位置，它可有效地排除横向交通干扰，避免由此产生的交通延误或交通事故，如图 3.2-11 所示。

图 3.2-11 交通隔离设施

城市道路隔离设施按设置时间长短，可分为临时性隔离设施和永久性隔离设施两类；按材料及外形不同，可分为铸铁格栅式隔离设施、钢管护栏隔离设施及混凝土墩座链条式隔离设施等。

城市道路隔离设施的设置与否应根据道路等级、交通组成及干扰程度等情况确定，一般快速路应设置，主干路原则上应设置，非机动车特别是人力三轮车较多的路段也可设置隔离设施。

第三节 城市公共交通

在城市化进程中，城市空间布局向网络化、均衡化、多核心的区域空间结构发展，地区间的阻隔和差异已逐渐消失并完全融合为一个整体。城市规模日益扩大导致人们出行距离逐步超出可使用非机动交通方式的范围，城市交通需求迅速增长，公共交通成为大多数人们必选的交通方式。同时，城市化加重了城市的环境污染问题，迫使城市发展公共交通。城市公共交通成为城市交通不可缺少的部分，是保证城市生产、生活正常运转的动脉，更是提高城市综合能力的重要基础设施之一。它对城市政治经济、文化教育、科学技术等方面的发展影响极大，对城市各产业的发展，经济、文化事业的繁荣，城乡间的联系等起着重要的纽带和促进作用。

一、城市公共交通的概念

1. 城市公共交通的定义

广义的城市公共交通是指在城市及其近郊范围内，为方便居民和公众的出行，供人们使用的经济型、方便型的各种客运交通方式的总称。城市公共交通是城市客运交通体系的主体，是城市建设和发展的重要基础之一，是生产和生活必不可少的社会公共设施，也是城市投资环境和社会生产的基本物质条件，同时又是展示城市精神文明和反映国民经济、社会发展水平及市民道德思想风貌的窗口。狭义的城市公共交通是指在规定的线路上，按固定的时刻表，以公开的费率为城市人们提供短途客运服务的系统。它是由常规公共汽车、快速公共汽车、电车、轨道交通、出租汽车、轮渡等多种交通工具组成的公共客运交通系统，通过各种交通工具之间的相互配合，为乘客提供交通运输服务，维系城市功能的正常运转。城市公共交通是城市社会和经济赖以生存、发展的基础，在国民经济发展中占有重要地位。

城市公共交通的基本任务是以运营为中心，组织和经营城市公共交通运输业务，为乘客提供安全、便捷、舒适、准时的客运条件。表 3.3-1 为几种常用的城市公共交通方式的技术参数对比。

表 3.3-1　常用的城市公共交通方式的技术参数对比

技术参数	地铁	轻轨	常规中型公共汽车
客运能力 /(万人次 / 小时)	2.5 ~ 7	1 ~ 3	≤ 0.24
列车编组 / 辆	4 ~ 8	1 ~ 3	
平均运行速度 /(千米 / 小时)	≥ 35	18 ~ 40	15 ~ 25
每千米造价 / 亿元	6 ~ 8	1 ~ 3	0.5 ~ 1.3(公交专用道)

2. 城市公共交通的地位

城市公共交通体系是国家综合客运网络的枢纽和节点。城市对外客运交通和城市内部客运交通是通过公共交通联系完成的。城市公共交通是连接城市工业、居住、公用、文教、商业、服务和公园以及市郊农村的"纽带"，在发挥城市功能以及组织经济和社会发展方面起着十分突出的作用。

城市公共交通的地位主要表现在以下三个方面。

(1) 城市公共交通是与人民群众生产、生活息息相关的重要基础设施。城市公共交通为城市生产和人民群众服务，是城市社会经济发展的基础。保障城市公共交通健康有序发展，对于维护城市的正常运转、满足人民群众日益增长的出行需求、促进城市社会经济的全面发展具有重要的意义。

(2) 城市公共交通是关系国计民生的社会公益事业。城市公共交通是城市交通的主要载体，是城市居民公共使用的客运业务，是保障经济社会可持续发展的重要公益事业。城市公共交通企业不同于一般类型的企业，它的基本任务是为社会提供公共交通运输服务，这一任务的核心要求是经济与快捷，城市公共交通的总体效益突出体现为城市公共交通的公益性特征，而城市公交的公益性又决定了城市公交经营的非自立性与城市公交票价的受控性两大特性。

(3) 城市公共交通在城市交通中具有优先发展的战略地位。优先发展公共交通符合城市发展和交通发展的实际，是贯彻落实科学发展观和进一步促进资源节约型、环境友好型社会建设的重要举措，是提高交通资源利用效率以及缓解交通拥堵的重要手段，是构建社会主义和谐社会的重要方面。要确立公共交通在城市交通中的优先地位，充分发挥公共交通运量大、价格低廉的优势，引导居民和公众选择公共交通作为主要出行方式。

3. 城市公共交通的特征

城市公共交通具有以下特征。

(1) 为人们提供大众化的、共享的出行方式。为人们提供大众化的、共享的出行方式是城市公共交通存在和发展的首要目的。城市公共交通通过大量的投入和科学的营运管理来创造具有足够吸引力的客运服务能力及服务水平，从而促使尽可能多的居民选择这种共享的大众化的出行方式，并为其提供良好的服务，以便有效地利用现有的城市交通资源来维护交通环境。

(2) 规模经济和一定的自然垄断性。具有网络服务性质的公共交通，由政府通过税费的收入提供资金进行建设，以最大限度地提高公共交通网的人口覆盖率，扩大客流的吸引范围和吸引量。这些公用设施投资一旦完成，随后的产品或服务流量越大，平均成本就越低。总体而言，虽然城市公共交通存在规模经济，但不同运输方式规模经济的程度不同。规模经济最为显著的是轨道交通，其次为公共汽车或公共电车，再次为出租车。

(3) 公益服务性。发展城市公共交通的目的是利用社会化及半福利性的公共客运交通方式来调控和减少小汽车交通量，在提高交通资源利用、节约能源和减少环境污染方面获得可观的经济效益和明显的社会效益。城市公共交通所具有的这种社会化及半福利性的经济属性，决定了城市公共交通具有公益服务性，主要体现在城市公共交通提供的普遍服务上。首先，城市公共交通服务是为满足城市居民及流动人口出行的需要而提供的出行服务，是针对所有城市人们的普遍服务；其次，城市公共交通肩负着优先保证劳动者和在校学生出行的责任，体现了社会交通公平性。

(4) 市场经营性。城市公共交通具有一定的价值和使用价值。城市公共交通的功能在于提供满足人们出行的交通服务，它能实现乘客的空间位移效用和及时、迅速地到达出行目的地的时间效用，这就是城市公共交通所实现的使用价值。城市公共交通同其他商品一样凝结着无差别的人类劳动，并且由社会必要劳动时间所决定，这就是城市公共交通的价值。城市公共交通价值的实现形式之一是购票乘车，即乘客通过付费交换得到乘坐公共交通的权利，这时城市公共交通的使用权是交换对象。由此可见，城市公共交通具有价值和使用价值这个一般商品所固有的属性。

因为公共交通具有商品属性，所以它向社会提供的服务也具有商品属性，应按市场经济规律运营获取利润。这说明它具有明显的市场经营性，城市公共交通在运营中实现其自身的经济效益。在为社会创造使用价值的同时也必须讲求以尽量经济的运输手段提供尽可能优质的运输服务，以取得比较满意的经济效益和社会效益。

(5) 可竞争性。在公共交通领域，并非所有的环节都具有自然垄断性，有些环节也具有可竞争性，主要表现在以下两个方面。

① 不同公共交通工具之间的竞争。城市公共交通市场主要可分为城市道路公共汽车客运市场、出租汽车客运市场和城市轨道客运市场，这种市场结构下不同交通工具之间是可以开展竞争的。

② 不同线路之间的竞争，即使同一种交通工具在同一条线路上运营，不同企业之间也是可以竞争的。但是，在公共交通行业里实行完全的自由竞争是行不通的。首先，完全自由竞争会造成盈利线路经营者多，亏损线路无人经营的现象；其次，由于公共交通客运量的相对稳定，完全自由竞争会使盈利线路变为亏损线路。自由竞争会使资源得不到有效配置，在既定线路上投入的车辆过多会造成浪费，投入量少又满足不了需求。因此，公共交通市场不仅是可竞争的，而且是在政府管制下的有效竞争。

(6) 需求弹性较小。公共交通提供的产品和服务已经构成了现代生活的必需品，需求弹性较小。生活在城市里的人们对公共交通提供的产品和服务具有相当大的依赖性，虽然私人交通与公共交通在一定程度上具有互补性，但在价格、品质、提供普遍服务等方面仍然差距较大，所以实际上的可替代性仍然较小。

(7) 接受公共管制。城市公共交通系统作为城市的基础设施，与其他设施一样具有低价格和面向城市社会服务的公用性。投资庞大与沉淀成本特性使政府必须赋予企业相当的独占经营地位，以保护企业免遭过度竞争。但独占经营对效率及消费者利益可能产生不利影响，而城市公共交通的运输性决定它应作为国家统一交通体系中的一部分，城市公共交通企业所具有的公益性与基础设施性决定了它在发展的过程中，政府必须有更强有力的调控手段和统一管理，以确保使用者及其他社会大众的利益。因此，需要政府对城市公共交通行业在票价、准入、服务质量、安全等方面进行管制。

二、城市公共交通的组成

城市的人口数量、人口密度、工作岗位的数量和分布、城市用地性质和形态以及社会经济状况和发展速度都会对城市公共交通产生直接或者间接的影响。城市公共交通是社会化的短程客运方式，为了使更多的居民能够就近上下车，缩短出行两端的步行距离，在人们的出行距离区域延长的条件下，必须建立合理的公共交通系统等级结构，为人们不同层次的交通需求提供多种选择的交通方式。从系统规划、建设和管理的角度分析，城市公共交通系统可分为公共交通工具（车辆）、线路网、车站与场站设施及公共交通运营管理系统等主要组成部分。

1. 城市公共交通工具

根据建设部建标 [2003]104 号文件的通知，《城市公共交通分类标准》被列入 2003 年度工程建设行业标准制订计划，历经 4 年多时间，于 2007 年 6 月 13 日经建设部批准为"中华人民共和国行业标准"，编号为 CJJ/T114—2007，并要求自 2007 年 10 月 1 日起实施。该标准中城市公共交通首先按照客运系统的运行线路环境条件分为"城市道路公共交通""城市轨道公共交通""城市水上公共交通"和"城市其他公共交通"四大基本类型；然后按照系统运营特点分成若干个种类；最后按照载客工具类型分成小类，如图 3.3-1 所示。以上公共交通分类方法按大、中、小原则进行层次归类，以达到简洁明了和容易区分的目标。

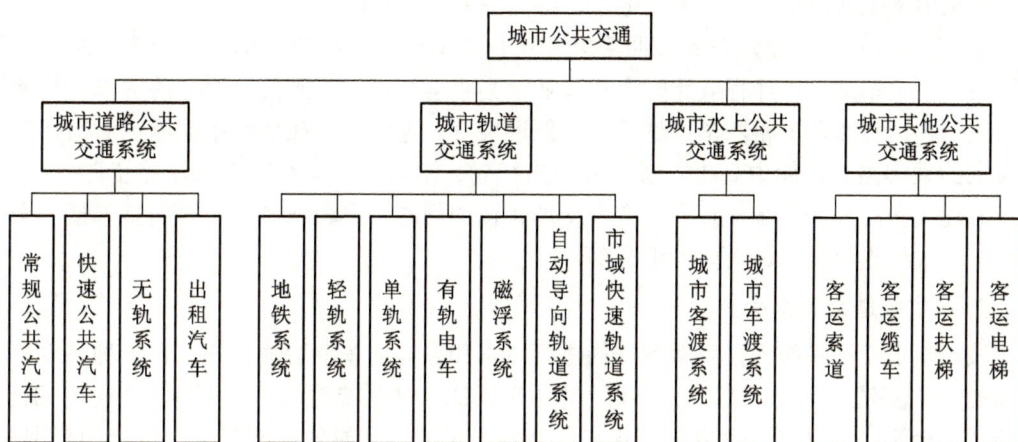

图 3.3-1　城市公共交通分类

1) 城市道路公共交通系统

城市道路公共交通系统是路面公共交通系统，根据动力类型一般分为常规公共汽车、快速公共汽车、无轨电车、出租汽车四种，其特点是灵活机动和成本较低，是使用最广泛的公共交通系统，一般是城市公共交通系统的主体。

(1) 常规公共汽车。常规公共汽车是目前世界各国使用最广泛的公共交通工具，它主要利用燃油或燃气提供动力，平均运行速度为 15 ～ 25 千米 / 小时。它起始于 1905 年的美国纽约，当时用公共汽车代替原有的公共马车，到了 20 世纪 30 年代得到了迅速的发展。公共汽车之所以被广泛采用，是由于它具有固定的行车线路和车站且按班次运行。它具有通达地区多、载客量大、对道路条件要求不高、线路开设投资不大、票价便宜、较为机动灵活的特点，并且公共汽车运行所需的附属设施的投资较之其他现代化公共交通工具也较少。常规公共汽车的车辆类型包括小型公共汽车、中型公共汽车、大型公共汽车、特大型公共汽车 (铰接)、双层公共汽车等，有效地适应了不同乘客的不同层次需要。

(2) 快速公共汽车系统。快速公共汽车系统是由公共汽车专用线或通道、服务设施较完善的车站、高新技术装备和各种智能交通技术措施组成的客运系统。它是优化提升地面公共交通，充分与道路新建和改建相结合，保持轨道交通特性且具备常规公交灵活性的一种便利、快速的公共交通方式。美国于 20 世纪 30 年代首先提出快速公交系统 (BRT) 的有关概念, 低造价、低维修、占地少、建设周期短、车速较快、车辆运行不受其他交通干扰、运量大、服务可靠、灵活和环保、易形成网络的特点能有效地缓解交通压力, 降低居民出行成本, 提高运输质量和效率。快速公共汽车的车辆类型包括大型公共汽车、特大型 (铰接) 公共汽车、超大型 (双铰接) 公共汽车。

(3) 无轨电车。无轨电车由电力牵引, 需要架空的输电线 (也可由高能蓄电池供电) 和专用的车辆等设备。无轨电车有固定的行车路线和车站, 可以靠人行道边停站, 必要时也可超越其他车辆。无轨电车的客运能力以及运营速度与公共汽车的基本相同, 但初期投资较大, 且行驶时因架空输电线的限制, 机动性不如公共汽车, 空中架设的网线还会影响城市的美观。其优点是噪声低、不排出有害废气、起动加速快、变速方便。无轨电车的车辆类型包括中型无轨电车、大型无轨电车、特大型 (铰接) 无轨电车。

(4) 出租汽车。出租汽车是按照乘客和用户意愿提供直接的、个性化的客运服务, 不定线路、不定车站, 以计程或计时方式营业, 为乘客提供 "门到门" 服务的客车。与常规公共汽车客运相比, 出租汽车可达性高、舒适性好、速度快, 在城市中能满足对出行有较高要求的乘客需要, 如中高收入者、公务出行者、游客等, 但存在着对道路资源占用多、能源消耗大和污染严重等与私人小汽车交通相似的问题。出租汽车的车辆类型包括小型出租汽车、中型出租汽车、大型出租汽车。

2) 城市轨道交通系统

城市轨道交通系统为采用轨道结构进行承重和导向的车辆运输系统, 是一种路权基本隔离的公共交通方式。与常规公共汽 (电) 车相比, 轨道交通具有运量大、快速、正点、低能耗、少污染、乘坐舒适方便等优点, 能将居民的出行时耗控制在某一规定的范围内, 其建设也有利于城市土地的开发。但因为它是一种与地面交通分离的独立系统, 并且技术要求高、建设费用大、维护也较昂贵, 所以城市财力不足是难以办到的, 只有在大城市客流量很大的线路上才使用。

轨道交通系统包括线路网、车站、车辆段、停车场及其他运营设备, 按技术特性、运量、区域服务功能等分为地铁系统、轻轨系统、单轨系统、有轨电车、磁浮系统、自动导向轨道系统及市域快速轨道系统。

(1) 地铁系统。地铁系统是一种大运量的轨道运输系统, 采用钢轮钢轨体系, 是最早出现的城市轨道交通系统, 因主要在大城市地下空间修筑的隧道中运行而得名。随着地铁系统的不断发展, 现代的城市地铁不仅运行于地下, 还包括了地面线和高架线。在许多城市, 地铁又被称为大容量快速公共交通或快速轨道交通系统。地铁按照选用车型的不同, 可分为常规地铁和小断面地铁; 根据线路客运规模的不同, 可分为高运量地铁和大运量地铁。地铁最基本的特点是与其他交通完全隔离。此外, 其线路设施、固定建筑、车辆和通信系统均有较高的设计标准。

因为路权完全隔离, 并且投资大、建设周期长、运营费用较高, 所以目前许多大城市的地铁是建在地面上的, 只在市中心区采用地下隧道形式。虽然工程造价高, 但地铁具有运量大、速度快、污染少、安全可靠、不占用或少占用城市用地等优势。地铁的车辆类型包括 A 型车辆、B 型车辆和 L_B 型车辆。

(2) 轻轨系统。轻轨系统是一种中运量的轨道运输系统，采用钢轮钢轨体系，列车编组一般在 1 ～ 3 辆，适合中等规模的城市采用。轻轨系统的路权要求不高，大部分是隔离式专用路权，因此大部分线路采用路面专用轨道或高架轨道。若遇繁华街区，则可进入地下或与地铁接轨，因此其建设成本比地铁低。

轻轨系统的特点是安全、可靠、准时且污染少，与其他现有的运输系统没有冲突，是一种提供可靠、安全、快捷、承载量大、舒适度高的公共运输服务。轻轨系统不仅舒缓了现有道路网的压力，而且对城市形象的建设有所提升，并能促进城区间的融合。

(3) 单轨系统。单轨系统是一种车辆与特制轨道梁组合一体运行的中运量轨道运输系统，一般使用道路上部空间 (设高架桥)，故土地占用较少。单轨系统在发展过程中形成了两种形式，即跨座式单轨系统和悬挂式单轨系统。跨座式单轨系统列车可采用 4 ～ 6 辆编组，其具有噪声小、振动小、输送能力高、投资少、效益好、转弯半径小、爬坡能力强、行驶平稳、速度较高等特点，并能较好地适应各种地形、地貌条件。单轨系统可以适应一些特定的运行条件和要求，与其他交通方式完全隔离，运行安全可靠，建设适应性较强，可以与其他交通方式配合使用，也可以适用于旅游区域内景点之间的联络线或旅游观光线路。

(4) 有轨电车。有轨电车的设备类似于无轨电车，是一种低运量的城市轨道交通，但它不仅需要电力架空线，而且需要固定的轨道和专设的停靠站台。其轨道线路可以与城市道路结合，也可以分离。与城市道路结合的有轨电车线路允许其他车辆行驶，但有轨电车优先。它具有运载能力大、客运成本低的优点。有轨电车的运行质量与线路的隔离程度、道路交通状况、道路条件有关。由于与其他交通混合运行，有轨电车运营组织比较困难。有轨电车具有机动性差、车速低、制动性能差以及行驶时噪声大等缺点。有轨电车的车辆类型包括单厢或铰接式有轨电车、导轨式胶轮电车。

(5) 磁浮系统。磁浮系统在常温条件下，利用电导磁力悬浮技术使列车上浮，车厢不需要车轮、车轴、齿轮传动机构和架空输电线网，列车运行方式为悬浮状态，采用直流电动机驱动行驶，主要在高架桥上运行，特殊地段也可以在地面或地下隧道中运行。磁浮系统具有铁轨与车辆不接触、运行速度快、运行平稳舒适、易于实现自动控制、无噪声、不排出有害废气、有利于环境保护、可节省建设经费、运营维护和耗能费用低等优点。磁浮系统按照运行速度的不同，可分为高速磁悬浮列车与中低速磁悬浮列车两种。

(6) 自动导向轨道系统。自动导向轨道系统是一种车辆采用橡胶轮胎在专用轨道上运行的中运量旅客运输系统，其列车沿着特制的导向装置行驶，车辆运行和车站管理采用计算机控制，可实现全自动化和无人驾驶，线路大多采用高架结构，但也有一些地下隧道。其主要特点为实行自动控制，能够实现列车运行控制自动化和运营调度管理自动化。由于自动导向轨道系统使用橡胶轮胎，所以噪声小且爬坡能力强，可以通过小半径曲线，最高运行时速为 60 千米左右，平均站间距离为 800 ～ 1200 米，平均运行速度大于等于 25 千米 / 小时，客运能力为 1.5 ～ 3.0 万人次 / 小时。

(7) 市域快速轨道系统。市域快速轨道系统是一种大运量的轨道运输系统，其客运量可达 20 ～ 45 万人次 / 日。市域快速轨道系统适用于城市区域内重大经济区之间中长距离的客运交通。市域快速轨道系统具有速度快、运量大、能耗低、污染少、安全性和舒适性高，且占地少等特点。

3) 城市水上公共交通系统

城市水上公共交通系统是航行在城市及周边地区范围水域上的公共交通系统。其主要运行方式有三种：连接被水域阻断的两岸接驳交通；与两岸平行航行，有固定站点码头的客运交通；旅游观光交通。该系统包括城市客渡系统和城市车渡系统，这对没有桥梁、隧道或过江通道能力短缺的城市十分重要。轮渡具有固定线路，其线路规划依赖于城市道路系统的规划和越江隧道及地铁的规划，主要弥补越江（海）交通的不足。轮渡两岸应有规范的客运码头和相应的公共交通线路终点站或过境站，两岸公交、轮渡形成联运枢纽站，以保持城市公共交通的连续性。城市客渡系统的渡轮包括常规渡轮、快速渡轮和旅游观光客轮。

4) 城市其他公共交通系统

城市其他公共交通系统是为一些特殊类型客运交通工具，以及今后交通的发展需要而设的，属于城市公共交通系统的补充。它包括客运索道、客运缆车、客运扶梯以及客运电梯。

(1) 客运索道。客运索道是由驱动电动机和钢索牵引的吊厢组成，以架空钢索为轨道运行的客运方式。客运索道主要用在山地城市、跨水域城市克服天然障碍的短途客运，长度一般不大于 2 千米。除了车站外，一般在中途每隔一段距离建造承托钢索的支架。部分索道采用吊挂在钢索之下的吊车，亦有索道是没有吊车的，乘客坐在开放在半空的吊椅上。常用的索道形式有双往复式索道和循环式索道两种。

(2) 客运缆车。山区城市的不同高度之间，沿坡面铺设钢轨和牵引钢索，车厢以钢轨承重和导向，并由钢索牵引运行的客运方式称为客运缆车交通。它适用于需要克服地域高差较大的短途客运交通线路，以及山区旅游地区等。

(3) 客运扶梯。在山地或建筑物的不同高度之间，由驱动电动机和齿链牵引的梯级和扶手带，沿坡面连续运行的客运系统称为客运扶梯。一条线路有两部扶梯并列相向运行。

(4) 客运电梯。在山地或建筑物的不同高度之间，由驱动电动机和钢索牵引的轿厢，沿垂直导轨往复运行的客运系统称为客运电梯。其线路一般为直达，轿厢尺寸与结构形式便于乘客出入。客运电梯多服务于多层建筑的乘客，作为建筑物内的垂直交通运输工具。

各种交通方式有着不同的客运量、速度、运营成本、收益、运行特征及适用范围特性。良好的城市公共交通系统应是多种方式的灵活组合，形成多层次的立体交通网络。

2. 城市公共交通线路网

为了大力发展城市公共交通网络，发挥城市道路网的最大通行能力，在进行城市公共交通线路网规划时，必须遵循如下原则：

(1) 尽量满足乘客的需要。公交线路的规划应使线路走向与主流向一致，使主要人流集散点之间尽可能有直接的公交线路相连或开辟直达线路，以减少居民出行的换乘次数，尤其要使高峰时客流特别集中的职工上下班乘车得到保证。

(2) 尽量适应城市的发展。城市的发展和再开发使市区面积逐步扩大且人口逐年增加，这就要求公共交通的服务范围和质量上一个新的台阶，公交线路尤其是轨道交通线路的布局要适应城市的建设和发展。

(3) 尽可能选择最佳的方案。公交线路网根据城市道路系统布局时，它可以有多种方案，同时它又受公交企业本身发展水平的限制。为了满足乘客的需求和适应城市的发展，对公交线路的安排要有多个方案的决策比较，找出符合当地实际情况及适应今后发展的最佳方案，使各线路的运载能力与客流量尽可能协调。运用计算机技术对客流调查和预测进行分析处理，是选择最佳线路规划方案的重要途径。

3. 城市公共交通车站与场站设施

城市公共交通车站分为终点站、枢纽站和中间停靠站。各种车站的功能和用地要求是不同的。公共交通中间停靠站的站距受交叉口间距和沿线客流集散点分布的影响，在整条线路上是不等的。城市中心区因客流密集、乘客乘距短且上下站频繁，故站距宜小；城市边缘区的站距可大些；郊区线因乘客乘距长，故站距更大。快速轨道交通最小站距由设计车速决定。设置公共交通停靠站的原则是方便乘客乘车并节省乘客总的出行时间。

公共交通停车场、车辆保养场、整流场、公共交通车辆调度中心等场站设施是城市公共交通系统的重要组成部分，应与城市公共交通发展规模相匹配，用地要有保证。公共交通站场布局主要根据公共交通的类型、车种、车辆数、服务半径和所在地区的用地条件来设置。公共交通停车场宜大、中、小相结合，并且分散设置；车辆保养场布局应使高级保养集中，低级保养分散，并与公共交通停车场相结合。

4. 城市公共交通运营管理系统

城市公共交通是定时、定线行驶并按客流流量、流向、时空分布的变化而不断调节的有机服务系统。这个系统能否正常和有效运行，不仅取决于道路和车辆、场站等物质技术设施的条件，而且有赖于科学有效的运营管理系统。

公共交通企业的运营调度管理主要包括两个内容，一是运营调度计划的制订，二是运营调度计划的执行和监控。近年来，调度通信手段和车辆自动监控等先进的运营管理信息系统已投入使用，实现了公共交通运营的实时控制和现代化公共交通运营管理。

三、城市公共交通的客运特点与功能

1. 城市公共交通的客运特点

城市公共交通是为城市居民生活、工作、学习等需要提供服务的，是整个交通运输业的重要分支。它有其自身的特点，同时又具有交通运输业全部的特征。城市公共交通的服务对象为乘客，因他们随身携带物品量少且出行距离较短，所以不同于一般交通运输业，城市公共交通客运具有以下特点：

(1) 营运服务过程与消费合一；

(2) 时间性强；

(3) 社会性强；

(4) 不均衡性较大；

(5) 使用方便、费用低廉。

2. 城市公共交通的客运功能

城市内部各种公共交通的客运功能及其适应性，直接影响到城市公共交通结构和城市交通系统当前及未来规划年内各公共交通方式的发展趋势，而且还影响到促进城市有限时空资源的合理配置和提高资源的利用效率。合理的城市公共交通的客运功能在不同城市或不同经济发展阶段的适应性，是根据城市社会经济、交通政策、城市空间布局、交通基础设施水平、地理环境以及居民出行行为、心理、习俗和生活水平等因素确定的。

城市公共交通客运功能定位的原则是快速、吸引客流、便捷。这里在前面对各种公共交通方式分析的基础上，对常规公共汽车、快速公共汽车、城市轨道交通的客运功能定位进行分析。

1) 常规公共汽车

常规公共汽车是重要的公共交通工具之一，其机动灵活且代价低，开辟线路容易，所以方便组成城市公共交通线路运输体系，在大多数发展中国家的城市公共交通体系中是最主要的公共交通方式，承担着整个城市公共交通客运服务功能。

在未来大城市的公共客运交通综合体系中，常规公共汽车的功能定位大致分为以下四种情况：

(1) 常规公共汽车处于公共交通系统的支配地位，一般适用于现阶段尚没有建设轨道交通和快速公共交通系统的城市。

(2) 常规公共汽车作为城市公共交通的主体，大运量的快速公共交通系统是城市公共交通系统的骨架，一般适用于已建设或部分建成网状布局的大运量快速公共交通系统，包含轨道交通或快速公共交通的大城市。

(3) 常规公共汽车与快速公共汽车系统并重，一般适用于已经建成通达的大运量快速公共交通网络，以及非常重视常规公共汽车的"优先设施"建设及与大运量交通网络的衔接配合的大城市。

(4) 常规公共汽车作为城市公共客运交通的辅助，或作为快速公共汽车系统的终端工具，一般适用于已经建成非常通达的轨道交通网络系统的大城市。

2) 快速公共汽车

相对于常规公共汽车，快速公共汽车提高了运营速度、服务效率和质量，实现了土地规划和使用的配套，比轨道交通具有更多的灵活性，且投资小、见效快、运营维护成本低，易于较快形成新的或强化既有的公交网络等显著特点，正越来越受到大城市公共交通系统规划部门的高度重视。快速公共汽车系统的客运功能定位为：

(1) 一般适用于城市人口在 200 万以下，没有规划建设轨道交通的城市。

(2) 作为轨道交通功能的延伸或补充（延伸式），适合于轨道交通已经覆盖了大部分客运走廊的特大城市或大城市。快速公共汽车系统主要为轨道交通集散客流，延伸和补充轨道交通的快速、大运量的功能。

(3) 快速公共汽车系统与轨道交通的协调发展（整合式），适合于两种情况：一是轨道交通存在一定发展规模但未覆盖客运走廊的特大城市或大城市，轨道交通与快速公共交通功能上是一种竞争的关系，布局和运营上是一种互补协调的关系；二是轨道交通的发展受制于政策、资金等诸多因素的制约，为了应对快速发展的机动化和更有利于发展轨道交通，而作为轨道交通的过渡形式存在。

3) 城市轨道交通

城市轨道交通具有运量大、污染少、噪声低、能耗低、速度高、占地少、舒适、全天候等优势，高密度土地开发的城市需要大运量轨道交通的支持。轨道交通的发展轴作用具有调整优化城市布局和用地功能的潜在优势，其有助于实现商贸的聚集效益，使资源分配更加趋向合理化，还有助于提升城市结构以及推动产业结构和消费结构的升级。大力发展城市轨道交通有利于缓解道路交通给环境所造成的压力，如噪声、废气的排放；提高道路交通的安全性；可以很好地实现与其他客流集散点的衔接，在不损害人员流动的情况下有助于减少市中心的交通压力。城市轨道交通是特大城市及其交通可持续发展的必然选择。在大城市特别是特大城市构筑以轨道交通为骨干的一体化综合城市运输体系，才能解决城市的交通拥挤问题，为城市的可持续发展提供保证。城市轨道交通的客运功能定位为：

(1) 城市轨道交通应作为城市公共交通的主体。

(2) 城市轨道交通与地面公共汽车交通并重。

(3) 城市轨道交通是城市公共交通系统的骨架。

本章练习

1. 简述城市道路的定义、特点和分类。

2. 简述城市交通网络的基本结构及其主要特点。

3. 交通标线的分类依据是什么？如何分类？

4. 城市公共交通具有哪些特征？

5. 城市公共交通分类的依据是什么？如何分类？各公共交通方式的特点有哪些？

6. 城市公共交通客运过程具有哪些特点？

7. 何谓公交优先？公交优先的措施有哪些？

第四章 铁路运输系统（一）

学习目标

知识目标

掌握我国铁路的等级划分，掌握铁路线路的组成与平纵断面线形要素；熟悉铁路线路路基及桥隧构筑物的组成；掌握轨道的基本组成，掌握普通单开道岔的组成，了解其他类型道岔与交叉设备；熟悉轨道类型，理解铁路各类限界。掌握铁路车站、区间及分界点的定义，掌握车站线路的种类与线间距，掌握站界、股道和道岔的编号及股道有效长度；理解中间站的作业、设备及中间站的布置；理解会让站和越行站的作业，掌握区段站的作业、设备与布置；掌握编组站的作业、设备与布置；掌握现有铁路机车的类型，了解其工作原理及应用；掌握我国现行客货车辆的分类，了解车辆的基本构造以及车辆的检测与维修。

能力目标

能认识常见的铁路线路标志，会计算线路平纵断面线形参数，会根据不同的分类依据对铁路车站进行分类，会进行股道编号和道岔编号。能根据不同的客货运输需求选配相适应的车辆。

素质目标

通过对铁路线路和车站的典型案例的学习，培养学生的大国自信与职业认同感。通过对车站作业内容及程序的学习，培养学生严肃认真的工作态度。通过对车辆类型的学习及不同铁路货车所适用的货物的讨论，引导学生建立创新思维，培养学生创新创业能力。

本章导读

翻车机（图 4.0-1）是一种用来翻卸铁路敞车散料的大型机械设备，它可将有轨车辆翻转或倾斜使之卸料，适用于运输量大的港口和冶金、煤炭、热电等工业部门。翻车机每次可以翻卸 1～4 节车皮。早期的设备只能翻卸 1 节车皮，现在最大的翻车机可以同时翻卸 4 节车皮。其原理是将敞车翻转 170°～180°，将散料卸到地面的皮带上，由地面的皮带机将卸下的散料运送到需要的地方。

图 4.0-1　翻车机

翻车机的形式主要有转子式和侧倾式，其中使用最多的是转子式翻车机。转子式翻车机的特点是自重轻和尺寸小，但地面土建费用比较大。侧倾式翻车机使用的比较少，它的特点是自重比较大且消耗功率大，但土建的费用相对要小一些。单车翻车机的效率一般在每小时 18～25 节车厢。为提高效率，多节翻车机通常采用不摘钩翻车。

想一想

请谈一谈你所了解的铁路运输设备。

第一节　铁路线路

铁路线路是由路基、桥隧建筑物（包括桥梁、涵洞、隧道等）和轨道（包括钢轨、轨枕、联结零件、道床、防爬设备和道岔等）组成的一个整体工程结构。铁路线路是机车车辆和列车运行的基础，它直接承受机车车辆轮对传来的压力，为了保证列车能按规定的最高速度安全、平稳和不间断地运行，使铁路运输部门能够质量完好地完成客货运输任务，铁路线路必须经常保持完好状态。

一、铁路线路概述

在修建一条铁路之前，必须进行深入细致地调查研究和勘测工作，并从若干个可供比较的方案中选出一个最优方案来进行设计，并选定铁路线路的等级、走向和技术标准等。为了保证新建和改建的铁路能够满足客货运输任务的要求，必须进行铁路勘测设计。

铁路勘测设计是指新建和改建铁路施工前，需要进行大量的调查研究、技术勘测、总体规划和个体工程设计等工作。铁路勘测设计是一个由全局到个体并逐步深化的调查研究及设计的过程，是一项涉及面广、工种繁多的连续性工作。根据基建程序要求，铁路建设划分为三个阶段。

(1) 前期工作阶段。主要进行方案研究（室内研究、现场踏勘、提出研究报告）以及初测和初步设计工作。

(2) 基本建设阶段。主要进行定测、技术设计和施工图设计，最后进行工程施工、验交投产。

(3) 投资效果反馈。铁路运营若干年以后，由建设单位会同有关部门，对工程质量、技术指标和经济效益等考察验证，以评价设计和施工质量。

（一）铁路等级

铁路（线路）等级是铁路的基本标准。设计铁路时，首先要确定铁路等级，铁路的技术标准和装备类型都要根据铁路等级去选定。

我国《铁路线路设计规范》(TB 10098—2017) 中规定，铁路等级应根据其在路网中的作用、性质、设计速度和客货运量确定，客货共线铁路分为Ⅰ、Ⅱ、Ⅲ、Ⅳ级，其划分应符合表 4.1-1 的规定。

表 4.1-1　客货共线铁路等级

等级	铁路在路网中的意义	近期年客货运量 /10⁶ 吨
Ⅰ 级铁路	在路网中起骨干作用的铁路	≥ 20
Ⅱ 级铁路	在路网中起联络、辅助作用的铁路	10(含 10) ～ 20
Ⅲ 级铁路	为某一地区或企业服务的铁路	5(含 5) ～ 10
Ⅳ 级铁路	为某一地区或企业服务的铁路	＜ 5

注：(1) 年客货运量为重车方向的货运量与由客车对数折算的货运量之和，1 对 / 天旅客列车按 1.0×10^6 吨货运量折算。(2) 近期指交付运营后第 10 年；远期指交付运营后第 20 年。

（二）铁路主要技术标准

铁路主要技术标准应根据其在铁路网中的作用、运输需求和输送能力、地形和地质条件等因素，按系统优化的原则综合比选确定。铁路主要技术标准应包括表 4.1-2 所列内容。

表 4.1-2　铁路主要技术标准

高速铁路、城际铁路	客货共线铁路	重载铁路
铁路等级	铁路等级	铁路等级
设计速度	旅客列车设计速度	货物列车设计速度
正线数目	正线数目	正线数目
正线线间距	最小曲线半径	设计轴重
最小曲线半径	限制坡度	最小曲线半径
最大坡度	牵引种类	限制坡度
动车组编组辆数(城际铁路)	机车类型	牵引种类
到发线有效长度	牵引质量	机车类型
列车运行控制方式	到发线有效长度	牵引质量
调度指挥方式	闭塞类型	到发线有效长度
最小行车间隔		闭塞类型

线路的等级不同，在线路平面和纵断面设计中所采用的标准和装备的类型也不一样，所以在进行设计时，首先要确定铁路的等级。

二、铁路线路的平面和纵断面

铁路线路在空间的位置是用它的线路中心线表示的。线路中心线是指距外轨 1/2 轨距的铅垂线 AB 与路肩水平线 CD 交点的纵向连线，如图 4.1-1 所示。

线路中心线在水平面上的投影叫作线路平面，它表示线路的直、曲变化状态。线路中心线纵向展直后在铅垂面上的投影叫作线路纵断面，它表明线路的起伏变化情况，其高程为路肩高程。线路的平面和纵断面不仅确定了线路的空间位置，而且同时也为路基、桥涵、隧道

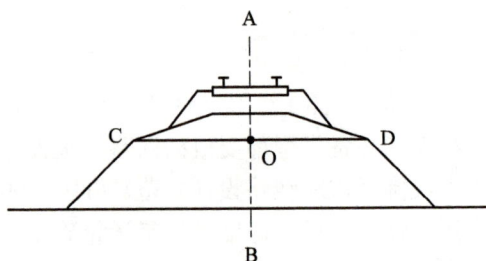

图 4.1-1　铁路线路中心线点的位置

及车站等其他设备的设置提供依据，对铁路运输能力的大小都有直接影响。

选定铁路线路的空间位置，应该综合考虑工程和运营的要求，当铁路线路穿越河流、垭口、地质不良等地段时，若修建直线线路，则会造成工程量巨大且造价很高。通过方案比较，在满足运营基本要求的前提下，为尽量减少工程量和降低造价，可用曲线来连接。

（一）铁路线路的平面及平面图

1. 线路的平面

直线和曲线是线路平面的组成要素。

线路曲线段对列车运行产生不良影响。列车通过曲线时，由于离心力的作用，外侧车轮轮缘挤压外轨，轮轨之间摩擦增大。同时还由于外轨长于内轨，内侧车轮在轨面上滚动时产生相对滑动，产生列车运行的附加阻力称为曲线阻力。长度大于或等于列车长度的曲线阻力的计算公式为

$$\omega_r = \frac{600}{R}$$

式中：ω_r——单位曲线阻力；

R——曲线半径；

600——根据试验得出的常数。

从上式中可知，曲线阻力与曲线半径成反比。曲线半径越小，曲线阻力越大，运营条件就越差。采用大半径曲线对列车运行的影响较小，而小半径曲线容易适应困难地形。因此，在设计铁路线路时必须根据铁路所允许的旅客列车的最高运行速度，由大到小合理地选用曲线半径。曲线半径一般应取 50 米、100 米的整数倍。

为了保证线路的通过能力，并有一个良好的运营条件，对区间线路的最小曲线半径做了具体规定，客货共线铁路线路平面最小曲线半径不应小于表 4.1-3 中规定的数值。

表 4.1-3　客货共线铁路线路平面最小曲线半径（米）

路段设计速度/(千米/小时)		200	160	120	100	80
工程条件	一般	3500	2000	1200	800	600
	困难	2800	1600	800	600	500

注：车站两端减、加速地段，最小曲线半径应结合客车开行方案和工程条件，根据客、货列车行车速度和速差计算确定。

高速铁路区间线路与设计速度匹配的平面最小曲线半径如表 4.1-4 所示。

表 4.1-4　高速铁路线路平面最小曲线半径（米）

设计速度/(千米/小时)			350	300	250
工程条件	有砟轨道	一般	7000	5000	3500
		困难	6000	4500	3000
	无砟轨道	一般	7000	5000	3200
		困难	5500	4000	2800

注：(1) 困难最小值应进行技术经济比选后采用。(2) 车站两端减、加速地段的最小曲线半径应结合行车速度合理选用。

2. 圆曲线与缓和曲线

在平面图上，铁路曲线包括圆曲线和缓和曲线。在铁路线路上，直线和圆曲线不是直接相连的，它们之间需要插入一段缓和曲线作为过渡段，以保证行车平顺，如图4.1-2所示。

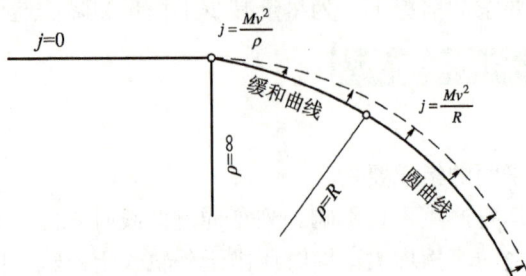

图 4.1-2　缓和曲线示意图

缓和曲线是一段曲率连续变化的曲线，其作用有以下三点：

(1) 在缓和曲线范围内，曲线半径由无限大渐变到等于它所衔接的圆曲线半径（或相反），从而使车辆产生的离心力逐渐增加（或减少），有利于行车平稳。

(2) 在缓和曲线范围内，外轨超高由零递增到需要的超高量（或相反），使向心力与离心力相配合。

(3) 当曲线半径小于295米，轨距需要加宽时，在缓和曲线范围内，可由标准轨距逐步加宽到圆曲线需要的加宽量（或相反）。

3. 铁路线路平面图

用一定比例尺，把铁路线路中心线及其两侧的地面情况投影到水平面上，就形成了铁路线路平面图，如图4.1-3所示。

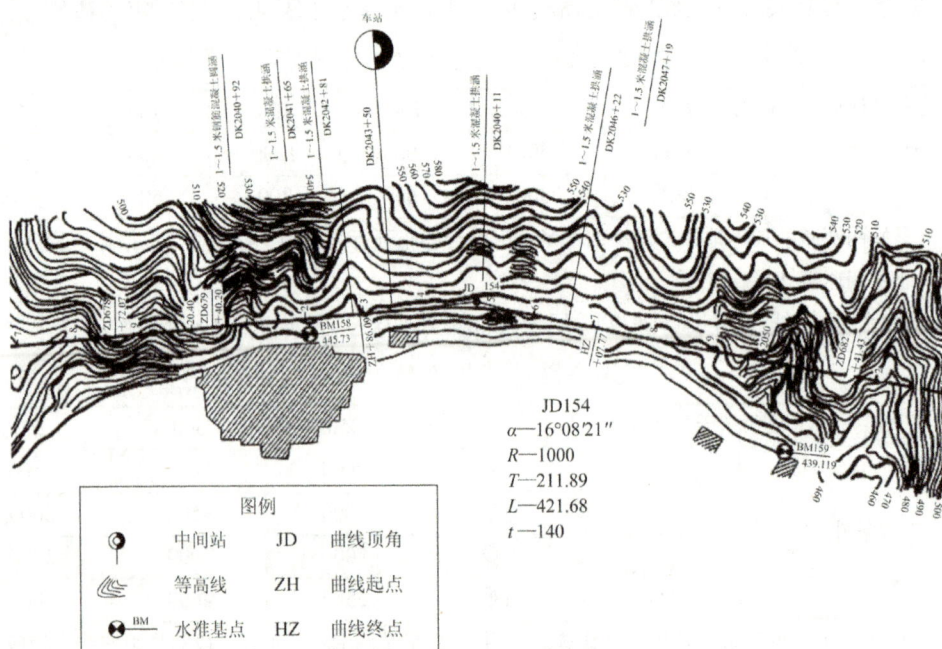

图 4.1-3　铁路线路平面图

1. 线路的纵断面

为了适应地面的起伏，线路上除了平道以外，还修成不同的坡道。因此，平道与坡道是线路纵断面的组成要素。

坡道的陡与缓常用坡度来表示。坡度（i）是指坡道线路中心线与水平夹角的正切值（即坡道两端点的高差 h 与水平距离 L 之比），它的大小通常是用千分率来表示（如图4.1-4所示）的，即

图 4.1-4　坡度与坡道阻力示意图

$$i = \frac{h}{L} = \tan\alpha$$

式中：i——坡度千分数；

　　　α——坡道线路中心线与水平线夹角。

坡道对列车运行带来不良影响。列车在坡道上运行时，受到一种由坡道引起的阻力，称为坡道附加阻力。从图4.1-4中可见，机车车辆所受的重力 Q_g 可以分解为垂直于坡道的分力 F_1 和平行于坡道的分力 F_2。F_1 被轨道的反作用力抵消，F_2 就是坡道附加阻力，用 ω_i 表示。列车上坡时的坡道阻力规定为"+"，下坡时的坡道阻力规定为"-"。

$$F_2 = Q_g \cdot \sin\alpha \approx Q_g \cdot \tan\alpha = Q_g \cdot i$$

列车平均每1千克质量所受到的坡道阻力，叫作单位坡道阻力（ω_i）。因此

$$\omega_i = \frac{Q_g \cdot i}{Q_g} = i$$

即机车、车辆的单位坡道阻力 ω_i，在数值上等于该坡道的坡度千分数值。因此，线路坡度越大，列车上坡时的坡道阻力也就越大，同一台机车（在列车运行速度相同的条件下）所能牵引的列车质量也就越小。

2. 限制坡度

每一铁路区段都是由许多平道和不同坡度的坡道组成的。坡道的坡度不同，它们对列车重量的影响也就不同。

在一个区段上，决定一台某一类型机车所能牵引的货物列车质量（最大值）的坡度，叫作限制坡度（i_x）。在一般情况下，限制坡度的数值往往和区段内陡长上坡道的最大坡度值相当。

如果在坡道上又有曲线，那么这一坡道的坡道阻力值和曲线阻力值之和，不能大于该区段规定的限制坡度的阻力值，即

$$\omega_r + i \leqslant i_x$$

限制坡度的大小，影响一个区段甚至全铁路线的运输能力。限制坡度小，列车重量可以增加，运输能力就大，运营费用就少。但是限制坡度过小时，线路就不容易适应地面的

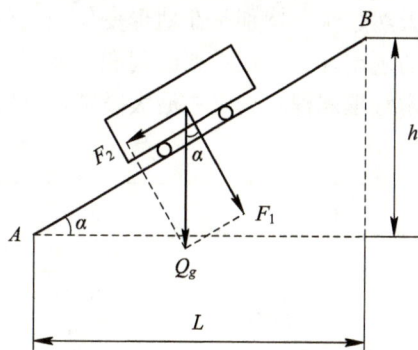

天然起伏，特别是在地形变化很大的地段，会使工程量增大且造价提高。因此，限制坡度的选定是一个很重要的问题，要经过仔细综合研究，才能得出合理的结论。我国《铁路技术管理规程》规定的最大限制坡度的数值，如表 4.1-5 所示。

表 4.1-5　铁路区间线路最大限制坡度 (‰)

铁路等级		I		II	
		一般	困难	一般	困难
牵引种类	电力	6.0	15.0	6.0	20.0
	内燃	6.0	12.0	6.0	15.0

在个别线路的越岭地段，由于地形障碍显著且集中，在经过详尽的技术和经济比较后，允许采用最大限制坡度的加力牵引坡度。加力牵引坡度是指在大于限制坡度的坡道地段，为了统一全区段的列车重量标准，保证必要的线路通过能力，而进行多机牵引的坡度。内燃机车牵引的可用至 25‰，电力机车牵引的可用至 30‰。

3. 边坡点

平道与坡道、坡道与坡道的交点，称为变坡点。为了保证列车运行平稳和安全，我国铁路规定，在 I、II 级线路上，相邻坡段的坡度代数差应大于 3‰，III 级铁路大于 4‰ 时应以竖曲线连接，如图 4.1-5 所示。竖曲线是纵断面上的圆曲线，其半径 I、II 级铁路为 10 000 米，III 级铁路为 5000 米。

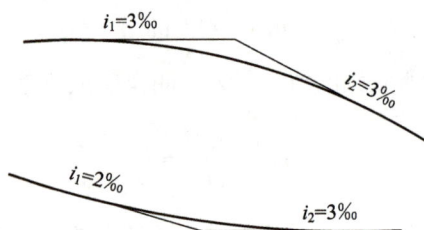

图 4.1-5　竖曲线示意图

4. 铁路线路纵断面图

用一定的比例尺，把线路中心线展直后投影到垂直面上，并标明其纵断面各项有关资料的图纸，称为线路纵断面图，如图 4.1-6 所示。

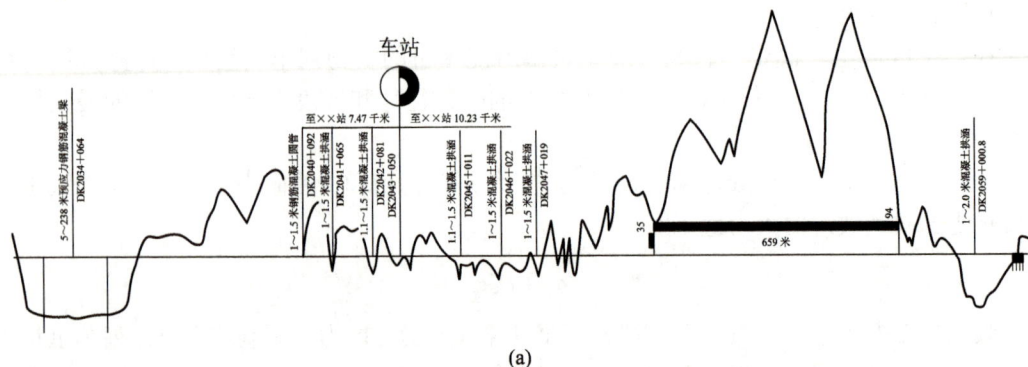

(a)

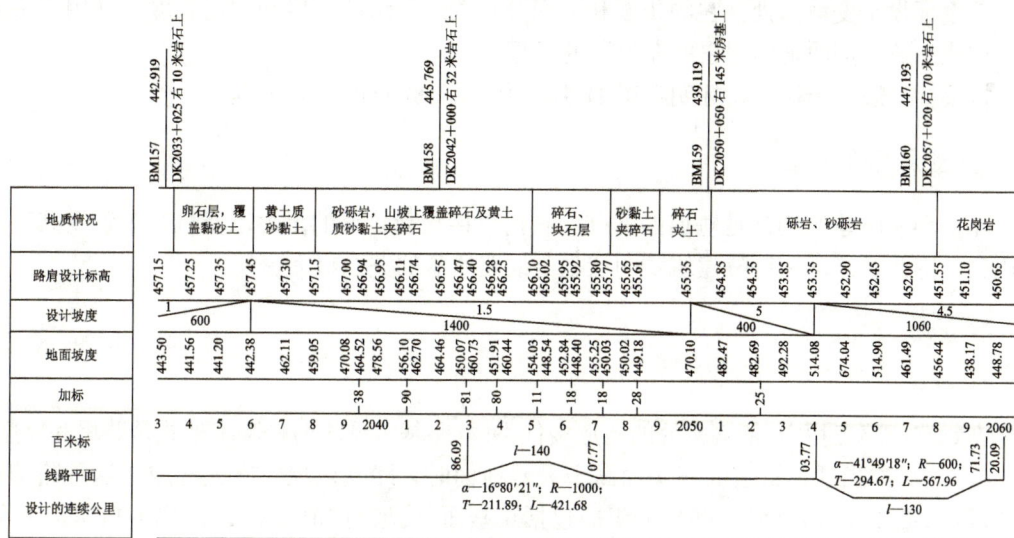

(b)

图 4.1-6　铁路线路纵断面图

铁路线路纵断面图的上部是图形部分，其中主要是设计线，即路肩设计标高的连线。此外，还有地面线、填方和挖方的高度、桥隧建筑物资料（包括桥梁、涵洞的孔径、类型、中心里程和隧道长度等）、车站（包括站名、车站中心里程和相邻车站间的距离）及其他有关资料。

纵断面图的下部是表格部分，其中主要的是路肩设计标高（在变坡点处和百米标、加标处都标出路肩设计标高）和设计坡度。

可见，铁路线路纵断面图和平面图是全面、正确地反映铁路线路主要技术条件的重要文件，无论在铁路的勘测设计阶段及指导施工阶段，还是在线路交付运营之后都要使用。

（三）线路标志

为了检查和养护维修线路以及司机和车长等工作上的需要，在线路沿线设有各种线路标志。线路标志应埋设在计算里程方向的线路左侧。其中，常见的有公里标、半公里标、曲线标、圆曲线与缓和曲线始终点标、桥梁及坡度标等，如图 4.1-7 所示。

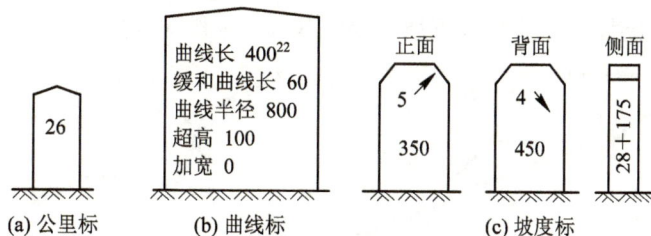

图 4.1-7　线路标志

曲线标为曲线的技术参数标，其上标明了曲线的有关要素（曲线的长度、缓和曲线长度、曲线半径、超高、加宽等）。该标设于曲线的中部。

圆曲线和缓和曲线始终点标设于直线与缓和曲线、圆曲线与缓和曲线的连接处，表明缓和曲线的起点与终点。在该标上分别写有缓直、圆缓、缓圆、直缓字样。

坡度标设于变坡点处。它的正面和背面分别表示两边的坡度和坡段长度，并用箭头表示上坡或下坡，侧面则标明它所在位置的里程。

桥梁标一般设于桥头，标明桥梁编号和桥梁所在位置的中心里程。

三、路基和桥隧建筑物

路基和桥隧建筑物都是轨道的基础，它们直接承受轨道的重力以及机车车辆及其荷载的压力。因此，路基和桥隧建筑物的状态与线路质量的关系极为密切。

（一）铁路路基

1. 路基

在铁路线路工程中，依其所处的地形条件不同，路基常见的两种基本形式是路堤和路堑。

(1) 路堤。当铺设轨道的路基面高于天然地面时，路基以填筑方式构成，这种路基称为路堤，如图 4.1-8(a) 所示。路堤的组成包括路基面、边坡、护道、取土坑（纵向排水沟）等。

(2) 路堑。当铺设轨道的路基面低于天然地面时，路基以开挖方式构成，这种路基称为路堑，如图 4.1-8(b) 所示。路堑的组成包括路基面、边坡、侧沟、弃土堆和截水沟等。

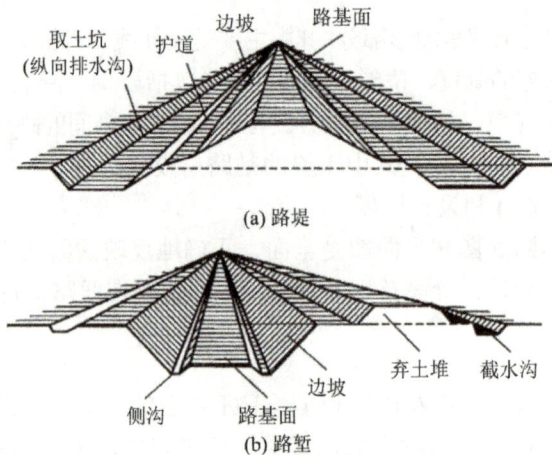

图 4.1-8 路基的基本形式

此外，还有半路堤、半路堑或不填不挖路基等，如图 4.1-9 所示。

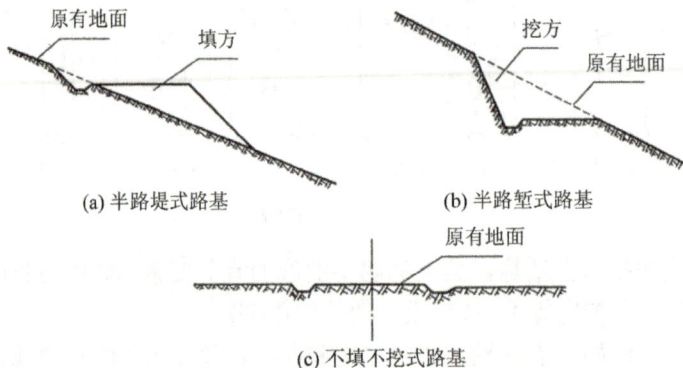

图 4.1-9 其他形式的路基

2. 路基的排水和防护措施

路基必须坚实而稳固，才能承受沉重的压力。但是土质路基的坚固性和稳定性不易保持，水的侵害往往是一个主要的原因。因此，在路基构造的形式上处处要考虑如何有利于排水。对于非渗水土质的路基面，应做成不同形式的路拱。我国铁路单线路基的路拱断面做成梯形，双线路基的路拱断面做成三角形，对于岩石和渗水性土质的路基面可做成水平的。

1) 路基排水

为保持路基坚实和稳固，使路基经常处于干燥状态，路基上设有一套完整的排水设备。如纵向排水沟或取土坑、侧沟和截水沟都是为了排除地面积水而设置的，如图 4.1-10 所示。

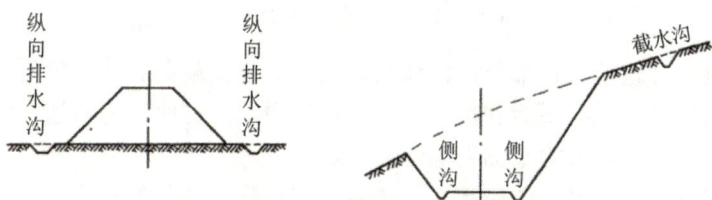

图 4.1-10　排除地面积水设施

除了地面积水以外，地下水也是破坏路基坚实和稳固的一个重要因素。为了拦截地下水，降低地下水位，常采用渗沟和渗管等地下排水设备，如图 4.1-11 所示。地下水渗入渗沟以后，可通过渗管纵向排出路堑以外。

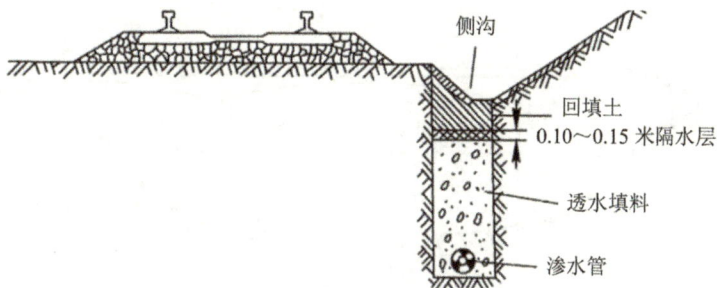

图 4.1-11　渗沟和渗管

2) 路基防护

对路基坡面地表水流的浸洗和冲刷应及时进行坡面防护，并修筑排水设备，以保证排水畅通。常用的坡面防护措施有种草、铺草皮、植树、抹面、灌浆和砌石护坡等。此外，还可以设置挡土墙或其他拦挡建筑物。

（二）铁路桥隧建筑物

当铁路线路要通过江河、溪沟、谷地以及山岭等天然障碍，或要跨越公路、铁路时，需要修建桥隧建筑物，以使铁路线路得以继续向前延伸。桥隧建筑物包括桥梁、涵洞、明渠、隧道等。

1. 桥梁

桥梁主要由桥面、桥跨结构、墩台及基础三部分组成，如图 4.1-12 所示。

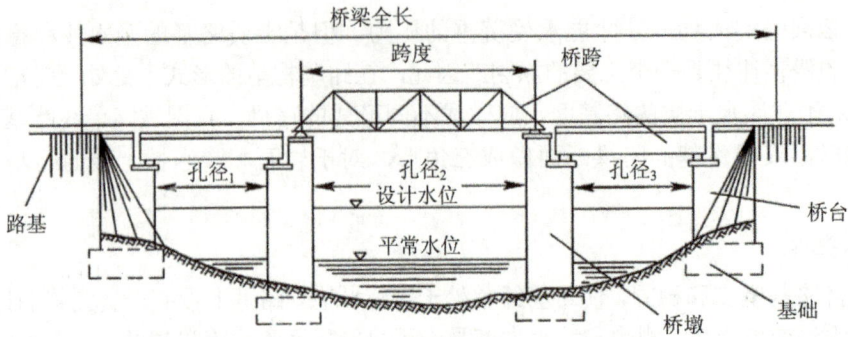

图 4.1-12　桥梁的组成

桥面是桥梁上铺设的轨道部分；桥跨结构是桥梁承受载荷和跨越障碍的部分；墩台是支撑桥垮结构的部分，包括桥墩和桥台。设于桥梁中部的支座称为桥墩，设于桥梁两端的支座称为桥台。桥墩与桥台的底部为桥台的基础。

两个相邻墩台之间的空间叫桥孔。每个桥孔在设计水位处的距离叫作孔径。整个桥梁包括墩台在内的总长度是桥梁的全长。

按桥梁建造材料分为钢桥、钢筋混凝土桥、石桥等；按桥梁长度 (L) 分为小桥 ($L < 20$ 米)，中桥 (20 米 $\leq L < 100$ 米)、大桥 (100 米 $\leq L < 500$ 米) 和特大桥 ($L \leq 500$ 米) 等；按桥梁外形分为梁桥、拱桥、钢架桥和斜拉桥等，如图 4.1-13 所示。

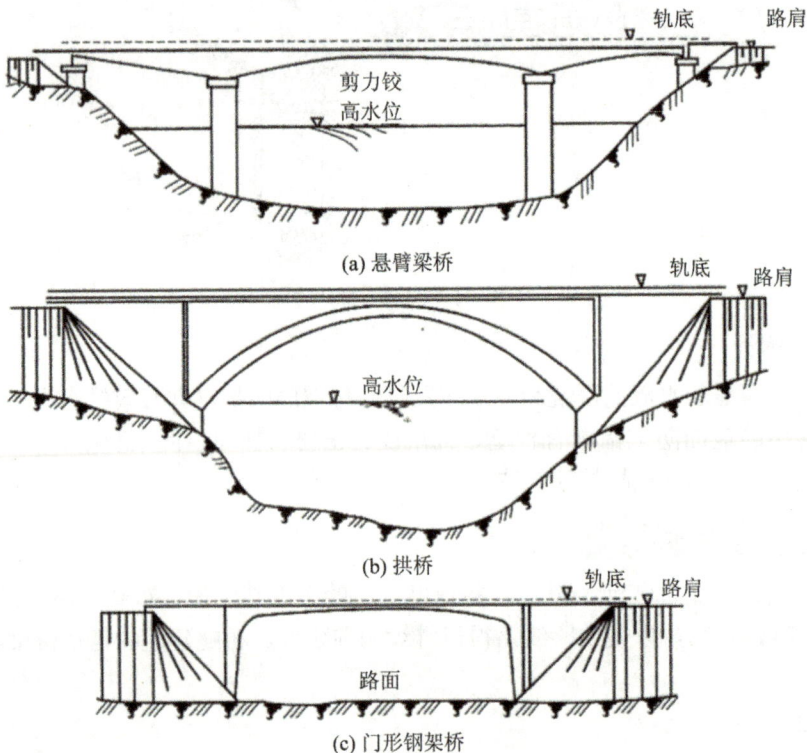

(a) 悬臂梁桥

(b) 拱桥

(c) 门形钢架桥

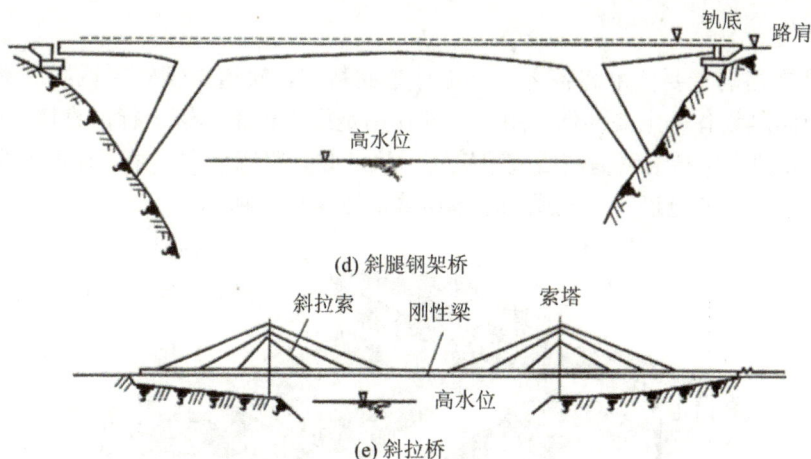

(d) 斜腿钢架桥

(e) 斜拉桥

图 4.1-13　各式桥梁

2. 涵洞

涵洞设在路堤下部的填土中，是用以通过水流的一种建筑物。

涵洞（图 4.1-14）主要由洞身（由若干管节所组成）、基础、端墙和翼墙所组成。管节埋在路基之中，它具有一定的纵向坡度（从进口向出口），以便排水。端墙和翼墙的作用是便于水流进出涵洞。同时还可以保护路堤边坡，使它不受水流的冲刷。

按照建筑材料的不同，涵洞有石涵、混凝土涵、钢筋混凝土涵、铁涵等多种形式。涵洞的截面有矩形、圆形、拱形等不同形式。

涵洞的孔径一般是 0.75 ～ 6 米。

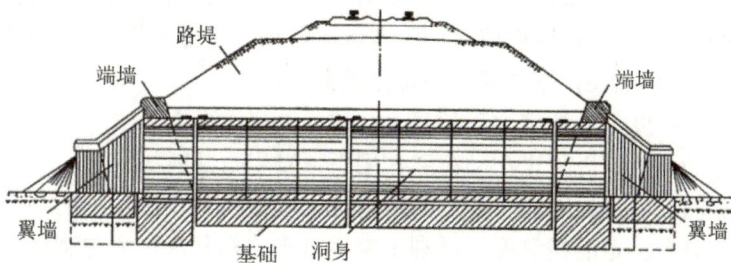

图 4.1-14　涵洞

3. 隧道

铁路隧道大多修筑在山岭中，如图 4.1-15 所示，用以避免开挖深路堑或修建很长的迂回线。此外，还有建筑在河床、海峡或湖底以下的水下隧道和大城市的地下铁道。

隧道的两端应修筑洞门，以便保持洞口上方仰坡和两侧边坡的稳定，并将雨水引离隧道。隧道内部一般都要用砖、石、混凝土等材料进行衬砌，以防四周岩层塌落、变形和渗水。

图 4.1-15　吕梁山隧道

四、轨道

轨道是铁路的主要技术装备之一，是行车的基础。轨道由钢轨、轨枕、道床、道岔、联结零件及防爬设备等主要部件所组成。其作用是引导机车车辆运行，直接承受由车轮传来的荷载，并把它传布给路基或桥隧建筑物。轨道必须坚固稳定，并具有正确的几何形位，以确保机车车辆的安全运行。轨道的基本组成如图 4.1-16 所示。

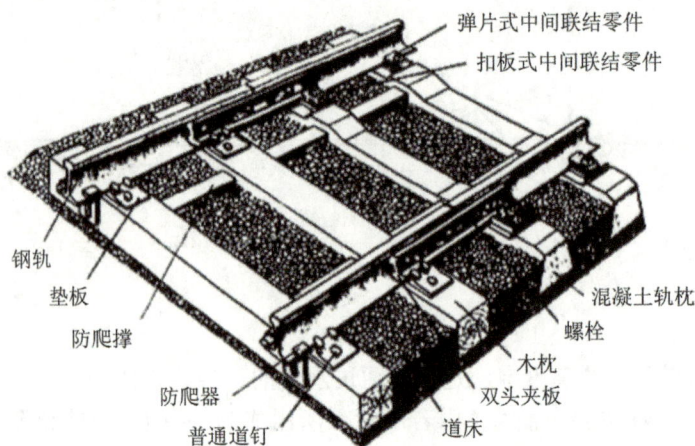

图 4.1-16 轨道的基本组成

(一) 钢轨

钢轨是轨道的主要部件，其功用在于引导机车车辆的车轮前进，承受车轮的巨大压力，并将所承受的荷载传布于轨枕、道床及路基。同时，钢轨必须为车轮提供连续、平顺和阻力最小的滚动表面。在电气化铁道或自动闭塞区段，钢轨还可兼作轨道电路之用。

为了充分发挥上述功能，钢轨应当满足下列要求：

(1) 具有足够的刚度，以抵抗由动荷载引起的弹性挠曲变形；

(2) 具有一定的韧性，以防止在动荷载作用下，发生折断或损坏；

(3) 具有足够的硬度，以防止车轮压陷或磨耗太快；

(4) 其顶面应具有一定的粗糙度，以利于实现机车的黏着牵引力与制动力；

(5) 制造容易、造价合理、经久耐用。

为了使钢轨具有最佳的抗弯性能，钢轨的断面形状采用"工"字形，如图 4.1-17 所示，它由轨头、轨腰和轨底组成。

在我国，钢轨的类型或强度以每米长度的大概质量表示，现行的标准钢轨类型有 75 千克 / 米、60 千克 / 米、50 千克 / 米等 (实际质量分别为 74.414 千克 / 米、60.64 千克 / 米、51.514 千克 / 米)。

一根钢轨的长度长一些，可以减少接头的数量，使列车运行平稳并可节省接头零件和线路的维修费用，但是由于加工条件和运输条件的限制，一根钢轨的轧制长度是有限的。目前我国钢轨的标准长度分为 25 米、50 米、

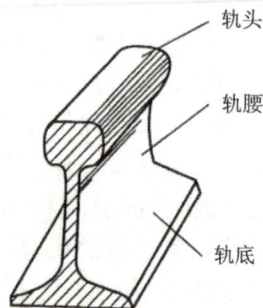

图 4.1-17 钢轨的断面形状

100 米三种。无缝线路是先将钢厂生产出的长 100 米的钢轨，运到焊轨厂焊成长 500 米的钢轨，再将 500 米长的钢轨运到工地，在现场将其逐根焊接出所需要的长度。此外，还有专供曲线地段铺设内轨用的标准缩短轨若干种。

（二）轨枕

轨枕的作用是支承钢轨，并将钢轨传来的压力传递给道床，同时可固定钢轨的位置及保持规定的轨距。轨枕应具有必要的坚固性、弹性和耐久性，其特点是制造简单、铺设及养护方便。

轨枕按具体使用目的不同可分为普通轨枕、桥枕、岔枕等。轨枕按照制作材料分为钢筋混凝土枕和木枕两种。木枕消耗大量木材，使用寿命较短。因为钢筋混凝土轨枕使用寿命长、养护工作量小、轨道的强度和稳定性强，所以在我国铁路上得到广泛应用。

我国普通轨枕（Ⅰ、Ⅱ型）的长度为 2.5 米，道岔用的岔枕和钢桥上用的桥枕长度有 2.6～4.85 米多种。我国自行研制的Ⅲ型钢筋混凝土轨枕，其长度为 2.5 米和 2.6 米两种，它提高了轨道的强度和稳定性，在提速线路和重载线路以及新建的客运专线上，都已使用Ⅲ型钢筋混凝土轨枕。

每千米线路上铺设轨枕的数量，应根据线路的设计能力、运量及行车速度等运营条件确定，一般在 1520～1840 根 / 千米之间。轨枕根数越多，轨道强度就越大。

宽钢筋混凝土轨枕（又称混凝土轨枕板）外形和普通钢筋混凝土轨枕相似，但比普通混凝土轨枕宽而且稍薄，它在线路上是连续铺设的。因此轨道的沉陷较小，也不容易发生坑洼不平和道床的脏污现象。同时，由于它的底部和道床、上部和轨底的接触面积大，因而提高了线路的稳定性，改善了钢轨的受力条件，有利于高速行车。我国已在隧道内、大桥桥头和大客运站内铺设，并且在主要干线上逐步扩大使用。

（三）联结零件

在铁路线路上，钢轨要与轨枕连成一体铺在道床上。钢轨与轨枕的联结主要依靠联结零件。联结零件包括接头联结零件和中间联结零件两类。

接头联接零件是用来联结钢轨与钢轨间的接头的，它包括连接夹板（又称鱼尾板）、螺栓、螺帽和弹性垫圈等，这些零件把一节节钢轨联结成一个整体，如图 4.1-18 所示。钢轨接头处必须保持一定的缝隙，这一缝隙叫作轨缝。当气温发生变化时，轨缝可满足钢轨的自由伸缩。钢轨接头是线路上最薄弱的环节，它使行车阻力和线路维修费用显著增加，因此它是线路维修工作中的重点对象。

图 4.1-18　钢轨的接头联结零件

中间联结零件（又称扣件）的作用是将钢轨紧扣在轨枕上，以固定钢轨的正确位置，阻止钢轨的纵向爬行和横向位移，防止钢轨倾翻，同时还能提供必要的弹性和绝缘性能等。

中间联结零件因轨枕的不同，有钢筋混凝土枕用扣件和木枕用扣件两类。

木枕用扣件包括普通道钉和垫板，如图4.1-19所示。

钢筋混凝土枕用的扣件有刚性扣件和弹性扣件。目前在我国主要干线上都采用"ω"形弹性扣件，如图4.1-20所示。因为弹性扣件具有扣压力大、联结牢固和弹性良好等优点，所以能保持钢轨处于正确位置和稳定状态，延长轨道各部件使用寿命，减少线路的养护维修工作量。

图4.1-19　木枕用扣件

图4.1-20　"ω"形弹性扣件

我国弹性扣件分Ⅰ、Ⅱ、Ⅲ型，弹性扣件是为高速重载而研制的无螺栓式扣件，其优点是零件少、装卸方便、养护工作量小。

（四）道床

道床是铺设在路基面上的石砟（道砟）垫层。它的主要作用是支承轨枕，把来自轨枕上部的压力均匀地传递给路基；固定轨枕的位置，阻止轨枕纵向或横向移动；缓和机车车辆的轮对对钢轨的冲击。

道床的材料应当具有坚硬、不易风化、富有弹性、利于排水的特点。常用的材料有碎石、卵石、粗砂等，其中以碎石为最优。

道床的断面呈梯形，其顶面宽度、边坡坡度及道床厚度等均按轨道类型而定。

整体道床（也称无砟道床）是用钢筋混凝土直接在路基面上筑成坚固的轨道基础，用以代替通常的碎石道床。整体道床线路的强度高且维修工作量少，适合于高速列车运行。

（五）防爬设备

因列车运行时纵向力的作用，故使钢轨产生纵向移动，甚至带动轨枕一起移动的现象称为轨道爬行。轨道爬行经常出现在单线铁路的重车方向（运量大的方向）、双线铁路的行车方向、长大下坡道以及进站制动距离内的线路上。

轨道爬行会引起轨缝不匀、轨枕歪斜等线路病害，危及行车安全。防止轨道爬行的措施是一方面加强钢轨与轨枕间的扣件压力和道床阻力；另一方面是设置防爬设备（防爬器和防爬撑）。常用的防爬器为穿销式防爬器，如图4.1-21所示。

图 4.1-21　防爬器

（六）道岔

道岔是一种使机车车辆能从一股道转入另一股道的线路连接设备，其在车站上大量铺设。最常见的是普通单开道岔。

1. 普通单开道岔

普通单开道岔是一种主线为直线，侧线向主线的左侧或右侧分支的道岔。它由转辙器、辙叉及护轨和连接部分所组成，如图 4.1-22 所示。

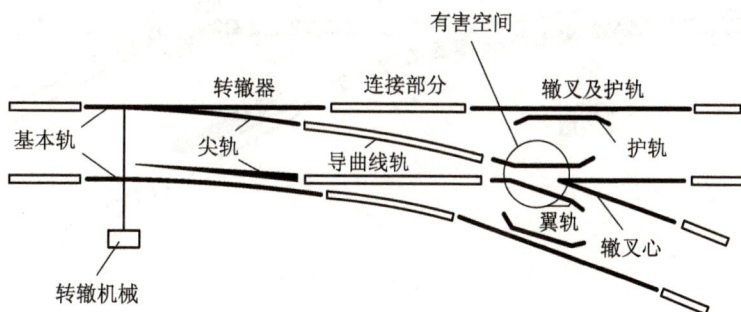

图 4.1-22　普通单开道岔

(1) 转辙器是引导机车车辆沿直线方向或侧线方向行驶的线路设备，它由两根尖轨、两根基本轨和转辙机械组成。尖轨是转辙器的主要部件，通过连接杆与转辙机械相连，所以操纵转辙机械可以改变尖轨的位置，从而确定道岔的开通方向。

(2) 辙叉及护轨包括辙叉心、翼轨及护轨，它的作用是保证车轮安全通过两股轨线的相互交叉处。

从两翼轨最窄处到辙叉心的实际尖端之间，存在着一段轨线中断的空隙，称为辙叉的有害空间，如图 4.1-22 所示。当机车车辆通过辙叉的有害空间时，轮缘有走错辙叉槽而引起脱轨的可能，因此必须设置护轨，对车轮的运行方向实行强制性引导，以保证行车安全。

道岔上的有害空间是限制列车过岔速度的一个重要因素。为了消灭有害空间，适应列车高速运行的要求，国内外都发展了各种活动心轨道岔。活动心轨道岔的辙叉心轨和尖轨是同时被扳动的，当尖轨开通某一方向时，活动心轨的辙叉心轨就与开通方向一致的翼轨密贴，并与另一翼轨分开，从而消灭了有害空间。图 4.1-23 所示为活动心轨辙叉。

运营实践证明，活动心轨道岔具有行车平稳、直向过岔速度限制较少等优点，因此适合在运量大、高速行车的线路上使用。

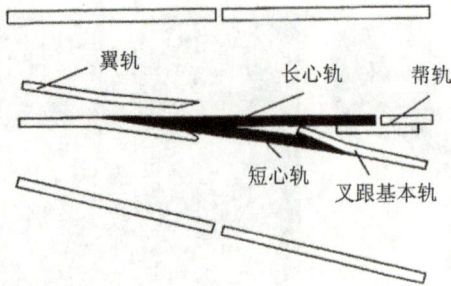

图 4.1-23　活动心轨辙叉

(3) 连接部分是连接转辙器和辙叉及护轨的部分，使之成为一组完整的道岔，如图 4.1-24 所示。连接部分包括两根直轨和两根导曲线轨。因为在导曲线上一般不设缓和曲线和超高，所以列车在侧向过岔时，速度要受到限制。

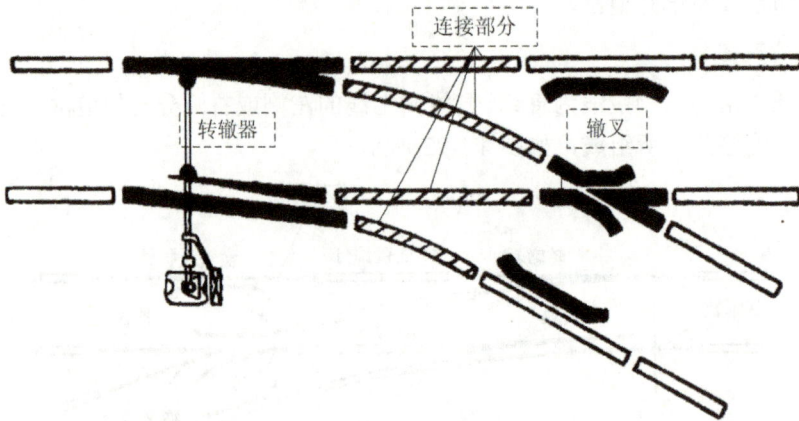

图 4.1-24　连接部分

2. 道岔号数

道岔因其辙叉角的大小不同，有不同的道岔号 (N)，道岔号数表明了道岔各部分的主要尺寸。道岔号一般用其辙叉角 (α) 的余切值表示 (如图 4.1-25 所示)，即

$$N = \cot\alpha = \frac{FE}{AE}$$

式中：N——道岔号数；

α——辙叉角；

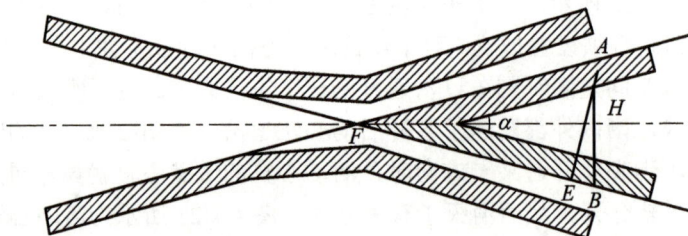

图 4.1-25　道岔号数计算示意图

FE——辙叉跟端长；

AE——辙叉跟端支距。

由此可见，道岔号数与辙叉角成反比关系。α越小，N越大，导曲线半径也越大，机车车辆通过道岔时越平稳，允许的过岔速度也就越高。所以，采用大号码道岔有利于列车运行。然而，道岔号数越大，道岔全长就越长，铺设时占地就越多。因此，采用几号道岔来连接线路，要根据线路的用途来决定。

目前，在我国铁路的主要线路上大多使用9号、12号、18号三个型号的道岔。在线路上的道岔辙叉号数应符合下列规定：

(1) 用于侧向通过列车，速度80千米/小时以上至140千米/小时的单开道岔，不得小于30号。

(2) 用于侧向通过列车，速度50千米/小时以上至80千米/小时的单开道岔，不得小于18号。

(3) 用于侧向通过列车，速度不超过50千米/小时的单开道岔，不得小于12号。

(4) 用于侧向接发停车旅客列车的单开道岔，不得小于12号。

(5) 用于侧向接发停车货物列车并位于正线的单开道岔，在中间站不得小于12号，在其他车站不得小于9号。

道岔是限制列车速度的关键设备，在客运专线和高速铁路上，我国采用侧向过岔速度达到140千米/小时的30号及以上的大号码道岔，使旅客列车在快速侧向通过道岔时也像通过直线一样平稳、安全、可靠。

3. 其他类型道岔与交叉设备

除了普通单开道岔以外，按照构造上的特点及所连接的线路数目，还有双开道岔、三开道岔和交分道岔等。为了简明起见，在作图时，要用道岔所衔接的中心线来表示道岔，如图4.1-26所示。

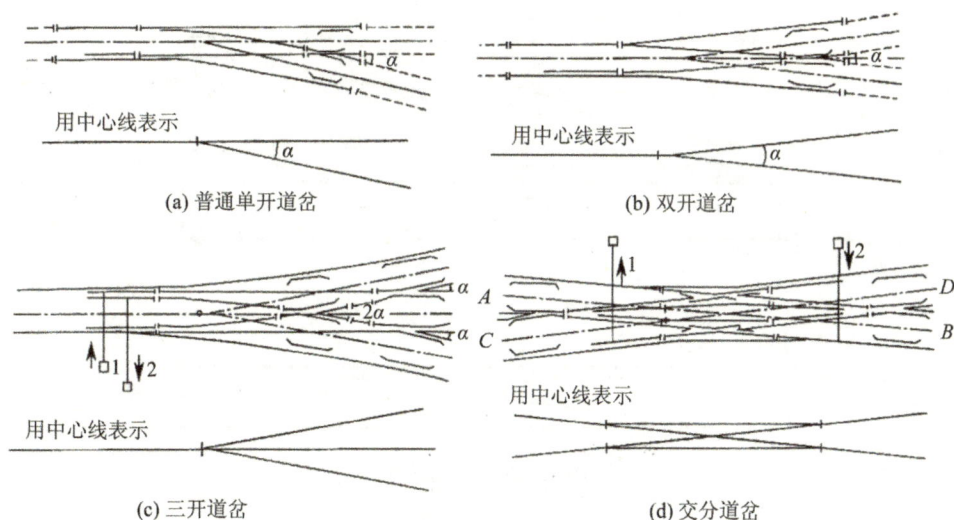

图4.1-26　几种常见道岔

双开道岔的特点是与道岔相衔接的两条线路各自向两侧分岔。三开道岔的特点是可以同时衔接三条线路,所以具有两套尖轨,分别用两组转辙机械操纵。复式交分道岔(图4.1-27)相当于四组单开道岔和一组菱形交叉设备的结合体,但它需要占用的地面却小得多。

图 4.1-27　复式交分道岔

除了各种道岔以外,还有一种通常使用的线路交叉设备,称为菱形交叉,如图4.1-28所示。它由两组锐角辙叉和两组钝角辙叉组成,菱形交叉没有转辙器部分,机车车辆通过交叉设备时,只能沿着原来的线路继续运行。

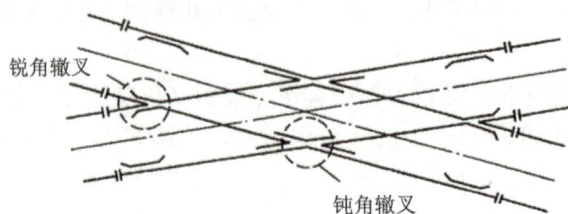

图 4.1-28　菱形交叉

为了使机车车辆能从一条线路进入另一条线路,应设置渡线。普通渡线设在两条平行线路之间,由两组辙叉号数相同的单开道岔及两道岔间的直线段所组成,如图4.1-29所示。

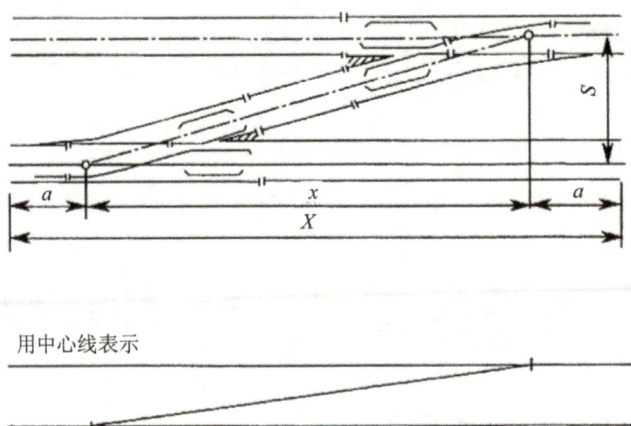

图 4.1-29　普通渡线

五、轨道的类型

轨道作为列车运行的基础,它的强度应当满足该线路每年通过的最大运量和最高行车速度的要求。在列车重量大、列车密度和运行速度高的线路上，轨道强度应该大些，反之则可以小些。

轨道既然是综合性工程结构体，它的强度必然与各部分的材质、强度和数量等有关，如钢轨的重量与耐磨性，轨枕的种类和数量，联结零件的强度和道床的材料、厚度等。

（一）有砟轨道

目前，我国铁路有砟轨道按运营条件和轨道结构划分，共分为特重型、重型、次重型、中型和轻型五种类型，见表 4.1-6。

表 4.1-6　有砟轨道类型

项 目			单位	特重型	重型		次重型	中型	轻型
运营条件	年通过总质量		百万吨	＞50	25～50		15～25	8～15	＜8
	旅客列车最高设计行车速度		千米/小时	≤140	140	≤120	≤120	≤100	≤80
	钢轨		千克/米	75 或 60	60	60	50	50	50 或 43
轨道结构	轨枕	混凝土枕	型号	—	III	III	II 或 III	II	II	II
			铺轨根数	根/千米	1680～1720	1680	1840 或 1680	1680～1760	1600～1680	1520～1640
		防腐木枕	型号	—	—	—	I	I	I	II
			铺轨根数	根/千米	—	—	1840	1760～1840	1680～1760	1600～1680
	碎石道床厚度	非渗水土路基	双层	道砟	厘米	30	30	30	25	20	20
				底砟	厘米	20	20	20	20	20	15
		岩石、渗水土路基	单层	道砟	厘米	35	35	35	30	30	25

（二）无砟轨道

无砟轨道有不同的结构形式，因为无砟轨道不仅要满足高速行车承载能力的需要，而且要求施工工艺简便、施工精度高。无砟轨道采用何种结构形式，还与信号制式有关。

目前，我国无砟轨道有长枕埋入式、板式和弹性支承块式三种类型。

(1) 长枕埋入式无砟轨道如图 4.1-30(a) 所示。它由预应力混凝土轨枕、混凝土道床板和混凝土底座组成。在道床板和底座之间设置隔离层，使道床板可以修复或更换，在隔离层上还可设置弹性垫层以增加轨道整体弹性。其轨枕可在工厂预制，道床板和底座在现场灌注。

(2) 板式无砟轨道如图 4.1-30(b) 所示。它由预制的轨道板、乳化沥青砂浆及混凝土底座组成，轨道板之间有凸形挡台。轨道板由工厂预制，在桥上或隧道内将混凝土底座现场浇注完成后，再将轨道板及其上部的钢轨、扣件就位，然后在轨道板和混凝土底座之间灌注乳化沥青砂浆，给轨道提供适当弹性的缓冲层，同时可确保轨道的几何精度。

(3) 弹性支承块式无砟轨道如图 4.1-30(c) 所示。它由混凝土支承块、块下橡胶垫、橡胶套靴、填充混凝土道床板及混凝土底座组成。在工厂完成支承块、块下橡胶垫及橡胶套靴的预制，混凝土底座在现场浇注完成后，将支承块、橡胶垫、橡胶套靴与钢轨、扣件进行组装并精确定位，然后灌注混凝土道床板，从而就地成型。

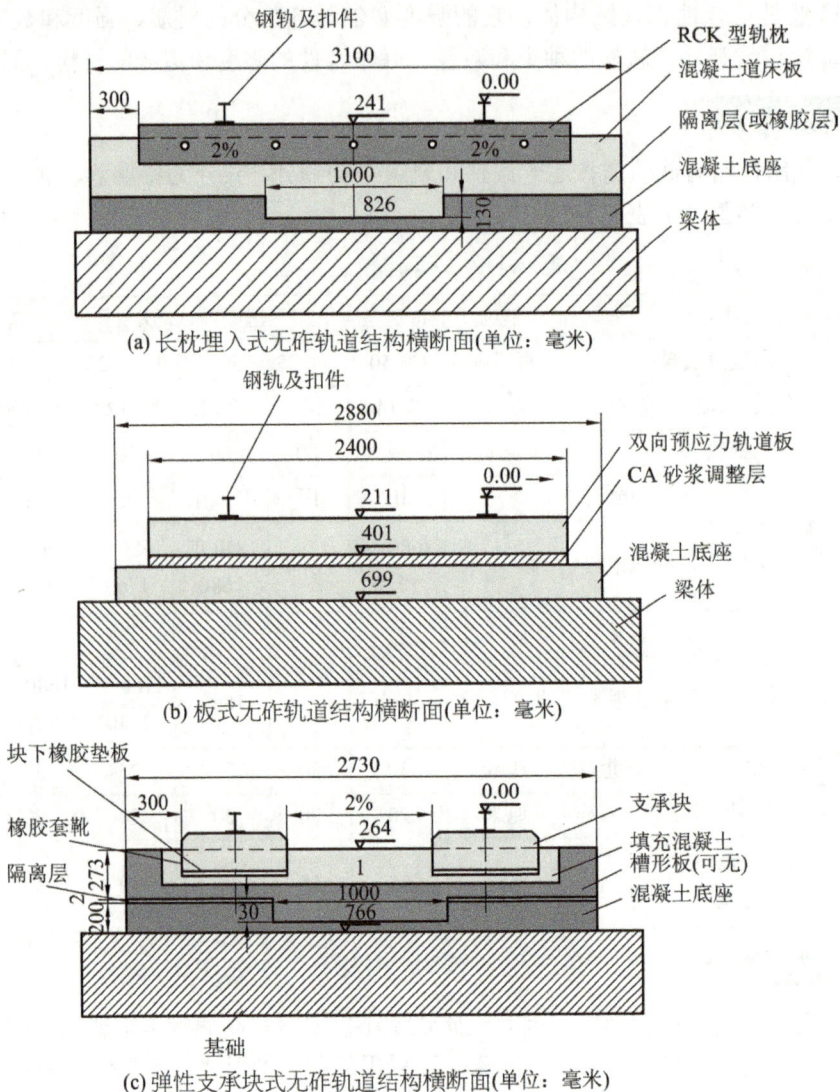

(a) 长枕埋入式无砟轨道结构横断面(单位：毫米)

(b) 板式无砟轨道结构横断面(单位：毫米)

(c) 弹性支承块式无砟轨道结构横断面(单位：毫米)

图 4.1-30　无砟轨道类型

六、无缝线路

无缝线路也称为长钢轨线路，即把若干根标准长度的钢轨焊接成为 1000 ～ 2000 米而铺设的铁路线路。通常是在焊轨厂用气压焊的方法，将标准轨焊接成 250 ～ 500 米的轨条，再运到现场将轨条用铝热焊的方法焊接后就地铺设。

与普通线路相比，无缝线路在其长钢轨段内消灭了轨缝，从而消除了车轮对钢轨接头的冲击，使列车运行更加平稳，延长了线路设备和机车车辆的使用寿命，减少了线路养护维修工作量，并能适应高速行车的要求，是轨道现代化的发展方向。

普通线路在钢轨接头处留有轨缝，钢轨在轨温变化时可以自由伸缩，而无缝线路钢轨当温度变化时，钢轨不能自由伸缩，只能在钢轨内部产生应力，这个力是由轨温变化引起的，叫作温度力，它均匀地作用在钢轨的全长上。温度力的计算公式为

$$F = 250\Delta t \cdot s$$

式中：s——钢轨断面积。

夏天轨温升高，钢轨内部产生压应力；冬天轨温降低，钢轨内部产生拉应力。从上面的公式中可以看出，温度力只与轨温变化有关，与钢轨长度无关。

铺设无缝线路的关键是设法克服长钢轨因轨温变化而产生的温度力问题。为此采取加强轨道结构措施，如采用高强度Ⅲ型轨枕、高强度螺栓、加强扣件弹条扣压力等，把钢轨紧扣于轨枕上，称为锁定线路。当温度变化时，钢轨再不能自由伸缩，也不会出现胀轨变形及钢轨断裂等问题。

锁定时（即铺设或维修时）的钢轨温度称为锁定轨温，对无缝线路的强度和稳定性具有很大影响。

锁定轨温是无缝线路铺设和养护维修的依据。选定锁定轨温时，应使钢轨在冬季不折断，在夏季不发生胀轨跑道为原则。根据各个地区的轨温变化情况进行检算和调整，应使钢轨在冬季和夏季所受到的最大温度力尽量接近，一般采用稍高于本地区的中间轨温作为锁定轨温比较适宜。例如，北京地区最高轨温为 62.6℃，最低轨温为 −22.8℃，中间轨温为 19.9℃，而设计时的锁定轨温一般采用 24℃。

七、轨道上两股钢轨的相互位置

为了确保行车安全，轨道除了应具有合理的组成外，还应保持两股钢轨的规定距离和轨顶面的相对水平位置。

（一）直线部分的轨距和水平

1. 直线轨距

轨距是钢轨头部踏面下 16 毫米范围内两股钢轨工作边之间的最小距离，如图 4.1-31 所示。目前世界上铁路轨距分为标准轨距、宽轨距和窄轨距三种。标准轨距尺寸为 1435 毫米；大于标准轨距的称为宽轨距，如 1524 毫米、1520 毫米、1676 毫米等；小于标准轨距的称为窄轨距，如 1067 毫米、1000 毫米、762 毫米等。

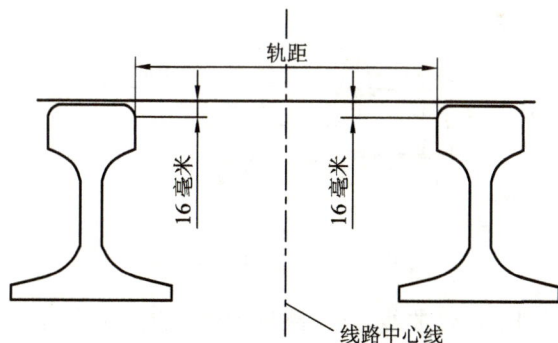

图 4.1-31　轨距示意图

我国铁路直线轨距绝大多数为标准轨距，仅在云南省境内尚保留有 1000 毫米轨距的铁路。

在机车车辆运行的动力作用下，轨距可能产生一定的偏差。我国规定这种偏差是按线路速度等级划分的，线路容许偏差值为 +6 ～ −2 毫米。

从机车车辆轮对和直线地段钢轨的相互位置中（图 4.1-32）可以看出

$$轨距（S_0）= 轮对宽（q）+ 活动量（\delta）$$

由于轮缘和钢轨之间有一个活动量（δ），使轮缘能在两股钢轨之间自由滚动，而不会被卡住。

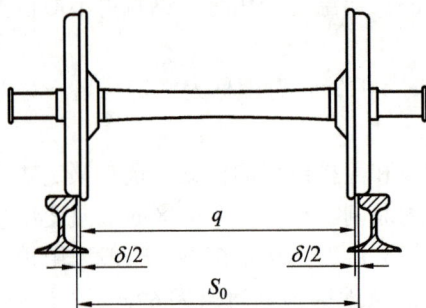

图 4.1-32　轮对与钢轨的相对位置

2. 直线水平

直线地段两股钢轨的顶面应保持在同一水平。在正线和到发线上若有误差，则在规定的距离范围内两股钢轨的轨顶面高差不允许超过 4 毫米。

（二）曲线部分的轨距和水平

1. 曲线轨距

机车车辆走行部中只能保持平行而不能做相对运动的车轴中心线间的最大距离，叫作固定轴距。由于机车车辆具有固定轴距，而且在曲线上运行时转向架的纵向中心线与曲线轨道中心线并不一致，因而会引起转向架前一轮对外侧车轮轮缘和后一轮对的内侧车轮轮缘压挤钢轨的情况，如图 4.1-33 所示。因为曲线半径越小，挤压钢轨越严重，所以小半径曲线的轨距应适当加宽。

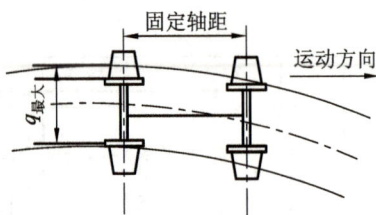

图 4.1-33　车轮压挤钢轨示意图

为了使机车车辆顺利地通过曲线，《铁路技术管理规程》规定了曲线轨距加宽值，见表 4.1-7。

表 4.1-7 曲线轨距加宽值

曲线半径 R/ 米	加宽值 / 毫米
R ≥ 295	0
245 ≤ R < 295	5
195 ≤ R < 245	10
R < 195	15

注：曲线轨距加宽值不符合上述规定时，应有计划地进行改造。

2. 曲线外轨超高

机车车辆在曲线上运行时，由于离心力的作用使曲线外轨承受了较大的压力，因而造成两股钢轨磨耗不均匀现象，并使旅客感到不舒适，严重时还可能造成翻车事故。因此通常要将曲线上的外轨抬高，使机车车辆内倾，以平衡离心力的作用。外轨比内轨高出的部分称为超高，如图 4.1-34 所示。

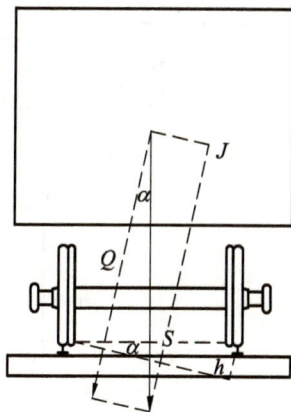

图 4.1-34 外轨超高原理图

曲线外轨的超高量通常可以用下式来计算：

$$h = 11.8 \frac{v^2}{R}$$

式中：h——超高量；

v——列车平均运行速度；

R——曲线半径。

外轨超高的最大值单线地段不得超过 125 毫米，双线地段不得超过 150 毫米。

外轨超高和轨距加宽的设置办法都是从缓和曲线的起点开始，逐渐增加到圆曲线起点时，超高和加宽都应达到规定的数值。

在曲线地段，因为设置超高而加厚了外轨下的道床，所以道床坡脚应向外延长。为了保持路肩的应有宽度，路基也必须在外侧相应地加宽。

八、限界

为了确保机车车辆在铁路线路上运行的安全，防止机车车辆撞击邻近线路的建筑物和设备而对机车车辆和接近线路的建筑物、设备，所规定的不允许超越的轮廓尺寸线称为限界。

铁路限界是一个与线路中心线垂直的横断面，其横向尺寸指水平宽度，由线路中心线算起；其高度尺寸为垂直高度，自钢轨面算起，单位均为毫米。

铁路基本限界可分为机车车辆限界和建筑限界两种。

（一）机车车辆限界

机车车辆限界是机车车辆横断面的最大极限，它规定了机车车辆不同部位的宽度和高度的最大尺寸以及底部零件至轨面的最小距离。机车车辆限界是和桥梁、隧道等限界起相互制约作用的，当机车车辆在满载状态下运行时，也不会因产生摇晃、偏移等现象而与桥梁、隧道及线路上其他设备相接触，从而保证行车安全。

客货共线铁路机车车辆上部限界如图 4.1-35 所示。

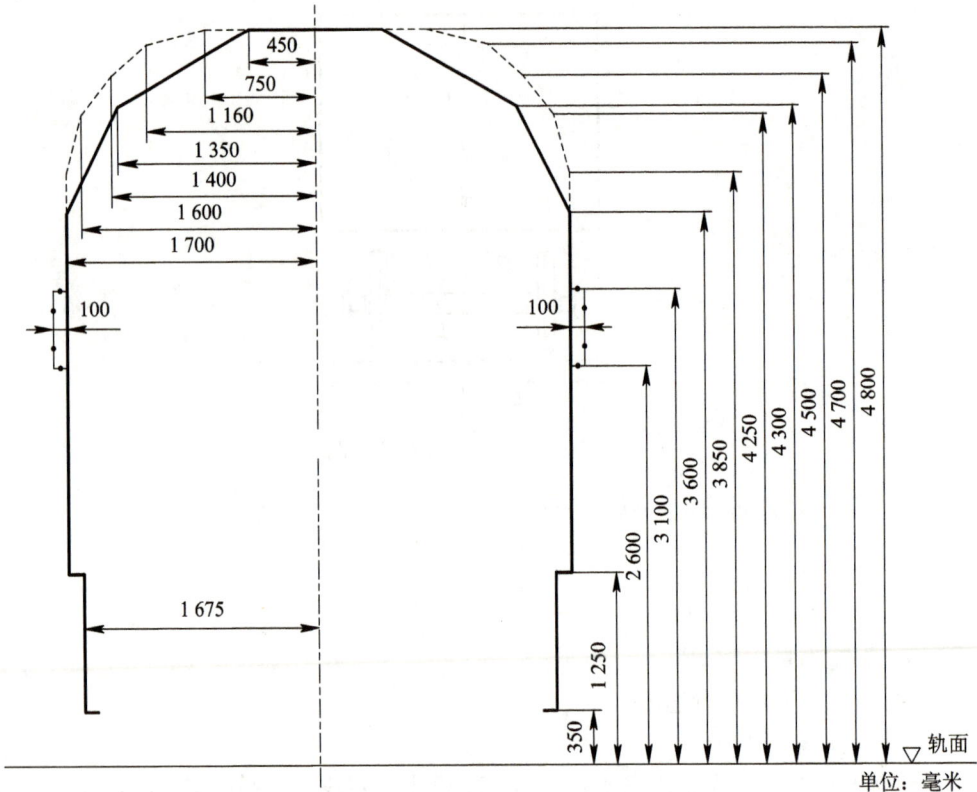

说明：

————————：机车车辆限界基本轮廓；

------------：电力机车限界轮廓；

·—·—·—·—：列车信号、后视镜装置限界轮廓。

图 4.1-35　机车车辆上部限界

（二）建筑限界

建筑限界是一个和线路中心线垂直的横断面，它规定了保证机车车辆安全通过所必需的横断面的最小尺寸。凡靠近铁路线路的建筑物及设备，其任何部分（和机车车辆有相互作用的设备除外）都不得侵入限界之内。

1. 客货共线铁路建筑限界

客货共线铁路建筑限界如图 4.1-36 所示。

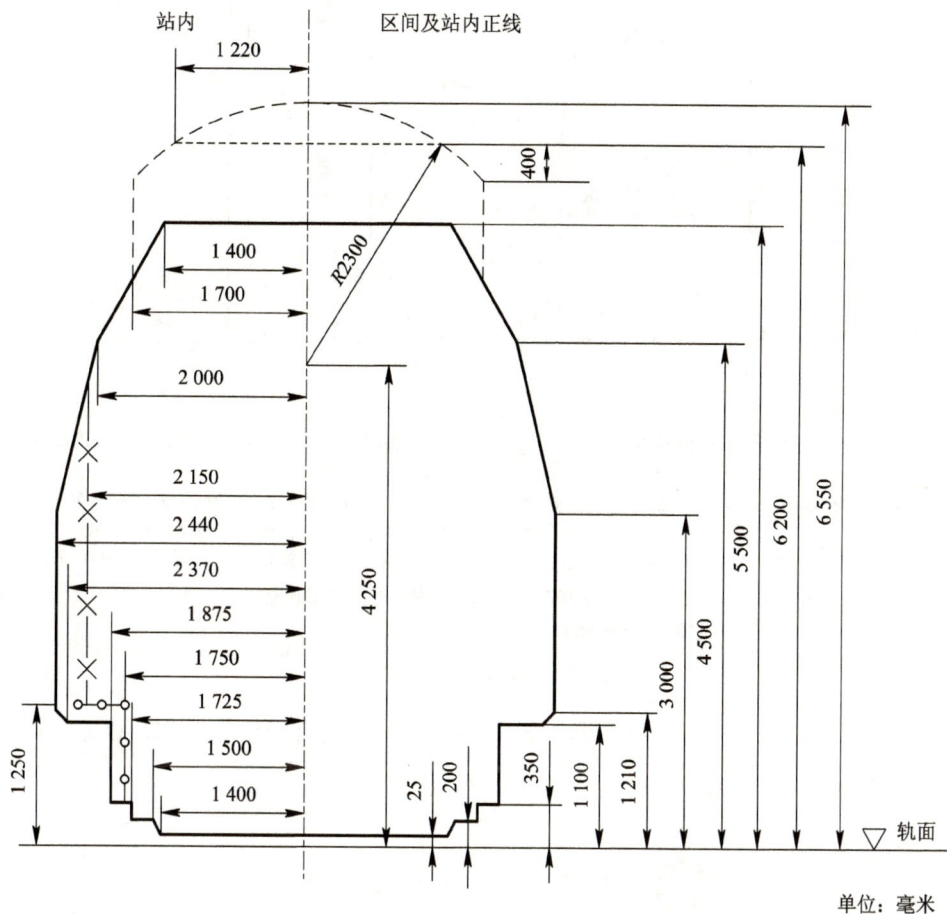

说明：

———×———×———×———×：信号机、高架候车室结构柱和接触网、跨线桥、天桥、电力照明、雨棚等杆柱的建筑限界（正线不适用）；

———○———○———○———：站台建筑限界（正线不适用）；

▬▬▬▬▬▬▬▬：各种建（构）筑物的基本限界；

——————————：适用于电力牵引区段的跨线桥、天桥及雨棚等建（构）筑物；

— · — · — · — · —：电力牵引区段的跨线桥在困难条件下的最小高度。

图 4.1-36　客货共线铁路建筑限界

2. 客运专线铁路建筑限界

客运专线铁路建筑限界如图 4.1-37 所示。

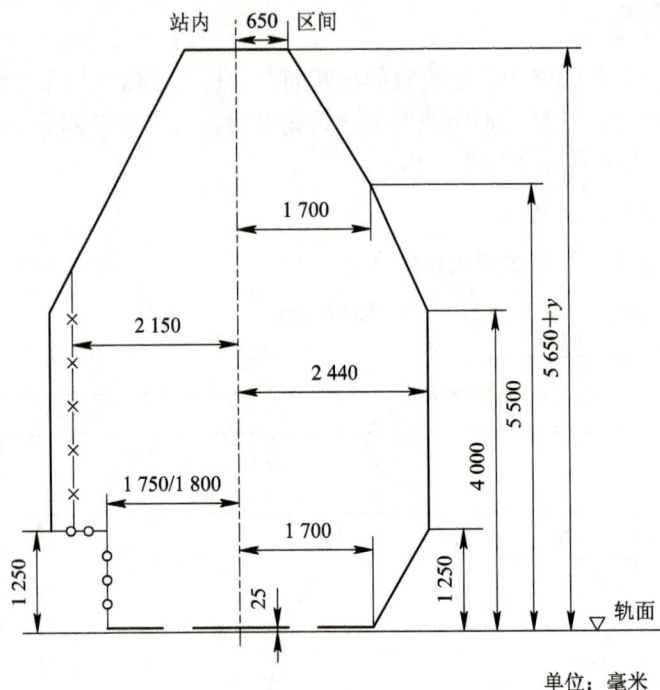

图 4.1-37　客运专线铁路建筑限界

说明：—×—×—×—：信号机、高架候车室结构柱和接触网、跨线桥、天桥、电力照明、雨棚等杆柱的建筑界限(正线不适用)；

—○—○—○—：① 站台建筑限界(侧线站台为1750毫米，正线站台无列车通过或列车通过速度不大于80千米/小时时为1750毫米，列火通过速度大于80千米/小时时为1800毫米)，② 站内反方向运行矮型出站信号机的限界为1800毫米；

————：各种建(构)筑物的基本限界，也适用于桥梁和隧道；

y：接触网结构高度。

由上图可知，在机车车辆限界和建筑限界之间，应留有一定的空间，以避免碰撞，保证行车安全。

第二节　铁路车站

铁路运输的目的是安全、迅速、经济、便利地运送旅客和货物，为国家的经济建设和人民的需要服务。在完成运输任务的过程中，铁路车站起着重要的作用。

一、车站基本知识

（一）车站的作用

车站是铁路办理旅客运输与货物运输的基地。旅客购票、候车、乘降和货物的承运、保管、装卸、交付以及相关的作业都是在车站进行的，可以说车站是铁路与旅客、货主联系的纽带。

车站是铁路运输的基本生产单位。在车站，除了办理客货运输各项作业外，还办理和列车运行有关的各项作业。如列车的接发、会让与越行；车列的解体与编组；机车的换挂与整备；车辆的检查与修理等。所以，车站不仅是铁路内部各项作业的汇合点，而且是提高铁路运输效率和运输安全的保证。

车站是铁路对外的窗口，体现着服务水平和工作效率。合理地布置和有效地运用车站的各项设备，是保证列车快速、安全、正点和加速车辆周转、降低运输成本的关键。

（二）车站的分类

目前，我国铁路上有大小车站5000个左右，这些车站所担负的任务量和业务性质不同，其办理的作业、服务的对象及重点也有所不同。因此，车站有以下不同的分类。

(1) 按业务性质不同分为客运站、货运站、客货运站。

(2) 按技术作业不同分为中间站、区段站、编组站。区段站和编组站总称为技术站。

(3) 按所担负的任务量及在国家政治、经济上的地位分为特等站和一、二、三、四、五等站。

（三）区间与分界点

为了保证行车安全和必要的线路通过能力，铁路上每隔一定距离需要设置一个车站。两相邻车站间的线路称为区间。而车站则成为相邻区间之间的分界点，因此区间和分界点是组成铁路线路的两个基本环节。

1. 分界点

因为车站上除了正线以外，还配有其他线路（到发线、调车线、牵出线、货物线及站内指定用途的其他线路等），所以把各种车站称为有配线的分界点。此外，还有一种无配线的分界点，它包括非自动闭塞区段上的线路所和自动闭塞区段两车站间划分为若干个闭塞分区处所设置的通过色灯信号机。

2. 区间

依据分界点的不同，区间也有不同的分类。车站与车站之间的区间称为站间区间（图4.2-1）；车站与线路所之间的区间称为所间区间（图4.2-2）；自动闭塞区段上通过色灯信号机之间的路段称为闭塞分区（图4.2-3）。

图 4.2-1 站间区间

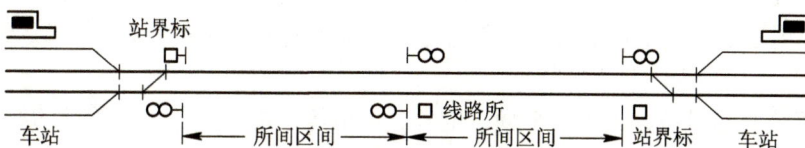

图 4.2-2 双线铁路所间区间

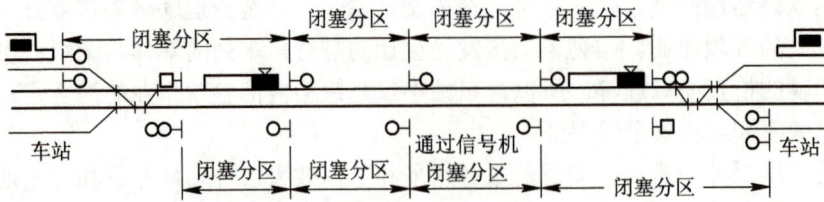

图 4.2-3　双线铁路自动闭塞分区

区段是指两相邻技术站间，包含若干个区间和分界点的铁路线段，如图 4.2-4 所示。区段的长度一般取决于牵引动力的种类或路网状况。

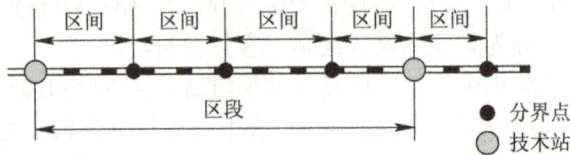

图 4.2-4　铁路区段示意图

（四）车站线路的种类与线间距

1. 车站线路的种类

车站线路按用途分为正线、站线、段管线、岔线及特别用途线，如图 4.2-5 所示。

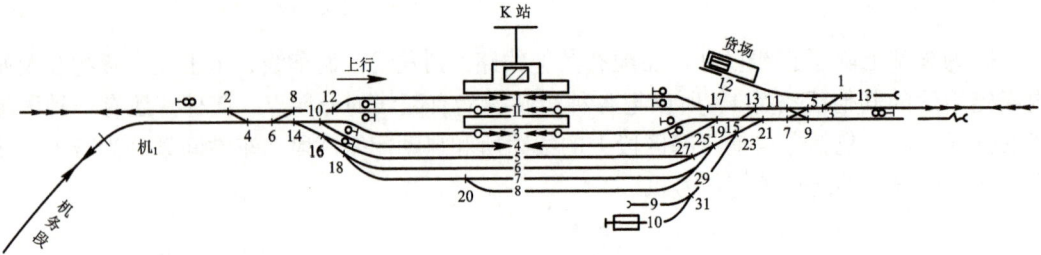

Ⅱ—正线；1、3、4—到发线；5、6、7、8—调车线；9、10—站修线；
11、13—牵出线；12—货物线；机₁—机车走行线

图 4.2-5　车站线路图

(1) 正线是指连接车站并贯穿或直股伸入车站的线路。

(2) 站线是指到发线、牵出线、货物线、调车线及站内指定用途的其他线路。

① 到发线用于接发旅客列车与货物列车。

② 牵出线用于进行调车作业时将车辆牵出。

③ 货物线用于货物装卸时的货车停放。

④ 调车线用于车列解体、编组和车辆存放。

⑤ 指定用途的其他线路主要有机车走行线、车辆检修线、驼峰迂回线、推送线、溜放线、禁溜线等。

(3) 段管线是指机务、工务、车辆、电务、供电等单位专用并由其管理的线路。

(4) 岔线是指在区间或站内接轨，通向路内外单位的专用线路。

(5) 特别用途线是指为保证行车安全而设置的安全线和避难线。

① 安全线是为防止列车或机车车辆从一进路进入另一列车或机车车辆占用的进路而发生冲突的一种安全隔开设备。

② 避难线是在长大下坡道上能使失控列车安全进入的线路。

2. 线间距

线间距是区间或站内两相邻线路中心线之间的最小距离。它应能保证行车和车站工作人员的安全。线间距的大小是根据铁路限界、相邻线路办理作业的性质以及相邻线路间是否装设信号机等因素而确定的。站内正线与到发线之间、正线和到发线与其他站线之间的最小线间距为 5 米。

对于高速铁路线上的车站正线与站线之间的距离应考虑列车交会时会车压力波的影响，曲线部分的线间距应根据计算进行适当加宽。

（五）站界、股道和道岔的编号及股道有效长

1. 站界及警冲标

1) 站界

为了保证行车安全和分清工作责任，车站和它两端所衔接的区间应有明确的界限，通常称为"站界"。站界范围的划定：在单线铁路车站，站界的范围以车站两端进站信号机柱的中心线为界，外方是区间，内方则属于车站范围，如图 4.2-6(a) 所示；在双线铁路车站，站界则按上、下行正线分别确定，即一端以进站信号机柱中心线，另一端以站界标中心线为界，如图 4.2-6(b) 所示。

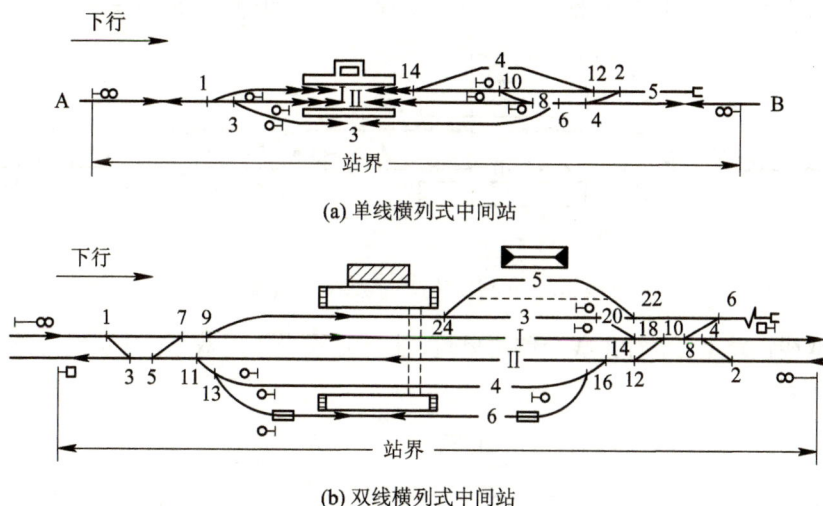

(a) 单线横列式中间站

(b) 双线横列式中间站

图 4.2-6 站界

2) 警冲标

警冲标是信号标志的一种，设在两会合线路线间距离为 4 米的中间，用来指示机车车辆的停留位置，防止机车车辆的侧面冲撞，如图 4.2-7 所示。

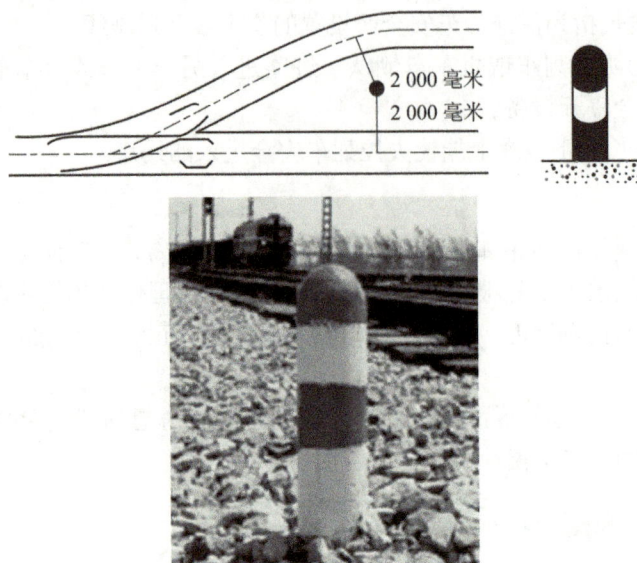

图 4.2-7 警冲标

2. 股道和道岔编号

为了便于车站生产指挥作业上的联系和对设备维修管理，应对站内线路和道岔进行统一编号。同一车站或车场内的线路和道岔不得有相同的编号。

1) 股道编号方法

站内正线规定用罗马数字编号（I，II，III，…），站线用阿拉伯数字编号（1，2，3，…）。

(1) 在单线铁路上，应当从站舍一侧开始顺序编号，如图 4.2-8 所示。

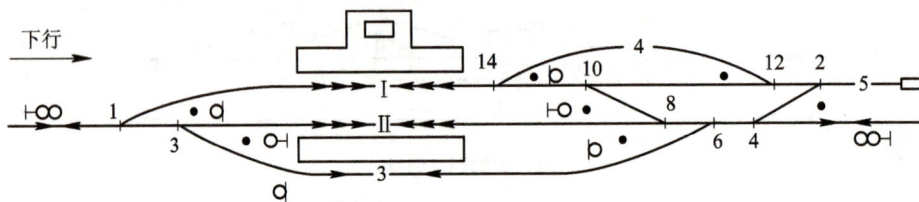

图 4.2-8 单线铁路车站股道、道岔编号

(2) 在双线铁路上，下行正线一侧用单数，上行正线一侧用双数，从正线向外顺序编号，如图 4.2-9 所示。

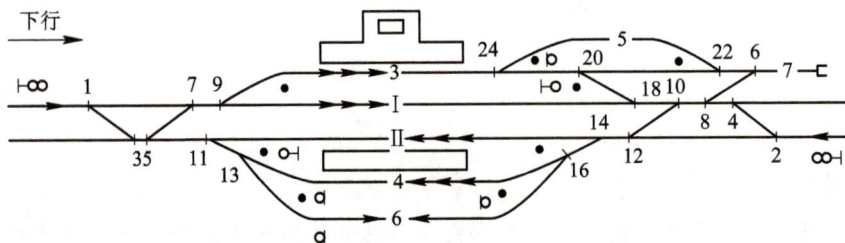

图 4.2-9 双线铁路车站股道、道岔编号

（3）尽头式车站。站舍位于线路一侧时，从靠近站房的线路起顺序编号，如图 4.2-10(a) 所示；站舍位于线路终端时，应面向终点方向由左侧线路起顺序编号，如图 4.2-10(b) 所示。

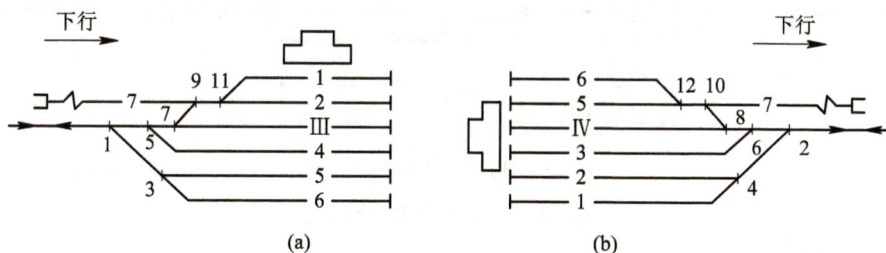

图 4.2-10　尽头式铁路车站股道、道岔编号

（4）大站上股道较多，应分别按车场各自编号。

2）道岔编号方法

（1）用阿拉伯数字从车站两端由外向里依次编号，上行列车到达的一端用双数，下行列车到达的一端用单数，如图 4.2-8 和图 4.2-9 所示。

（2）站内道岔一般以车站站舍中心线作为划分单数号和双数号的分界线，若站舍远离车站中心，则以车站或车场中心线划分。并且应该先编正线和到发线，后编货物作业线等。

（3）每一道岔均应编为单独的号码，对于渡线、交分道岔等处的联动道岔，则应编为连续的单数或双数。

（4）当车站有几个车场时，每一个车场的道岔都必须单独编号，此时道岔号码应使用三位阿拉伯数字，百位数字表示车场号码，个位和十位数字表示道岔号码，从而避免在同一车站内有相同的道岔号码。

3. 股道有效长

股道有效长是指在线路全长范围内可以停留列车或机车车辆而不妨碍邻线正常行车的部分。

股道有效长的起止范围主要由警冲标、道岔的尖轨始端（无轨道电路时）或道岔基本轨接头处的钢轨绝缘（有轨道电路时）、出站信号机（或调车信号机）、车挡（为尽头式线路时）等因素确定，如图 4.2-11 所示。

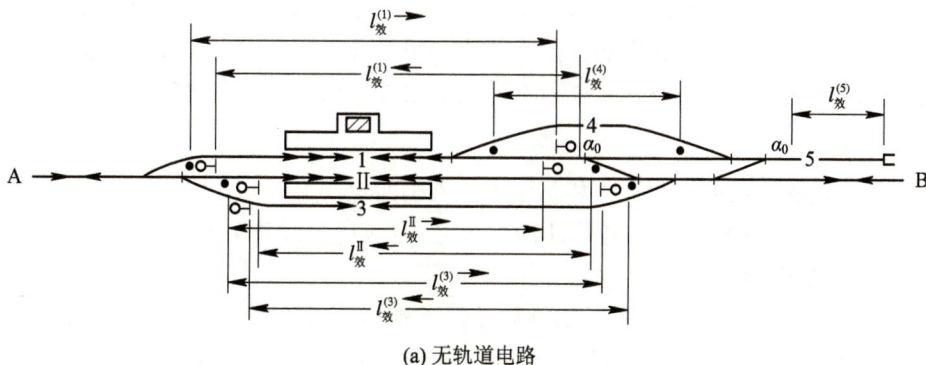

(a) 无轨道电路

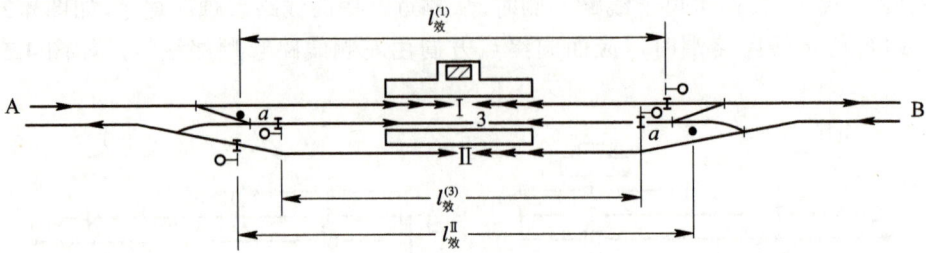

(b) 有轨道电路

图 4.2-11　股道有效长的确定

货物列车到发线的有效长度应根据规定的列车长度及列车停车时的附加距离（规定为 30 米）等因素确定。

我国铁路采用的货物列车到发线有效长度在 I、II 级铁路上为 1250 米、1050 米、850 米、750 米、650 米，在 III 级铁路上为 850 米、750 米、650 米或 550 米。开行重载列车为主的铁路可采用大于 1050 米及以上的到发线有效长度。

采用何种有效长度，应根据运输能力、机车类型及所牵引列车长度等情况结合地形条件，并考虑与相邻各铁路到发线有效长度相配合等因素确定。

二、中间站

中间站是铁路上数量最多的车站，一般位于中小城镇，在联系工业和农业以及加强城乡居民的往来和物资交流中起着重要的作用。此外，中间站还可以提高铁路区段的通过能力，以保证行车安全。

（一）中间站的作业和设备

1. 中间站的作业

中间站主要进行以下工作。

(1) 接发列车作业（包括接车、发车和放行通过列车）是中间站的主要行车工作。

(2) 旅客的乘降和行李、包裹的承运、保管、装卸与交付。

(3) 货物的承运、保管、装卸与交付。

(4) 摘挂列车的车辆摘挂作业，以及向货物线、专用线取送车辆的调车作业。

中间站若有工业企业专线接轨或者是有加力牵引起终点以及有机车折返站时，则还需办理工业企业线的取送车、补机的摘挂、待班和机车整备、转向等作业。在客货运量较大的个别中间站，还有始发和终到旅客列车及编组始发货物列车的作业。

2. 中间站的设备

中间站的设备应根据作业性质和工作量的大小而定。

(1) 客运设备包括旅客站舍（售票房、候车室、行包房）、旅客站台、雨棚和跨越设备（天桥、地道、平过道）等。

(2) 货运设备包括货物仓库、货物堆放场、货物站台和货运室、装卸机械等。

(3) 站内线路包括到发线、货物装卸线以及调车用的牵出线和安全线等，它们分别用于接发列车、进行调车和货物的装卸作业。

(4) 信号及通信设备包括信号机、信号表示器、站内电话、对讲机、广播及扩音设施等。此外，某些中间站还设有机车整备设备和列车检查设备等。

（二）中间站的布置

中间站一般都采用横列式布置。图 4.2-12 所示为单线横列式中间站布置；图 4.2-13 所示为双线横列式中间站布置。

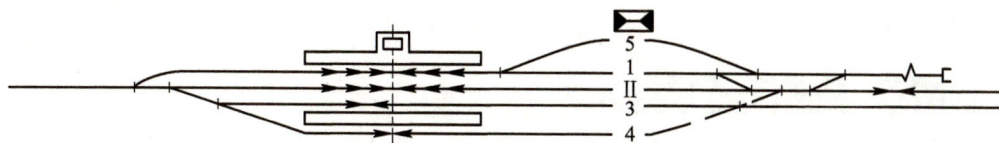

图 4.2-12　单线横列式中间站布置

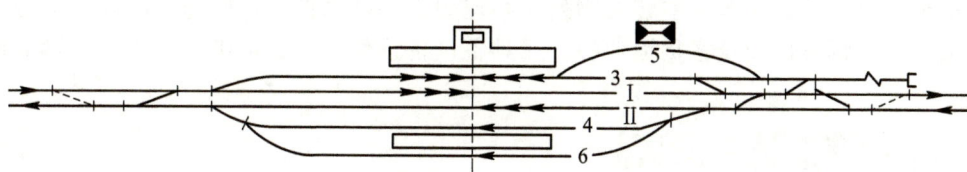

图 4.2-13　双线横列式中间站布置

这两种布置具有保证旅客安全，零担货物装卸和车辆摘挂作业方便，列车待避条件好，有利于工务养护维修和方便改扩建等优点。

（三）会让站和越行站

在我国铁路上，还有为数不多的主要为提高铁路线路通过能力和保证行车安全，并且为沿线城乡居民及工农业生产的需要而设的车站，称为会让站和越行站。根据《铁路车站及枢纽设计规范》(TB10099—2017) 规定，会让站和越行站包括在中间站之内。

1. 会让站

会让站设置在单线铁路上，主要办理列车的到发和会让，也办理少量的客货运业务。

会让站应铺设到发线并设置通信、信号设备及旅客乘降、办公用房等设备，但不设置专门的货运设备。

在会让站上，既可以实现会车，也可以实现越行，如图 4.2-14 所示。

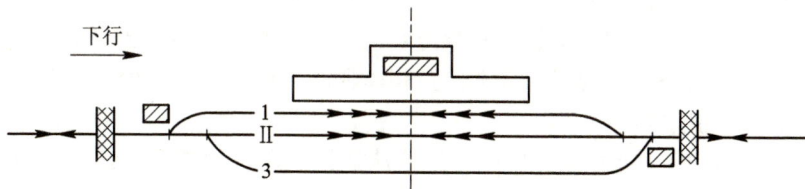

图 4.2-14　横列式会让站

2. 越行站

越行站设置在双线铁路上，主要办理同方向列车的越行业务，如图 4.2-15 所示。越行站应铺设到发线并设置通信、信号设备及旅客乘降、办公房屋等设备等。

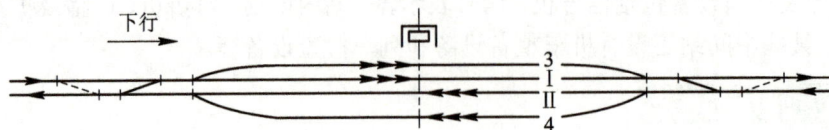

图 4.2-15　横列式越行站

三、区段站

（一）区段站的设置与任务

区段站位于铁路网上各牵引区段的分界处，一般设在中等城市和铁路网上牵引区段（机车交路）的起点或终点。区段站的主要任务是为邻接的铁路区段供应及整备机车或更换机车乘务组，并为无改编中转货物列车办理规定的技术作业。此外，区段站还办理一定数量的列车解编作业及客货运业务。在具备设备条件时，还可进行机车、车辆的检修业务。

（二）区段站的作业与设备

虽然区段站的作业和设备在数量和规模上都不是最大的，但是其作业和设备的种类却是比较齐全的。

1. 区段站的作业

根据区段站所担负的任务，主要办理的作业可以归纳如下。

(1) 客运业务与中间站所办理的客运业务基本相同，只是数量较大。

(2) 货运业务与中间站所办理的货运业务大致一样，只是作业量较大。在某些区段站上还进行机械冷藏车的整备及牲畜车的供水作业。

(3) 运转作业。运转作业主要有以下两项运转作业。

① 与旅客列车有关的运转作业主要办理通过旅客列车的接发作业，有的车站还办理局管内或市郊旅客列车的始发、终到作业以及个别车辆的甩挂作业。

② 与货物列车有关的运转作业主要办理无改编中转列车的接发和有关作业。对区段列车和摘挂列车，要进行解体和编组作业。同时还办理向货场、工业企业专用线取送作业车等。有些区段站对部分改编中转列车，还要办理变更运行方向、变更列车重量或换挂车组等作业。某些区段站还担当少量始发直达列车的编解任务。

(4) 机车业务以更换货物列车机车和乘务组为主，可对机车进行整备、修理和检查等。

(5) 车辆业务主要是办理列车的技术检查和车辆的检修任务。在少数设有车辆段的区段站上，还办理车辆的段修业务。

由上述可知，区段站所办理的作业，无论从数量上还是种类上，都远较中间站复杂得多。而在所办理的解编及中转列车中，又以无改编中转列车所占的比重最大，其已成为区段站作业组织工作的重要部分。

所有到达区段站的货物列车，按它在该站所进行的作业性质可以分为两类：一类是到达本站不解体，只作技术检查和机车换挂等作业，然后继续运行的列车，称为无改编中转列车；另一类是列车到达本站后，要将车列解体，车组进入调车场集结编组形成新的列车后由车站出发，这种列车称为改编列车。

解体就是把车列中不同去向的车辆分别送入调车场的指定线路上。编组就是把停留在调车线上同一去向的车辆，按列车编组计划的规定连挂起来，编成一个新的车列。

2. 区段站的设备

为了保证上述区间段作业的完成，在区段站内应设有以下各种设备。

(1) 客运业务设备主要有旅客站房、旅客站台、雨棚及跨越线路设备等。

(2) 货运业务设备主要指货场及其有关设备，如装卸线、存车线、货物站台、仓库、雨棚、堆放场及装卸机械等。

(3) 运转设备。运转设备主要分为供旅客列车和货物列车使用的设备。

① 供旅客列车使用的运转设备主要有旅客列车到发线，必要时设客车车底停留线。

② 供货物列车使用的运转设备主要有货物列车到发线、调车线、牵出线（有时设小能力驼峰）、机车走行线及机待线等。

(4) 机务设备包括机务段和折返段。在机务段所在的区段站内，若采用循环运转制时，则在到发场应设有机车整备设备；若采用长交路轮乘制时，则可设置机车运用段或机务换乘点。

(5) 车辆设备包括车辆段、列车检修所和站修所等。

(6) 信号和通信等设备。

3. 区段站布置

由于地形与城市规划要求，运量及运输性质、正线数目等因素的影响，为合理布置区段站的各种设备而形成了多种多样的布置。

区段站常见的布置有横列式、纵列式及客货纵列式三种类型。

1) 横列式区段站布置

当上下行到发线（场）平行布置在正线一侧，编组场在到发场的一侧时，称为横列式区段站布置，如图 4.2-16 所示。这种布置适合在单线铁路上采用。

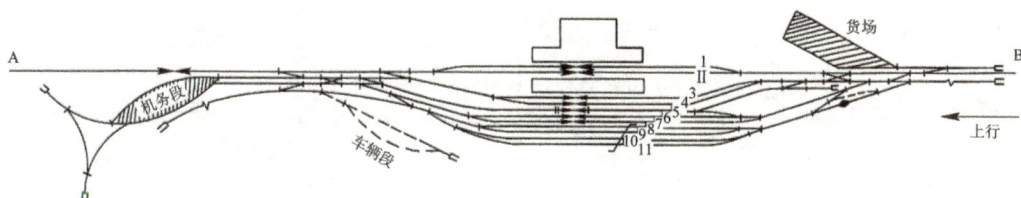

图 4.2-16 单线铁路横列式区段站布置

单线铁路横列式区段站的优点是布置紧凑、站坪长度短、占地少、设备集中、投资少、管理方便以及作业灵活性大；对部分改编中转列车的甩挂作业较方便；对各种不同地形的适应性强，并便于进一步发展。其缺点是一个方向的列车机车出入段走行距离长，货场取送车和正线有交叉干扰，并且与站房同侧的工业企业的专线接轨不方便。

我国大部分单线铁路区段站均采用横列式布置。其适宜于客货运量不大、地形受限的单线铁路。部分运量不大的双线铁路也采用横列式布置。

2) 纵列式区段站布置

在许多双线铁路上，往往客货运输任务繁重，为了减少站内两端咽喉区上下行客、货列车进路的交叉干扰，区段站可采用纵列式布置。

纵列式区段站布置是上、下行两个方向的到发场分设在正线两侧，并且逆运行方向全部错移，在其中一个到发场一侧，设一个双向共用的调车场，如图4.2-17所示。这种布置适合在运量较大的双线铁路上采用。

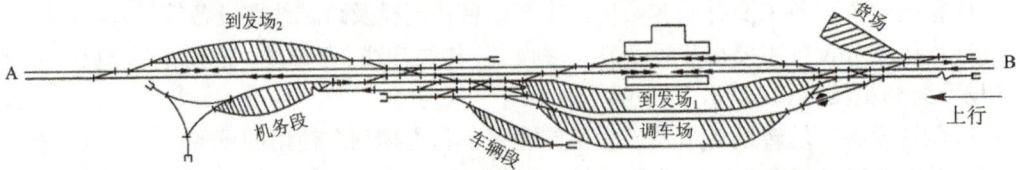

图4.2-17　双线铁路纵列式区段站布置

纵列式区段站布置的优点是作业交叉干扰少，具有较大的疏解能力，如疏解了下行中转货物列车与上行旅客列车在车站两端咽喉区进路上的交叉点；上下行机车出入段的走行距离都较短；当机车采用循环运转制时，到发线上的整备设备比较集中；同时对站舍同侧的工业企业的专线接轨比较方便。其缺点是占用线路较长、占地多；设备也比较分散、投资大；定员较多、管理不便等。此外，一个方向货物列车的机车出入段要横切正线，因此，一般只有在机车采用循环交路时，才采用这种布置，以便充分发挥其优越性。

3) 客货纵列式区段站布置

客货纵列式区段站布置是客运运转设备（主要指旅客列车到发场）与货运运转设备（主要指货物列车到发场）的纵向配列，如图4.2-18所示。此种布置多是在原有的横列式区段改建时逐步形成的，其优缺点与纵列式区段站布置图大致相同。

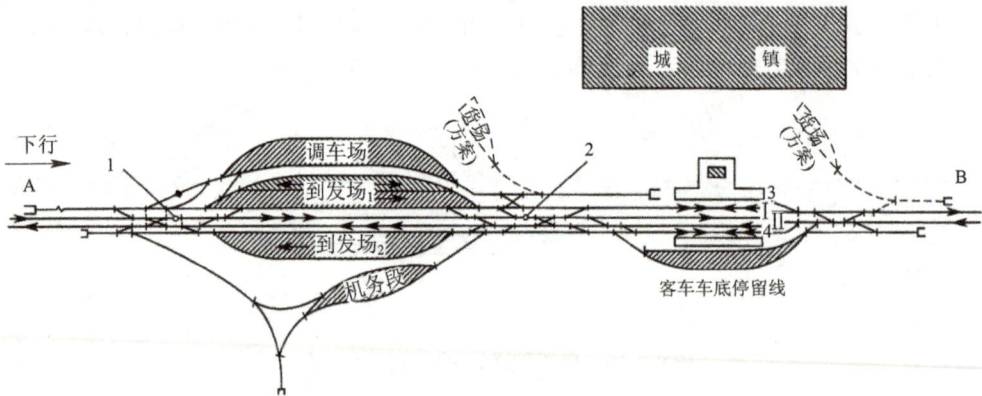

图4.2-18　双线铁路客货纵列式区段站布置

四、编组站

编组站是铁路网内办理大量货物列车解体、编组作业，编组直达、直通和其他列车，并为此设有比较完善的调车设备的车站。它是铁路运输的主要基本生产单位，在完成铁路货物运输任务中，起着十分重要的作用。

编组站通常设在几条主要干线的汇合处，也可以设在有大量装卸作业地点的大城市、港口或大的工矿企业附近。

（一）编组站的作业和主要设备

1. 编组站的作业

编组的作业有改编货物列车作业、无调中转列车作业、货物作业车作业、机车整备检修作业以及车辆检修作业等。编组站和区段站统称为技术站。从技术作业上看，编组站和区段站都要办理列车的接发、解编以及机车的供应或换挂，列车的技术检查及车辆检修等作业。但二者又有区别，区段站主要办理中转列车的作业，解体和编组的列车数量少，而且大多是区段列车或摘挂列车；编组站以办理改编列车为主，主要作业是大量办理列车的解体和编组，而且其中大多数是直达列车和直通列车。因此，编组站又被称为"货物列车制造工厂"。

2. 编组站的主要设备

从种类上看，虽然编组站的设备与区段站基本一样，也有旅客和货物运转设备、客货运业务及机车、车辆等设备，但位于大城市郊区的编组站可能不设客货运设备。在货物运转设备方面，调车设备是编组站的核心设备，因此调车场和调车设备的规模和能力比区段站要大得多。

（二）编组站布置及主要类型

编组站的各项作业是在各个车场内完成的。因此，调车设备的数量与规模及各车场的相互位置，就构成了编组站不同形式的布置。

1. 按照调车设备的套数分类

(1) 单向编组站布置时，只有一个调车场，上下行合用一套调车设备（包括驼峰、调车场、牵出线）。其驼峰溜车方向一般朝向主要改编车流运行方向。

(2) 双向编组站布置时，有两个调车场，上下行各有一套调车设备。两系统的驼峰溜车方向朝向各自的改编车流运行方向。

2. 按照车场的相互位置分类

(1) 横列式编组站布置按上下行到发场与调车场并列配置，如图 4.2-19 所示。

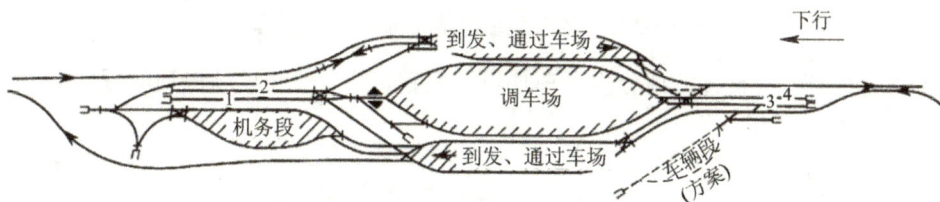

图 4.2-19　单向横列式编组站（一级三场）

(2) 纵列式编组站布置按到达场、调车场、出发场等主要车场顺序纵向排列布置，如图 4.2-20 和图 4.2-21 所示。

图 4.2-20 所示为单向三级三场纵列式编组站布置，各衔接方向共用的到达场、调车场、出发场依次纵列配置。

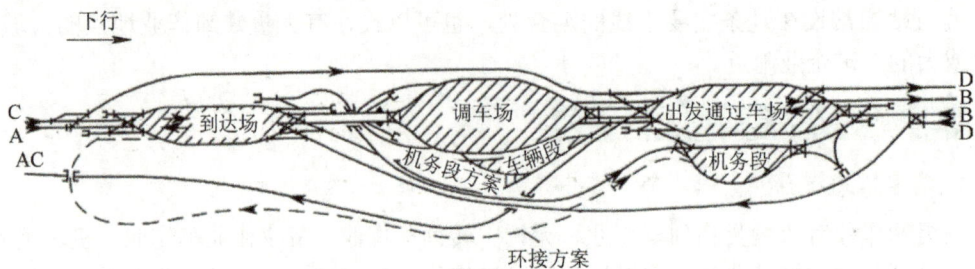

图 4.2-20 单向纵列式布置（三级三场）

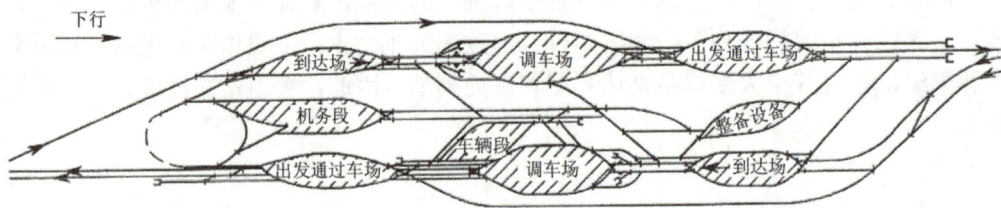

图 4.2-21 双向纵列式布置（三级六场）

单向三级三场编组站布置的主要优点是各方向改编列车在站内的到、解、集、编、发作业过程都是"流水式"的（图 4.2-22）；车站改编能力及通过能力均较大；车站只有一套调车系统且同类车场集中布置，有利于实现编组站现代化。其主要缺点是反向改编列车走行里程较长；车站站坪长度较长。

单向三级三场编组站作业流程如图 4.2-22 所示。

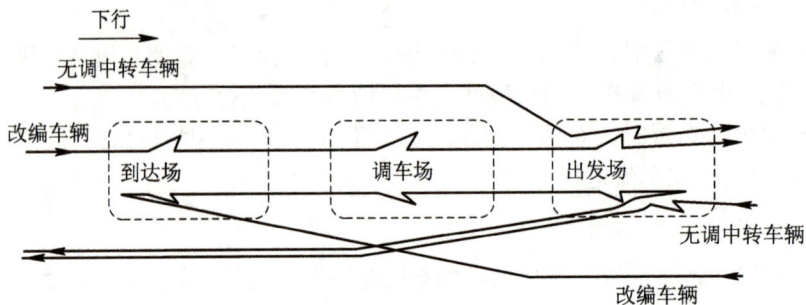

图 4.2-22 三级三场编组站改编车流作业流程

(3) 混合式编组站布置按部分主要车场纵列配置，另一部分车场横列配置，如图 4.2-23 所示。

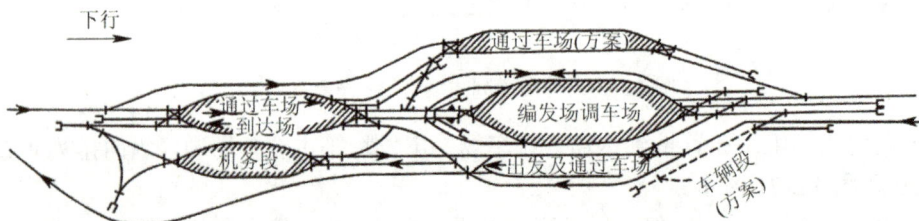

图 4.2-23 单向混合式编组站（二级四场）

我国编组站布置的基本类型归纳起来主要有六种，即单向横列式、单向纵列式、单向混合式以及双向横列式、双向纵列式、双向混合式。其他类型都是在这个基础上派生的，并且数量很少。

此外，我国铁路现场习惯上对编组站有"几级几场"的称呼。"级"是指同一调车系统中纵向排列数。例如：一级式就是车场横列；二级式就是到达场、调车场纵列；三级式即到达场、调车场、出发场依次纵向排列。"场"是指车场，站内有几个车场就称为几场。

我国编组站常见布置类型见表 4.2-1。

表 4.2-1　编组站布置类型

	类型	单向横列式	单向混合式	单向纵列式
单向	典型布置形式	单向横列式一级三场	单向混合式二级四场 单向混合式二级五场	单向纵列式三级三场
	类型	双向横列式	双向混合式	双向纵列式
双向	典型布置形式	——	双向混合式二级四场 双向混合式二级五场	双向纵列式三级三场 单向纵列式三级八场

（三）调车设备

调车工作是技术站（尤其是编组站）的主要任务。调车作业的效率与安全除了与调车人员的技术水平和熟练程度有关外，主要取决于所采用的调车设备和技术设施。调车工作按使用设备的不同可以分为平面牵出线调车和驼峰调车。

1. 平面牵出线

平面牵出线是车站的基本调车设备，基本上是设于平道上，调车时车辆溜放的动力是调车机车的推力。牵出线设于调车场尾部，适合于车列的编组、转线和车辆的摘挂、取送等调车作业。

2. 驼峰

驼峰是利用其高差的位能，调车时车辆溜放的动力以其本身的重力为主，调车机车的推力为辅。驼峰一般设在调车场的头部，适合于车列的解体作业。

平面牵出线和常见驼峰纵断面的比较，如图 4.2-24 所示。

图 4.2-24　驼峰与牵出线纵断面比较图

1) 驼峰的分类

驼峰可按技术装备和日均解体作业能力来分类。

(1) 按技术装备分类。

① 简易驼峰。简易驼峰多数是利用原有调车场牵出线的头部平地起峰修建而成。它一般设在调车线大于 5 股的区段站或小型编组站上。道岔控制一般采用非集中操纵或电气集中操纵，制动工具采用简易制动设备。

② 非机械化驼峰。非机械化驼峰一般设在调车场线路数量在 16 条以下，每昼夜解体能力小于 2000 辆的中小型编组站或作业量较大的区段站上，到达场标高应高于调车场。道岔控制一般采用电气集中或自动集中操纵，制动工具采用简易制动设备。

③ 机械化驼峰。机械化驼峰一般应设在调车线路数量在 16 条以上，每昼夜解体能力在 2000 辆以上的大中型编组站上，到达场标高应高于调车场。道岔控制采用自动集中操纵，制动设备主要使用人工控制的车辆减速器。

④ 半自动化驼峰。半自动化驼峰是装有自动集中控制的溜放进路和减速器，出口速度人工预定且采用半自动控制的驼峰。一般采用减速器、减速顶、加速顶等调速设备。

⑤ 自动化驼峰。自动化驼峰是调机推峰速度、车辆溜放进路、车辆溜放速度全部实现自动控制的驼峰，调速设备采用减速器、减速顶、加速顶等。

(2) 按日均解体作业能力分类。

① 大能力驼峰。日均解体能力 4000 辆以上，调车线不少于 30 条，设 2 条溜放线。应设有机车推峰速度、车辆溜放速度和溜放进路的自动控制系统。

② 中能力驼峰。日均解体能力 2000～4000 辆，应设 17～29 条调车线，设 2 条溜放线。应配有溜放进路自动控制系统和机车推峰速度、车辆溜放速度的自动或半自动控制系统。

③ 小能力驼峰。日均解体能力 2000 辆以下，设 16 条及以下调车线和 1 条溜放线。应配有溜放进路自动控制系统和配置驼峰机车信号以及车辆溜放速度的半自动控制系统，可以采用简易现代化或人工调速设备。

2) 驼峰的平、纵断面

驼峰的范围是指峰前到达场 (不设峰前到达场时为牵出线) 与调车场头部之间的一部分线段，如图 4.2-25 所示。它包括推送部分、溜放部分和峰顶平台。

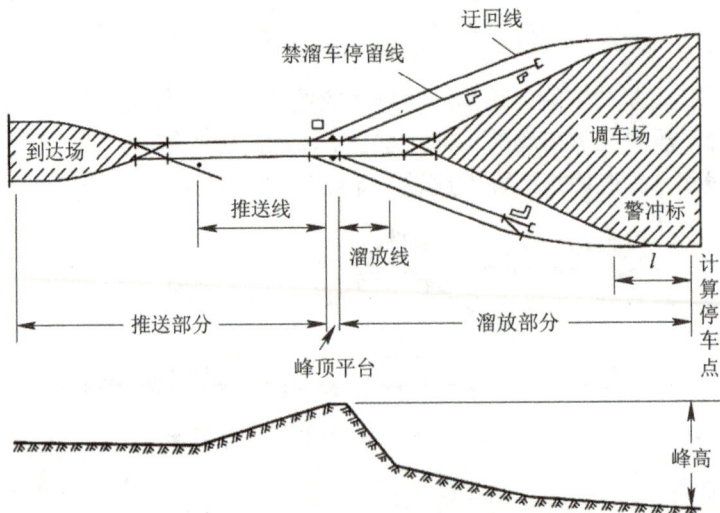

图 4.2-25　驼峰组成图

（1）推送部分。推送部分是指经由驼峰解体的车列，其第一钩车位于峰顶平台始端时，车列全长所在的线路范围。设置这一部分的目的是使车辆得到必要的高度，并使车钩压紧，以便摘钩。其中，由到达场出口咽喉的最外警冲标到峰顶平台始端的线段称为推送线。

（2）溜放部分。溜放部分是指由峰顶（峰顶平台与溜放部分的变坡点）至调车场头部各股道警冲标后100米（对机械化驼峰）或50米（对非机械化驼峰或简易驼峰）计算停车点的线路范围。驼峰调车场的调速制式不同，计算停车点的位置也不同。

（3）峰顶平台。峰顶平台是指驼峰推送部分与溜放部分的连接处设置的一段平坡地段。

3）驼峰调速工具

（1）驼峰调速工具的作用。驼峰调车场调速工具是为了提高驼峰的改编能力，保证作业安全效率所必需的设备，用以调控溜放车辆速度。按其在驼峰调车中的作用可分为间隔制动和目的制动。

① 间隔制动：保证前后溜放钩车之间有必要的间隔距离。

② 目的制动：保证各钩车溜放到调车场指定地点，不与停留车辆发生冲撞或相距太远而造成过大的"天窗"。

（2）驼峰调速工具的种类及工作原理。目前，我国铁路上常用的主要调速工具有减速器、减速顶、加速顶、加减速小车、制动铁鞋及手闸等。我国铁路采用的减速器主要有非重力式减速器和重力式减速器两种形式。

① 非重力式减速器。非重力式减速器是利用压缩空气作为动力，由钢轨两侧的制动夹板挤压车轮进行制动。图4.2-26所示为非重力式减速器的构造简图，当需要对车辆进行制动时，操纵制动按钮，使压缩空气进入汽缸，活塞杆5和杠杆4的末端即被压向下方，而缸体6连同杠杆3的末端则上升。这样，由于两杠杆末端分开，使夹板1合拢而挤压车轮进行制动。

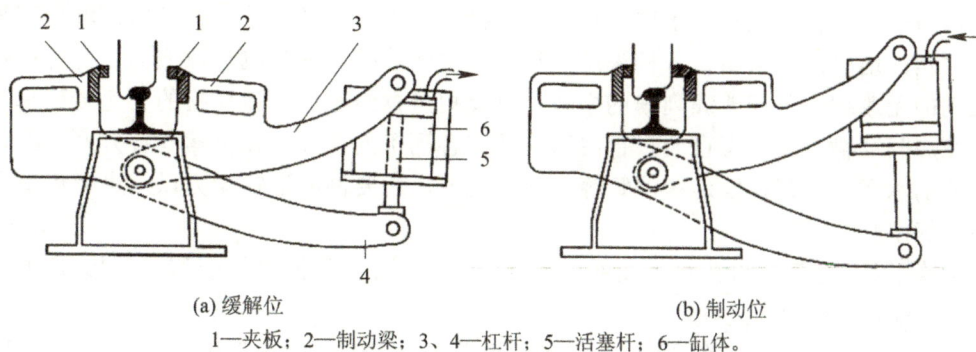

（a）缓解位　　　　　　（b）制动位
1—夹板；2—制动梁；3、4—杠杆；5—活塞杆；6—缸体。
图4.2-26　非重力式减速器的构造简图

② 重力式减速器。重力式减速器主要借助于车辆本身的重量使制动夹板产生对车轮的压力而进行制动。我国铁路主要采用的是双轨条油压重力式减速器。

重力式减速器与非重力式减速器比较，其优点主要在于制动力的大小可根据被制动车辆的自重大小而自动调节，不需再设置测重设备，也不需要空压和储风设备，故而成本较低。

③ 减速顶。减速顶是一种不需要外部能源，可以自动控制车辆溜放速度的调速工具。减速顶安装在钢轨的一侧，吸能帽斜对轮缘部分，如图 4.2-27 所示。减速顶由外壳、吸能帽、活塞组合件、密封组合件和止冲装置等部分组成。当车辆走行速度低于减速顶的临界速度时，减速顶对车辆不起减速作用；当车辆的走行速度高于减速顶的临界速度时，则减速顶对车辆产生减速作用。在每股道上约 3 ～ 5 米安装一个减速顶，就能对车辆进行连续的速度控制。

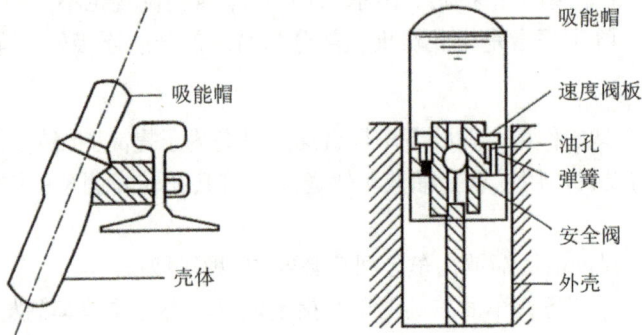

图 4.2-27　减速顶

减速顶是一种较好的调速工具，其优点在于灵敏度高、件能良好和维修简便，目前已在我国铁路的众多编组站内采用。

此外，还有可控减速顶和绳索牵引推送小车等调速工具。

五、铁路枢纽

在铁路网的交汇点或终端地区，由各种铁路线路、专业车站以及其他为运输服务的有关设备组成的总体，称为铁路枢纽。

铁路枢纽是客货流从一条铁路转运到各接轨铁路的中转地区，也是所在城市客货到发及联运的地区。除枢纽内各种车站办理的有关作业外，在货物运输方面，有各铁路方向之间的无改编列车和改编列车的中转，以及担当枢纽地区车流交换的小运转列车的作业。在旅客运输方面，有直通、管内和市郊旅客列车的作业。在货运业务方面，办理各种货物的承运、装卸、发送、保管等作业。此外，还要供应运输动力以及进行机车车辆的检修等作业。

铁路枢纽对于工农业生产的发展，城市和国防建设以及各种交通运输工具之间的分工与协作，都有着密切的关系。

为了完成以上复杂而繁重的任务，枢纽内需要配备成套的技术设备主要有以下几种：

(1) 铁路线路包括引入正线、联络线、环线、工业企业专用线等。

(2) 车站包括客运站、货运站、编组站、工业站、港湾站等。

(3) 疏解设备包括铁路线路与铁路线路的平面和立交疏解、铁路线路与城市道路的立交桥和道口以及线路所等。

(4) 其他设备包括机务段、车辆段、客车整备所等。

铁路枢纽及枢纽内车站的布局与连接如图 4.2-28 所示。

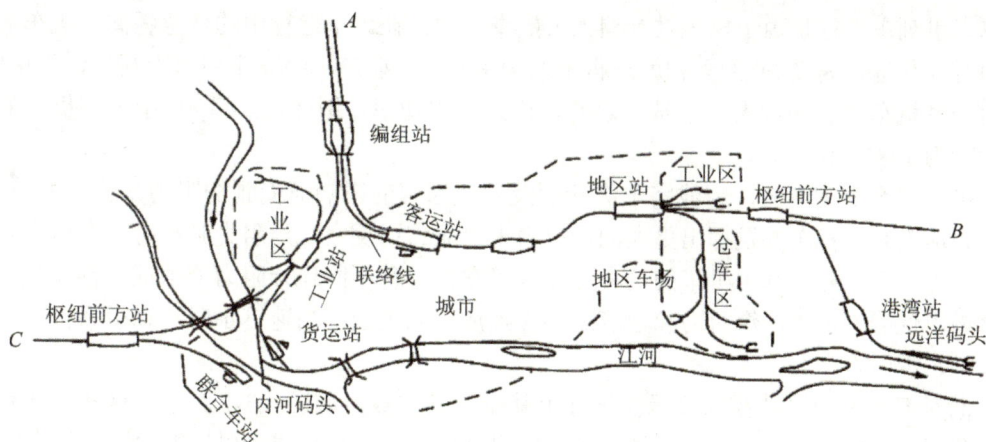

图 4.2-28　铁路枢纽示意图

铁路枢纽是由铁路新线建设和城市及工业发展等原因逐步形成和发展起来的。因此，枢纽所在地区的政治与经济特征、在地理上和路网中的位置、城市和工业建设的要求等对它所承担的运输业务有着密切的关系。

铁路枢纽按其在铁路网内的地位和作用可分为路网性铁路枢纽、区域性铁路枢纽和地方性铁路枢纽。

第三节　铁 路 机 车

一、铁路机车概述

机车是铁路运输的牵引动力，因为铁路车辆不具备动力装置，需要将其连挂成列，由机车牵引沿钢轨运行。在车站内，车辆的转线以及货物车辆的取送等各项调车作业，都要由机车完成。因此，为了完成客货列车的牵引和车站的调车工作，必须保证提供足够数量和牵引性能良好的机车；同时，还必须加强对机车的保养与检修工作，正确组织机车的合理运用等。

（一）铁路牵引动力的类型

铁路采用的机车类型很多，可有不同的分类。

(1) 按牵引动力的不同，机车可分为内燃机车、电力机车等。

(2) 按运用的不同，机车可分为客运机车、货运机车、调车机车等。客运机车要求速度高，货运机车需要牵引力大，而调车机车要具有机动灵活的特点。调车机车主要用于铁路站场内或专用线上车辆的编组、解体、专线调车等作业；而客运机车和货运机车用于牵引客货车辆在铁路线上运行，属于干线机车（也称本务机车）。

（二）机车牵引性能的基本概念

机车牵引列车运行的过程，就是机车牵引力克服列车启动时和运行中所受阻力的过程。

机车牵引列车运行是由于机车具有相当大的牵引力。在列车运行中的任意瞬间，机车的牵引力 (F) 和运行速度 (v) 的乘积就是机车的功率 (N)，即 $F \cdot v = N$，常用"千瓦"作为单位。任何一种机车，它的最大功率是一定的，称为标称功率。例如，东风 4B 型内燃机车的标称功率为 1985 千瓦。

机车在牵引列车时，因线路平纵断面及其他因素的影响而受到的阻力是经常变化的。当阻力增大时，机车要发挥出更大的牵引力来克服它；反之，当阻力减小时，牵引力就可以小一点。为了充分利用机车的功率，要求机车在各种不同运行阻力的情况下都能具有恒功率输出性能。可见，牵引力和速度之间应当成反比关系：当速度小时，牵引力大；当速度大时，牵引力小。

把对 F 和 v 的这种要求表示在坐标上就是一条曲线，如图 4.3-1 所示，这条曲线称为机车理想牵引性能曲线。任何一种机车的牵引特性，都应与理想牵引性能曲线相符合。

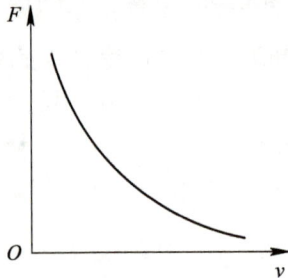

图 4.3-1　机车理想牵引性能曲线

当然，曲线的两端不能无限延长。牵引力不能超过轮轨之间的黏着力，否则车轮会空转；速度也不能超过机车构造所能允许的范围。

二、内燃机车

内燃机车是以内燃机作为原动力的一种机车。内燃机车的热效率可达 30% 左右，机车的整备时间短，持续工作的时间长，适用于长交路；用水量少，适用于缺水地区；初期投资比电力机车少，而且机车乘务员劳动条件好，便于多机牵引。但内燃机车最大的缺点是对大气和环境有污染。

内燃机车按传动方式的不同可分为电力传动内燃机车和液力传动内燃机车，以电力传动内燃机车应用最多。

（一）电力传动内燃机车

电力传动内燃机车是由柴油机驱动主发电机发电后向牵引电动机供电使其旋转，再通过牵引齿轮传动来驱动机车轮对旋转的。根据电机形式的不同，电力传动内燃机车可分为直—直流电力传动内燃机车、交—直流电力传动内燃机车、交—直—交流电力传动内燃机车和交—交流电力传动内燃机车。

图 4.3-2 所示的东风 4B 型内燃机车是我国机车工厂生产的交—直流电力传动干线客货两用内燃机车，该机车的额定功率为 1985 千瓦。这种机车设有两个司机室、一个动力室、一个冷却室和一个电气室，其总体布置如图 4.3-3 所示。由图 4.3-3 可知，内燃机车主要由

柴油机、传动装置、走行部、车体、车底架、车钩缓冲装置、制动装置和辅助装置等部分组成。

图 4.3-2　东风 4B 型内燃机车

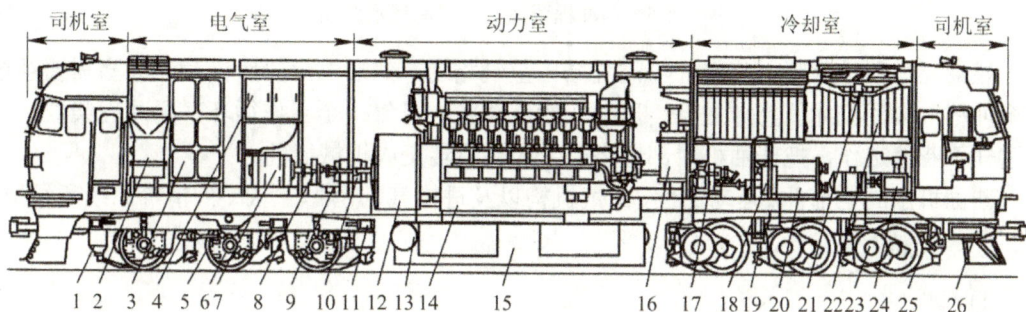

1—撒砂装置；2—电阻制动装置；3—电器柜；4—硅整流柜；5—牵引装置；6—走行部；7—启动辅助电机；
8—启动变速箱；9—测速发电机；10—励磁机；11—制动缸；12—主发电机；13—总风缸；14—柴油机；
15—燃油箱；16—预热锅炉；17—静液压变速箱；18—通风机；19—电机悬挂装置；20—机油热交换器；
21—冷却风扇；22—冷却器；23—牵引电动机；24—空气压缩机；25—基础制动装置；26—车钩缓冲装置。

图 4.3-3　东风 4B 型内燃机车总体布置图

1. 柴油机

柴油机是利用柴油燃烧后所产生的热能作为动力的一种机械。东风型内燃机车上采用的"16 V240ZJB"型柴油机（如图 4.3-4 所示），有 16 个气缸，分成两排呈"V"字形排列，气缸内径为 240 毫米，"Z"表示装有废气涡轮增压器和空气中间冷却器，"J"表示铁路牵引用，"B"表示产品改进符号。该柴油机是四冲程柴油机。

图 4.3-4　16 V240ZJB 型柴油机

四冲程柴油机的工作原理如图 4.3-5 所示。活塞通过连杆与曲轴相连；在气缸盖上设有进、排气门和喷油器。进、排气门由配气机构驱动，喷油器由供油装置控制。

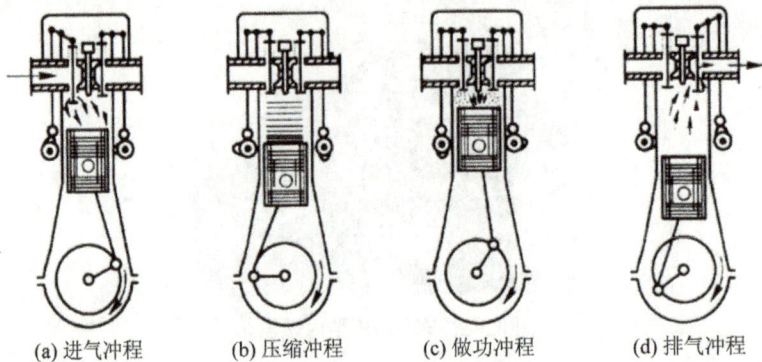

| (a) 进气冲程 | (b) 压缩冲程 | (c) 做功冲程 | (d) 排气冲程 |

图 4.3-5　四冲程柴油机工作原理示意图

燃油通过喷油嘴喷入气缸并与高温高压空气相遇，然后燃烧膨胀做功。活塞需要经过四个冲程，柴油机才能完成进气、压缩、燃烧膨胀、排气一个工作循环。四冲程柴油机就是这样不断地工作，把柴油机内部燃烧产生的热能转变成机械能的。

柴油机由固定部件、运动部件、配气机构以及进排气、燃油、冷却、润滑等系统所组成。

2. 传动装置

1) 组成

交一直流电传动装置主要由主发电机和牵引电动机等组成。

(1) 主发电机。主发电机是由转子和定子两部分构成的。

在转子上安装磁极线圈（又叫励磁绕组）作为磁极，只要将直流电通入磁极就能产生磁场。直流电是由励磁机供给的，直流电输入磁极线圈后，使磁极铁芯励磁。

在定子槽中绕有定子线圈，又叫电枢绕组。当转子（磁极）被柴油机带动而旋转时，就形成了旋转磁场；电枢绕组切割磁力线而产生感应电势，发出三相交流电；然后利用硅二极管的单向导电特性，将交流电变成直流电，以满足直流牵引电动机的需要。

(2) 牵引电动机。在电力传动内燃机车上，一般都采用直流串励电动机。这是因为这种电动机的转矩和转速能按照列车运行阻力和线路条件的变化自动进行调节。当机车上坡运行或负载加大时，电动机的转速能随着转矩的增大而自动降低，两者的关系非常接近理想牵引性能曲线，可以满足列车牵引的要求。

牵引电动机安装在机车转向架上，每根轴上安装一台。它的一侧悬挂在转向架的端梁或横梁上，另一侧紧固在车轴上。

电动机的构造主要包括定子和转子两部分。

定子由机座、励磁绕组和电刷等组成，用来形成磁场。

转子又叫电枢，由电枢轴、电枢绕组和整流子等组成。在定子形成的磁场作用下，转子转动，将电能转变成机械能，并通过电枢轴上的主动齿轮传给动轮上的从动齿轮，从而使机车运行。

由于这种电动机的励磁绕组和电枢绕组是串联的，使用的又是直流电，所以将其称为直流串励电动机。

2) 工作原理

交—直流电力传动工作原理如图 4.3-6 所示。

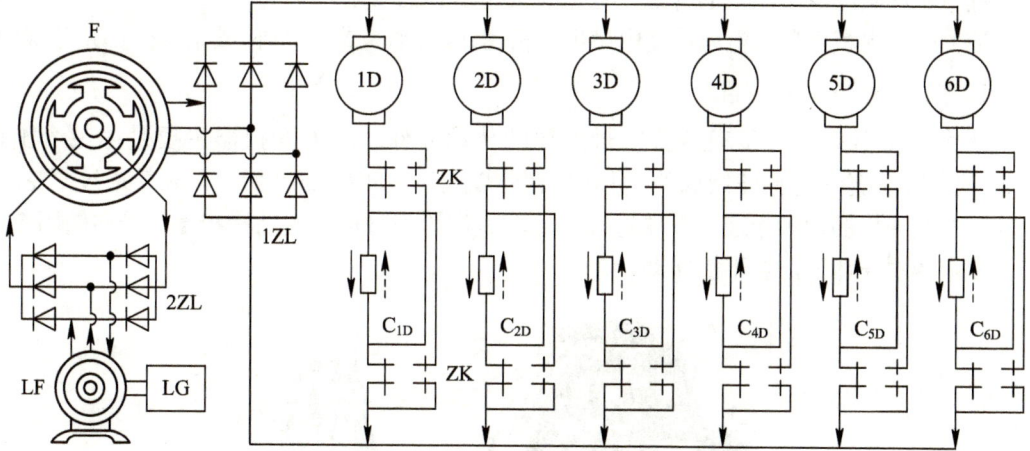

图 4.3-6　交—直流电力传动工作原理示意图

柴油机的曲轴输出端与发电机的转子连接在一起，组成柴油发电机组。当柴油机工作时，便带动发电机转子旋转，若给励磁绕组输入电流，则发电机便发出三相交流电，即把机械能变成交流电能，经三相桥式硅整流柜 1ZL 整流后，将交流电变成直流电，然后再供给六台并联的牵引电动机 1D～6D 使用，此时电能变成了机械能，最后通过传递齿轮驱动动轮旋转，使机车运行。

牵引发电机 F 的励磁机 LF 也是一台三相交流发电机，它是由柴油机曲轴通过变速箱带动的。励磁机 LF 发出的交流电经过一个小型的三相桥式硅整流柜 2ZL 整流后，将直流电送给主发电机 F 的励磁绕组。而励磁机 LF 本身的励磁电流则是由辅助发电机经励磁柜 LG 供给的。

机车运行方向是由牵引电动机的旋转方向决定的，只要改变牵引电动机中励磁绕组的电流方向就能改变牵引电动机的旋转方向，从而改变机车的运行方向。励磁绕组电流方向的改变是通过转换开关 ZK 来实现的，当 ZK 接通左边一组触点时，各台牵引电动机上的励磁绕组 C_{1D}～C_{6D} 的电流就如图 4.3-6 中实线箭头所表示的方向，机车运行方向为前进；若改变转换开关触点，使它右边一组接通，则励磁绕组上的电流方向正好相反，如图 4.3-6 中虚线箭头所表示的方向，从而改变了牵引电动机的旋转方向，此时机车运行方向也就由前进变为后退了。

3. 走行部

内燃机车走行部采用构架式转向架的形式。机车转向架的作用是承受机车上部的重量，并且传递牵引力和制动力以及缓和和吸收来自线路的各种冲击和振动。东风 4B 型内燃机车采用两台三轴转向架，因此这种机车可用轴列式"$3_0—3_0$"来表示，注脚"0"的意思是每根轴上都单独装有一台电动机。

内燃机车的车体、车底架、车钩缓冲装置等部件与客车的相似，它的辅助装置是用来带动辅助机械和冷却风扇等设备，为主传动装置服务的。

（二）液力传动内燃机车

液力传动内燃机车的原动力仍是柴油机。在柴油机和机车动轮之间，装有一套液力传动装置，利用其改变柴油机的特性，以适合列车运行的要求。

液力传动内燃机车与电力传动内燃机车相比，除传动装置不同外，其余部分都是相似的。

1. 液力变扭器的基本组成

液力变扭器是液力传动装置中最重要的传动元件。液力变扭器主要是由三个工作轮——泵轮、涡轮和导向轮组成的，并在外面包以壳体，如图 4.3-7 所示。泵轮通过泵轮轴、齿轮等与柴油机的曲轴相连；涡轮通过涡轮轴、齿轮等与机车的动轮相连；导向轮固定在液力变扭器的壳体上，它不能转动。

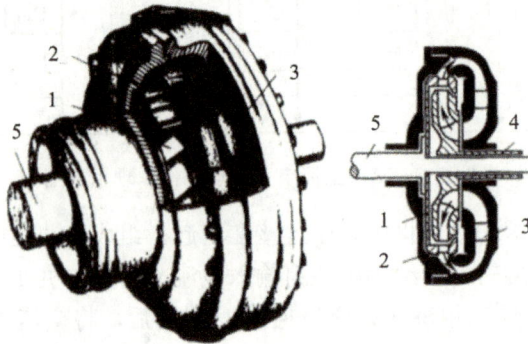

1—泵轮；2—涡轮；3—导向轮；4—泵轮轴；5—涡轮轴。

图 4.3-7　液力变扭器

当柴油机启动后，泵轮被带动而高速旋转。这时，向液力变扭器里面加入工作油，涡轮就会被高速旋转的泵轮叶片带动而一起旋转。由于离心力的作用，工作油从泵轮叶片出口处流出时具有很高的压力和流速，这样的工作油冲击涡轮叶片后，就可使涡轮与泵轮以相同方向转动，最后通过齿轮把柴油机的输出功率传到机车动轮上，从而使机车运行。

工作油作为传递能量的介质，从泵轮上得到高压和高流速并传到涡轮，从涡轮叶片流出后，经导向轮叶片的引导，又重新返回泵轮。就这样，在液力变扭器中的工作油从泵轮到涡轮到导向轮再到泵轮，如此往复循环，不断地把柴油机的功率传输给机车动轮。

2. 液力变扭器的作用原理

当机车启动或低速运行时，液力变扭器中的涡轮转速很低，工作油对涡轮叶片的压力很大，从而满足对机车牵引力要求大的条件；当涡轮的转速随着机车运行速度的提高而加快时，工作油对涡轮叶片的压力也逐渐变小，正好满足高速行车时对牵引力要求较小的条件。由此可见，柴油机发出的大小基本不变的扭矩，经过液力变扭器后就能变成满足列车牵引要求的机车牵引力，而且它的大小能按机车理想牵引性能曲线变化。

当机车需要惰力运行或进行制动时，司机只要操纵手柄，将液力变扭器中的工作油排出，让它流回油箱，使泵轮和涡轮之间失去联系，柴油机的功率就不能传给机车的动轮了。

液力传动内燃机车传动过程如图 4.3-8 所示。

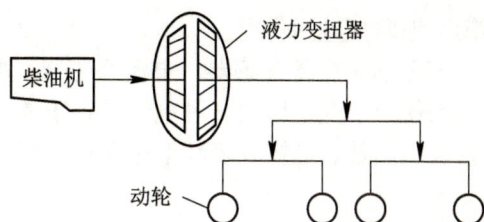

图 4.3-8 液力传动内燃机车传动过程示意图

在液力传动装置中还装有换向机构，用于控制机车的运行方向。

三、电力机车

电力机车的牵引动力是电能，然而机车本身没有原动力，它是依靠外部供电系统供应的电力，并通过机车顶部升起的受电弓从接触网上获取电能后转换成机械能牵引列车运行的。

电力机车的优点是平均热效率比内燃机车高、牵引力大、速度快、爬坡能力强以及无煤烟、废气且环境污染少。因为电力机车在提高铁路运输能力、合理利用资源、保护生态环境等方面具有优势，所以是铁路最理想的牵引动力。

采用电力机车牵引的铁路称为电气化铁道。电气化铁道由牵引供电系统和电力机车两部分组成。

（一）牵引供电系统

将电能从电力系统传送到电力机车的电力设备称为牵引供电系统，如图 4.3-9 所示。

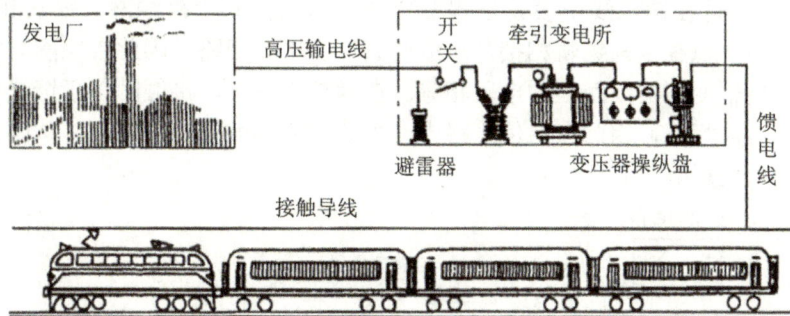

图 4.3-9 牵引供电系统示意图

牵引供电系统主要包括发电厂、牵引变电所和接触网（馈电线和接触导线）等。发电厂发出的电流经升压变压器提高电压后，由高压输电线送到铁路沿线的牵引变电所。在牵引变电所里把高压的三相交流电变换成所要求的电流、电压后，再转送到邻近区间和站场线路的接触网上供电力机车使用。

电气化铁道按接触网供给机车的电流不同，分为直流制和交流制两种。现在世界上大多数国家都采用工频（50 赫兹）交流制。

1. 牵引变电所

牵引变电所的任务是将电力系统高压输电线输送来的 110 千伏（或 220 千伏）的三相交流电，改变成不低于 25 千伏的单相交流电后，再转送到邻近区间和所在站场线路的接触网上，保证可靠而又不间断地向接触网供电。

在牵引变电所里设有主变压器、电压互感器、电流互感器、高压断路器、高压隔离开关以及避雷器等电气设备。为使牵引变电所内各种电气设备正常运行，确保安全可靠供电，牵引变电所内还装有各种控制、测量、监视仪表和继电保护装置等。

2. 接触网及 AT 供电方式

接触网是架在电气化铁道上空，向电力机车供电的一种特殊形式的输电线路（如图4.3-10 所示），其质量和工作状态直接影响着电气化铁道的运输能力。

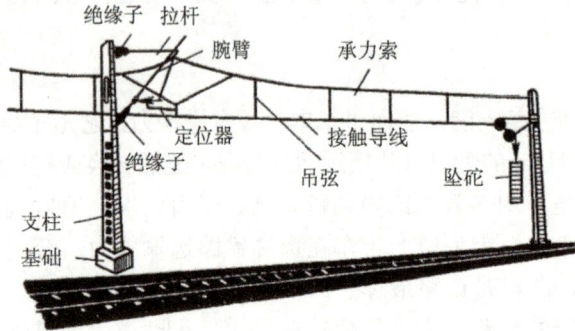

图 4.3-10 架空式接触网的组成

由于在电气化铁道接触网的周围空间会产生磁场，因此对邻近的通信线路和广播等设备会产生干扰和影响，从而导致通信质量下降，甚至危及设备及人身安全。为了解决这一问题，接触网采用 AT 供电方式。

AT 供电方式是在馈电线中设置自耦变压器，将其并联于接触网、钢轨和正馈线上，如图 4.3-11 所示。点抽头与钢轨相接，形成两条牵引电流回路，因此接触网与钢轨、正馈线与钢轨间的自耦变压器线圈上的电压相等。在理想情况下，接触网与正馈线中流过的电流大小相等且方向相反，因此在通信线路中产生的感应影响会相互抵消，从而有效地减弱对通信线路的电磁影响。

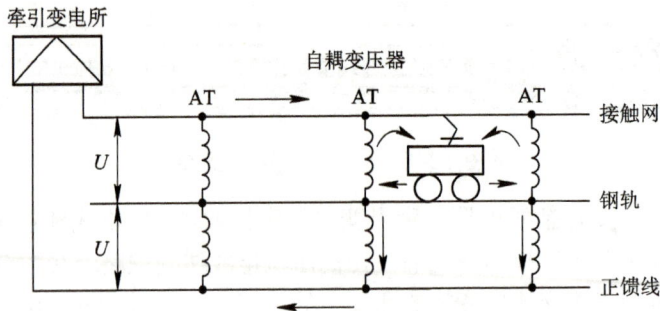

图 4.3-11 AT 供电方式示意图

（二）电力机车

1. 电力机车的基本组成

电力机车（如图 4.3-12 所示）是靠其顶部的受电弓从接触网上取得电能后转换成机械能使机车运行的。我国目前使用的干线电力机车主要是国产韶山型系列交—直流电力机车。

图 4.3-12　电力机车

电力机车主要由车体、车底架、走行部、车钩缓冲装置、制动装置和一整套电气设备等组成。除电气设备外，其余部分都与交—直流电力传动内燃机车相似。

电力机车的走行部为两台三轴转向架，每根车轴上都装有一台牵引电动机，因此这种机车的轴列式为"$3_0—3_0$"。

2. 电力机车的电气设备及其电路

电力机车上设有各种复杂的电气设备，所有电气设备分别装设在主电路、辅助电路和控制电路这三条电气回路中，如图 4.3-13 所示。

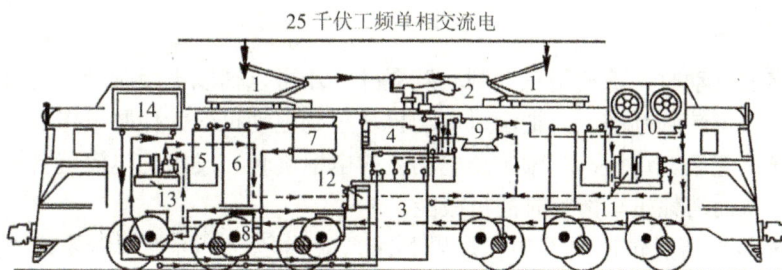

25 千伏工频单相交流电

1—受电弓；2—主断路器；3—牵引变压器；4—调压开关；5—硅机组；6—主电路柜；7—平波电抗器；8—牵引电动机；9—劈相机；10—通风机；11—牵引通风机；12—油泵；13—空气压缩机；14—制动电阻柜。

图 4.3-13　电力机车的电气设备示意图

1) 主电路

主电路如图 4.3-13 所示。它将产生机车牵引力和制动力的各种电气设备连成一个电系统，实现机车的功率传输。主电路中包括的电气设备主要有受电弓、主断路器、牵引变压器、调压开关、硅机组、平波电抗器等。

(1) 受电弓。机车顶部装有两套单臂受电弓，受电弓紧压接触网导线滑行而取得电流。机车运行时只需升起一套受电弓，另一套受电弓作为备用。接触网上送来的 25 千伏工频单相交流电就由此引入机车。

(2) 主断路器。主断路器是用来接通或断开电力机车高压电路的。当主电路发生短路、接地或调压电路、牵引电动机等设备发生故障时，主断路器能自动切断机车电源，实现对机车设备的保护。

(3) 牵引变压器。牵引变压器把从接触网上取得的 25 千伏高压电降为牵引电动机所适用的电压。牵引变压器共有四个绕组：原边绕组，接 25 千伏高压电；还有副边绕组，共三个，其中牵引绕组用来向牵引电动机供电；励磁绕组，用于电阻制动时给电动机提供励磁电流；辅助绕组，用来给机车的辅助电机供电。

(4) 调压开关。调压开关用来调节牵引变压器中副边牵引绕组的输出电压，从而使牵引电动机的端电压得以改变，达到机车的调速目的。

(5) 硅机组。硅机组用于将交流电整流后，向牵引电动机提供直流电。

(6) 平波电抗器。由于牵引电动机本身的电感极小，不足以将整流后的电流滤平到所需要的范围，因此，在牵引电动机电路中串接一个增大电感的平波电抗器，以减小整流电流的脉动。

2) 辅助电路

辅助电路的电源来自牵引变压器的辅助绕组，通过劈相机将单相交流电转变成三相交流电后，供给牵引通风机、油泵机组和空气压缩机等辅助电机使用。

3) 控制电路

控制电路将主电路和辅助电路中各电气设备的控制电器 (包括各种控制开关、接触器、电空阀等) 同电源、照明、信号等的控制装置连成一个电路系统。

以上三个电路系统在电气方面一般是相互隔离的，但三者通过电磁、电控或机械传动等方式相互联系且配合动作，用低压电控制高压电，以保证操作的安全和实现机车的运行。

3. 电力机车制动

当机车需要制动时，除使用空气制动装置外，还可以辅以电阻制动。司机扳动转换开关，使它从牵引位转到制动位，把牵引电动机从串励电动机改为他励发电机，把电枢绕组同制动电阻连接起来。这样，车轴带动电动机的电枢旋转，发出的电流就会被制动电阻变成热能散逸，从而消耗机车惰行时的机械能。

如果将电能重新反馈回电网中去加以利用，就称之为"再生制动"或"反馈制动"。电力机车进行再生制动时，牵引电动机作为发电机工作，将列车在运行中所具有的机械能转换成电能送回接触网。尤其是在长大下坡道上，电力机车可以进行恒速再生制动。从能量利用上看，电阻制动虽然不如再生制动，但电阻制动的主电路工作可靠、稳定，技术比较简单，故目前在电力机车上得到广泛使用。而采用再生制动的电力机车必须采用全控整流线路，其控制电路复杂，对主电路的保护系统要求也较高。

电力机车运行方向的控制与电力传动内燃机车的一样，也是通过改变牵引电动机励磁绕组的电流方向来实现的。

此外，电力机车上还有防空转系统和过压、过流、短路、接地等各种保护装置，以及司机室内的显示屏装置等。

四、机车的检修和运用

机车的检修和运用是铁路运输工作的重要组成部分，也是机务部门的基本任务。质量良好地检修机车，确保机车的完好状态，同时经济、合理地运用机车，对完成铁路运输任务具有十分重要的意义。

（一）机车的管理

机务段是负责机车检修和运用工作的基层生产单位，一般设在编组站或区段站上。在机车交路的折返点，还应设有机务折返段。机务段和机务折返段设置的基本原则是满足牵引列车的最大需要，并能充分发挥各项设备的能力和机车运用效率。段间距离的长短，应考虑乘务员的连续工作时间，并结合编组站和区段站的位置，尽可能长距离地设置。

1. 机务段的工作和设备

根据各机务段所承担任务量的大小，全路所有机车都分别配属于各个机务段，并由他们来组织和计划所属机车的检修和运用工作，同时也负责组织机车人员的工作。

机务段的工作：在机车运用方面，负责计划和组织本段机车和乘务组完成邻接区段的列车牵引或固定在某个车站上担任调车工作，并对日常运用机车进行整备和日常保养；在机车检修方面，负责进行段修范围内的机车定期检修和日常维修工作，保证运用机车的良好状态。

机务段设有管理部门和生产车间。生产车间包括运用车间、检修车间、整备车间和设备车间。

运用车间主要负责机车的运用与保养；检修车间主要负责机车段修范围内的定期修理及机车的日常维修；整备车间主要负责机车使用的燃料、润滑油、水、砂等物资供应和机车的各种整备作业；设备车间主要负责机务段内的各种机械设备以及水电动力设施的管理与维修。

机车在出段牵引列车或担任调车工作以前，需要供应给机车必需的物资和做好各项准备工作，这种物资供应和准备工作总称为机车整备作业。机车类型不同，整备作业的内容也不一样。内燃机车、电力机车整备作业的项目如表 4.3-1 所示。

表 4.3-1　内燃机车、电力机车整备作业的项目

需要供应的物资			需要做的准备工作		
项目	内燃机车	电力机车	项目	内燃机车	电力机车
燃料	√	—	机车转向	—（一般）	—
水	√	—	机车擦拭	√	√
砂	√	√	检查	√	√
润滑油	√	√	给油	√	√
擦拭材料	√	√	机车乘务组交接班	√	√

为了完成以上整备作业，机务段内必须修建相应的整备设备，如机车整备线、加油站、上水管、上砂管以及储存和发放油脂、化验、排水、照明等设备。

整备设备的布置，应保证各项整备作业能平行或流水式地进行，并应具备足够的能力，以压缩整备作业时间，提高机车的运用效率。

2. 机务折返段的工作和设备

设在机车交路折返点的机务折返段，一般没有配属机车，也不做检修工作，只供机车

进行整备作业和折返前乘务人员临时休息之用。因此，在机务折返段上，只设机车整备设备，而不设检修设备。

（二）机车的检修

机车经过一定时期的运用后，各部件都会发生磨耗、变形或损坏。为了保证机车的正常运用，延长使用期限，除机车乘务员的日常检查和保养外，还必须进行各种定期检修。

机车的检修可分为定期检修和临时检修两种。按检修地点的不同，机车的检修又可分为厂修和段修两种。

1. 机车的定期检修

机车的定期检修除大修在机车工厂进行以外，其余的检修一般都在机务段内进行。因此，机务段除机车整备设备以外，还必须具有机车的检修设备，如各种检修库及辅助车间等。

机车类型不同，它们的检修周期和检修内容也不一样。内燃机车和电力机车分为大修、中修、小修、辅修四级，其中中修、小修、辅修为段修。

各种修程所包括的内容，在有关的规程中都有具体规定。一般来说，机车的大修是一种全面恢复性修理，大修后的机车基本上需达到新车的水平；中修的主要目的是修理走行部；内燃机车和电力机车的小修主要是为了对有关设备进行测试和维修等；辅修属于临时性的维修和养护。认真做好检修工作，对保证机车的正常运用和延长使用寿命具有十分重要的意义。

2. 机车的临时检修

机车的临时检修（简称临修）是指机车在两次定期检修间发生的临时修理。机车发生的临时修理按发生次数计算。

（三）机车的运用

1. 机车交路与机车运转制

机车运用上的一个特点是机车只要离开机务段，就要受负责运输有关人员的调度和指挥。因此机务部门和行车部门的关系特别密切，必须协调配合才能安全、优质地完成运输任务。

1）机车交路

铁路机车牵引列车总是按区段接续进行的，机车在固定区段担当运输任务往返运行的回路称为机车交路。

确定机车交路时，应遵循以下原则：

(1) 充分利用各种条件，以利于提高线路的通过能力；

(2) 考虑编组站的分工，合理发挥机车的长距离运行；

(3) 统筹安排乘务员劳动时间，提高机车的运用效率；

(4) 近远期相结合，以适应铁路发展规划。

2）机车运转制

机车从事列车牵引作业的方式称为机车运转制。机车运转制分为肩回运转制和循环运转制两种，其示意图如图4.3-14所示。

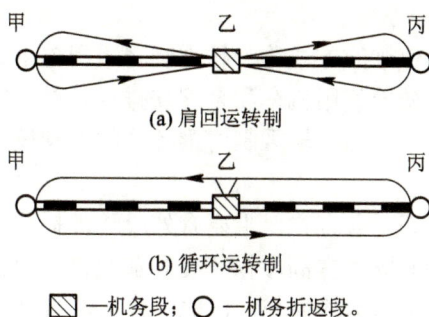

(a) 肩回运转制

(b) 循环运转制

▨ 一机务段；○ 一机务折返段。

图 4.3-14 机车运转制示意图

(1) 肩回运转制。机车担当与机务段相邻区段的列车牵引任务，列车每次返回机务段所在站都需要入段作业的称为肩回运转制，如图 5.1-14(a) 所示。采用肩回运转制时，机车由机务段出段后，从机务段所在站牵引列车到机务折返段所在站，进入机务折返段进行整备及检查，然后再牵引相反方向的列车返回机务段所在站，再进入机务段进行整备及检查。这种运转方式下，机车每往返一次，就要进入机务段进行相关作业。

采用肩回运转制时，因为机车要在段内进行整备，所以在车站不需另设整备设备。

(2) 循环运转制。机车担当与机务段相邻区段的列车牵引任务，除因检修需要入段外，其余每次返回机务段所在站时，只在车站上进行整备作业的称为循环运转制，如图 5.1-14(b) 所示。采用循环运转制时，机车从机务段出发，在一个牵引区段 (如乙—甲间) 往返牵引列车后回到机务段所在站 (乙站)，此时机车不入段，只在到发线上进行整备作业。然后仍继续牵引同一车列或换挂另一个已经准备好了的车列，运行到另一个牵引区段 (如乙—丙间) 的机务折返段所在站 (丙站)，再从丙站牵引列车返回甲站。这样，机车在两个区段上牵引列车循环运转，平时不进机务段，直到定期检修到期才入段检修。

采用循环运转制时，因为机车很少进机务段，所以可以节省整备时间，机车交路也可以延长，使内燃机车、电力机车的牵引性能充分发挥，从而提高机车的运用效率并加速机车周转。但是，循环运转制一般只有在上下行都有大量且不需要改编的中转列车经过机务段所在站时才能采用，而且要在车站上增设相应的整备设备。

2. 乘务制度和乘务方式

机务段在为邻接区段提供机车的同时，还要负责计划和组织机车乘务员的工作。加强对乘务员的政治思想教育和业务培训，不断提高全体乘务员的思想和业务水平，是保证完成和超额完成国家运输任务的关键。

现行的机车乘务制度基本上可以归纳为包乘制和轮乘制两类。

1) 包乘制

每台机车配备 2 ～ 3 个固定的乘务组值乘的方式称为包乘制。包乘制由三班乘务员固定使用一台机车来轮流值乘。包乘制的主要优点是机车乘务员对自己驾驶的机车非常熟悉，有利于机车的操纵和维修保养。但是，机车运用和乘务员的组织工作比较复杂，常会因为安排不当或运行秩序被打乱而影响机车的运用效率。

2) 轮乘制

机车由各个乘务组轮流值乘的方式称为轮乘制。采用轮乘制时，机车乘务组值乘的机车是不固定的，这样可以有效地使用机车和合理安排乘务员的作息时间，以较少的机车或乘务组完成较多的运输任务。当然，轮乘制对乘务员的驾驶技术要求更高，对机车的质量和保养也要求更严。

机车乘务员的换班方式即乘务方式，主要有外段驻班制、立即折返制和随乘制三种。

机车采用长交路和轮乘制既可提高旅行速度和加快机车周转，又可节省机车和乘务人员，提高劳动生产率，便于组织运输生产，已成为各国铁路机车运用的共同发展趋势。

▶ 第四节　铁路车辆

一、铁路车辆概述

铁路车辆是运送旅客和货物的工具，一般没有动力装置，必须把车辆连挂成列，由机车牵引才能在线路上运行。

（一）车辆的分类

铁路车辆按用途的不同，可分为客车、货车及特种用途车。

铁路车辆按轴数的不同，可分为有四轴车、六轴车和多轴车。四轴车的每两根车轴分别组成两个相同的转向架。我国铁路上的大部分车辆均采用这种形式。对于载重量较大的车辆，为使每一根车轴加在线路上的重量不超过线路强度所规定的吨数（称为"轴重"），可将车辆做成六轴车或多轴车。

铁路车辆（货车）按载重量的不同，可分为有50吨车、60吨车、75吨车和90吨车等多种。

（二）几种主要车辆的用途

1. 客车

1) 供旅客乘坐的车辆

供旅客乘坐的车辆主要有硬座车、软座车、硬卧车、软卧车及双层车等，如图4.4-1和图4.4-2所示。

图4.4-1　25A型空调硬座车

图4.4-2　25B型双层硬座车

2) 为旅客服务的车辆

(1) 餐车：供旅客在旅行中就餐用的车辆。车内设有厨房、餐室等设备。

(2) 行李车：供运送旅客行李及物品的车辆。车内设有行李间及行李员办公室等设备。

3) 特种用途的车辆

特种用途的车辆主要有邮政车、空调发电车、公务车、医疗车、卫生车、文教车等。

2. 货车

货车是供运送货物的车辆。货车的类型很多，按用途可分为通用货车、专用货车和特种用途货车三种。

1) 通用货车

通用货车是装运普通货物的车辆。因为通用货车的货物类型多不固定，也无特殊要求，所以通用货车所占比例较大。一般通用货车有敞车、棚车、平车、冷藏车和罐车等。

(1) 敞车：主要用来运送煤炭、矿石、钢材等不怕湿的货物（如图 4.4-3 所示）。必要时，在所装运的货物上面加盖防水篷布，也可代替棚车装运货物。因此，敞车具有很大的通用性，是货车中数量最多的一种。

C80 型系列运煤专用敞车是为大秦线开行 2 万吨级运煤重载列车而设计制造的专用车，载重都为 80 吨，车辆自重 20 吨，采用新型 K6 型转向架，车辆时速可达 120 千米，比其他敞车的运能提高了 31%。

(2) 棚车：主要用来运送日用品、粮食、仪器等比较贵重的和怕晒、怕湿的货物（如图 4.4-4 所示）。大多数棚车是通用型的。

图 4.4-3　敞车

图 4.4-4　棚车

活动侧墙棚车 (P66 型) 载重 60 吨，容积 135 立方米，车体为全钢焊接底架结构，全车 4 对 (8 扇) 车门是活动的，车门开度可达 7.67 米，而且每侧侧墙的 4 扇门可实现多种开门组合，能做到任何一处都无侧墙遮挡装卸。这不仅给长大或贵重货物的装卸提供了很大方便，而且给叉车机械化装卸创造了作业条件，大大提高了装卸效率。活动侧墙棚车的使用，也为在我国推广托盘运输提供了必要条件。

(3) 平车：主要用来运送钢材、木材、汽车、机器等体积或重量较大的货物，也可借助集装箱装运其他货物（如图 4.4-5 所示）。有的平车装有活动墙板，可用来装运矿石等散粒货物。

(4) 冷藏车：主要用来运送鱼、肉、水果、蔬菜等鲜活易腐货物（如图 4.4-6 所示）。冷藏车内有制冷设备和加温设备。

图 4.4-5　平车

图 4.4-6　冷藏车

(5) 罐车：主要用来运送油、酸、水等各种液体、液化气体及粉末状固体货物（如图 4.4-7 所示）。粉末状固体货物用压缩空气使粉状货物液态化装卸，可提高装卸效率并减少粉尘污染，还可节约大量的袋装用纸，具有很大的经济效益。

图 4.4-7　罐车

2) 专用货车

专用货车一般指只运送一种或很少几种货物的车辆。其用途比较单一，同一种车辆要求装载的货物重量或外形尺寸比较统一，有时在铁路上的运营方式也比较特别，如固定编组、专列运行等。专用货车一般有矿石车、水泥车、集装箱车、长大货车等。

(1) 矿石车：车体有固定的侧墙、端墙和卸货用的特殊车门，主要用于运送矿石、煤炭等货物。有的车体下部呈漏斗形，并设底门卸货（又称漏斗车）；有的车体能向一侧倾斜，由侧门卸货（又称自翻车，如图 4.4-8 所示）。

(2) 水泥车：为密封式罐型车体，车顶有装水泥的舱孔，设气卸式卸货装置，用压力空气卸货，供运送散装水泥之用（如图 4.4-9 所示）。

图 4.4-8　自翻车

图 4.4-9　水泥车

(3) 集装箱车：无车底板和车墙板，车底架上设固定式、翻转式锁闭装置和门止挡，以便锁闭集装箱，供运送各种系列集装箱之用（如图 4.4-10 所示）。

图 4.4-10　集装箱车

（4）长大货车：车体长度在 19 米以上且无墙板，载重在 70 吨以上，用于装运各种长大重型货物，如大型机床、发电机、化工合成塔等。长大货车按其结构形式的不同可分为钳夹式长大货车（见图 4.4-11）、凹底平车（见图 4.4-12）、落下孔车（见图 4.4-13）等。因为这些车的载重及自重都较大，为适应线路允许的轴重要求，所以车轴数较多。

图 4.4-11　D30A 型钳夹式长大货车

图 4.4-12　D32A 型凹底平车

图 4.4-13　DK35A 型落下孔车

3）特种用途货车

特种用途货车是指按特种用途设计制造的货车，其结构和用途都有所不同，如检衡车、救援车、除雪车等。

（三）车辆的主要尺寸

1. 车辆全长

车辆全长指车辆两端的车钩均处在锁闭位置时，钩舌内侧面之间的距离，如图 4.4-14 中之 A。

2. 车辆全轴距

车辆全轴距指任何车辆最前位车轴和最后位车轴中心线间的距离，如图 4.4-14 中之 B。

3. 车辆定距

车辆定距又称车辆销距，指车辆底架两心盘中心线之间的水平距离，如图 4.4-14 中之 C。

4. 车辆固定轴距

车辆固定轴距指同一转向架最前位车轴和最后位车轴中心线间的距离，如图4.4-14中之 D。

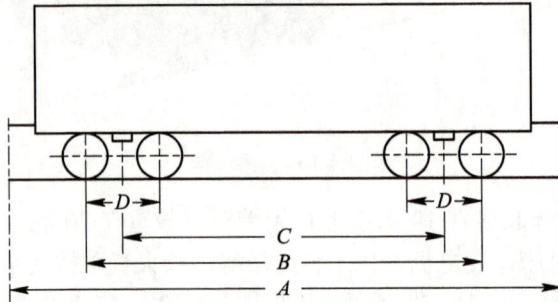

图 4.4-14　车辆主要尺寸

二、铁路车辆的基本构造

虽然铁路车辆的种类繁多，但其结构大致相似。铁路车辆一般由车体、走行部、车钩缓冲装置、制动装置和列尾装置五个基本部分组成。

（一）车体

车体是旅客乘坐或装载货物的部分。车体一般和车底架构成一个整体，其结构与车辆的用途有关。

车底架是车体的基础，它承受车体和所装货物的重量，并通过上下心盘将重量传给走行部。在列车运行时，因为车底架还承受机车牵引力和列车运行中所引起的各种冲击力，所以必须具有足够的强度和刚度。

货车车底架由中梁、侧梁、枕梁、横梁、纵梁及端梁等组成，如图4.4-15所示。这些梁体是主要承受垂直载荷和纵向作用力的杆件。

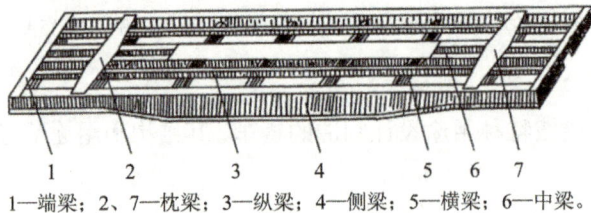

1—端梁；2、7—枕梁；3—纵梁；4—侧梁；5—横梁；6—中梁。

图 4.4-15　货车车底架

枕梁是车底架和转向架摇枕衔接的地方。在枕梁下部安装的上旁承和上心盘，分别与转向架摇枕上的下旁承和下心盘相对，并将重量传给走行部。

客车车底架的构造和货车车底架的相似。因为客车两端必须设置通过台，所以它的两端各有一个通过台架。

下面简要介绍几种常见车体。

(1) 敞车（见图4.4-3）：车体无车顶，由地板、侧墙、端墙组成。

(2) 棚车（见图4.4-4）：车体由地板、侧墙、端墙、车顶、门和窗组成。

(3) 平车（见图4.4-5）：车体只有地板，没有固定的侧墙和端墙。

(4) 冷藏车 (见图 4.4-6)：冷藏车的车体与棚车的车体外形相似，为了减少太阳辐射热，车体外表涂成银灰色，墙板夹层装有隔热材料，车里装有加温、制冷、测温和通风装置。

(5) 罐车 (见图 4.4-7)：车体外形为一个卧放的圆筒，具有较大的强度和刚度。罐体上设有安全阀，当外界温度发生变化时，罐体内的压力超过一定数值，安全阀能自行打开，将罐内气体放出；当罐内压力低于一定数值时，可通过安全阀向罐内补气，以保证运行安全。

(6) 客车：车体采用薄壁筒形结构，由底架、侧墙、车顶、内外端墙、门窗等组成。为了满足旅客在旅行生活中的需要，车体内部设有坐卧设备、车电设备、通风设施和空调设备等。新型客车的结构在不断改善和提高，全车结构采用铝合金型材、玻璃钢、不锈钢等新材料。空调双层客车载客定员大幅度提高，适用于繁忙的城际、旅游区段等的旅客运输。普通客车如图 4.4-1 所示，双层客车如图 4.4-2 所示。

（二）走行部

走行部可以引导车辆沿轨道运行，并把车辆的重量和货物载重传给钢轨，它应保证车辆以最小的阻力在轨道上运行并顺利地通过曲线。走行部能否保持良好的状态，对于车辆的安全、平稳、高速运行有很大影响。我国铁路的货车大部分是四轴货车，其走行部由两台相同的并独立的二轴转向架组成。

1. 转向架的作用

采用转向架的形式，可以缩短车辆的固定轴距，车体与转向架之间可以相对自由转动，便于通过曲线。同时，转向架结构也可使车辆的载重量、长度和容积有所增加，使运行品质得以改善，满足了现代铁路运输发展的需要。

2. 转向架的组成

转向架由两组轮对、轴箱油润装置、侧架、摇枕、弹簧减振装置等组成，通过摇枕上的下心盘、中心销和车体底架枕梁上的上心盘对接后与车体连接为一体。铸钢侧架式货车转向架是我国铁路上广泛使用的一种货车转向架，如图 4.4-16 所示。下面以它为例来说明转向架的一般构造。

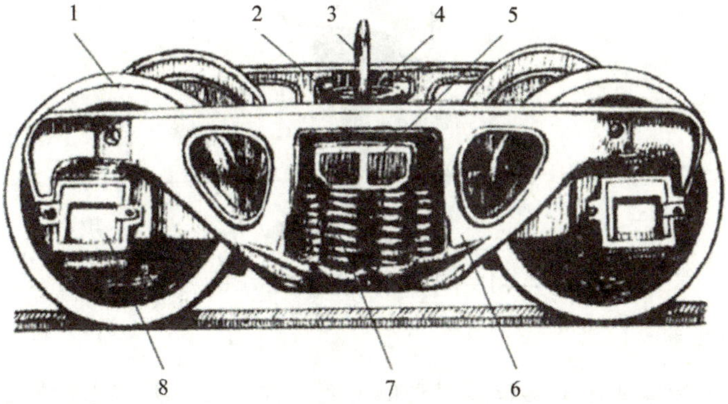

1—轮对；2—下心盘；3—中心销；4—旁承；5—摇枕；6—侧架；7—摇枕弹簧；8—轴箱。

图 4.4-16　铸钢侧架式货车转向架

1) 轮对

两个车轮紧密地压装在一根车轴上组成轮对 (见图 4.4-17)。轮对承受车辆的全部重量，并在负重的情况下以较高的速度引导车辆在钢轨上行驶。车轮两端伸进轴箱的部分叫轴颈，用以安装轴承。轴座是压装、固定车轮的部分，也是车轴受力最大、直径最大的部分。车轴的中部为轴身。

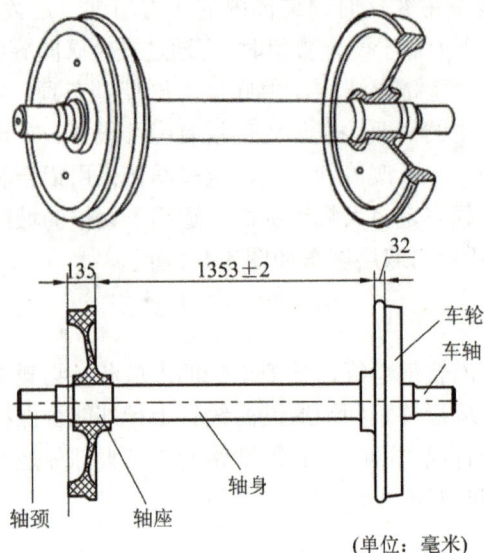

（单位：毫米）

图 4.4-17 轮对

车轮与钢轨头部直接接触的表面称为踏面，如图 4.4-18 所示。踏面做成一定的斜度，可使车辆的重心落在线路中心线上，以减少或避免车辆的蛇行运动，使轮对较顺利地通过曲线，减少车轮在钢轨上的滑行。车轮内侧外缘凸起的部分叫轮缘，如图 4.4-18 所示。它的作用是引导车辆沿钢轨运行，防止轮对脱轨，保证车辆在线路上安全运行。

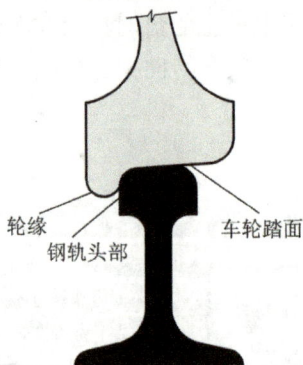

图 4.4-18 车轮踏面与钢轨接触示意图

2) 轴箱油润装置

轴箱油润装置的主要作用是将轮对和侧架联结在一起，并将车辆的重量传给轮对；同时还起到保护轴颈的作用，使轴与轴颈间得到润滑，以减少摩擦，防止在高速运行条件下发生热轴现象，从而保证车辆安全运行。

铁路车辆上有两种类型的轴箱装置，即滚动轴承轴箱和滑动轴承轴箱装置。现在大量采用的是滚动轴承轴箱，如图 4.4-19 所示。

图 4.4-19　滚动轴承轴箱

　　滚动轴承轴箱由轴箱体、轴箱盖、滚动轴承等组成。在轴箱内加入适量的软干油，当车轴和轴承转动时，就能将油脂带入摩擦表面。滚动轴承能减少运动阻力、适合高速运行、减少燃轴事故、延长检修周期、缩短检修时间、加速车辆周转、节省油脂和降低运营成本。

　　3) 侧架、摇枕及弹簧减振装置

　　货车转向架的构架是由左右两个独立的侧架（见图 4.4-20）与摇枕（见图 4.4-21）组成的。侧架和摇枕不仅承受、传递各种作用力，而且把转向架上的各零部件组成一个整体。

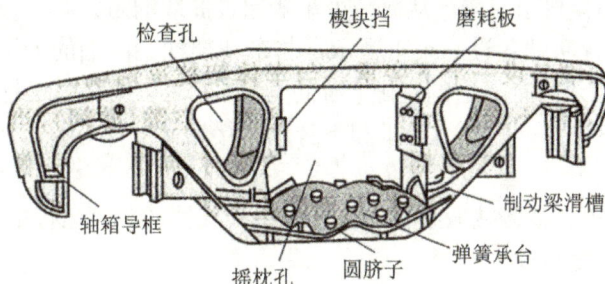

图 4.4-20　侧架

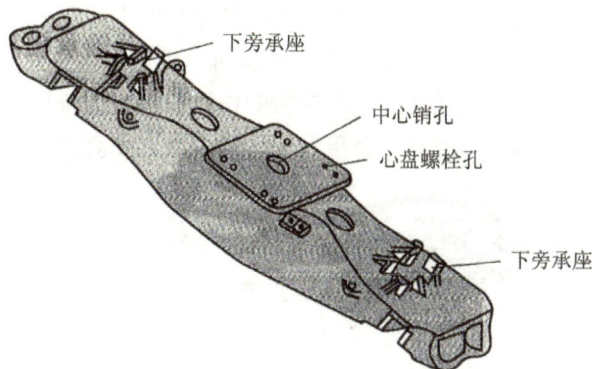

图 4.4-21　摇枕

　　客车转向架是一种无导框式（又称构架式）转向架，其构架侧梁下面的轴箱弹簧直接放置在轴箱体两侧的弹簧托板上，如图 4.4-22 所示。

　　(1) 摇枕。摇枕中间用螺栓固定下心盘，两旁铸有旁承座，车体的重量和载荷通过下心盘经摇枕传给两侧的枕弹簧及侧架。

　　(2) 侧架。侧架是安装弹簧减振装置、轴箱装置及制动装置的地方。

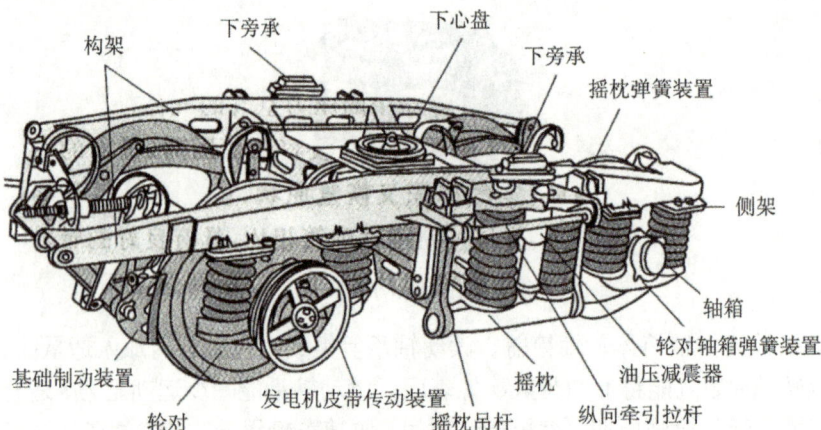

图 4.4-22　客车转向架

（3）下心盘。下心盘装在摇枕中央，与装在车体架枕梁中央的上心盘相对应，下心盘上装有中心销，通过中心销与上心盘连接。上、下心盘之间可相对转动，当车辆通过曲线时，转向架可以绕心盘自由回转，从而减少车辆通过曲线的阻力。

（4）下旁承。摇枕两端各设一个下旁承，与车体架枕梁两端的上旁承相对。上、下旁承之间不能压死，必须留有适当的空隙（游间），当车辆在线路上运行车体发生左右摇摆或通过曲线时，向下倾斜一侧的上旁承和下旁承相接触而支撑车体，从而防止车体过度摇动和倾斜。

（5）弹簧减振装置。弹簧减振装置的作用是缓和或消减车辆运行中受到的冲击和振动。它由摇枕弹簧和减振器组成。

为了更好地减轻振动，除弹簧减振装置以外，还采用其他的减振设备。如我国货车转向架上采用摩擦减振器，客车转向架上采用油压减振器；在高速客车、双层客车和地下铁道车辆转向架上还装有空气弹簧。空气弹簧是利用装在橡胶容器中的压力空气的气体体积可变化的原理制成的，如图 4.4-23 所示。当橡胶容器受压时，里面的空气体积变小，外力撤销后，空气体积又恢复原状，从而达到缓和冲击和减振的作用。空气弹簧与一般刚性弹簧相比，具有良好的吸收高频振动和隔音性能以及自重轻等优点，因此在高速客车上得到广泛应用。

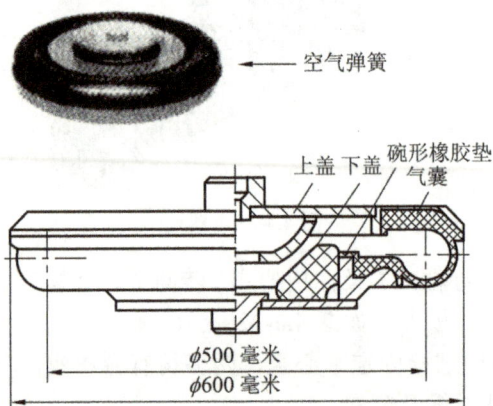

图 4.4-23　空气弹簧

目前，我国铁路货车主型转向架除转8AG型外，还有下交叉支撑的转K2型转向架，该转向架有更加稳定的结构。

（三）车钩缓冲装置

车钩缓冲装置的作用是使机车和车辆或车辆之间连挂一起，并且传递牵引力和制动力，缓和列车运行或调车作业时所产生的冲击力。

车钩缓冲装置包括车钩和缓冲器两部分，分别安装在车底架中梁的两端。图4.4-24所示为货车车钩缓冲装置。

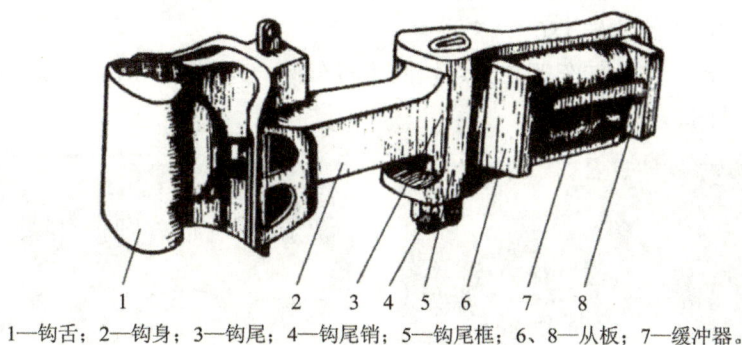

1—钩舌；2—钩身；3—钩尾；4—钩尾销；5—钩尾框；6、8—从板；7—缓冲器。

图4.4-24 货车车钩缓冲装置

1. 车钩

车钩由钩头、钩身和钩尾三个部分组成。钩头里装有钩舌、钩舌销、钩提销、钩舌推铁和钩锁铁等零部件（见图4.4-25）。

为了实现挂钩或摘钩，使车辆连接或分离，车钩具有以下三种位置：

(1) 锁闭位置（见图4.4-25(a)）：车钩的钩舌被钩锁铁挡住不能向外转开的位置。两个车辆连挂在一起时，车钩就处在这种位置。

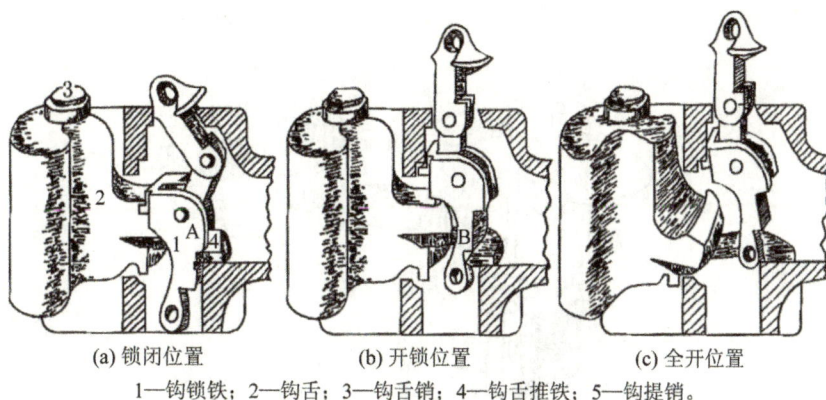

(a) 锁闭位置　　(b) 开锁位置　　(c) 全开位置

1—钩锁铁；2—钩舌；3—钩舌销；4—钩舌推铁；5—钩提销。

图4.4-25 车钩三态作用位置图

(2) 开锁位置（图4.4-25(b)）：钩锁铁被提起，钩舌只要受到拉力就可以向外转开的位置。

(3) 全开位置（图4.4-25(c)）：钩舌已经完全向外转开的位置。

摘钩时，只要其中一个车钩处在开锁位置，就可以把两辆车分开。当两辆车需要连挂时，只要其中一个车钩处在全开位置与另一辆车钩碰撞后就可连挂（如图 4.4-26 所示）。

图4.4-26　连挂的车辆

我国铁路在开行的单元重载列车中装设的是旋转式车钩，如图 4.4-27 所示。在车辆的一端装设旋转车钩，车辆的另一端装设普通的固定车钩。当车辆进入翻车机位时，翻车机带动待翻车辆旋转，以车钩纵向中心线旋转 180°，未进翻车机位的车辆则静止不动，被翻转车辆与其连挂的旋转车钩一起翻转，从而实现不摘车作业，缩短了卸货作业时间。

(a) 实物图

(b) 原理图

图 4.4-27　旋转式车钩

高速动车采用的是密接式车钩，如图 4.4-28 所示。密接式车钩由橡胶缓冲器、风管连接器、电气连接器和风动解钩系统等部分组成。车辆连挂时，依靠两车钩相邻钩头上的凸锥和凹锥孔相互插入，起到紧密连接作用，同时自动将两车之间的电路和空气管路接通。两车分解时，亦可自动解钩，并自动切断车辆间的电路和空气通路。

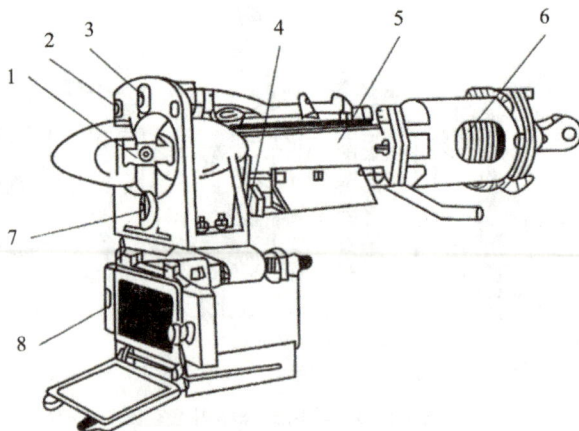

1—钩舌；2—解钩风管连接器；3—总风管连接器；4—截断塞门；
5—钩身；6—橡胶缓冲器；7—制动风管连接器；8—电气连接器。

图 4.4-28　密接式车钩

2. 缓冲器

为了缓和并减小车辆在连挂、起动、制动时产生的冲击力，提高列车运行的平稳性，延长车辆使用寿命，应在车钩的后面装有缓冲器。

缓冲器不仅可以起到缓和冲击的作用，而且可以吸收一部分冲击时产生的动能。

缓冲器有多种类型，如 2 号、3 号、ST、MT—2、MT—3 型缓冲器等。目前我国货车上常用的是 2 号（环簧）缓冲器，如图 4.4-29 所示。为了适应客车高速运行和货车载重量大的要求，现在还采用弹性胶泥缓冲器和 G2 号缓冲器等。

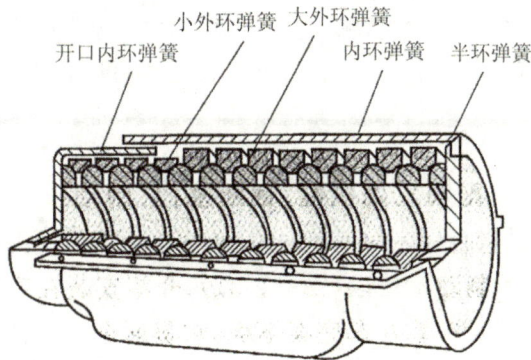

图 4.4-29　货车用的 2 号缓冲器

（四）制动装置

制动装置是用外力迫使运行中的机车车辆减速或停车的一种设备。它不仅是列车安全、正点运行的重要保证，而且是提高列车重量和运行速度的前提条件。因此，制动装置的性能好坏，对铁路的运输能力和行车安全都有重要作用。

我国机车车辆上安装的制动机主要有空气制动机和人力制动机。空气制动机是利用压缩空气产生制动力的，一般作为列车制动用。人力制动机是用人力进行制动的，一般只在调车时对个别车辆或车组实行制动用。

车辆上的制动装置一般包括三个部分，即制动机、基础制动装置和停车制动装置（人力制动机）。

1. 空气制动机

空气制动机又称为自动制动机，车辆空气制动机所需的压缩空气是由机车总风缸供给的。

1) 空气制动机的组成

空气制动机的部件，一部分装在机车上，另一部分装在车辆上。装在机车上的有空气压缩机、总风缸、制动阀等。由空气压缩机产生的压缩空气储存在总风缸内，它是制动所用的动力来源。列车中每个车辆的制动和缓解作用，都是由机车司机操纵制动阀来实现的。

每个车辆的空气制动机主要包括制动管、折角塞门、三通阀（或分配阀）、副风缸、截断塞门、制动缸等，如图 4.4-30 所示。

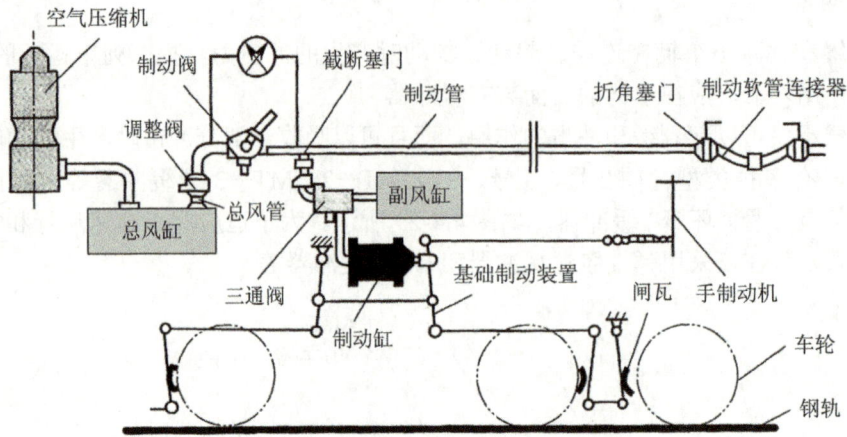

图 4.4-30　列车空气制动系统的组成

现以 GK 型空气制动机 (见图 4.4-31) 为例，介绍安装在货车上的制动设备。

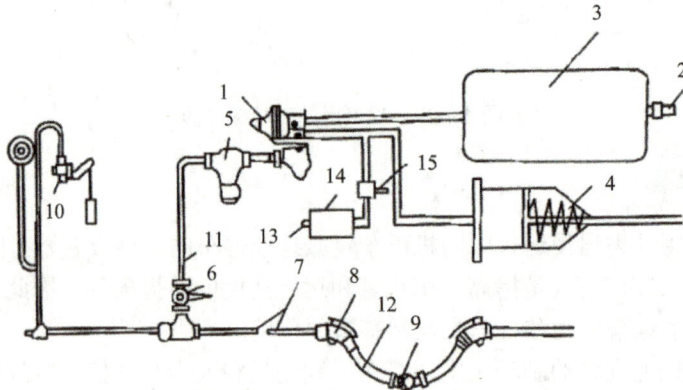

1—三通阀；2—缓解阀；3—副风缸；4—制动缸；5—远心集尘器；6—截断塞门；
7—制动主管；8—折角塞门；9—连接器；10—车长阀；11—制动支管；
12—制动软管；13—安全阀；14—降压风缸；15—空重车转换把手。

图 4.4-31　GK 型空气制动机

(1) 制动主管：安装在车底架下面，它是贯通全车并传送压缩空气的管路。它的两端装有折角塞门和制动软管，并用软管连接器与邻车的软管相连。

(2) 截断塞门：安装在制动支管上，用以开通或截断制动支管的空气通路。它平时处于开放位置，只有当车辆上所装的货物按规定应停止制动机的作用或制动机发生故障时，才会将它关闭。通常把关闭了截断塞门及停止制动机作用的车辆称为关门车。

(3) 远心集尘器：利用离心力的作用，将压缩空气中的灰尘、水分、铁锈等杂质沉淀于集尘器的下部，以免进入三通阀等机件。

(4) 三通阀：连接制动支管、副风缸和制动缸，用来控制压缩空气通路，使制动机发挥制动或缓解作用。

(5) 副风缸：储存压缩空气的缸体。制动时，利用三通阀的作用将压缩空气送入制动缸，起制动作用。

(6) 制动缸：当压缩空气进入制动缸后，推动制动活塞，将空气的压力转变为机械推力，然后通过制动杠杆使闸瓦紧抱车轮而起制动作用。

(7) 降压风缸：与制动缸相连，两者之间设有空重车调整装置，可满足空重车不同制动压力的要求。

(8) 空重车调整装置：安装在 GK 型制动机上，用来控制降压风缸与制动缸的通路，可以达到调整制动力的目的。它包括空重车转换把手和空重车转换塞门。

2) 空气制动机的工作原理

空气制动机的工作原理如图 4.4-32 所示。

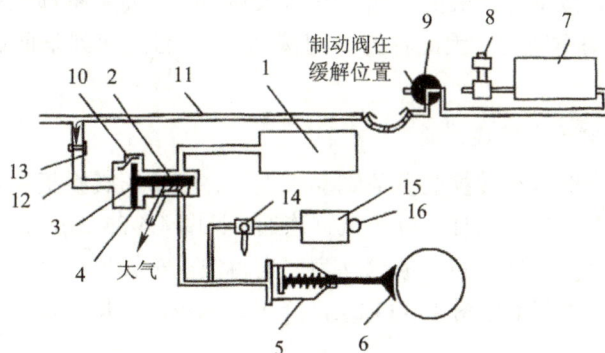

1—副风缸；2—滑阀；3—主活塞；4—三通阀；5—制动缸；6—闸瓦；7—总风缸；8—空气压缩机；9—制动阀；10—充气沟；11—制动主管；12—制动支管；13—截断塞门；14—空重车转换把手；15—降压风缸；16—安全阀。

(a) 缓解作用

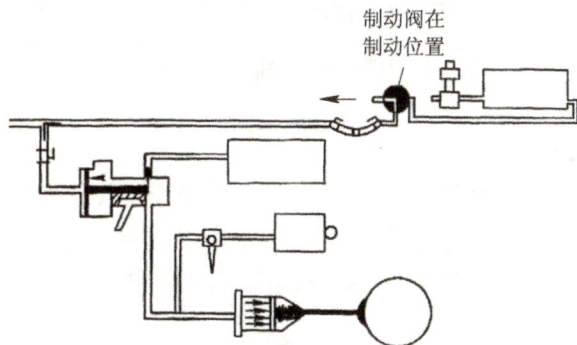

(b) 制动作用

图 4.4-32　空气制动机的工作原理示意图

(1) 缓解作用（见图 4.4-32(a)）。当司机将制动阀放在缓解位置时，总风缸内的压缩空气进入制动主管，经制动支管进入三通阀，推动主活塞向右移动，打开充气沟，使压缩空气经充气沟进入副风缸，直到副风缸内的空气压力和制动主管内的压力相等时为止。在三通阀主活塞移动的同时，和它连在一起的滑阀也跟着向右移动，使得制动缸内的压缩空气经过滑阀下的排气口排出，于是制动缸活塞被弹簧的弹力推回原位，使闸瓦离开车轮而起到缓解作用。

(2) 制动作用（见图 4.4-32(b)）。当司机将制动阀移到制动位时，制动主管内的压缩空气向大气排出一部分，这时副风缸内的空气压力大于制动主管内的压力，因而推动三通阀的主活塞向左移动，截断了充气沟的通路，使副风缸内的压缩空气不能回流。在三通阀主活塞移动的同时，带动滑阀也向左移动，截断了通向大气的出口，使副风缸内的压缩空气进入制动缸，推动制动活塞向右移动，通过制动杆的传动，使闸瓦紧抱车轮而起到制动作用。

由上可知，空气制动机的特点如下：第一，向制动主管充气（增压）时缓解，将制动主管内的压缩空气排出（减压）时制动，所以称为"减压制动"。当列车分离或拉动车长阀（参见图4.4-31）时，由于制动主管内的压缩空气向大气排出，压力突然降低，因此可以自动地产生紧急制动作用，使列车立即停车，以防事故的发生或扩大。第二，这种制动装置在制动过程中不是直接将总风缸的压缩空气送入制动缸，而是将预先存储在副风缸内的空气送入制动缸起制动作用的，因此称为"间接制动"。它能使列车前后车辆的制动作用不会差别过大。

3) 降压风缸和空重车转换装置

在大型货车装有空重车转换装置的制动机上，将空重车转换把手放在空车位置时，空重车转换塞门被打开，使制动缸与降压风缸连通（见图4.4-33(a)），此时一部分压缩空气进入降压风缸，使制动缸中产生较小的制动力。当将空重车转换把手放在重车位时，降压风缸与制动缸间的通路被阻（见图4.4-33(b)），降压风缸不起作用，压缩空气全部进入制动缸中而产生较大的制动力。

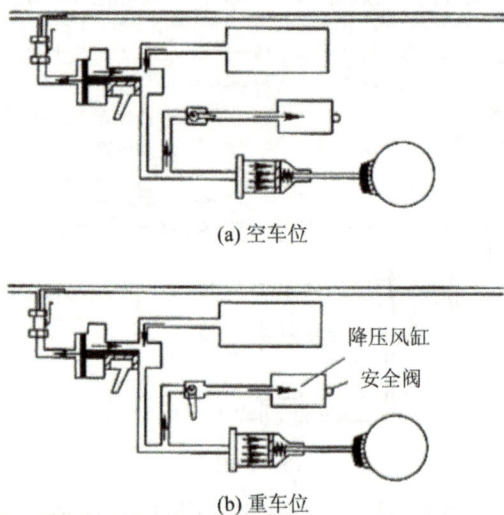

(a) 空车位

(b) 重车位

图4.4-33 空重车转换装置的作用原理示意图

4) 缓解阀和紧急制动阀

拉动副风缸上的缓解阀，可使副风缸的压缩空气经缓解阀排出。当副风缸内的空气压力低于列车主管的空气压力时，三通阀主活塞会相应动作，滑阀也随其移动，从而制动缸内的空气被排出，最终闸瓦离开车轮而实现缓解。

每节客车上都装有紧急制动阀，即车长阀。它的一端连通列车制动主管，另一端和大气相通。在列车运行中，当发现有危及行车和人身安全的紧急情况时，车长或有关乘务人员可以按《铁路技术管理规程》的要求拉动紧急制动阀，使列车紧急制动停车。

5）新型空气制动机

随着车辆向大吨位、高速度方向发展，我国铁路上已大量生产和装备了新型空气制动机。新型空气制动机除增设一个压力风缸并用分配阀代替三通阀外，其余部分和上述空气制动机的基本相同。

新型空气制动机具有以下优点：制动作用迅速、灵敏度高、制动力强，无论在常用制动还是紧急制动时都能缩短制动距离，有利于提高列车运行速度；列车前后车辆制动力比较一致；制动平稳，操纵方便，确保行车安全；便于检修等。在我国，装有新型制动机的车辆能与装有普通制动机的车辆混合编组使用。

2. 人力制动机

在每节车辆的一端，都装有一套人力制动机，可以用人力来使单节车辆或车组减速或停车。

我国铁路货车上多用链式人力制动机（又叫链子闸），如图 4.4-34 所示，它具有结构简单、操纵灵活、制动力强等特点。

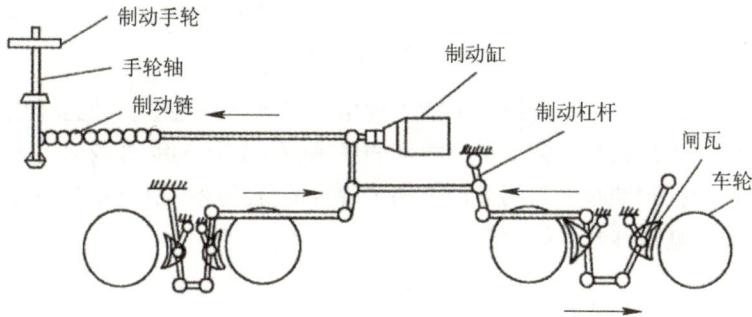

图 4.4-34　链式人力制动机

当进行人力制动时，可将制动手轮按顺时针方向转动，使制动链绕在轴上，拉动制动杠杆，就如同空气制动机中制动缸活塞杆向外推动一样，使闸瓦紧压车轮而产生制动作用。

3. 基础制动装置

基础制动装置设在转向架上，它是利用杠杆原理，将空气制动机或人力制动机产生的力量扩大适当倍数，再均衡地向各个闸瓦传力的装置。客车多采用双瓦式基础制动装置，货车多采用单瓦式基础制动装置。

车辆在运行中，闸瓦会因制动时与车辆踏面摩擦而变薄，致使制动力减弱而降低制动效率，为此必须经常调整制动缸活塞的行程。目前，在新造车上安装了闸瓦间隙自动调整器，使车辆在运行过程中可以自动调整制动缸活塞行程的大小，进而保证应有的制动力。

4. 新型车辆制动技术

列车速度的不断提高，使得运行中的车辆动能不断加大，仅靠传统的闸瓦制动方式和自动空气制动机操纵控制是无法达到相应的制动要求的。因此，高速列车的制动必须采用综合方式，即多种制动方式协调使用，方能获得较好的效果。

1) 盘形制动

盘形制动是利用制动夹钳使闸片夹紧固定装置在车轴上的制动圆盘而产生制动力的，如图 4.4-35 所示。

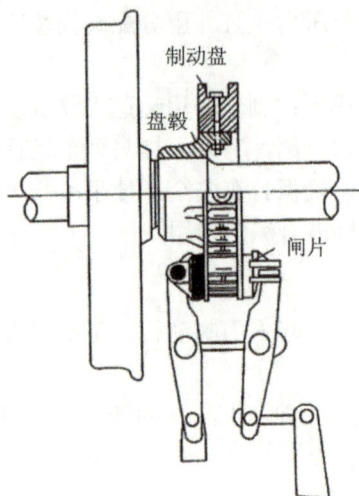

图 4.4-35　盘形制动

我国在动车组、双层客车及地铁车辆上使用盘形制动。盘形制动的优点有：动能转变成热能后散发快；闸片和制动圆盘材质相互间摩擦性能好，制动时减速均匀、平稳、无噪声，尤其在高速运行制动时更为明显，提高了旅客的舒适度；使车轮的磨耗减轻，消除车轮热裂纹等隐患，减轻维修工作量。

2) 轨道电磁制动

闸瓦制动和盘形制动都属于黏着制动，受轮轨黏着力的限制。随着列车速度的不断提高，可采用不受黏着限制的非黏着的制动方式——轨道电磁制动。轨道电磁制动分为磁轨制动和轨道涡流制动两种。

(1) 磁轨制动 (见图 4.4-36)：通过电磁作用，使该设备上的磨耗板与钢轨摩擦而产生制动力。磁轨制动多用于紧急制动。

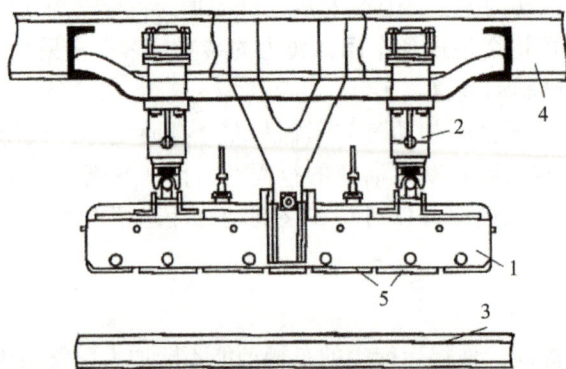

1—电磁铁；2—升降风缸；3—钢轨；4—转向架构架侧梁；5—磨耗板。

图 4.4-36　磁轨制动

（2）轨道涡流制动：一种独特的制动装置，在转向架两侧的两车轮之间装设条形电磁铁，电磁铁的磁极端面与钢轨表面保持 6～7 毫米的很小间隙。它靠电磁铁与钢轨间的相对速度引起电涡流作用形成制动力。目前它作为一种辅助制动方式，用在某些黏着制动力不够的高速列车上。

（五）列尾装置

货物列车尾部无人员防护，为保证货物列车运行的安全，规定货物列车的尾部须挂列尾装置。

1. 列尾装置的作用

列尾装置的作用如下：

（1）列尾装置可以使机车乘务员准确掌握列车尾部风压，确认列车完整。当列车主风管因泄漏等原因致使风压不足时，可直接向司机报警。

（2）当车辆折角塞门被意外关闭时，司机可直接操纵列尾装置使其强行排风，从而使列车制动停车。

（3）列尾装置还可以起到列车尾部的标志作用，为接发列车人员确认列车是否完整提供条件。

2. 列尾装置的设备

列尾装置的设备由尾部主机、司机控制盒及其附属设备构成。

（1）尾部主机：由无线电台、主控单元、风压传感系统及排风系统、自控闪光灯等组成。其风管与列车尾部主风管相连。

（2）司机控制盒：由主控单元及语音播放系统组成。它固定在机车司机室操纵台上，与列调电台相连。

三、车辆标记和车辆技术经济参数

（一）车辆标记

为了表示车辆的类型和特征，满足运用、检修和统计上的需要，所有铁路车辆上均应具有规定的各种标记。

车辆标记分为运用标记、产权标记、制造标记和检修标记。

1. 运用标记

运用标记是铁路运输部门如何运用车辆的依据。

1) 车辆编码

为了对车辆进行识别与管理，适应全国铁路联网管理的需要，对运用中的每一辆车都应进行编码，且每一辆车的编码是唯一的，编码的主要内容为车种、车型、车号。

（1）车种编码：原则上用该车种汉语拼音名称中关键的一个或两个大写字母表示。客车用两个字母表示，货车一般用一个字母表示，具体见表 4.4-1。

表 4.4-1　部分车辆车种型号

序号	货车车种	基本型号	序号	客车车种	基本型号
1	棚车	P	1	软座车	RZ
2	敞车	C	2	硬座车	YZ
3	平车	N	3	软卧车	RW
4	罐车	G	4	硬卧车	YW
5	冷藏车	B	5	行李车	XL
6	特种车	T	6	邮政车	UZ
7	长大货物车	D	7	餐车	CA
8	集装箱车	X	8	公务车	GW
9	家畜车	J	9	试验车	SY
10	水泥车	U	10	代用座车	ZP
			11	硬座双层客车	YZS

例如：C62A 4785930 中，"C"是基本型号，表示货车是敞车；"62"是辅助型号，表示重量系列；"A"也是辅助型号，表示车辆的材质区别；"4785930"是车号编码。

(2) 车型编码：用大写汉语拼音字母和数字混合表示，依次由三部分组成。第一部分为车辆所属的车种编码，用一位大写字母表示，作为车型编码的首部；第二部分为车辆的重量系列或顺序系列，用一位或两位数字或大写字母表示；第三部分为车辆的材质或结构，用一位或两位大写字母表示。

例如：C62B 中，"C"为车种，"62"为重量系列，"B"为材质区别。

(3) 车号编码：采用 7 位数字代码，因车种、车型不同，使用数字规定了相应的区分范围，同种车辆必须集中在划定的码域内，以便从车号编码上反映车辆的车种、车型。

车辆编码是该车的重要标识，必须涂刷在车辆侧墙上的明显位置。

2) 自重、载重及容积

自重为空车时车辆本身的重量，以"吨"为单位；载重即车辆允许的最大装载重量，以"吨"为单位；容积是货车内部可容纳货物的体积，以"立方米"为单位，并在括号内注明"内长、内宽、内高"的尺寸。

3) 车辆全长及换长

车辆全长为该车辆两端钩舌内侧间的距离，以"米"为单位。

换长是为了编组列车时统计工作的方便，将车辆全长换算成辆数来表示的长度，换算时以长度 11 米为计算标准，即

$$换长 = \frac{车辆全长}{11}$$

计算中保留一位小数，尾数四舍五入。例如换长为 1.3、1.5 等。

4) 车辆定位

车辆的定位一般以制动缸活塞杆推出的方向为一位端，相反的方向为二位端，并在车上规定的部位涂刷方位标志，如图 4.4-37 所示。

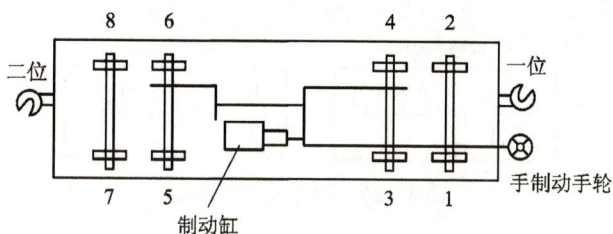

图 4.4-37　车辆定位示意图

车辆的车轴、车轮、车钩、转向架、轴箱等部位的称呼，均由第一位车端开始数，左右对称时从左到右数（左为单数，右为双数），依次数到第二位车端。

5) 特殊的车辆设备、用途标记（主要指货车）

"⑩"表示可以参加国际联运的客货车；

"⑪"表示禁止通过机械化驼峰的货车；

"⑧"表示具有车窗、床托等的棚车，可以运送人员；

"⑧"表示具有拴马环或其他拴马装置的货车。

2. 产权标记

1) 国徽

凡参加国际联运的客车须在车辆侧墙外中部悬挂国徽。

2) 路徽

凡产权归中国铁路总公司的车辆，均应在侧墙或端墙适当的部位涂刷路徽。对于货车，还应在侧梁适当部位安装产权牌，如图 4.4-38 所示。

图 4.4-38　路徽及产权牌

3) 路外厂矿企业自备车辆的产权标志

路外厂矿企业的自备车因运送货物或委托路内厂、段检修而需要在正线上行驶时，一般在车辆侧墙上或其他相应部位用汉字涂打上"××企业自备车"字样。

4) 配属标记

所有客车以及个别有固定配属的货车，必须涂刷上所属局、段的简称。

3. 检修标记

1) 厂修、段修标记

标记分段修、厂修两栏。如：

2008.9	2007.3 沈山
2009.3	2003.3 齐厂

此标记中，第一栏为段修标记，第二栏为厂修标记；左侧为下次检修年月，右侧为本次检修年月及检修单位的简称。

2) 辅修及轴检标记

辅修及轴检是定期进行的，它们对应的标记如图 4.4-39 所示。辅修周期为 6 个月；轴检需视轴承的不同形式规定周期，有 3 个月、6 个月等。

辅修标记	
3—15	9—15 丰

轴检标记	
12—15	9—15 丰

图 4.4-39　辅修及轴检标记

图 4.4-39 中的辅修标记表示这辆车在 9 月 15 日由丰台车辆段施行辅修,下次辅修到期是次年的 3 月 15 日。

(二) 车辆技术经济参数

车辆技术经济参数是表明车辆结构上和运用上某些特征的一些指标。除了自重、载重、容积等已在车辆标记部分做了说明,还有以下几项车辆技术经济参数。

1. 自重系数

自重系数是车辆自重与标记载重的比值。自重系数越小,说明机车对运送每一吨货物所做的功越少,经济性越好。今后我国将大量制造大吨位的货车,以压缩车辆的自重系数,有利于降低货运成本,满足货物重载运输的需要。

2. 轴重

轴重是车辆总重与轴数之比,即车辆每一轮对加于轨道上的重力。车辆的轴重受轨道和梁桥结构强度(允许的载荷)的限制,所以不允许超过规定数值。目前,我国重载货运专线允许的轴重为 25 吨,其他客货混运线路允许的最大轴重为 23 吨。

3. 单位容积

单位容积是车辆设计容积和标记载重之比。这是说明车辆载重与容积能否达到充分利用的指标。

4. 每延米轨道载重

每延米轨道载重是车辆总重量与车辆全长之比(单位为吨/米)。它是车辆设计中与梁桥、线路强度密切相关的一个指标。按目前梁桥的设计规范,允许车辆每延米轨道载重可取到 8 吨。我国规定线路允许载重一般不得超过 6.6 吨/米。

5. 构造速度

构造速度指在设计车辆时,按安全及结构强度等条件所允许的车辆最高行驶速度。车辆实际运行速度一般不允许超过构造速度。

四、车辆的检测与维修

为了完成运输任务,铁路必须拥有相应数量且性能良好的车辆。因此,一方面铁路工业部门要不断地新造足够数量的车辆;另一方面车辆部门还要做好车辆在日常运用中的维修保养工作,使已有车辆经常处于质量良好的状态,从而确保安全、高速、平稳地运送旅客和货物,并延长车辆的使用寿命。

车辆段(见图 4.4-40)是设在铁路沿线负责车辆检修工作的基层单位,一般设在编组站、国境站、铁路枢纽以及货车大量集散和始发终到旅客列车较多的地点。它主要承担车辆的定期检修和日常保养工作，因此在段内设有修车库、修车线及辅助车间等。在它所负责范围内的每一编组站和区段站上均设有列车检修所，并根据需要设立站修所等日常检修单位。

我国铁路车辆的计划预防检修分为定期检修和日常维修两大类。

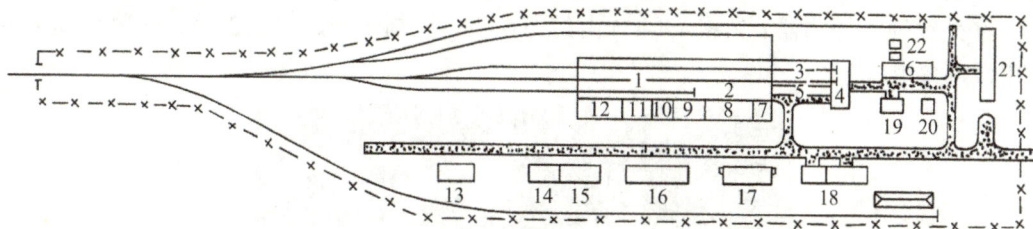

1—修车库；2—转向架车间；3—轮对轴箱互换间；4—轮轴间；5—挂瓦间；6—油线间；7—机械钳工间；
8—配件架修间；9—车钩缓冲装置间；10—备品库；11—制动间；12—木工间；13—利材间；14—材料棚；
15—材料库；16—设备维修间；17—锻工弹簧间；18—食堂；19—空气压缩机间；20—变电间；21—段办公室；
22—储油库。

图 4.4-40　车辆段示意图

（一）定期检修

车辆定期检修就是按照规定的期限对整个车辆或某些部分进行全部或部分的检修。定期检修包括厂修、段修、辅修和轴检。

厂修由车辆工厂负责，对车辆进行全面而彻底的修理，经过厂修后的车辆性能要求达到或接近新车的水平。段修由车辆段承担，要求对车辆各部分进行全面的检查，修换其损坏和磨耗过限的零部件。辅修和轴检主要是对制动装置和轴箱油润部分进行检修。

（二）日常维修

为使车辆经常保持良好的技术状态，在定期检修之间的运用期内，还必须对车辆进行日常检查和维修工作。只有日常检查和定期检修配合起来，才能保证车辆的完好和正常运用。

日常维修工作由列车检修所和站修所等单位承担。列车检修所对经本站中转或到达本站的列车中所有车辆进行技术检查和修理，同时还负责扣修定检到期的车辆。站修所的任务是进行货车的摘车修理、轴检和辅修工作。为了车辆的良好运用和车辆的加速周转，在日常维修中应尽量采取不摘车的修理方式。

客车和货车不同，客车有固定的配属段，并按照规定的区段运行。所以客车的日常维修工作主要是利用旅客列车终到后与始发前在客车整备所进行，又称为库列检。在运行途中还要进行列车的技术检查。此外，在旅客列车上还派有固定的检车乘务员，负责检查车辆和车电设备的技术状态，防止因车辆技术状态不良而发生摘车或晚点。对于某些检车乘务员无力处理的故障，要及时联系前方旅客列检所协助办理。

五、车辆运行安全防范预警系统

为保证列车运行的安全，一种全新的车辆运行安全防范预警系统已在全路建立起来，即"地对车安全监控体系"（称为"5T"系统）。它是采用不同检测手段的五大监控系统，全方位地对运行中列车的车辆进行动态监控，由于这五个系统的英文名称的首字母都是 T，所以被称为"5T"系统。

1. 车辆轴温智能探测系统 (THDS)

THDS 也称红外线轴温探测器，它是用来防止机车和客货车发生燃轴、切轴，从而保证行车安全的设施。

红外线轴温探测器 (见图 4.4-41) 由红外探头、控制部分、记录部分、信号传输部分及电源部分组成。

图 4.4-41　红外线轴温探测器

当列车通过时，用安装在线路两侧的红外探头来探取每个轴承所产生的红外线，并将红外线能转变成电能，即电信号。然后将电信号传输到记录器，红外值班员可根据记录的脉冲波形进行分析和比较，从而监测运行在铁路线上的机车车辆的轴承状况。红外探头安装位置如图 4.4-42 所示。

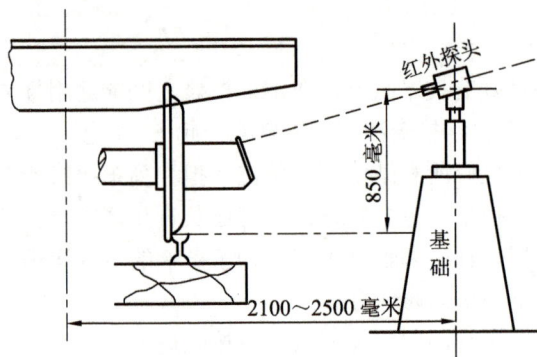

图 4.4-42　红外探头安装位置

目前，我国铁路线上已建成了红外线轴温探测网，它由地区轴温探测点和红外调度中心组成，并用微型计算机进行控制和监测。

2. 车辆运行品质动态监测系统 (TPDS)

TPDS(见图 4.4-43) 能对车轮滚动周期内车轮不同方向着地时轮轨动态的作用进行有效监测，可识别出运行状态不良的车辆，有效地防范货车脱轨，特别是空载货车在直线段脱轨，并监测因车轮踏面擦伤、剥离以及货物超偏载等引起的危及行车安全的情况，从而有效地保证车辆运行的安全。

图 4.4-43　TPDS

3. 车辆滚动轴承故障轨边声学诊断系统 (TADS)

TADS(见图 4.4-44) 可以实时采集运动货车滚动轴承噪声，通过系统对采集到的资料进行分析，及时发现货车轴承早期故障，进行在线 (计算机联网) 诊断预报，实现比红外线轴温探测系统更早地防范切轴事故。

图 4.4-44　TADS 的室外设备

4. 货车故障轨边图像监测系统 (TFDS)

TFDS 利用轨边高速摄像头对运行货车进行动态检测，及时发现货车运行故障，重点检测货车走行部、制动梁、悬吊件、枕簧、车钩缓冲装置等安全关键部位，重点防范制动梁脱落事故，防范摇枕、侧架、车钩缓冲器大部件裂损、折断，防范枕簧丢失和窜出等危及行车安全的隐患。

5. 客车运行安全监控系统 (TCDS)

TCDS 随车对速度 160 千米 / 小时及以上的客车的轴温、制动系统、转向架安全指标、火灾报警、客车供电、电器及空调系统运行的安全状况进行检测，重点防范客车热轴、火灾事故以及转向架、制动系统、供电、电器及空调故障。

本章练习

1. 试述铁路线路的组成。

2. 铁路的等级如何划分？

3. 铁路线路平面的组成要素有哪些？

4. 试述缓和曲线的作用。

5. 铁路常见的线路标志有哪些？

6. 试述轨道的组成及其组成部分的作用。

7. 什么是辙叉的有害空间？如何消灭辙叉的有害空间？

8. 铁路基本限界有哪些？其意义是什么？

9. 铁路车站的定义及分类有哪些？车站线路按用途的不同，可分为哪几类？

10. 中间站、区段站、编组站的基本作业分别有哪些？

11. 铁路机车是如何分类的？按原动力的不同，铁路机车可分为哪几种类型？

12. 简述机车牵引特性的基本概念。

13. 内燃机车按传动方式的不同，可分为哪两种？

14. 简述四冲程柴油机的基本工作原理。

15. 内燃机车为什么要设置传动装置？

16. 电力传动内燃机车的传动装置有哪几个主要设备？功率是如何传输的？

17. 电力机车上的电气设备分别装设在哪三条电器回路中？各自的作用是什么？

18. 简述电气化铁道牵引供电系统的组成。

19. 牵引变电所设置在什么地点？牵引变电所的作用是什么？

20. 发电厂发出的电是通过哪些设备送到电力机车上去的？

21. 牵引供电系统有哪几种供电方式？直接供电方式和自耦变压器供电方式都有哪些优缺点？

22. 机务段与机务折返段有什么区别？

23. 铁路车辆如何分类？

24. 铁路车辆的基本构造分为哪几部分？

25. 货车走行部由哪几个部分组成？简述各部分的作用。

26. 车辆走行部采用转向架形式有什么优点？

27. 车辆车钩缓冲装置由哪几部分组成？其作用是什么？

28. 车钩有几种作用位？分别在什么情况下使用？

29. 空气制动机和人力制动机在应用上有什么不同？

30. 简述空气制动装置的缓解作用和制动作用。

31. 货物重量是经过车辆中的哪些具体部件传到地面的？

32. "5T"指的是哪几个系统？简述每个系统的作用。

第五章 铁路运输系统（二）

学习目标

知识目标

理解并掌握铁路信号的作用与分类；掌握车站联锁设备应满足的条件；掌握区间闭塞设备的类型及作业。

能力目标

能正确识别各种铁路信号，能正确认识相关信号设备，能正确认识铁路专用通信设备。

素质目标

提高学生对铁路运输行业的认可度，提高学生的专业自信心。

本章导读

铁路信号与通信设备是组织列车运行、保证行车安全、提高运输效率、传递行车信息以及改善行车人员劳动条件的关键设施。铁路信号设备是铁路主要技术装备之一，其装备水平和技术水准是铁路现代化的重要标志。铁路信号设备是铁路信号、联锁、闭塞等设备的总称，它的主要作用是保证列车运行与调车工作的安全和提高铁路通过能力，同时对增加铁路运输经济效益和改善铁路职工劳动条件也起重要作用。

想一想

信号与通信是同一个概念吗？请谈一谈你了解的信号与通信设备。

第一节 铁 路 信 号

一、铁路信号概述

（一）铁路信号作用

铁路信号是指示行车和调车运行条件的命令，行车和调车人员必须执行信号显示的要求，才能确保行车安全和提高生产效率。

(二)铁路信号分类

1. 听觉信号

听觉信号是以不同声响设备发出音响的强度、频率、长短和数目等特征表示的信号。如用号角、口笛、响墩发出的音响及机车、轨道车鸣笛等发出的信号。

2. 视觉信号

视觉信号是以物体或灯光的颜色、形状、位置、数目或数码显示等特征表示的信号。如用信号机、机车信号、信号旗、信号牌、信号灯、信号表示器、信号标志及火炬等表示的信号。

视觉信号又分为固定信号、移动信号和手信号。在固定地点安装的铁路信号叫固定信号，它是铁路的主要信号，是用不同颜色的灯光或臂板位置等显示的信号。临时设置在铁路线路旁边的信号牌、信号灯等叫移动信号。用手持信号灯、信号旗或用手势显示的信号叫手信号。铁路的视觉信号通常用不同的颜色来显示其意义，我国规定有红、黄、绿三种基本颜色，在广义上其代表的意义如下：

红色——停车；

黄色——注意或减速行驶；

绿色——按规定速度行驶。

具体到某一信号机上时，上述灯光颜色有特定显示意义。

二、固定信号机机器显示

固定信号机按照结构和显示方式的不同分为臂板信号机、色灯信号机和机车信号机。由于臂板信号机已很少使用，故这里只介绍色灯信号机，至于机车信号机将在本章后面进行介绍。

1. 色灯信号机

色灯信号机不管在白天还是夜间，都是用不同颜色的灯光来显示信号的。按照它们制作结构的不同，色灯信号机可以分为透镜式和探照式两大类。透镜式信号机是一组透镜给出一个颜色的灯光，如果要显示多种颜色的信号灯光时就要有多组透镜，所以又称它为多灯式。透镜式色灯信号机的优点是结构简单、便于生产以及比较安全可靠；其主要缺点是显示距离有限，特别安装在曲线上时，不能保证连续显示。探照式色灯信号机是一组透镜能显示出三个颜色的灯光，所以又称它为单灯式。探照式色灯信号机具有节省电能且显示距离远等优点；其存在结构复杂、制造工艺要求严格、维修困难等缺点。

2. 几种主要固定信号机的设置地点及其显示意义

信号机设置地点对信号显示距离远近和安全行车等都有很大关系，因为我国铁路实行左侧行车，所以固定信号机一般设在列车运行方向的左侧(或所属线路中心线的上空)。信号机按用途分为进站、出站、通过、预告、驼峰、复示、调车等信号机。

1) 进站信号机

进站信号机应设在进站线路最外方道岔尖端(逆向道岔)或警冲标(顺向道岔)不少

于 50 米的地点，如图 5.1-1 所示。

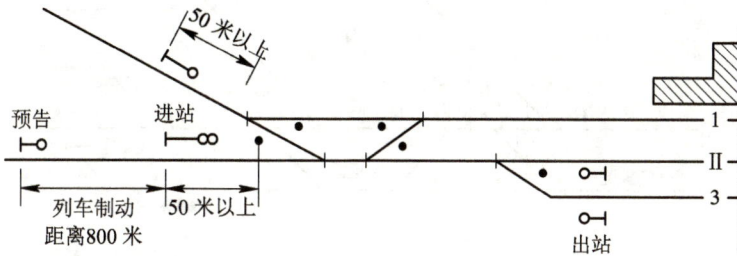

图 5.1-1　进站、出站、预告信号机设置位置示意图

进站信号机是用来防护车站安全的，指示列车能否由区间进入车站以及进入车站的相关条件。进站信号机的显示距离不得少于 1000 米。

2) 出站信号机

出站信号机应设在每一发车线路警冲标内方的适当地点，如图 5.1-1 所示。它是用来防护区间的安全，指示列车能否由车站进入区间，高柱出站信号机显示距离不得少于 800 米。

3) 预告信号机

预告信号机应设在距主体信号机不少于 800 米的地点，如图 5.1-1 所示，它的作用是将主体信号机的显示状态提前告诉司机，其显示距离不得少于 400 米。

4) 通过信号机

通过信号机设在自动闭塞区段的闭塞分区分界处或非自动闭塞区段的所间区间的分界处，它的作用是指示列车能否进入它所防护的闭塞分区或所间区间。通过信号机的显示距离不得少于 1000 米。通过信号机的设置位置如图 5.1-2 所示。

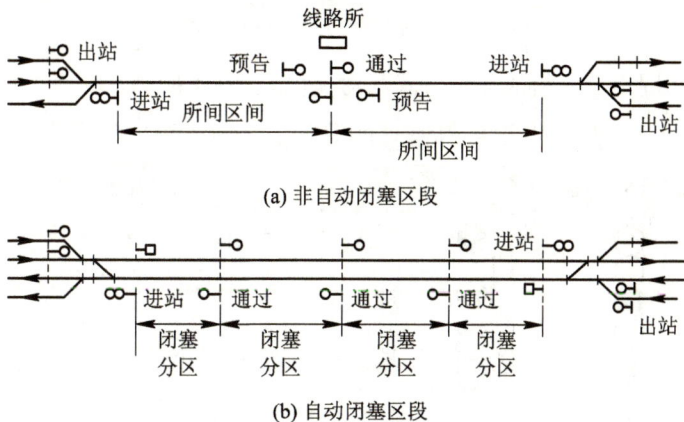

(a) 非自动闭塞区段

(b) 自动闭塞区段

图 5.1-2　通过信号机的设置位置

5) 调车信号机

调车信号机一般设在调车作业繁忙的线路上（如到发线、咽喉道岔区）以及从非联锁区到联锁区的入口处。它的作用是指示调车机车进行作业，一般采用矮型色灯信号机。调车信号机的显示距离不得少于 200 米。调车信号机设置位置如图 5.1-3 所示。

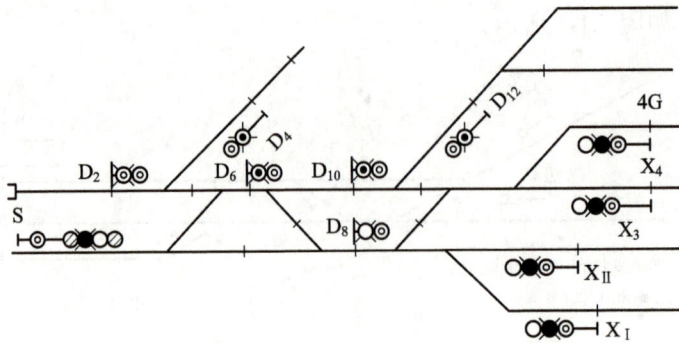

图 5.1-3 调车信号机设置位置

6) 驼峰信号机

在驼峰调车场的峰顶上，用来指示调车车列能否向峰顶推送和用多大速度推送而设置的信号机，称为驼峰信号机。为了能让车列后部的机车司机看清信号显示，在到发线的适当位置，还应装设驼峰辅助信号机。若驼峰辅助信号机的显示距离不能满足作业要求时，则可再装设驼峰复示信号机。驼峰信号机和驼峰辅助信号机的显示距离不得少于 400 米。驼峰信号机的设置位置如图 5.1-4 所示。

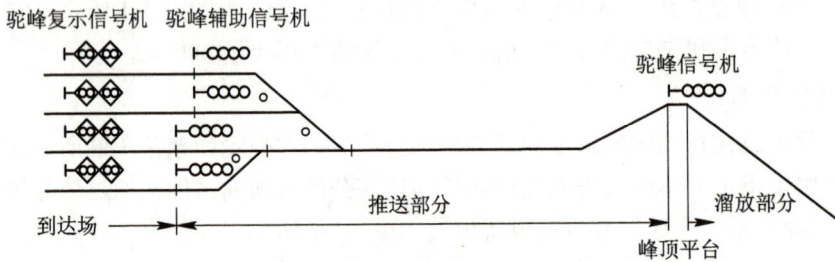

图 5.1-4 驼峰信号机的设置位置

以上几种常用固定信号机的显示方式和意义如表 5.1-1 所列。

表 5.1-1 几种主要色灯信号的显示（以三显示自动闭塞为主）

型号名称		色灯信号机(透镜式)	显示	信号显示意义
进站信号			●	不准列车越过该信号机
			◐	进入站内正线准备停车
			◑◑	进入站内到发线准备停车
			○	按规定速度正线通过
出站信号	自动闭塞区段 三显示		●	停车，不准列车越过该信号机
			◑	准许列车从车站出发，运行前方有一个闭塞分区空闲
			○	准许列车从车站出发，运行前方至少有两个闭塞分区空闲
			○	准许列车从车站出发，开往半自动闭塞区

续表

型号名称		色灯信号机(透镜式)	显示	信号显示意义
预告信号			⊘	表示主体信号机在关闭状态
			○	表示主体信号机在开放状态
通过信号	自动闭塞区段 三显示		●	列车应该在该信号机前停车
			⊘	要求列车注意运行，表示运行前方有一个闭塞分区空闲
			○	准许列车按照规定速度运行，表示前方至少有两个闭塞分区空闲
调车信号			◉	不准越过该信号机调车
			◎	准许越过该信号机调车

注：⊘ 表示黄灯；○ 表示绿灯；● 表示红灯；◎ 表示白灯；◉ 表示蓝灯。

3. 移动信号及手信号

当线路上出现临时性障碍或进行施工，要求列车停车或减速时，应按照规定设置移动信号以及安放响墩、火炬或用手信号进行防护，以便保证行车安全。

1) 移动信号

我国使用的移动信号如图 5.1-5 所示。

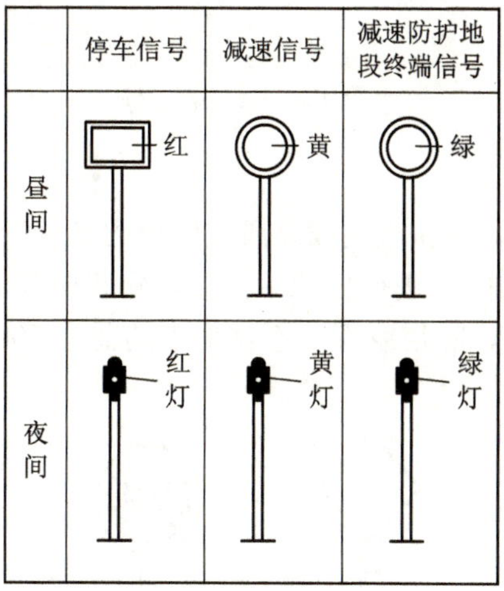

图 5.1-5　移动信号

2) 手信号

手信号是有关行车人员用手持信号旗或信号灯做出各种规定动作来表示停车、减速、发车、通过、引导等信号。

3) 响墩及火炬信号

响墩外形扁圆，内装有炸药。防护时，将其放在钢轨上，当车轮压上后会发出爆炸声，以此要求司机立即停车。火炬在风雨天气都能点燃并发出火光,司机发现火炬信号的火光时应立即停车。停车后如无防护人员,机车乘务人员应立即检查前方线路,若无异状则可按规定速度继续运行。

4. 信号表示器及标志

1) 信号表示器

信号表示器也是一种信号装置,但它没有防护意义,只是用来表示与行车有关设备的位置和状态,或表示信号显示的某种附加含义。例如,在发车进路上的手动道岔和非联锁区向联锁区的入口处的电动道岔,均装有道岔表示器(图5.1-6(a)),用以反映道岔所处的状态,以便扳道员确认进路,也方便调车人员办理调车作业。联锁区域内的电动道岔,采用了调车信号机(图5.1-6(b)),所以不再另设道岔表示器。

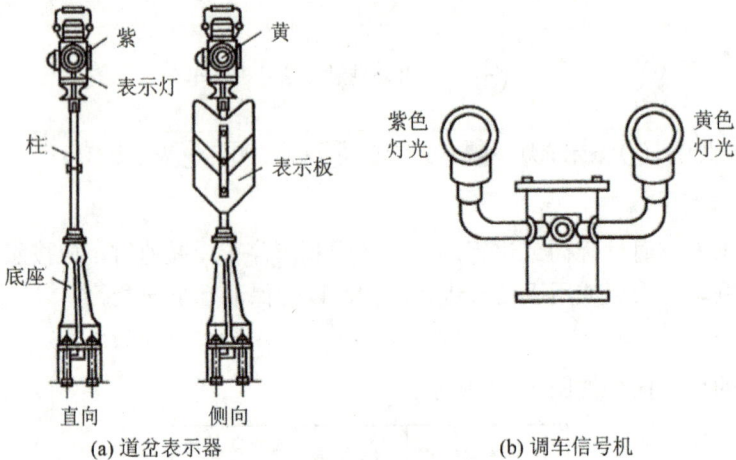

(a) 道岔表示器   (b) 调车信号机

图 5.1-6　信号表示器

2) 信号标志

信号标志设在铁路沿线,用来表明线路所在地点的某种情况或状态,以便司机和其他有关行车人员能够及时、正确地进行作业。例如,司机鸣笛标和作业标如图5.1-7所示。司机鸣笛标设在道口、大桥、隧道或视线不良地点的前方500～1000米处。司机见到这种标志时,应当鸣笛示警。

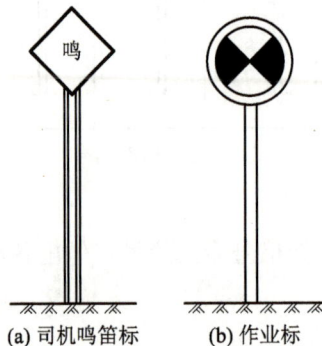

(a) 司机鸣笛标　　(b) 作业标

图 5.1-7　信号标志

第二节 车 站 联 锁

一、车站联锁概述

（一）联锁意义

车站联锁设备是保证车站内列车和调车作业的安全，以及提高车站通过能力的一种信号设备。在车站内，为列车进站、出站所准备的通路，称为列车进路；凡是为各种调车作业准备的通路，称为调车进路。一般每一列车进路、调车进路的始端都应设立一架信号机进行防护，以保证作业时的安全。

列车的进站、出站和站内的调车工作通常是根据防护每一进路信号机的显示状态进行的，而被防护的进路又是靠操纵道岔来排列的。因此，在有关信号机和道岔之间以及信号机和信号机之间应建立起一种互相制约的关系，才能保证车站的安全，这种制约关系称为联锁。为完成这种联锁关系而安装的技术设备称为联锁设备。

（二）联锁设备应满足的条件

联锁设备应满足下列几项要求：

(1) 当开放某一进路时，必须先将进路上的所有道岔扳到正确位置后，防护这一进路的信号机才能开放。

(2) 当防护某一进路的信号机开放以后，这一进路上的全部道岔应被锁闭，不能再扳动。

(3) 当某一进路的信号机开放以后，与之冲突的进路（两条或两条以上的进路，有一部分相互重叠或交叉，有可能发生列车或机车车辆冲突的进路）的信号机应全部被关闭，不能开放。

(4) 主体信号机开放前，预告信号机不能开放；在正线出站信号机开放前，进站信号机不能显示正线通过信号。

图 5.2-1 所示的是车站联锁设备的组成图。

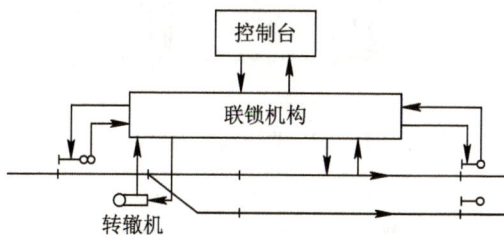

图 5.2-1 车站连锁设备组成图

值班员可以通过控制台上的各种按钮控制现场设备（信号机、道岔等），并通过控制台上的站场表示盘来监视现场设备的工作状态。车站联锁设备应能及时和迅速地排列进路并实现信号机和道岔之间的相互制约关系，同时还应能迅速和及时地使进路解锁。只有加速建立和解锁进路的过程，才能提高车站的通过能力。联锁设备分为集中联锁（继电联锁和计算机联锁）和非集中联锁。编组站、区段站和电源可靠的其他车站，有条件的均应采用集中联锁。在新建的铁路线上条件暂不具备时，可采用非集中联锁。

二、联锁种类

（一）继电联锁

继电联锁是在信号楼或车站值班员室内，使用继电器实现集中控制信号机和道岔的联锁设备。

由于联锁设备采用色灯信号机和电动转辙机，操作人员只需在控制台上按压按钮就能锁闭或解锁进路，并且采用了逐段解锁方式，从而缩短了进路建立和解锁时间，提高了车站通过能力。

1. 继电联锁的主要设备

1) 继电器

继电器是一种电磁开关，它是铁路信号设备中使用极多的一种电气元件，也是继电联锁设备中的主要元件。通过继电器可以控制道岔的转换、信号机的开关以及进路的锁闭与解锁等。

最简单的一种继电器是直流无极继电器，如图5.2-2所示。当电流通过线圈时，铁芯吸动衔铁，带动中簧片断开后接点而与前接点闭合；当电源切断后，铁芯失磁，衔铁因此自行释放，使中簧片断开前接点并和后接点闭合。继电器的前、后接点及中簧片都接有引线片，当引线片用导线连接到一个外部电路时，由于继电器的衔铁被吸动或复原，就可以达到控制这个外部电路的目的。这就是直流无极继电器工作的基本原理。

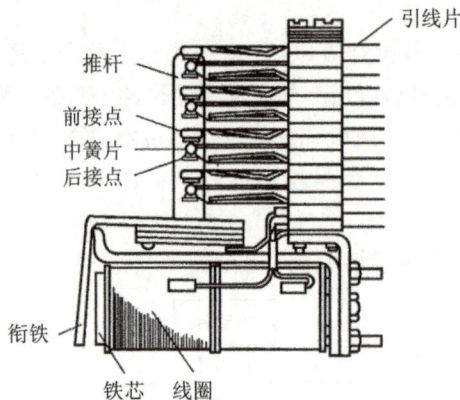

图 5.2-2　直流无极继电器

2) 电动转辙机

道岔尖轨转换位置是由转辙装置带动的。电动转辙机是以电动机带动的转辙装置，它可以实现正转或反转，从而使道岔具有两种不同的开通位置（开通直股或侧股）。采用电动转辙机的优点是道岔转换时间短、安全程度高，并且便于实现自动控制和远程控制。

3) 轨道电路

轨道电路是利用铁路的两条钢轨作为导线所构成的电气回路，它可以反映线路和道岔区段是否有车占用，以及钢轨是否完整。采用直流电源的轨道电路称为直流轨道电路，如图5.2-3所示。在直线段上，直流轨道电路主要由分界绝缘节、轨道电源、限流电阻、轨道继电器等组成。当轨道电路区段空闲时，电流从轨道电路电源正极经过钢轨进入轨道继电器，再经另一股钢轨回到电源负极。这时因轨道继电器衔铁吸起，使其后接点断开前接点闭合，信号机的电路就通过前接点闭合绿灯电路，使信号机显示绿灯，如图5.2-3(a) 所示。当轨道电路区段有车占用时，由于轮对的电阻很低，轨道电路被短路，轨道继电器衔铁被释放，用它的后接点闭合信号机的红灯电路，信号机显示红灯，表示轨道有车占用，如图5.2-3(b) 所示。钢轨折断时的情况与有车占用轨道时的相同。可以看出采用这种轨道电路时，当轨道电路的任一部分发生故障时均能导致轨道继电器失磁落下，使信号机显示红灯，从而保证了安全。

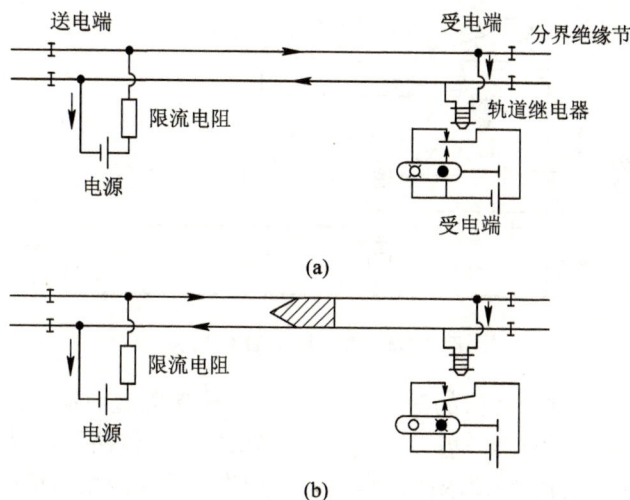

图 5.2-3　直流轨道电路示意图

4) 控制台

控制台设在车站值班员室内，它的正面装有照明盘，盘面上有全站股道平面图及各种进路按钮、道岔按钮和其他按钮等。需要办理进路时，按压控制台的模拟站场图上进路的始端按钮和终端按钮，就能将该进路中有关道岔转换到规定的位置，且防护该进路的信号机也自动开放。控制台上的主要表示器是光带和表示灯。它们的用途是正确反映室外监控对象的状态及线路运用情况，表示操作手续是否完成并反映继电器电路的工作状态，若发生故障则可及时发现故障发生地点。

2. 继电联锁的基本原理

图5.2-4 说明了利用继电器、轨道电路、电动转辙机(M)，实现道岔(9号)、进路和调车信号机 (D4) 之间的电气联锁的基本原理。

图中9号道岔以开通牵出线7号道为定位，调车信号机 D_4 由信号电器 (XJ) 控制，XJ_1、XJ_2、XJ_3 分别为 XJ 的三组接点，连接在三个不同的电路中。平时，XJ 中无电流通过，以它的第二组接点 XJ_2 断开月白灯电路，闭合蓝灯电路，D_4 在关闭状态。车站值班员按压信号按钮 (XA) 时能否使 D_4 开放，取决于9号道岔的定位表示继电器 (DBJ) 和道岔区段轨道表示继电器 (DGJ) 的前接点是否闭合。当道岔在定位而且尖轨密贴时 DBJ 吸起，在道岔区段无车占用时 DGJ 亦为吸起状态，即只有当道岔的位置正确且道岔区段上无车这两个条件同时具备时，按压信号按钮就会使信号继电器 XJ 吸起，调车信号机 D_4 实现开放。

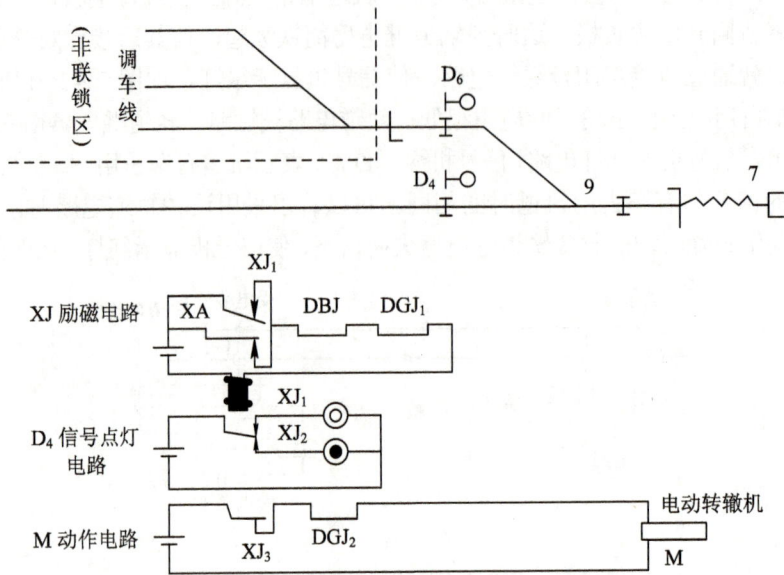

图 5.2-4 继电联锁基本原理

信号机 D_4 开放后，9 号道岔的动作电路则因 XJ 励磁吸起而被切断（通过 XJ_3），于是 9 号道岔被锁闭在定位，不能转动。这是符合"当防护某一进路的信号机开放后，进路上的所有道岔不得扳动"的联锁要求的。当调车车列进入这一道岔区段时，DGJ 失磁落下，切断了 XJ 的电路，因而调车信号机 D_4 便自动关闭（一般情况下，是在调车车列全部进入调车信号机内方后，才自动关闭信号）。但是还应注意，这时 9 号道岔仍处于锁闭状态（因这时电动转辙机 M 的动作电路仍被 DGJ2 所切断）。只有当调车车列全部驶离道岔区段的轨道电路时，DGJ 会恢复为吸起状态，9 号道岔才能解除锁闭状态。

3. 继电联锁的特点

(1) 采用轨道电路时，严格实现进路控制过程的要求具有较完善的安全功能，基本上能防止因违章或操作失误而造成危及行车安全的后果。

(2) 采用色灯信号机和电动转辙机时，操作人员仅需在控制台上按压按钮就能办理或取消进路。

(3) 进路的排列和解锁能自动进行，而且采用逐段解锁方式，大大缩短进路的建立和解锁时间，提高了车站"咽喉"的通过能力，改善了和行车有关人员的劳动条件。

（二）计算机联锁

随着铁路运输发展的需要和科学技术的进步，产生了更为先进的计算机联锁设备。计算机联锁是一种运用微型计算机对车站值班员的操作命令及现场表示信息进行逻辑运算，从而实现对信号机及道岔等进行集中控制的车站联锁设备。

1. 计算机联锁的硬件设备

计算机联锁的硬件设备包括控制盘、智能显示器、打印机、主机、现场信号设备、传输通道及电源等，其硬件组成如图 5.2-5 所示。

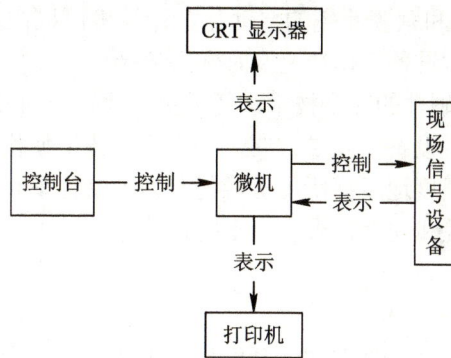

图 5.2-5　计算机联锁的硬件设备

2. 计算机联锁的软件设备

计算机联锁的软件设备一般应包括操作输入、状态输出、联锁处理、控制（命令）输出、表示输出、诊断与其他系统联系等模块。操作输入模块将操作人员的操作信息输入到计算机中；状态输入模块将室外监控对象的状态信息输入到微机中；联锁处理模块是实现联锁的部分，它是整个软件的核心；控制输出同状态输入、联锁处理三个模块构成了联锁程序。它们不仅应具有高度的可靠性，而且应具有高度的安全性。特别是它们要有通用性，以适应各种结构和不同规模的车站。表示（信息）输出的模块将各种表示信息传送给控制台或显示器；诊断模块是用来检测微机内部故障的；与其他系统联系的模块是用来与调度集中系统、微机检测及车站管理系统取得联系的。

3. 计算机联锁的操作方法

计算机联锁的操作方法与继电联锁相仿，车站值班员办理进路时，只需先按压进路的始端按钮，再按压终端按钮即可完成。此时计算机就执行操作输入程序和联锁处理程序。根据输入的按钮代码，从进路矩阵中查找出相应的进路，然后检查是否符合选路条件，只有完全满足选路条件后，程序才能转入选路部分。程序进入选路部分后，先检查对应道岔是否在规定位置，然后将需要变位的道岔转换位置，接着锁闭进路，并建立对应的运行表区。在执行信号开放程序中，根据运行表区内容，连续不断地检查各项联锁条件，每检查一遍且条件满足时输入一个脉冲信号开放周期，这些连续的脉冲信息经过处理后，使信号电路动作。当列车进入信号机后方且信号机关闭后，随着列车的运行，进路可顺序逐段解锁。

4. 计算机联锁的特点

(1) 因为使用计算机软硬件来实现联锁的逻辑关系，所以联锁设备动作速度快且信息量大，容易实现信号系统的自动控制和远程控制，可以扩大控制范围和增强控制功能。

(2) 设备体积小，机件重量轻，可节省信号楼的建筑面积，降低材料消耗和工程造价，同时也便于安装调试和维修。

(3) 采用了积木式的软件和硬件，通用性强，能适应站场的改建与扩建，在站场改扩建后无需变动联锁设备，必要时只需修改软件。

(4) 操作简便，提高了办理进路的自动化程度，减少了有关行车人员之间的联络，防止了误操作，从而提高了作业的安全和效率。

(5) 容易实现车站管理和联锁系统的自动化。计算机可以向旅客服务系统和列车运行监护系统等提供信息，并对设备工作情况及时做出记录显示并打印。

(6) 由于采用了软件和硬件的冗余技术，便于实现故障导向安全的要求。

计算机联锁是车站信号设备的发展方向，今后还有待于使执行器件电子化，使系统各组成部分标准化，并最大限度地发挥所用资源的潜力，使行车和调车以及操作和维修进一步自动化，使系统的可靠性和安全性进一步提高。

三、驼峰信号设备

在技术站特别是大编组站，调车驼峰是它们的主要设备。为了加速车列的解体和编组作业，提高作业的安全和效率，驼峰上采用了必要的信号设备。驼峰信号设备一般有驼峰信号机、道岔自动集中设备、车组溜放速度的调节与控制设备、各种操纵系统和通信联络设备等。在大编组站内通常都设有专门的驼峰信号楼，用以设置控制台、继电器室和电源室、车辆减速器的动力室等。驼峰值班员就在楼内通过操纵系统来指挥全场的调车作业。驼峰信号设备主要包括驼峰信号机、调车信号机、驼峰道岔自动集中设备、车辆溜放速度调节和控制设备等。驼峰信号及其设备如图 5.2-6 所示。

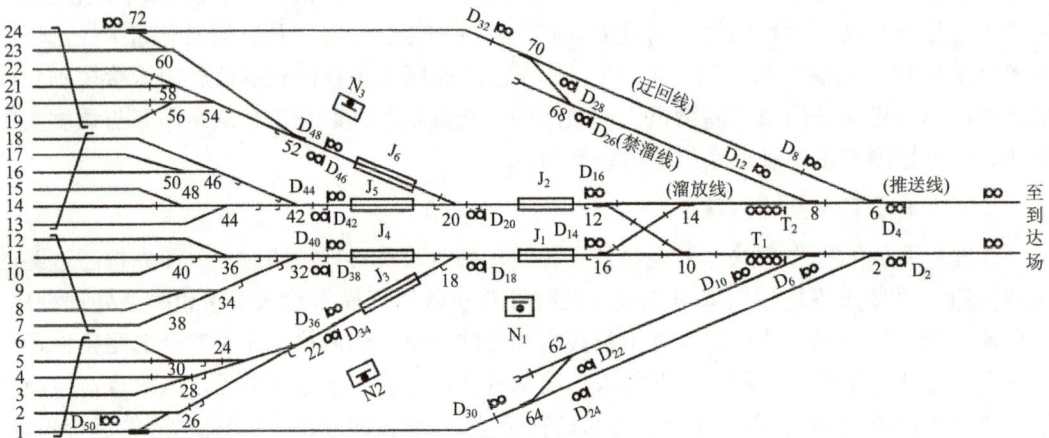

图 5.2-6　驼峰信号及其设备

第三节　区间闭塞设备

一、区间闭塞概述

闭塞设备是用来保证列车在区间内运行安全，并提高区间通过能力的区间信号设备。在单线铁路上，为防止一个区间内同时进入两列对向运行的列车而发生正面冲突，以及避免两列同向运行的列车（包括双线区间）发生追尾事故，铁路上规定区间两端车站值班员在向区间发车前必须办理的行车联络手续，称为行车闭塞（简称闭塞）手续。用于办理行车闭塞的设备叫闭塞设备。闭塞设备必须保证一个区间内，在同一时间里只能允许一列列车占用。行车的基本闭塞方法采用下列三种：

1. 半自动闭塞

此种闭塞需人工办理闭塞手续，列车凭出站信号机的显示发车，但列车出发后，出站信号机能自动关闭。

2. 自动站间闭塞

此种闭塞须与某种联锁设备结合使用，采用轨道检查装置自动检查区间空闲，发车站办理发车进路后自动构成站间闭塞，列车到达接车站或返回发车站并出清区间后，闭塞自动解除。

3. 自动闭塞

通过自动处理列车运行及闭塞分区的情况，实现信号机的自动变换显示，列车凭信号机的显示行车。随着列车速度的提高以及密度的加大，发展了移动自动闭塞技术。移动自动闭塞不需要将区间划分成固定的若干闭塞分区，而是通过地面处理机提供的与前行列车的间隔距离等信息，控制列车速度和自动调整运行间隔。这种方式可以提高区间内的行车密度，大幅度提高区间通过能力，是闭塞技术发展的方向。

二、半自动闭塞

半自动闭塞是我国铁路广泛采用的一种闭塞方式。采用半自动闭塞时，列车占用区间的行车凭证是出站信号机（线路所为通过信号机）的显示。只有当区间空闲，经办理闭塞手续后，出站信号机才能开放。需要指出，出站信号机既要防护列车区间运行的安全，又要防护出发列车在站内运行的安全。所以它既要受闭塞机的控制，又要受到车站联锁设备的控制，即受到双重设备控制。

1. 半自动闭塞设备

1) 闭塞机

采用半自动闭塞的区间两端车站内各设一台闭塞机、一段轨道电路和出站信号机，它们之间用通信线路相连接，用来控制出站信号机并实现相邻车站之间办理闭塞。半自动闭塞设备的组成如图 5.3-1 所示。闭塞机包括电源、继电器、操纵按钮、表示灯和电铃等设备。

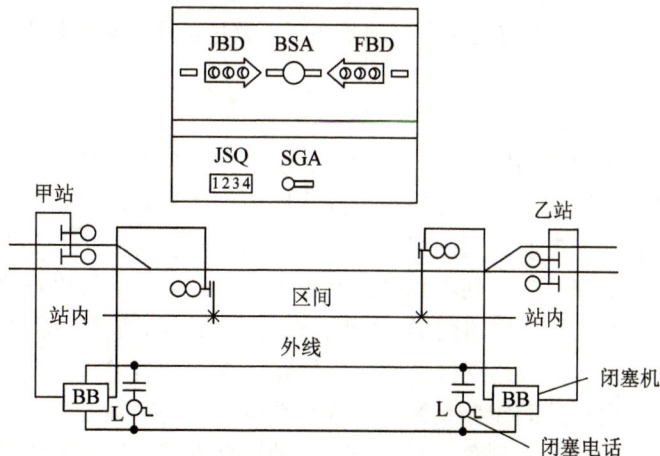

图 5.3-1　半自动闭塞设备的组成框图

2) 出站信号机

出站信号机是指示列车能否由车站开往区间的信号机，它受到闭塞机和车站联锁设备的双重控制。

3) 轨道电路

轨道电路应设在车站进站信号机内方的适当地点，用以监督列车的出发和到达，并使双方闭塞机的接发车表示灯有相应的显示。专用轨道电路的长度一般不少于 25 米。

2. 半自动闭塞工作原理

以图 5.3-1 为例来说明半自动闭塞的基本工作原理。现甲站—乙站区间空闲，由甲站向乙站发车。甲站值班员用接在通信线路中的专用电话 L 向乙站联系请求发车，乙站值班员接受请求后，甲站值班员可按下闭塞按钮，此时甲站发车表示灯亮黄灯，乙站的接车表示灯也亮黄灯。乙站值班员按压闭塞按钮，此时乙站接车表示灯由黄灯变为绿灯，甲站发车表示灯也由黄灯变为绿灯。甲站即可办理发车进路，开放出站信号机，列车从甲站出发。当列车驶入轨道电路区段后，甲站发车表示灯由绿灯变为红灯，出站信号机自动关闭。乙站接车表示灯也由绿灯变为红灯。此时甲站出站信号机不能再次开放，当然甲站就不能再向乙站发车了，由于区间处于闭塞，乙站也不能向甲站发车，这也就保证了该区间只准许有一列列车运行。

乙站为接车站，接到甲站已发车电话后，可将接车进路办妥并开放进站信号机。当列车接近乙站驶入轨道电路区段时，乙站发车表示灯与接车表示灯均亮红灯，表示列车到达。乙站值班员确认列车完整到达停妥后，将接车手柄恢复定位（进站信号机恢复定位），拔出闭塞按钮，表示灯即熄灭，乙站闭塞设备复原。甲站铃响，闭塞设备复原，就可以重新再办理发车了（注：闭塞机类型不同办理略有差异）。

3. 半自动闭塞的主要优缺点

采用半自动闭塞时，由于出站信号机受到对方站闭塞机的控制，因而在保证行车安全方面有一定的优越性。但是，当铁路的运量不断增大，要求进一步提高区间通过能力时，半自动闭塞也有局限性。特别当区间线路发生故障，钢轨折断时，半自动闭塞设备不能反映出故障，并且会将故障导向安全。因此，在一定条件下，必须采用自动闭塞来代替半自动闭塞。在我国铁路上，在单线区段内应采用半自动闭塞，在繁忙区段可根据情况采用自动闭塞。

三、自动站间闭塞

基于上述半自动闭塞的功能缺陷，必须增加区间空闲检查设备，并与半自动闭塞设备配套，自动检查区间占用或空闲，实现列车到达后的自动复原，构成自动站间闭塞。这是半自动闭塞的发展方向。自动站间闭塞不同于半自动闭塞，其不必人工办理闭塞和到达复原；它也不同于自动闭塞，其区间不划分闭塞分区，不设通过信号机。自动站间闭塞的区间检查设备有计轴器和长轨道电路两类。采用计轴技术的优越性在于能对长区间进行检查，具有较高的可靠性、安全性及适用性。在国外铁路应用这种技术较为普遍，因此在目前多采用计轴技术。计轴自动站间闭塞系统是在现有继电半自动闭塞设备的基础上，增加计轴设备、计轴专用电源、计轴检测盒、滤波器、计轴综合电缆、计轴与原继电半自动闭塞结合电路以及防雷设备等构成的。其系统构成框图如图 5.3-2 所示。

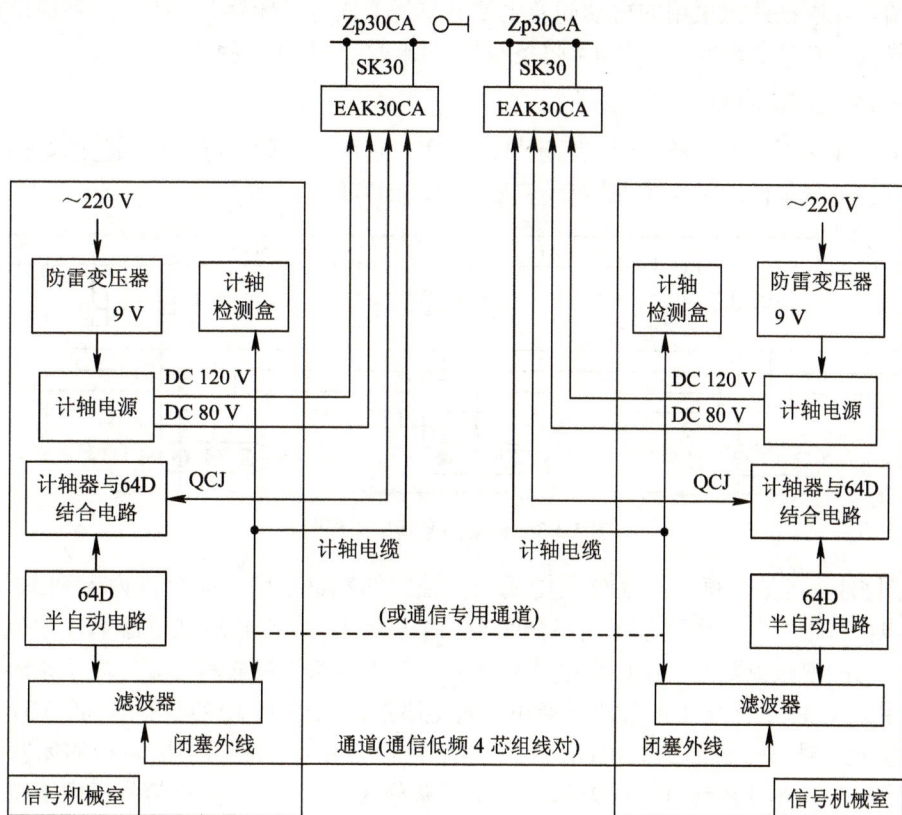

图 5.3-2 计轴自动站间闭塞系统框图

采用计轴器作为区间空闲与占用状态的检查设备，每个区间应安装两套，分别设在两站进站信号机内侧的 2～3 米处。计轴器通过设置在区间两端的计轴点，对驶入区间和驶离区间的列车轴数进行记录，并经过传输线路将各自的轴数传递到对方站进行校核。当两端所记录的轴数一致时，就认为列车完整到达，此时区间空闲，否则表示占用。未办理闭塞时，若有车溜入区间，则自动断开闭塞电路，并发出声光报警。计轴专用电源用于提供计轴器工作电源和动作区间轨道继电器的电源，也是点亮控制台表示灯的电源。计轴检测盒用于检测计轴设备工作状态，并提供计轴设备工作状态指示。计轴设备与原继电半自动闭塞相结合，应在每个区间电路的两端站各设一套。从而在计轴设备发生故障时，仍可使用半自动闭塞。

四、自动闭塞

自动闭塞是由运行中的列车自动完成闭塞任务的一种设备。将两个相邻车站之间的区间正线划分成若干个小段——闭塞分区（其长度一般为 1200～1300 米），每个分区的起点设置一架通过色灯信号机进行防护。由于闭塞分区内钢轨上装设有轨道电路，因而能够正确反映列车的运行情况和钢轨是否完整，并及时通过信号机显示出来，向接近它的列车指示运行条件，使得行车安全有了进一步的保证。因为通过色灯信号机的显示是通过列车运行自动控制的，不需要人工操纵，所以叫自动闭塞。

目前，我国铁路上采用的自动闭塞主要有单线双向自动闭塞（在线路两侧均设有通过色灯信号机）和双线单向自动闭塞（每条线仅一侧设信号机）两种。

1. 自动闭塞基本原理

目前，我国铁路上广泛采用三显示自动闭塞，它用红、黄、绿三种颜色的灯光来指示列车运行的不同条件。图 5.3-3 是双线三显示自动闭塞的基本原理图。

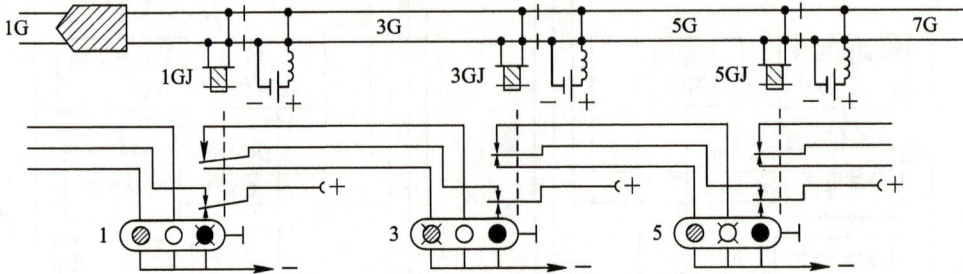

图 5.3-3　自动闭塞基本原理图

由图 5.3-3 可知，每一闭塞分区构成一个独立的轨道电路。当分区内无列车占用时，轨道继电器有电吸起。当列车在闭塞分区 1G 内运行时，由于轨道继电器 1GJ 被列车的轮对分路，它的前接点断开，继电器接通后接点，使 1 号信号机显示红灯，表示该闭塞分区有车占用。3G 内无车，使轨道继电器 3GJ 有电吸起，又因 1GJ 接点落下，使 3GJ 前接点闭合而接通 3 号信号机的黄灯电路，使 3 号信号机亮黄灯，表示它所防护的闭塞分区空闲，要求后行列车注意运行，前方只有一个闭塞分区空闲。5 号通过信号机由于轨道继电器 5GJ、3GJ 都在吸起状态，通过 5GJ 和 3GJ 的前接点闭合绿灯电路而亮绿灯，准许后行列车按规定速度运行，前方至少有两个闭塞分区空闲，其余的依此类推。

当线路上的钢轨折断时，由于轨道电路断电，继电器失磁释放衔铁，使信号机显示红灯，所以以此能更好地保证行车安全。

随着列车重量、速度和密度的不断增加，三显示自动闭塞已不能适应需要。在我国运输繁忙的铁路线上，已逐步采用四显示自动闭塞。此外，在今后修建的高速铁路上，将采用移动闭塞方式。

2. 四显示自动闭塞

当采用三显示自动闭塞时，两相邻列车至少要间隔二个闭塞分区才能保证在绿灯下运行。四显示自动闭塞需要间隔三个闭塞分区，其闭塞分区长度应为适应低速列车的制动距离，并在三显示自动闭塞红、黄、绿三种灯光的基础上再增加一种绿黄显示，如图 5.3-4 所示。

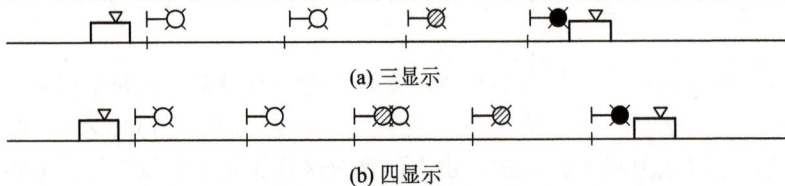

(a) 三显示

(b) 四显示

图 5.3-4　三显示与四显示自动闭塞的区别

四显示自动闭塞能预告列车前方三个闭塞分区的状态，要求高速列车按规定速度越过绿黄显示的通过信号机后必须减速，以便使列车在黄灯显示下运行时不大于黄灯所要求的允许速度，保证能在显示红灯的信号机前停车。而对于低速运行的列车来说，越过绿黄显示的通过信号机时，则不必减速。实际上对于低速列车来说绿黄显示的意义相当于绿灯显示，而对于高速列车来说是将两个闭塞分区作为一个制动距离来对待，将绿黄显示视为注意信号，在越过绿黄灯后准备在红灯前停车。这样可以解决线路上以不同速度运行的列车的行车要求。

3. 自动闭塞的主要优缺点

在自动闭塞区段中，相邻两个车站之间的正线划分成许多闭塞分区，可以同时有两列以上的同向列车占用，比其他闭塞制度提高了区间通过能力。同时，由于轨道上全部装设了轨道电路，当区间有列车占用或钢轨折断时，都可以自动地使信号机显示停车信号，能够更好地保证列车在区间内运行的安全。自动闭塞设备虽然比较先进，但比其他闭塞设备的初期投资要大得多，因此应当根据具体情况选用。在我国铁路上，双线区段应采用自动闭塞。

▶ 第四节　行车调度及列车运行控制系统

行车调度控制系统是行车调度员（或车站值班员）对其管辖区段范围内和车站联锁道岔和信号状态进行控制监督，并指挥列车运行的设备。列车运行控制系统是一种利用地面发送设备向运行中的列车传送各种信息，用以保证行车安全，提高行车效率的设备，它主要包括列车自动停车装置、机车报警、机车信号和列车速度自动控制等系统。

一、行车调度控制系统

行车调度控制系统包括调度集中系统和调度监督系统。

1. 调度集中系统

调度集中系统是将调度区段内各中间站（或大站上的部分区域）的继电联锁（或计算机联锁）及区间的自动闭塞结合起来，建立一个由列车调度员直接操纵的信号遥信与遥控的综合系统。调度员通过调度集中设备直接控制所管辖区段内各车站上的道岔和信号，办理列车进路，组织和指挥列车的运行，并能在调度所内直接了解现场道岔、信号和列车运行等情况。调度集中将信号的安全性和监控列车运行有机结合起来。调度员既能机动灵活地调整列车的运行，缩短中间站办理列车的到达和出发及通过作业的时间，从而提高了区段的通过能力；又可以防止命令传达上的错误，进一步提高行车的安全性，有利于改善劳动条件和提高劳动生产率。调度集中已成为铁路行车指挥自动化的基础设备。

调度集中系统的组成结构如图5.4-1所示。调度所内设有调度集中总机、控制台、表示盘、列车运行记录器等设备，每个车站均设有调度集中分机。在技术上，它的突出特点是除了由分机向总机传输现场信息外，还需由总机向分机传输电路操作命令，以实现对列车进路的控制。

调度集中总机是发送控制命令和接收分机传递来的状态信息的设备。它一方面要将调度员的控制命令编制成便于传递的信息，通过发送设备传送到传输线；另一方面接收传输线传来的表示信息，经译码后在表示盘上显示出各站信号、道岔、股道、列车运行状态，

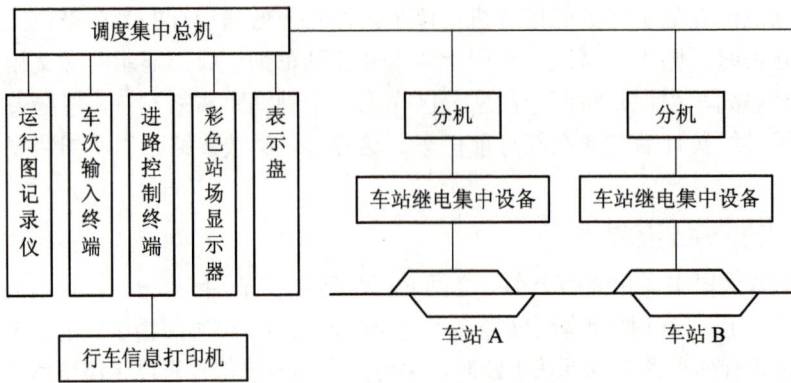

图 5.4-1　调度集中系统的组成结构

所以它是调度集中的核心。调度集中分机既是控制命令的接收、译码设备，又是表示信息的编制和发送设备。调度集中除可以集中控制外，列车调度员也可根据实际情况，向所管辖调度区段的车站调车作业下放控制权限，车站值班员在取得调度员的同意下，利用联锁设备的控制台对车站的道岔和信号机直接进行控制，称之为车站控制。

新一代的调度集中称为分散自律调度集中。它能自动生成列车阶段调整计划并下传至各车站的自律机，由自律机自主执行命令，即可对调度中心的控制指令和车站输入的控制指令进行自动排序，科学合理地解决中心控制与车站控制的矛盾，最大限度地实现调车作业的集中控制，解决了列车作业与调车作业的矛盾。

采用调度集中后能提高区段线路的通过能力，特别在单线区段采用调度集中可提高20%～24%的效率。此外，它在改善劳动条件、保证列车安全、促进行车指挥现代化以及实现中间站无人化作业方面，都将发挥重要作用。

2. 调度监督系统

调度监督是远动系统中属于分散目标的遥信系统，它是铁路行车调度工作中的一种辅助设备，在自动闭塞区段安装使用。调度监督设备在调度室内只设反映区间和车站线路情况的表示盘，调度员利用它可以及时了解区段内列车运行和车站到发线使用情况，为调度工作提供方便，但它只能监督现场设备的状况而不能进行直接控制。

二、列车运行控制系统

列车运行控制系统是一种利用地面发送设备向运行中的列车传送各种信息，使司机了解地面线路状态并控制列车速度的设备，用以保证行车安全，同时也能提高行车效率。列车运行控制系统包括列车自动停车装置、机车信号以及列车速度监督和控制等。依据不同的列车运行要求，安装不同的控制设备。列车自动停车和机车信号都可单独使用，也可以同时安装。列车速度监督和速度控制是机车信号和自动停车装置的进一步完善，是列车运行控制系统的高级阶段。

1. 机车信号及自动停车装置

1) 机车信号

机车信号是一种固定信号，信号机固定安装在司机室中，它的系统框图如图 5.4-2 所示。

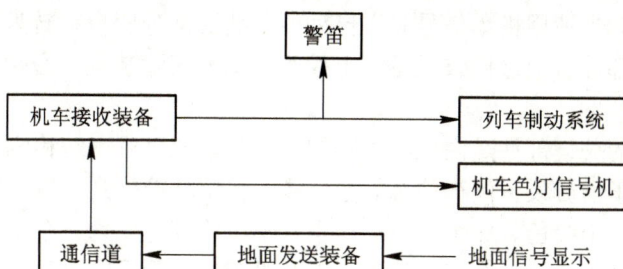

图 5.4-2　机车信号系统框图

按照从地面向机车传递信息方式的不同，机车信号分为连续式和接近连续式。连续式机车信号是指在某一区段线路上不间断地向机车传递信息，即能连续不断地把地面信号显示情况复示给司机。接近连续式机车信号是指从车站进站信号机外方大于列车制动距离以上的地点起，机车信号可连续复示进站信号机的显示，如图 5.4-3 所示。

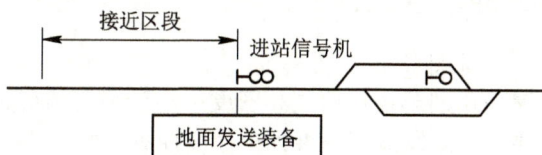

图 5.4-3　接近连续式机车信号装置设备示意图

连续式、接近连续式机车信号显示与地面信号的显示关系见表 5.4-1。

表 5.4-1　机车信号的显示方式

连续式(三显示)		连续式(四显示)		接近连续式	
机车信号机	地面信号机	机车信号机	地面信号机	机车信号机	地面信号机
○	○	○	○	○	○
⊘	⊘ 或 ○	⊘	○ 或 ○	⊘	⊘ 或 ○
⊘ 或 ⊘ 注①	⊘ 或 ⊘	⊘ 或 ⊘	○	⊘ 或 ⊘ 注②	○
⊗	●	⊗	⊗	⊗	●
●	已越过红灯信号机	⊗	●	●	已越过红灯信号机
◉	不复示地面信号机的显示	● ◉	已越过红灯信号机 / 不复示地面信号机的显示	◉	不复示地面信号机的显示

注：① 在交流计数制的自动闭塞区段为一个黄灯；② 用交流计数制式的轨道电路时为一个黄灯。

自动闭塞区段应装设连续式机车信号。非自动闭塞区段应装设接近连续式机车信号。

2) 自动停车装置

机车自动停车装置可与机车信号结合使用，也可单独使用。装设机车信号同时装设自动停车装置的机车，当使用机车信号时，自动停车装置部分应自动转为工作状态。列车自动停车装置的主要部件有信息接收设备、电控阀、动力切除装置、音响报警设备、警惕手柄和控制电器等。

自动停车装置的关键部件是由电磁控制的紧急制动放风阀，统称为电控阀。电控阀的输入端接收来自机车信号设备停车信息的电信号，输出端控制列车风管的放风阀门。当机车信号机的显示由一个绿色、一个黄色、一个双半黄色灯光变为一个半黄半红色灯光，或由一个半黄半红色灯光变为一个红色灯光，以及机车进入无码区段时，应及时发出音响警报。当单独使用自动停车装置时，在预告信号机至进站信号机和进站信号机至出站信号机之间，应发出周期音响警报。司机听到音响警报后，如果在7秒内不按压警惕手柄，自动停车装置上的电控阀就会自行开启，使列车制动主管迅速排风减压而施行强迫停车。列车自动停车后，机车司机必须办理解锁，方能继续运行。实践证明，自动停车装置对于行车安全起到了很重要的作用。在我国应用中的机车上，自动停车装置与机车信号和列车无线调度电话成了机车不可缺少的"三大件"。

2. 列车速度控制系统

随着铁路运输的发展，在列车运行速度和密度不断提高的情况下，保证运输安全的问题也越来越突出，进而要求必须发展和完善列车速度控制系统。

列车速度控制系统可分为列车超速防护系统、列车自动减速系统和列车自动运行系统。

1) 列车超速防护系统

列车自动停车能实现在地面信号显示禁止信号时，发出报警信号，如果司机失去警惕，系统能自动地使列车停车；如果当司机听到报警后虽然按压了警惕按钮，但没有采取制动措施时，自动停车装置将会失去作用，仍然会发生冒进信号的重大行车事故。因此，需要发展列车超速防护的功能。列车超速防护系统的功能是当运行中的列车收到某种速度信息后，与当时列车实际速度进行比较，若出现实际速度超越规定的允许速度，则给出声光报警，要求司机将速度降至允许速度以下；若判定司机已失去警觉或其他原因导致列车速度仍超过规定速度，则立即发出停车指令，迫使列车停车。

2) 列车自动减速系统

列车自动减速系统是比超速防护系统高一级的列车速度控制系统。它可以根据调度、线路及行车条件需要列车减速时，使列车速度自动地降低到规定值以下。

3) 列车自动运行系统

列车自动运行系统对列车运行速度可自动进行加、减速控制，实现由列车自动完成速度调整、自动定点停车及车门控制等功能。

第五节　铁路通信设备

一、铁路通信概述

铁路通信是为组织铁路运输、指挥列车运行和铁路业务联络而迅速、准确地传输各种信息的专用通信系统的总称。铁路通信具有点多线长、布局成网、多层次、多种类的特点。

随着铁路运输发展和技术进步，通信技术迅速发展，光纤通信、无线通信的应用，使得数字化和程控化已成为普遍趋势，铁路通信已从简单的报话通信发展到包含各种业务网的数据综合通信系统。铁路通信按传输方式可分为有线通信和无线通信两大类；按服务区域可分为长途通信、地区通信、区段通信和站内通信等；按业务性质不同可分为公用通信、专用通信、数据传输和多媒体通信等。

二、几种主要的铁路专用通信设备

（一）列车调度电话

列车调度电话供列车调度员与其管辖区段内所有的分机进行有关列车运行通话使用。在列车调度回线上，只允许接入与列车运行直接有关的车站值班员、车站调度员、机车调度员等的电话。列车调度电话的显著特点是调度员可以对个别车站呼叫，称为单呼；也可以对成组车站呼叫，称为组呼；或者对全部车站集中呼叫，称为全呼。列车调度员可以与车站互相通话，任何车站也可以方便地对列车调度员呼叫并通话。我国铁路采用音频选号调度电话，利用音频作为选叫信号，总机呼叫分机只要按下按键即可。调度电话总机的工作原理如图5.5-1所示。

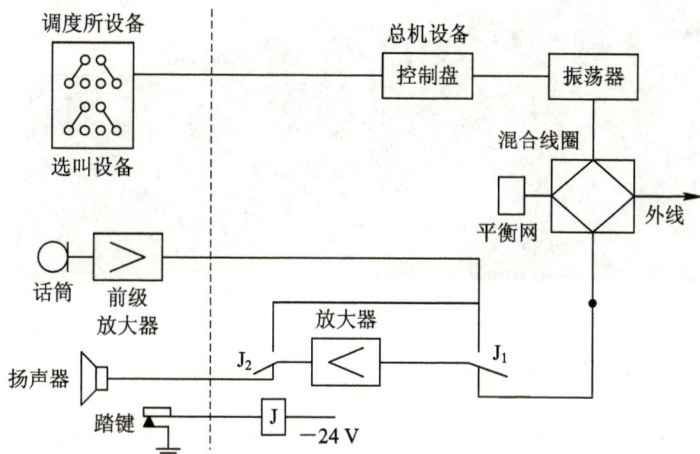

图 5.5-1　调度电话总机工作原理

调度员呼叫某一分机时，首先按压分机按钮，利用控制盘中的电子电话使振荡器起振，依次送出代表该分机的两个频率，通过混合线圈送向外线再传给分机。线路上各分机经过选频以后，只有符合这两个频率的一个分机振铃。在振铃期间有回铃信号通过外线回送到总机，经混合线圈、放大器至扬声器，使调度员听到回铃声，表示该分机已经呼出，即踏下踏键，使继电器J工作，继电器接点转换，这时调度员的话音电流经前级放大器放大，再经混合线圈送往外线，因此分机可以听到调度员的讲话。调度员停止讲话时，必须将踏键放开，使放大器处于原位，即定位受话状态，分机话音电流由外线、混合线圈、放大器至扬声器，因而调度员能听到分机的讲话。由于放大器单向工作，只能放大一个方向电流，放大相反方向的电流时必须将放大器换向，所以调度员讲话时必须踩下踏键。由于放大器在定位受话下工作，故将这种通话方式称为总机定位受话或操纵送话单工方式。调度员和分机不能同时发话，只能轮流对话。调度电话分机应能在接受总机选叫后立即振铃或发出音响，并能直接呼叫总机及进行通话。随着通信技术的发展，若采用数字编码信号选叫分机及采用程序控制，则是程控调度电话。因为程控调度电话选叫速度快、功能多、音质好，所以是铁路通信发展的方向。

(二)列车无线调度电话

列车有线调度电话仅供列车调度员和车站值班员之间进行通信联系，而列车无线调度电话(如图 5.5-2 所示)则可供列车调度员、机车调度员、车站值班员等调度指挥人员和列车司机相互通话。这对于提高运输效率，缩短运行时间，及时掌握和调整列车运行都有重大作用。列车在运行过程中，若发生临时故障或区间线路、桥梁出现异常现象时，司机则可以及时报告调度员或临近的车站值班员，也可直接通知临近区段的司机，以便及时采取措施，更好地确保列车安全。

图 5.5-2　列车无线调度电话

列车无线调度电话的组成如图 5.5-3 所示。

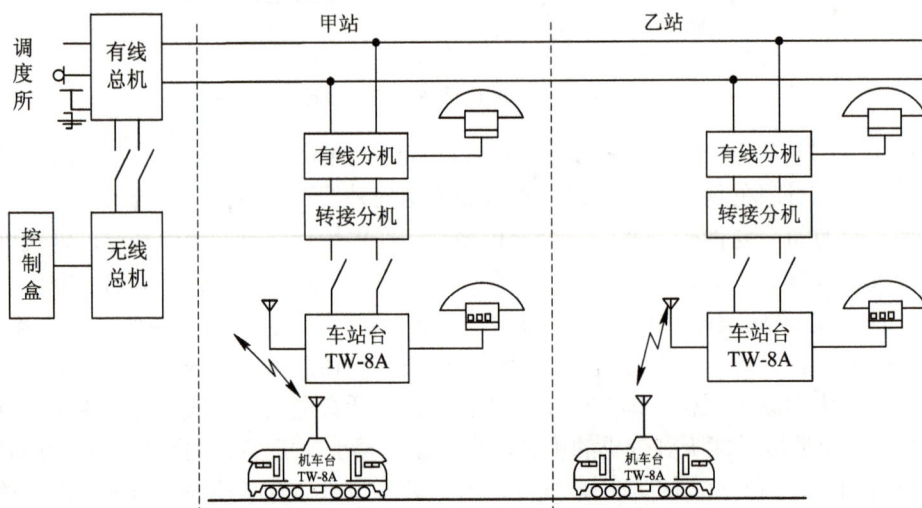

图 5.5-3　列车无线调度电话的组成

当车站值班员和司机通话时，车站值班员的话音电流经车站固定电台调制后的高频能量，通过天线变换为电磁波向周围区间辐射，于是被在此区间内机车上的电台所接收，就能实现通话联络。铁路局调度员呼叫司机时，要通过车站的有线通信转接无线通信设备把调度控制台和车站天线连接起来，从而发出电磁波来进行通话。司机呼叫路局调度员时，一种方式是自动转接，另一种方式是征得车站值班员同意后，由车站值班员按下专门的按钮，将车站的固定电台与调度所的通信线接通，然后司机才能和调度员谈话，以防止打扰路局调度员的工作。需要注意的是，机车电台只能在某区间内呼叫相应车站的电台，例如，机车在第二站与第三站间运行，只能和第二站或第三站的车站电台通话，而不能和第一站或第四站或调度所直接通话。

（三）专用电话系统

铁路专用电话系统是为铁路沿线各基层单位如车站、工区、领工区等相互间以及与基层系统的上级机构相互间联系使用的，它包括车务专用电话、电务专用电话、工务专用电话、会议电话等。

（四）地区电话

地区电话是为同一城市中各铁路单位相互之间公务联系用的电话，即铁路部门的市内电话。

（五）局线和干线长途电话、电报

局线长途电话、电报是为铁路局范围内各单位相互之间公务联系用的通信设备。干线长途电话、电报是为铁路总局和铁路局及各铁路局相互之间进行公务联系用的通信设备。

（六）铁路站场通信系统

铁路站场通信也是铁路专用通信的一部分，它主要是解决站场工作人员相互联系的通信设备，包括站场电话系统、站场扩音对讲系统、站场无线电话系统和客运广播系统。

三、几种常用通信设备

铁路常用的通信设备有自动电话、载波电话、电报光缆通信、微波通信等。现在，世界上又普遍发展起卫星通信。卫星通信是指利用人造地球卫星作为中继站转发或反射无线电波，在两个或多个地球站之间进行的通信。卫星通信也属于微波通信，因为它具有通信距离远、覆盖面积大、通信质量高等优点，所以人类发射卫星并利用卫星通信。卫星通信系统的灵活性强、可靠性高、成本低且使用方便，可以直接安装在用户端，可实现远距离计算机联网，具有很大的实用价值。

四、铁路数字移动通信系统 (GSM–R)

现有的无线通信系统主要为话音通信设计，其存在功能单一、频率利用低、多用户争抢信道、制式不统一等缺陷，不能适应技术发展和运输生产的需要。尤其是发展新一代调度集中和列车运行控制系统，需要高度安全可靠、快速接入的综合数字移动通信系统，以及透明、双向、大容量的车地安全和调度指挥的信息传输通道。为此，必须建设覆盖全路网的 GSM-R，推动有线调度通信系统与移动通信系统互相融合，形成调度通信、公务移动、信息传输、列车控制一体化的通信系统。GSM(Global System for Mobile Communications)是一种基于时分多址方式的数字移动通信系统，于 20 世纪 80 年代由欧洲提出，现已成为全球移动通信系统。GSM-R 是铁路专用的移动通信系统，是在 GSM 技术基础上增加铁路特殊业务的专用通信技术，GSM-R 也是列车自动控制的信息通道，车、地之间的信息通过无线通道进行传输，不需要轨道电路作为信息通道，不仅节省大量投资和减少维修工作量，而且使移动闭塞得以实现。

GSM-R 的结构如图 5.5-4 所示。该系统主要由网络交换子系统、基站子系统、智能网系统、通用分组无线业务系统、运行与维护子系统、终端(固定终端、调度终端、车站终端、用户电话机、移动终端等)和 SIM(用户识别)卡组成。网络交换子系统与基站子系统间用光纤连接。移动终端主要由车载台和手持台两类移动应用设备组成。车载台包括机车综合无线通信设备、列控机车无线通信设备、机车同步操纵无线通信设备和汽车车载台等。手持台包括作业手持台、通用手持台和调车手持台。其他移动应用设备还有移动调度台和固定移动终端等。GSM-R 业务为 GSM 业务和铁路特殊业务的综合，包括语音业务和数据业务。GSM-R 的语音业务包括点对点呼叫、组呼叫、紧急呼叫、广播呼叫、多方通信(会议)等。以铁路调度通信为例，语音业务包括列车、货运、牵引变电等调度通信，也包括站场、应急、施工养护和道口等专用通信。GSM-R 网络的引入，使铁路调度通信业务实现了传统的有线调度与无线调度的"两网合一"。GSM-R 的数据业务包括短消息、电路交换数据传输以及用于铁路安全型数据传输，例如列控信息、调车监控信息、机车同步操作控制信息等；分组交换数据传输主要用于通用型数据传输，例如调度命令、车次号、列尾信息的传送和进站停稳信息及接车进路信息的传送。根据需要还可用于旅客列车移动售票和旅客列车移动互联网服务，以及车站或编组场综合移动信息、机车工况信息、牵引工况信息、线路监测状态信息和 GSM-R 场强监视数据信息的传送等数据通信业务。

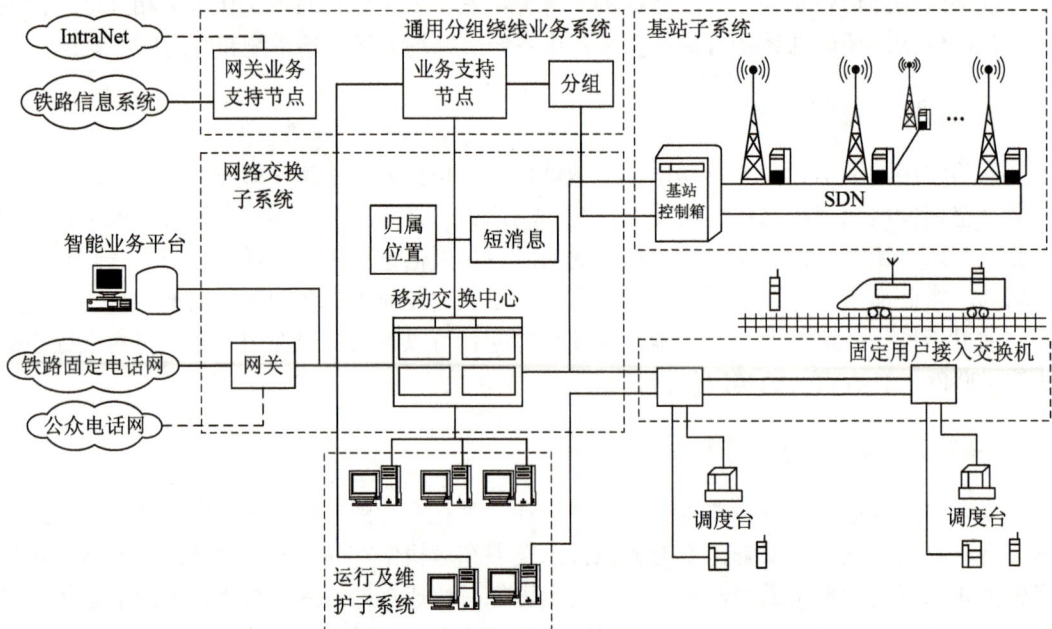

图 5.5-4　GSM-R 的结构示意图

本章练习

1. 简述铁路信号的作用与分类。

2. 简述几种主要固定信号机的设置地点及其显示意义。

3. 什么是联锁？

4. 联锁设备应满足的条件有哪些？

5. 计算机联锁的特点有哪些？

6. 行车基本闭塞方法有哪些？

7. 铁路专用通信设备有哪些？

第六章 城市轨道交通系统

学习目标

知识目标

掌握城市轨道交通的定义、特点与分类，掌握城市轨道交通系统的组成。理解并掌握城市轨道交通线路的分类、组成；掌握道岔的作用、分类与构造；掌握城市轨道交通车站的功能及不同的分类及组成；熟悉城市轨道交通车站的平面布局；熟悉城市轨道交通车辆的类型及机械组成；了解供电系统的组成及相关电气设备；了解城市轨道交通通信与信号系统。掌握城市轨道交通列车开行方案、车辆配备计划及列车运行图；理解城市轨道交通行车调度指挥的基本原则及行车指挥体系；掌握城市轨道交通客运组织的内容；理解城市轨道交通客运组织的特点及基本要求；掌握城市轨道交通客流分类；理解城市轨道交通客流分布不均衡特征；掌握城市轨道交通客流调查方法；掌握城市轨道交通乘客进站出站及换乘流程；熟悉车站客运服务流程，理解城市轨道交通票制与票价基本理论。

能力目标

能利用所学知识对城市轨道交通线路、车站及车辆进行类别划分；能对城市轨道交通相关设施设备的工作进行简单阐述与分析；会根据不同的原则与依据进行城市轨道交通客流分类；会进行城市轨道交通客流调查并进行分析；能在人口调查与分析的基础之上进行客流预测。

素质目标

通过对城市轨道交通在城市交通中的作用与地位的学习，培养学生对公共交通、绿色交通及城市交通可持续发展意识。结合城市轨道交通运输现状的讨论分析，引导学生思考城市轨道交通系统中的问题，从设施设备的角度出发讨论各问题的解决办法，培养学生创新思维。在进行客流数据的调查与分析时，应着重体现严谨认真、实事求是的科学精神。

本章导读

据有关新闻报道显示：2021 年 7 月 27 日，记者从成都轨道城投集团获悉，成都首个双站点 TOD 项目 (龙潭寺 TOD) 正式亮相，这是成都已公示的 TOD 项目中面积最大的一个，是继陆肖、双凤桥、梓潼宫、二江寺之后第 5 个亮相的成都 TOD 项目。

双站点 TOD 就是拥有两个地铁站点的 TOD 项目。龙潭寺 TOD 项目位于"中优"片区，占据主城东三环核心区位，在建的地铁 8 号线二期工程贯穿其中，项目内设有桂龙路站和桂林站两大站点，使得各城市功能组团可以更好地连接地铁，使大众出行更加畅通方便。不仅是 8 号线，而且往前一站还可以在同乐站换乘 9 号线，形成三站联动的公共交通格局。此外，成都轨道城投集团相关负责人介绍，龙潭寺 TOD 项目还有规划中的城际交通 S12 号线，连通新都、青白江、广汉、德阳，并且成华大道、三环路、绕城高速都在附近，构建形成了极为便捷的出行系统。

据了解，龙潭寺 TOD 项目定位为"文旅成华荟萃城市·公园城市乐活区"。一体化设计以桂龙路站、桂林站为两核，分别是以桂龙路站为核心的商业商务区，囊括城市综合体、高级专卖店、主题商业街、写字楼、酒店等；以桂林站为核心的生活配套区，涵盖街区公园、邻里中心、医院、学校、文化休闲、地下餐饮等。项目一体化设计范围约 3173 亩，是成都已公示的 TOD 项目中最大的一个。因为体量大、业态丰富以及开发周期较长，所以该规划分三期进行打造。成都轨道城投集团相关负责人表示，随着时间推移，龙潭寺 TOD 项目的价值将逐步发挥，全项目丰富的生活、生产、生态配套，将成为带动区域发展的核心引擎。

此外，"全场景城市"也是龙潭寺 TOD 项目的另一个标签。据悉，龙潭寺 TOD 项目将向外延伸链接龙潭总部新城。龙潭总部新城被赋予打造新经济产业集聚区的功能，围绕数字、智能、共享三大新经济形态，打造"千亿园区、总部新城"。目前，这里已聚集了 2000 余家新经济相关企业，2020 年，龙潭新经济产业功能区营收已逼近千亿元大关。链接龙潭总部新城的龙潭寺 TOD 项目，从某种程度上说，就是东进和中优战略下，主城又一块拼图的补足。

想一想

城市轨道交通作为城市公共交通的重要组成部分，你认为它的优势是什么？

第一节　城市轨道交通概述

一、城市轨道交通的定义、特点与分类

1. 城市轨道交通的定义

我国国家标准《城市公共交通常用名词术语》(GB 5655—1999) 中，将城市轨道交通又称为快速轨道交通 (Rail Rapid Transit)，其定义为通常以电能为动力，采取轮轨运转方式的快速大运量公共交通的总称。

实际上，城市轨道交通是一个包含范围较大的概念，在国际上并没有统一的定义。一般而言，广义的城市轨道交通是指以专用轨道导向运行为主要技术特征，城市公共客运交通系统中具有中等以上运量的轨道交通系统 (有别于公共汽车及出租车等形式的城市道路交通)。它主要为城市内的公共客运服务，是一种在城市公共客运交通中起骨干作用的现代化立体交通系统。

2. 城市轨道交通的特点

城市轨道交通是城市公共交通的骨干，它具有运量大、速度快、节能、安全可靠、污

染少、节约用地等优点,属绿色环保交通体系,符合可持续发展的原则,特别适合大中城市。

(1) 运量大。现代化的轨道交通由于先进科学技术的运用,使列车行车密度和单列载客能力都得到大幅度的提高,从而大大提高了城市轨道交通的运输能力,充分满足了城市大客流的需要。

(2) 速度快。列车采用先进的电动车主动力牵引方式,加上良好的线路条件和行车自动控制体系,列车快速运行能力得到安全保障,现代城市轨道交通系统的列车运行速度较以往有了很大提高。

(3) 节能。城市轨道交通为大运量客运系统,采用了多项高新技术,在客流得到保证的情况下,其运送乘客的人均能源消耗远远低于其他任何一种城市交通方式。

(4) 安全可靠。城市轨道交通线路一般采用立体交叉方式,与地面其他交通方式完全隔离,不受地面交通干扰;同时,城市轨道交通采用先进的信号安全系统来确保列车运行安全;其受气候条件影响小。因此,城市轨道交通是一种全天候的公共交通方式,其安全性和准点性高,是城市公共交通方式中可靠性最强的一种。尤其是在上下班高峰时段,气候条件恶劣的时候,其优势更加明显。

(5) 污染少。城市轨道交通一般采用电力牵引动力方式。列车以电力为能源产生动力,与以燃油为动力的交通工具相比,城市轨道交通没有废气污染,有绿色交通之称,而这正是现代城市可持续发展最为关注的问题。

(6) 节约用地。城市轨道交通大量采用立交形式,大大减少了对城市土地的占用,因为其运量大,所以乘客交通出行人均所占土地面积相对于其他交通方式更少。

城市轨道交通具有许多优点,适合交通拥挤的大中城市采用,但城市轨道交通也存在建设投入大、线路建成后不易调整、运营成本高等局限性。

(1) 建设投入大。城市轨道交通系统采用立交方式,建设要求高,施工难度大,设备技术标准高,线路建设一次性投资额巨大。

(2) 线路建成后不易调整。城市轨道交通线路的地下隧道、高架桥等都是永久性结构,建成后几乎没有调整的可能性。

(3) 运营成本高,经济效益有限。城市轨道交通系统的设备和设施科技含量高且标准要求高,因此日常维修保养费用也高,运营成本居高不下。由于城市轨道交通系统有较强的公益性,无法按运营成本核收票价,极易导致运营亏损,大多数城市的轨道交通系统依赖于国家与地方政府以及社会机构提供补贴。

3. 城市轨道交通系统的分类

城市轨道交通在发展过程中出现了许多不同的类型,按照不同的标准,城市轨道交通系统有不同的分类。

根据团体标准《城市轨道交通分类》(T/CAMET 00001—2020),城市轨道交通根据不同的分类依据可分为以下几种类别。

1) 按运输能力划分

城市轨道交通按照运输能力划分为大运能系统、中运能系统和低运能系统三类,其中,中运能系统细分为中大运能系统和中小运能系统。各分类的运输能力指标应符合表6.1-1的规定。

表 6.1-1　按运输能力划分的城市轨道交通分类

分类名称		运输能力/(人次/小时)
大运能系统		≥ 30 000
中运能系统	中大运能系统	15 000 ～ 30 000
	中小运能系统	10 000 ～ 15 000
低中运能系统		< 10 000

2) 按空间范围划分

城市轨道交通按照空间范围划分为城区轨道交通和市域轨道交通两类，各分类的技术特征应符合表 6.1-2 的规定。

表 6.1-2　按空间范围划分的城市轨道交通分类

分类名称	技术特征
城区轨道交通	主要服务于城市城区的通勤(学)、公务、购物、餐饮、文体娱乐、旅游休闲等多种出行目的。 主要服务于城区内部的客流需求，线路正线主要位于城区范围内
市域轨道交通	主要服务于城市市域或都市圈范围的通勤(学)、公务、旅游休闲等多种出行目的。 主要服务于城市市域或都市圈外围地区与中心城市城区之间联系的客流需求，线路正线主要位于城区以外的城市市域或都市圈范围

注：城市轨道交通系统具有城区轨道交通和市域轨道交通双重功能特征时，宜结合线路的主要功能，采用城市轨道交通正线在不同空间范围的长度占总长度的比例来划分。当位于城区范围内的城市轨道交通正线长度大于正线总长度的 50% 时，宜将其划分为城区轨道交通；当位于城区以外的正线长度大于或等于正线总长度的 50% 时，宜将其划分为市域轨道交通。城区的定义见《国务院关于调整城市规模划分标准的通知》(国发 [2014]51 号)。市域指城市行政管辖的全部地域。都市圈的定义见《国家发展改革委关于培育发展现代化都市圈的指导意见》(发改规划 [2019]328 号)。城区轨道交通亦称城区线，市域轨道交通亦称市域线。市域轨道交通的系统制式除市域快轨系统外，还有中低速磁浮交通系统、跨座式单轨系统等。

3) 按路权形式划分

城市轨道交通按照路权形式划分为全封闭系统、部分封闭系统和开放式系统三类，各分类的技术特征应符合表 6.1-3 的规定。

表 6.1-3　按路权形式划分的城市轨道交通分类

分类名称	技术特征
全封闭系统	城市轨道交通线路与其他交通方式以物理方式完全隔离，具有独立路权，与其他交通方式不存在混行
部分封闭系统	城市轨道交通线路的一部分区段与其他交通方式采用物理方式隔离，具有独立路权，与其他交通方式不存在混行；另一部分区段不采用物理方式隔离，共享路权，与其他交通方式按照相应规则混行
开放式系统	城市轨道交通线路与其他交通方式不采用物理方式隔离，共享路权，与其他交通方式按照相应规则混行

4) 按设计最高速度划分

城市轨道交通按照设计最高速度划分为快速轨道交通和普速轨道交通两类，其中，快速轨道交通细分为 A、B 两级。各分类的技术特征应符合表 6.1-4 的规定。

表 6.1-4　按设计最高速度划分的城市轨道交通分类

分类名称		设计最高速度 /（千米 / 小时）
快速轨道交通	A	＞ 120
	B	100 ～ 120
普速轨道交通		＜ 100

注：城市轨道交通的设计最高速度宜在 60 千米 / 小时、70 千米 / 小时、80 千米 / 小时、100 千米 / 小时、120 千米 / 小时、140 千米 / 小时、160 千米 / 小时、200 千米 / 小时 8 个速度等级中选用。快速轨道交通亦称快线，普速轨道交通亦称普线。

5) 按系统制式划分

城市轨道交通按照系统制式划分为地铁系统、市域快轨系统、轻轨系统、中低速磁浮交通系统、跨座式单轨系统、悬挂式单轨系统、自导向轨道系统、有轨电车系统、导轨式胶轮系统、电子导向胶轮系统等 10 类，各分类的技术特征宜符合表 6.1-5 的规定。

表 6.1-5　按系统制式划分的城市轨道交通分类

分类名称	技术特征					
	运输能力 /（人次 / 小时）	设计最高速度 /（千米 / 小时）	路权形式	敷设方式	车辆类型	列车最大长度 / 米
地铁系统	≥ 30 000	80 ～ 120	全封闭	地上或地下	A、AS、B、Lb 型车	185
市域快轨系统	≥ 10 000	120 ～ 200	全封闭	地上为主	市域 A、市域 AS、市域 B、市域 D 型车	185
轻轨系统	15 000 ～ 30 000	80 ～ 120	全封闭	地上为主	B、C、Lc 型车	100
	10 000 ～ 15 000	70	部分封闭	地上为主	C、Lc 型车	75
中低速磁浮交通系统	10 000 ～ 30 000	80 ～ 200	全封闭	高架为主	短定子直线异步电机磁浮车辆	120
					长定子直线异步电机磁浮车辆	
跨坐式单轨系统	10 000 ～ 30 000	80 ～ 120	全封闭	高架为主	单轨 A、单轨 B、市域单轨车	120
悬挂式单轨系统	5 000 ～ 15 000	60 ～ 80	全封闭	高架为主	悬挂式单轨车辆	75
自导向轨道系统	5 000 ～ 20 000	60 ～ 80	全封闭	高架为主	自导向轨道车辆	75

分类名称	技术特征					
	运输能力 / （人次 / 小时）	设计最高速度 / （千米 / 小时）	路权形式	敷设方式	车辆类型	列车最大 长度 / 米
有轨电 车系统	5000 ～ 12 000	60 ～ 70	开放式或 部分封闭	地面为主	钢轮钢轨低地板车辆	75
					胶轮车辆	60
导轨式 胶轮系统	5000 ～ 12 000	60 ～ 80	全封闭	高架为主	胶轮车辆	75
电子导向 胶轮系统	5000 ～ 12 000	60 ～ 70	开放式或 部分封闭	地面为主	胶轮车辆	60

　　注：反映城市轨道交通系统制式的技术特征应至少包括运输能力、设计最高速度、路权形式、敷设方式、车辆类型和列车最大长度，技术特征之间应相互协调、匹配，系统制式应采用上述全部技术特征进行界定。有轨电车系统除宜符合表中的技术特征外，还宜采用驾驶员瞭望驾驶模式。在道路上与其他交通方式混行的城市轨道交通系统，应符合道路交通法规的规定。地铁系统车辆类型的信息见 GB/T 7928、GB/T 32383、CJJ/T 298 和 T/CAMET 01001 的内容。市域快轨系统车辆类型的信息见 GB/T 37532、T/CAMET 01001 的内容。轻轨系统车辆类型的信息见 GB/T 7928、GB/T 23431、GB/T 32383 和 GB/T 51263 的内容。中低速磁浮交通系统短定子直线异步电机车辆类型的信息见 CJJ/T 375 的内容。跨座式单轨系统车辆类型的信息见 GB 50458、CJ/T 287 和 T/CAMET 01001 的内容。自导向轨道系统车辆类型的信息见 CJJ/T 277 和 CJ/T 366 的内容。有轨电车系统钢轮钢轨低地板车辆类型的信息见 CJ/T 417 的内容。表中技术特征指标是本文件的推荐值，本文件不排斥各系统制式有超出本文件推荐的技术特征指标范围的案例存在。

二、城市轨道交通系统的组成

　　城市轨道交通系统由一系列相关设施组成，这些设施包括车辆、线路、车站、供电、通信信号以及环控系统等，各系统协同合作为用户提供满意服务。线路、轨道、车站、车辆、供电系统、通信信号系统和环境控制系统是城市轨道交通系统的基本构成。

1. 线路

　　线路敷设方式应根据城市整体规划和地理环境条件因地制宜选择，一般在城市中心地区采用地下线，其他地区在条件许可时采用高架线或地面线。

　　城市轨道交通线路按其在运营中的作用，分为正线、辅助线和车场线。正线是车辆载客运行的线路，行车速度高、密度大，要保证行车安全和乘坐舒适，线路标准要求高；辅助线是为了保证正线运营而配置的线路，速度要求和线路标准较低；车场线是供车辆检修作业用的线路，行车速度较低，线路标准只要求满足场区作业即可。

2. 轨道

　　轨道是列车运行的基础，直接承受列车荷载，并引导列车运行。轨道结构是城市轨道交通系统的重要组成部分，一般由钢轨、扣件、轨枕、道床、道岔及其他附属设备组成。

为保证列车的安全运行和乘坐舒适,轨道结构应具有足够的强度、稳定性、耐久性、绝缘性和适量弹性,且养护维修量小。

3. 车站

车站是旅客乘降的场所,也是城市轨道交通面向公众开放的窗口。车站的规模、设施先进程度、服务水平也反映了城市的综合实力和科技发展水平。

车站按运营性质可分为中间站、尽头站、换乘站和折返站;按结构形式可分为地下车站、地面车站和高架车站;按车站与轨道的相对位置又可分为岛式站台车站、侧式站台车站和岛侧混合式站台车站。

4. 车辆

城市轨道交通车辆主要是指地铁车辆和轻轨车辆,它们是城市轨道交通系统中最重要的设备,也是技术含量最高的机电设备。作为旅客运载工具,不仅要保证车辆运行安全、可靠、快速,而且应考虑乘客的舒适和方便程度,还要满足公共交通所需的大容量。

车辆可分为动车、拖车以及带司机室、不带司机室等多种形式。车辆无论是动车还是拖车,主要由车体、转向架、牵引缓冲装置、制动装置、受流装置、车辆内部设备、车辆电气系统等几部分组成。

5. 供电系统

电能是城市轨道交通系统必须的能源,几乎所有的设备都离不开电力供应,一旦供电中断,整个城市轨道交通运输将陷入瘫痪状态。安全可靠的供电系统是城市轨道交通系统正常运营的重要条件和保证。

供电系统一般包括牵引供电系统和动力照明供电系统。牵引供电系统为电动车辆运行提供电能,由牵引变电所和牵引网组成;动力照明供电系统提供车站和区间的各类照明、扶梯、风机、水泵等动力机械设备电源,以及通信、信号、自动化等设备电源,其由降压变电所和动力照明配电线路组成。

6. 通信信号系统

城市轨道交通具有高速度、高密度、短间隔的特点,其信号系统从传统的以地面信号为主,发展到自动监控列车速度和自动调整列车追踪间隔的方式。信号系统按功能分为自动闭塞、联锁、列车自动监控系统、列车自动防护系统和列车自动运行系统等几个部分。

城市轨道交通具有自成体系的独立完整的内部通信网,它由光纤数字传输系统、数字电话交换系统、闭路电视系统、无线调度系统以及车站广播系统等组成,以保证迅速、准确、可靠地传递和交换语音、图像等数据信息。

7. 环境控制系统

城市轨道交通环境控制系统(简称环控系统)是城市轨道交通系统的重要组成部分,它关系到乘客旅行安全和旅途心情。早期地铁在隧道内运行较少考虑环境问题,乘客必须忍受高温、高湿及污浊的空气。随着经济和社会发展水平的提高,乘客对乘车环境有了更高要求,地铁系统中开始增设环控系统,环控系统主要包括地铁通风、空调和采暖等设备。

第二节　城市轨道交通设施设备

一、城市轨道交通线路

（一）线路的定义与选择

1. 城市轨道交通线路的定义

城市轨道交通线路是城市轨道列车运行的基础设施，是城市轨道交通系统的基本组成部分。大多数国家和地区采用两根钢轨支撑列车运行的轮轨交通系统。

2. 城市轨道交通线路的选择

线路的走向和设计必须考虑以下因素。

(1) 线路的地位及作用：考虑修建它的目的。

(2) 客流分布与客流方向：线路的走向应和城市主要客流方向保持一致，起讫点应该是线路客流的主要集散地，如机场和车站等。中间站应设在主要道口、商业区及体育场所附近等。

(3) 城市建设与城市交通规划：换乘站与枢纽站要与城市总体规划相一致，方便各种交通互相衔接。

(4) 地质地貌及地下管网设施：对线路的途中走向进行仔细勘察、全面考虑、认真选择，并做适当调整。

(5) 城市轨道交通的施工与运营：应考虑可行性，线路力求顺直，大曲线半径应合理铺设辅助线，并保证一定的舒适度及符合有关设计规范的要求。

（二）城市轨道交通线路的分类

1. 按线路与地面的位置关系分类

城市轨道交通线路按其与地面位置的关系可分为地下线路、地面线路和高架线路三类线路。

1) 地下线路

地下线路常用于地下铁道系统，线路置于地下隧道中。其优点是与地面交通完全分离，且不占城市地面与空间，不受气候影响。其缺点是需要较大的一次性投资，较高水平的施工技术，较先进的管理，以及完善的环控、防灾措施与设备。其建设过程会影响地面交通，运营成本较高，改造调整与线路维护均较困难。地下线路一般选择在城市中心繁华地区，这是对城市环境影响最小的一种线路敷设方式。

根据线路与城市道路的关系，城市轨道交通地下线路的平面位置主要有线路位于道路规划红线范围内和线路位于道路规划红线范围外两种情况。道路红线是指道路用地的边界线。如图 6.2-1 所示，图中的 A、B、C 分别代表城市轨道交通地下线路的几种位置。

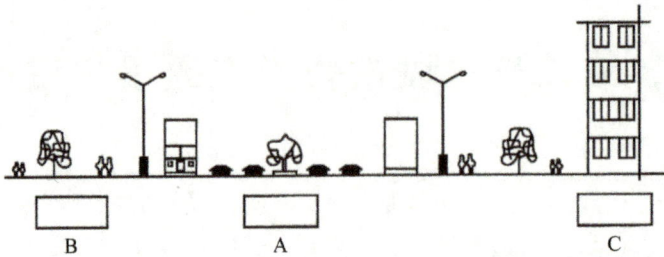

图 6.2-1　城市轨道交通地下线路类型

A 位置：城市轨道交通线路位于道路中心，对两侧建筑物影响小，地下管网拆迁较少，有利于减少曲线数量，线路可截弯取直，并能适应较窄的道路红线宽度。但若采用明挖法施工则破坏了现有道路路面，对城市交通干扰较大。

B 位置：线路位于规划的慢车道和人行道下方，虽然在施工时能减少对城市交通的干扰和对机动车道路面的破坏，但是它离建筑物较近，市政管线较多且线路不易顺直，需结合站位的设置统一考虑。

C 位置：线路位于道路规划红线以外，是在特殊情况下采用的一种线路位置。若线路从已有多层、高层房屋等建筑下面通过，则不仅施工复杂、难度大，而且造价高昂，所以选线时要尽量避免。若线路位于待拆的已有建筑物下方，则对现有道路及交通基本上无破坏和干扰，地下管网也极少。

城市轨道交通地下线路位于道路范围之外时，虽然可以缩短线路长度、减少拆迁和降低工程造价，但是必须具备以下条件。

(1) 沿线区域地质条件好，基岩埋深很浅，隧道可以用矿山法在建筑物下方施工。

(2) 沿线区域为城市非建成区或广场、公园、绿地 (耕地) 等。

(3) 沿线区域为老的街坊改造区，可以与城市轨道交通同步规划设计，并能按合理施工顺序进行施工。

2) 地面线路

地面线路的优点是造价低，施工简便，运营成本低，线路调整与维护方便；缺点是运营速度难以提高 (有部分信号控制的平面交叉点)，占地面积较多，破坏城市道路路面，使城市道路交叉口复杂化，容易受气候影响 (如雨、雪、雾、台风等)，乘车环境难改善，有一定的污染等负效应 (如噪声、景观等)。

在城市道路上设地面线一般有两种位置，一种是在道路中心带上，另一种是在快车道一侧，如图 6.2-2 所示。

城市轨道交通地面线路位于道路中心带上，带宽一般为 20 米左右。当城市快速路或主干道的中间有分隔带时，地面线路设于该分隔带上，不阻隔两侧建筑物内的车辆按右行方向出入，不需设置辅路，这有利于城市景观及减少城市轨道交通噪声干扰。其不足之处是乘客需通过地道或天桥进入城市轨道交通站台。

城市轨道交通地面线路位于快车道一侧，带宽一般为 20 米左右。当城市道路无中间分隔带时，该位置可以减少道路改移量。其缺点是需要在快车道另一侧修建辅路，增加了道路交通管理的复杂性。

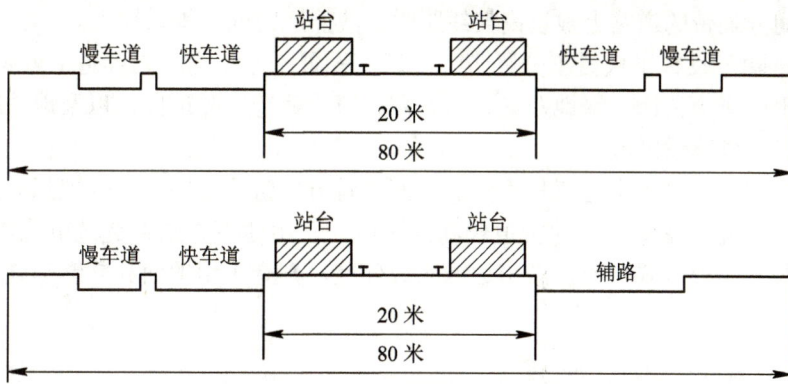

图 6.2-2 地面线路设置示意图

城市轨道交通地面线路应尽量采用专用道的形式，两侧设置护栏，防止行人和车辆进入，以保证列车快速安全运行。线路通过市区繁忙路口时，要求采取立体交叉方式，在次要路口且行车密度低时，可考虑设平交道口，交通信号灯应给予优先通行。当道路范围之外为江、河、湖、海岸滩地以及不能用于建设居住建筑的山坡等地时，可考虑将城市轨道交通线路布置于这些地带上，但要充分考虑路基的稳固与安全。

3) 高架线路

高架线路作为城市轨道交通中一种重要的线路敷设方式，不但保持了专用道的形式，而且占地较少，对其他城市交通干扰也较小。高架区段中的高架桥是永久性的城市建筑，结构寿命要求为 100 年。高架线在城市中穿越时一般沿道路设置，并结合规划道路的横断面考虑，设于道路中心或快慢车行道的分隔带上，如图 6.2-3 所示。

图 6.2-3 高架线路设置示意图

高架线路设在高架工程结构物上，与地面交通无干扰，造价介于地下线路与地面线路之间，在施工、维护、管理、环控以及防灾等方面都较地下线路方便，但要占用一定的城市建设用地，还有光照、景观、噪声等负效应，同时也受气候变化的影响。

高架线路虽然造价适中，且与地面交通无干扰，但也有以下三方面的缺点：

(1) 对市区景观有影响，可能破坏市容；

(2) 运营时产生的噪声等污染对周围环境有不良影响；

(3) 对沿线居民的隐私权有所侵犯，易引起某些纠纷。

高架线路的平面位置选择较地下线严格，受城市建筑约束大，一般要与城市主路平行设置。高架线路设置于快慢车分隔带上时，可充分利用道路隔离带，减少高架桥墩柱对道路宽度的占用和改建，高架桥墩柱位置要与道路车行道配合，一般宜将桥墩柱置于分隔带上。在无中间分隔带的道路上敷设高架线路时，改建道路的工程量较大。

高架线路除可设置于快慢车分隔带上，还可设置于慢车道、人行道上方及建筑区内，但它仅适用于广场、公园、绿地及江、河、湖、海岸线等空旷地段，以及地铁高架线路与旧房改造同步规划建设区域。

在同一城市，可采用上述三种不同的空间布置方式敷设线路。较为理想的方式是在市中心人口密集、建筑密集、土地价值较高的区域，采用地下方式设置城市轨道交通线路，也可适当布置为高架方式；而在城市边缘区或郊区，则宜采用地面独立路基或一般路面路基的方式。

2. 按线路在运营中的作用分类

城市轨道交通系统线路整体布置的基本模式如图 6.2-4 所示。按线路在运营中的作用可分为正线、辅助线和车场线。

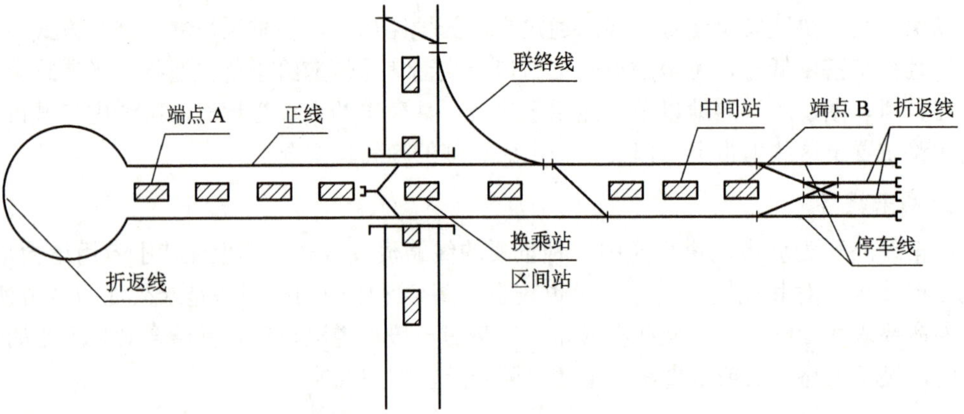

图 6.2-4　线路整体布置的基本模式

1) 正线

正线是指连接所有车站并贯穿运营线路始终点，以供车辆日常运行的线路。城市轨道交通正线是独立运行的线路，大多数线路为全封闭式，一般按双线设计，采用上下行分行，实行右侧行车制，以便与地面交通的行车规则相统一（世界上除了英联邦国家、日本等部分国家外，绝大部分国家的城市道路交通均实行右侧行车规则）。

正线行车速度快、密度大，且要保证行车安全和乘坐舒适，因此线路标准要求也高。线路与其他交通线路相交处，一般采用立体交叉方式。在特殊条件下（如运营初期），两条线路或交通方式的运量均较小且经过计算通过能力满足要求时，也可考虑采用平面交叉方式。

2) 辅助线

辅助线是指为列车进行折返、停放、检查、转线及出入段作业所设置的线路。辅助线包括车辆段出入线、停车场出入线、车站配线（存车线、渡线、折返线）及两线路之间的联络线。辅助线是城市轨道交通系统的重要组成部分，直接关系到系统运营组织的效率。例如，列车在正线上运行时，若突然出现故障，而上下行线路没有岔道时，则列车既不能改变方向，也不能超越，便有可能造成全线瘫痪。为了在运营时段意外事故发生后能迅速进行抢修，每相隔 2～3 个车站应选择一处设置渡线和临时停车线等辅助线，以便特殊情况下应急使用。

(1) 折返线。折返线是在线路两端终点站 (对于环线，也需要设两个"终点站") 或者准备开行折返列车的区间站之间，供运营列车往返运行调头时而设置的线路。

城市轨道交通线路一般都较长，全线的客流分布不太均匀，这时可组织区段运行。区段运行是指列车根据运行调度的要求，在尽端站与中间站或中间站与中间站之间进行列车调头折返运行。因此在这些地方需要设置折返线，折返线的形式应能满足折返能力的要求。折返线除了供运营列车往返运行时的调头转线使用外，有些也可以作为夜间存车使用。

折返线形式很多，根据不同的折返方法可分为以下两种。

① 环形折返线。如图 6.2-5 所示：将端点折返作业转化为沿一个环形单线区段运行的作业。一般适用于线路较短、线路延伸可能性较小且该端点站又往往在地面的情况。

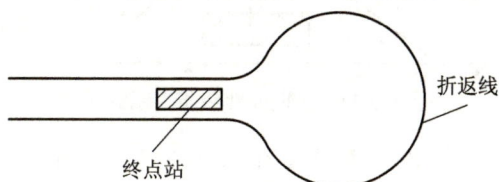

图 6.2-5　环形折返线

② 尽端折返线。尽端折返可分为单线折返 (如图 6.2-6 所示)、双线折返 (如图 6.2-7 所示) 和多线折返 (如图 6.2-8 所示) 等不同布置方法。利用尽端折返，弥补了环线折返的不足，使端点站既可有效组织折返 (如双折返线可明显降低折返时间)，又可备有停车线供故障停车、夜间停车等作业使用。其对于线路延伸也十分方便，比较适合于地下结构的端点站，以及线路较长或有延伸可能、土地不宜多占用的情况。

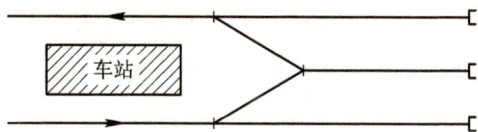

图 6.2-6　单线折返

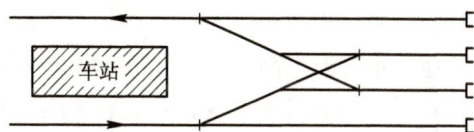

图 6.2-7　双线折返

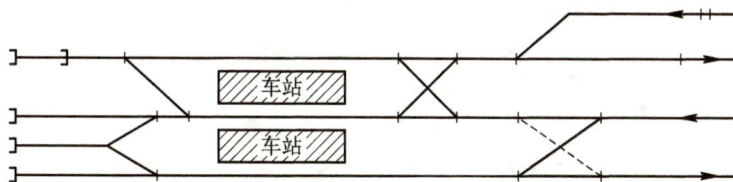

图 6.2-8　多线折返

(2) 渡线。渡线是指用道岔将线路上行线、下行线及折返线连接起来的线路。渡线有单渡线 (如图 6.2-9 所示) 和交叉渡线 (如图 6.2-10 所示) 两种。渡线单独设置时，用来临时折返列车，增加运营列车调度的灵活性。渡线与其他辅助线合用时，能完成或增强其他辅助线的功能。

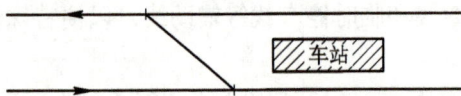

图 6.2-9　单渡线

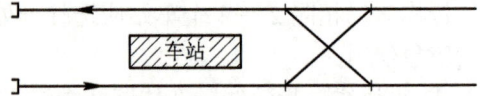

图 6.2-10　交叉渡线

很明显，利用渡线折返需要修建的线路最少，可使投资降低。然而，列车进出车站与折返作业会受到严重的干扰，尤其是在区间站利用渡线进行区间列车折返 (如图 6.2-11 所示) 时，需占用正线进行作业，故对运营管理要求十分严格，且列车运行间隔时间受其制约需放大，会导致线路通行能力下降，安全可靠性存在隐患。因此，在列车运行速度较高、运行间隔时间较短 (即发车频率较高)、运量较大的线路不宜采用此类办法。

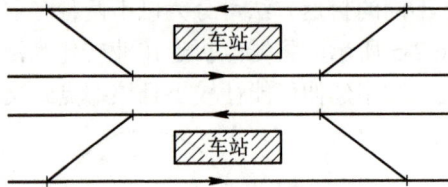

图 6.2-11　区间站渡线折返示意图

(3) 临时停车线。临时停车线一般设置在端点站或专门用于停车并进行少量检修作业的尽端站。城市轨道交通线路运输量大，列车运行间隔较短，在运营过程中，列车可能会发生故障，为不影响后续列车运行，一般在线路沿线每隔 3 ～ 5 个车站的站端加设渡线或临时停车线。渡线的作用是使离开车辆段的故障列车能及时调头返回车辆段，临时停车线的作用则是临时停放故障列车。

(4) 联络线。在整个城市轨道交通线网中，要使用同种制式的线路实现列车过轨运行，一般需要依靠线与线之间的联络线。联络线就是轨道交通线路之间为方便调动车辆及大型设备等作业而设置的连接线路，如图 6.2-12 所示，它将存车线和联络线合并设置。由于联络线连接的轨道交通线往往不在一个平面上，因此有较大的坡道与较小的曲线半径，列车运行速度不可能很高。若在地下建设，则施工难度较大，投资也随之加大。联络线按其布置形式可分为单线联络线、双线联络线和联络渡线。

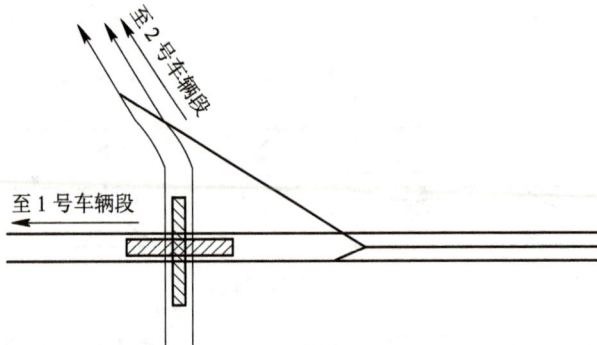

图 6.2-12　联络线示意图

(5) 车辆段出入线。为保证运行列车的停放和检修，在城市轨道交通沿线适当的位置应设置车辆段。车辆段与正线连接的线路为车辆段出入线，它就是车辆段与正线之间的联络通道。

出入线可以设计为双线或单线，与城市道路或其他交通方式的交叉处可采用平交或立交形式，具体方案要根据远期线路通过能力来确定。如图 6.2-13 所示为车辆段出入线的三种典型形式。

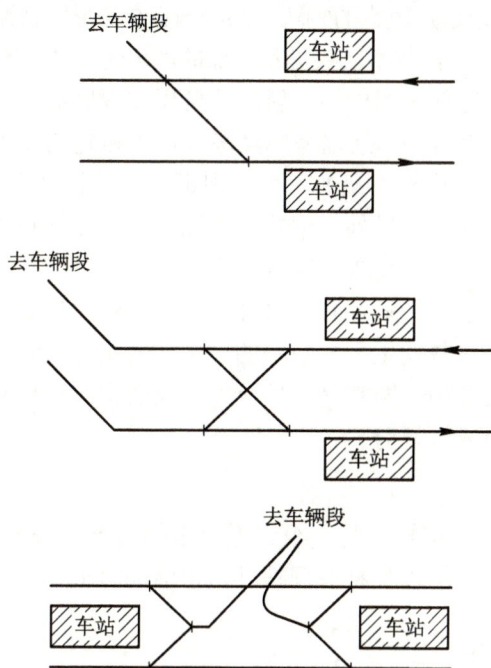

图 6.2-13　车辆段出入线的三种典型形式

3) 车场线

车场线是车辆段内厂区作业与停放列车的线路，如停车列检线、检修线等。它一般是进行车辆检修作业的线路，行车速度比较低，因而线路标准只要能满足场区作业要求即可。

（三）城市轨道交通线路的组成

城市轨道交通线路由线路上部和线路下部结构组成。其中，线路上部结构由钢轨、道岔、联接零件和轨枕等构成；线路下部结构由路基、道床等组成。

1. 线路上部结构

轨道结构是城市轨道交通系统的重要组成部分。最常见的钢轮钢轨系统由钢轮轮缘和钢轨之间的作用力来提供导向力。它一般由钢轨、轨枕、道床、道岔、联接零件及其他附属设备组成。

为保证列车运行的安全，轨道结构应具有足够的强度和稳定性、耐久性、绝缘性及适量弹性，且养护维修量小，以确保列车安全运行和乘客舒适。

1) 钢轨

钢轨常用碳素钢或中锰钢制造，其断面为"工"字形，用以承受机车车辆的车轮荷载，并将承受的荷载传给轨枕，同时为车轮的滚动提供连续、平顺的表面和引导车轮运行。在电气化铁路和自动闭塞信号线路上，钢轨还可兼作电路导体。钢轨的种类通常以每米钢轨的重量表示，我国铁路的钢轨有每米 60、50、45、43 千克等种类。在使用英制单位的国家，钢轨有每码 (1 码约等于 0.9144 米)132、112 和 90 磅 (1 磅约等于 0.4536 千克) 等种类。不同种类的钢轨适用于不同的铁路线路，主要是依据线路上运行的机车车辆的轴重、行车速度和线路运输量等选用。轻型铁路可采用每米重量较小的钢轨，有的轻型铁路采用每米仅 10 余千克的钢轨；重型铁路可采用每米重量较大的钢轨，如美国宾夕法尼亚铁路采用每码 155 磅的钢轨。

"工"字形钢轨主要由上部的"轨头"和下部的"轨底"以及连接二者的"轨腰"组成。钢轨断面的设计，除考虑它的抗弯能力、轨头的抗压和耐磨能力、轨底的支承面积以及抗倾倒能力等强度和稳定性因素外，还需考虑经济合理性和轧制技术可行性等因素。

各国铁路钢轨的标准长度是不同的，如美国钢轨标准长度为 11.9 米，德国为 45 米或 60 米，中国为 12.5 米和 25 米。另外，钢轨还有比标准长度缩短 40、80、120 和 160 毫米的数种缩短轨，主要用于铺设曲线线路轨道方面。

钢轨必须具有足够的强度、韧性和耐磨性。如果钢轨发生断裂和破损，将会危及行车安全。钢轨的断裂和破损多数发生于有缺陷的轨头、轨头与轨腰连接处以及螺栓孔周围等处。钢轨断裂处一般有疲劳源，断裂呈脆性状态。钢轨生产时如有未切净的残余缩孔或有害偏析，使用时也可能造成轨腰劈裂。

2) 道岔

道岔是使列车由一组轨道转到另一组轨道上去的装置。每一组道岔由转辙器、岔心、两根护轨和岔枕组成，用长柄以杠杆原理拨动两根活动轨道，使车辆轮缘依开通方向驶入预定进路。

(1) 道岔的特点和作用。

特点：道岔是轨道的薄弱环节之一，会限制列车速度，使行车安全性降低等。其构造复杂，使用寿命短，养护维修投入大。

作用：道岔是机车车辆从一股轨道转入或越过另一股轨道时必不可少的线路设备，是铁路轨道的重要组成部分。

(2) 道岔的分类。道岔按功能和用途分为单开、对称、三开、交叉、内复式交分以及外复式交分六种道岔标准类型，如图 6.2-14 所示。其中，单开道岔是最常用的类型。

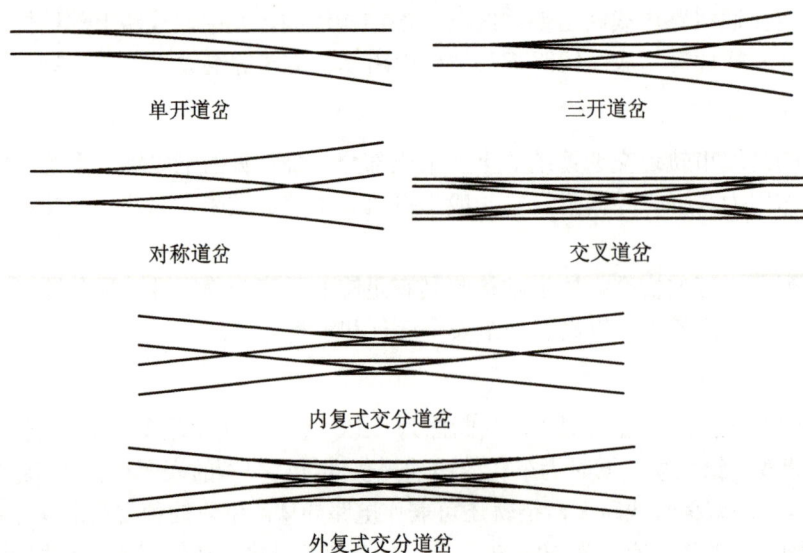

单开道岔　　　　　　　　三开道岔

对称道岔　　　　　　　　交叉道岔

内复式交分道岔

外复式交分道岔

图 6.2-14　道岔的六种标准类型

道岔按钢轨轨型分为 43、50、60 和 75 千克 / 米钢轨道岔。

道岔按号数分为 6、7、8、9、12、18 号以及大号码 (如 30、38 和 42 号道岔) 等。主要运营铁路干线常用的单开道岔有 9、12 和 18 号,大号码道岔主要用于要求侧线通过速度较高的联络线,客运专线以 18 号道岔为主,6、7 和 8 号等道岔主要用于工矿企业专用线或货运站场。

道岔按轨距分为标准轨距用道岔 (轨距 1435 毫米)、窄轨距用道岔 (轨距 1000 毫米),宽轨距用道岔 (轨距 1520 毫米) 和套线类道岔。

道岔按岔枕类型分为木枕道岔、钢筋混凝土枕道岔和整体道床道岔三种。

道岔按设计年代分为"55 型""57 型""62 型""75 型""92 型""提速型"和"客运专线道岔"等,其中"提速型"为当前既有线路中大量使用的道岔,新建客运专线多采用 250 千米 / 小时和 350 千米 / 小时客运专线道岔。

(3) 道岔的构造。普通单开道岔是将一条铁路分成两条,其中的主线为直线方向,侧线由主线向左侧 (称左开道岔) 或右侧 (称右开道岔)。单开道岔由转辙器、中间连接部分 (导曲线部分)、辙叉及护轨三部分组成。以普通单开道岔为例,如图 6.2-15 所示。

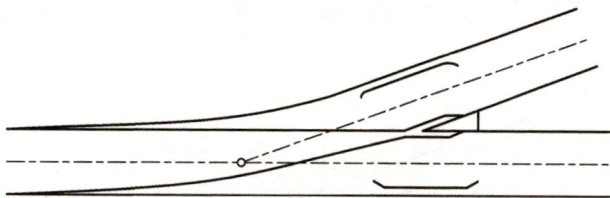

图 6.2-15 普通单开道岔

① 转辙器。单开道岔转辙器 (如图 6.2-16 所示) 主要由两根基本轨、两根尖轨、间隔铁 (限位器或无传力装置)、各种垫板 (平垫板、轨撑平垫板、滑床板、轨撑滑床板、通长垫板、支距垫板、橡胶垫板和塑料垫片等)、拉连杆 (无外锁闭装置)、轨撑 (无轨底坡道岔一般设置轨撑,有轨底坡道岔一般不设轨撑)、顶铁、岔枕及其他联接零件 (扣件、轨距块和螺栓螺母等) 组成。

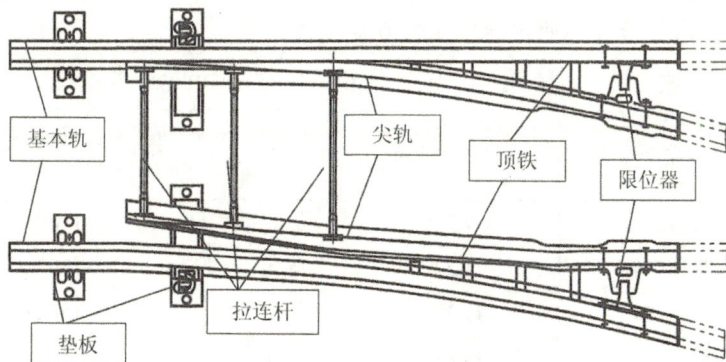

图 6.2-16 单开道岔转辙器

基本轨有直与曲基本轨之分,采用标准轨型钢轨制造。尖轨常用的平面形式有直线型和曲线型两种。

② 辙叉及护轨。辙叉是使车轮由一股钢轨越过另一股钢轨的设备。辙叉 (如图 6.2-17 所示) 由叉心、翼轨和联接零件组成。辙叉按平面形式分为直线辙叉和曲线辙叉两类；按构造类型分为固定辙叉和活动辙叉两类。

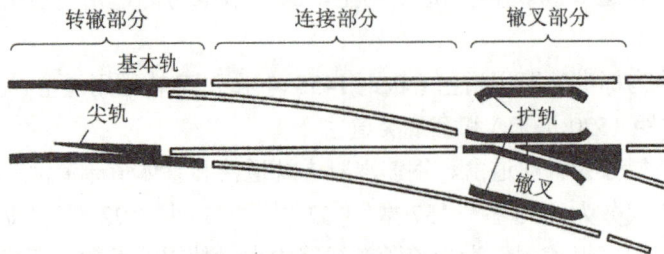

图 6.2-17　辙叉

③ 道岔辙叉号。道岔岔心所形成的角称为辙叉角，它有大有小。在图 6.2-18 中，道岔号码 (N) 代表了道岔各个部分的主要尺寸，通常用辙叉用 (α) 的余切值来表示，即

$$N = \cot\alpha = \frac{FE}{AE}$$

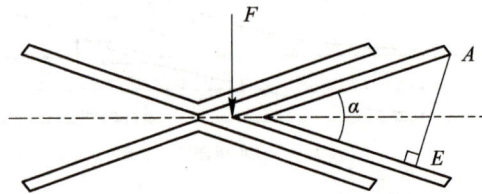

图 6.2-18　道岔各个部分的主要尺寸

显而易见，辙叉角 α 越小，N 值就越大，导曲线半径也就越大，列车侧线通过道岔时就越平稳，允许的过岔速度也就越高，所以采用大号道岔对于列车运行有利。但道岔号数越大，道岔越长，造价就越高，占地就越大。因此，采用什么号数的道岔要因地制宜和因线而异，不可一概而论。在我国铁路的主要线路上大多采用 9、12、18 号三个型号的道岔，常用 60 千克道岔辙叉号及其通过速度见表 6.2-1。

表 6.2-1　常用 60 千克道岔辙叉号及其通过速度表

60 千克道岔类型	尖轨长度 / 米	岔心	通过速度 /(千米 / 小时)（直股 / 弯股）
过渡型 12#	7.7	固定	110/50
弹性尖轨 12#	11.27	固定	120/50
弹性尖轨 12#	11.27	可动	140/50
提速 12#	13.88	固定	140/50
提速 12#	13.88	可动	160/50
提速 18#	15.68	可动	160/80
提速 30#	27.98	可动	160/140

3) 联接零件

联接零件分为中间联接零件和接头联接零件两种。

(1) 中间联接零件。中间联接零件是钢轨与轨枕的扣件，包括普通道钉、螺纹道钉、刚性或弹性扣铁、垫板、垫层、防爬器及轨距杆等。

中间联接零件具有足够的强度和耐久性，并具有一定的弹性，能保持钢轨和轨枕的可靠联接和相对固定的位置，并能减缓线路残余变形积累速度。中间联接零件应构造简单，以便进行装配、卸除和调整轨道的轨距及水平等操作。

木枕和钢轨的联接一般采用普通道钉，木枕和钢轨间的铁垫板也用普通道钉固定，它安装方便且应用广泛。欧洲铁路有的采用刚性扣铁的分开式扣件联接木枕和钢轨，其优点是扣压力强，能有效防止钢轨纵横向位移，缺点是零件多和用钢量大。也有采用弹条式扣件的，其优点是扣压力较强，装卸较方便。采用混凝土枕的轨道，轨枕和钢轨间须设置弹性垫层以减少冲击力，其联接零件有扣板、弹片及弹条等，用螺栓联接。钢枕在顶面上支承钢轨部分的两侧各留有螺栓孔，将螺栓插入孔内并固定在钢枕上，再在螺栓上部装上扣铁扣住钢轨，从而实现轨枕与钢轨的牢固联接。

列车的车轮滚动和纵向滑动以及列车制动等产生的纵向力，能使整个轨道或钢轨发生纵向移动。为了防止轨道或钢轨的纵向移动，除了利用扣件产生纵向阻力外，还需装设防爬器，以增加扣件的纵向阻力。防爬器有弹簧式及穿销式等形式。轨距杆是装设在铁路曲线区段，用以保持轨距的零件。

(2) 接头联接零件。接头联接零件是联接两根钢轨的零件，主要有夹板、螺栓和弹簧垫圈。

夹板又称鱼尾板，因最早设计制作的夹板截面形状如鱼尾而得名，板上一般有 4 个或 6 个螺栓孔。螺栓用来联接夹板和钢轨，螺栓拧紧后，可把两个轨端夹紧，使接头处钢轨能承受车轮的作用力。弹簧垫圈是用于增加螺栓帽和螺栓螺纹间的压力，防止螺栓帽因列车通过时引起的振动而松退的零件。

4) 轨枕

轨枕铺设在道床和钢轨之间，用以承受从钢轨传来的力和振动并传给道床，同时用以保持钢轨轨距和方向。轨枕除将钢轨传来的力和振动传给道床外，它本身也能吸收部分振动能量。每公里铁路线路上铺设的轨枕数，是根据线路上的机车车辆运行速度和运输量等因素确定的。机车车辆运行速度高和运输量大的线路铺设轨枕数量多。中国铁路在直线线路上每千米一般铺设轨枕 1840、1760 或 1600 根。轨枕按材料性质分为木枕、混凝土枕和钢枕三种。

(1) 木枕 (又称枕木)。世界各国铁路用木枕铺设的轨道约占轨道总长的 70%。木枕的优点是弹性好，易于铺设，与钢轨的连接比较简单，绝缘性能好；缺点是使用寿命短，易腐朽，易机械磨损及劈裂。

制作木枕的木材必须坚韧而有弹性，常用山毛榉、橡木、松木等木材制作。木枕经防腐处理后称为油枕，可延长其使用寿命。木枕尺寸因木材种类、产量以及所承受荷载的不同而不同。中国铁路木枕大多数是用松木制作的，干线上的木枕长 2.5 米、横截面为矩形，截面的底宽为 22 厘米、高为 16 厘米。

(2) 混凝土枕 (又称砼枕)。第二次世界大战以后，混凝土枕开始被大量采用，它的优点是稳定性好，使用寿命长，养护维修费用低；缺点是重量大，弹性及绝缘性能差，在轨底部分需设缓冲绝缘垫层等。

混凝土枕的主要类型有整体式预应力钢筋混凝土枕、整体式预应力高强度钢筋混凝土枕和钢弦式混凝土枕等。我国自 1958 年以来，主要推广使用前两种类型轨枕。

(3) 钢枕。钢枕的优点是抗腐菌侵蚀，抗白蚁和虫蛀；缺点是易受化学性腐蚀，不绝缘，维修费用高。钢枕在德国、瑞士以及地处热带的一些铁路上应用，我国尚未应用。

2. 线路下部结构

1) 道床

道床是用碎石、卵石或砂等道碴材料组成的轨道基础，用以将轨枕的荷载均匀地传布到路基上，以及防止轨枕的纵向和横向移动。它同时为轨道提供良好的排水、通风条件以保持轨道干燥，使轨道具有足够的弹性。

道床材料一般选用坚韧的玄武岩或花岗岩碎石，有的也用石灰岩碎石，但不如前两种好。碎石有不同的形状和大小，能互相挤紧，防止松动。中国铁路道床所用碎石粒径有三种规格：20 ～ 70 毫米的用于新建道床和道床的大修及维修；15 ～ 40 毫米的用于道床维修；3 ～ 20 毫米的用于道床垫碴起道。道床材料也常用规定级别的筛选卵石、天然卵石、矿渣或砂子等，但这些材料修筑的道床质量较差。粗砂、中砂一般仅作垫床之用。垫床一般只在繁忙干线的碎石道床和路基面之间铺设。

道床的厚度和宽度是根据铁路等级确定的，中国铁路规定道床厚度为 25 ～ 50 厘米。道床可以是单层的或双层的，铁路正线上一般采用双层道床，下面的一层称为垫层，可以防止翻浆冒泥，其厚度一般不小于 20 厘米。不易风化的砂石路基，可以不铺垫层。道床顶面的宽度取决于轨枕长度。中国铁路在使用混凝土轨枕的线路上规定道床宽度为 3.1 米，碎石道床的边坡坡度为 1∶1.75。

20 世纪 60 年代以来，用沥青砂浆灌注在普通道床里把道碴固结起来，或用沥青混凝土压实层作为道床底部，再用沥青胶砂作为调整层的沥青道床，逐渐在一些运输繁忙的铁路线上试用。由于这种道床有利于提高道床的承载能力和线路稳定性，并有利于道床防水和防脏，减少了线路维修工作量，因此受到各国铁路部门的重视。

2) 路基

路基指的是按照路线位置和一定技术要求修筑的作为路面基础的带状构造物，它是铁路和公路的基础，路基是用土或石料修筑而成的线形结构物。修筑在良好的地质、水文、气候条件下的路基，从材料上可分为土路基、石路基和土石路基三种。

路基是由填筑或开挖而形成的直接支承轨道的结构，也称为线路下部结构。路基与桥梁、隧道相连，共同构成线路。路基依其所处的地形条件不同，有两种基本形式，即路堤和路堑，俗称为填方和挖方。铁路路基的作用是在路基面上直接铺设轨道结构，因此路基是轨道的基础。路基既承受静荷载 (轨道结构的重量)，又承受列车行驶时通过轨道传播而来的动荷载。路基同轨道一起共同构成的线路结构是一种相对松散联结的结构形式，抵抗动荷载的能力弱。建造路基的材料不论是填或挖，主要采用的都是土石类散体材料，所以路基是一种土工结构。路基经常受到地质、水、降雨、气候和地震等自然条件变化的侵袭和破坏，因此路基应具有足够的坚固性、稳定性和耐久性。高速铁路的路基还应有合理的刚度，以保障列车高速行驶中的平稳性和舒适性。

(1) 主体结构。路基主体结构包括用天然土、石所填筑的路堤和在天然地层中挖出的路堑。它直接支撑轨道，承受通过轨道的列车荷载，是路基的主体。路基本体根据地质条件和填筑方式的不同，又可分为路堤、路堑、半路堤、半路堑、半堤半堑和不填不挖六种基本形式。

(2) 排水设备。地面排水设备用来将有可能停滞在路基范围以内的地面水迅速排除到路基以外，并防止路基以外的地面水流入路基范围，以免下渗浸湿路基土体或形成漫流冲刷路基边坡。如侧沟、排水沟与天沟等。

地下排水设备根据水文和地质条件修筑于地面以下一定深度，用来截断、疏干、引出地下水或降低地下水位，以使路基及边坡保持干燥状态，提高路基的稳固能力。如排水槽、渗水暗沟、渗井等。

(3) 防护结构。坡面防护结构用来防护易受自然作用破坏而出现坡面变形的土质边坡，如铺草皮、喷浆、抹面、护墙、护坡以及为防护崩塌落石而修建的拦截和遮挡建筑物 (如明洞、棚洞)。

冲刷防护结构用来防护水流或波浪对路基的冲刷和淘刷，如铺草皮、抛石笼、圬工护坡、挡土墙、顺坝和挑水坝等。

支撑加固结构用来支撑和加固路基本体，以保证其稳固性，如挡土墙、支挡墙与支柱等。

防沙、防雪设施用来防止风沙、风雪流掩埋路基，如各种栅栏、防护林等。

(4) 构造形式。路基的构造通常用横断面图来表示。根据路基填挖的情况，其断面形式可分为路堤、路堑和半填半挖三种类型。

路堤是指全部用岩土填筑而成的路基。路堤的几种常用横断面形式为矮路堤 (填土高度低于 1.0 米)、高路堤 (填土高度大于 1.8 米 [土质] 或 2.0 米 [石质])、一般路堤 (填土高度介于前两者之间)、浸水路堤、挖沟填筑路堤。

路堑是指全部在原地面开挖而成的路基。路堑横断面的几种基本形式为全挖式路基、台口式路基、半山洞式路基。

半填半挖路基是当原地面横坡大且路基较宽，需一侧开挖另一侧填筑时，挖填结合而成的路基。在丘陵或山区公路上，挖填结合是路基横断面的主要形式。

二、城市轨道交通车站

（一）城市轨道交通车站概述

1. 城市轨道交通车站的定义

城市轨道交通车站是客流集散的节点，也是乘客出行的基地。乘客上下车及相关作业都是在车站进行的。同时，轨道交通车站也是列车到发、通过、折返与临时停车的地点。

2. 城市轨道交通车站的功能

城市轨道交通车站的功能可以分为基本功能、辅助功能和扩展功能三个层次，具体功能如表 6.2-2 所示。

表 6.2-2　城市轨道交通车站的功能

功能层次	功能要求	功能设施
基本功能	最便捷地集散乘客	站厅、站台、通道、售检票设施
辅助功能	有效地保证列车和车站的运营	设备管理用房 行车管理用房
扩展功能	有效地开发利用车站空间	商业、餐饮等服务设施 其他

3. 城市轨道交通车站的规模

城市轨道交通车站的规模主要指车站站台外廓尺寸、层数及用房面积的大小等。车站规模主要根据本站远期预测高峰客流量确定，并综合考虑车站所处位置的重要性、站内设备及管理用房面积和该地区远期发展规划等因素。

城市轨道交通车站规模按远期预测客流量及所处位置，一般分为三个等级，其适用范围见表 6.2-3。车站规模的大小直接影响到工程造价的高低。确定车站规模时，应慎重进行技术经济比较，规模过大，则投资太高；规模不足，则满足运营需要的时期短，影响运营功能，且日后改建困难。

表 6.2-3　城市轨道交通车站规模等级适用范围

车站规模	适 用 范 围
大型站	适用于客流量大，地处大型客流集散点及地理位置重要的车站
中型站	适用于客流量较大，地处市中心或较大的居住区的车站
小型站	适用于客流量不大，地处郊区的车站

（二）城市轨道交通车站的分类

城市轨道交通车站可按其所处的位置、埋深、运营性质、结构横断面形式、站台形式和换乘方式等进行分类。

1. 按车站与地面的相对位置分类

按相对于地面位置的不同，车站可以分为地下车站、地面车站和高架车站，如图 6.2-19 所示。

(1) 地下车站：车站结构位于地面以下。

(2) 地面车站：车站结构位于地面上。

(3) 高架车站：车站结构高架于地面之上。

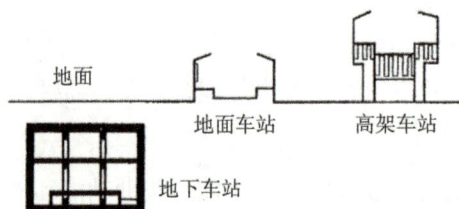

图 6.2-19　按与地面的相对位置分类

2. 按车站埋深分类

车站按埋深可分为浅埋车站和深埋车站两种，如图 6.2-20 所示。

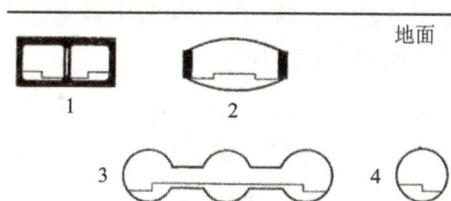

图 6.2-20　按车站埋深分类

(1) 浅埋车站：采用明挖法或盖挖法施工，轨顶至地表距离在 20 米以内，如图 6.2-20 中 1、2 所示。

(2) 深埋车站：采用暗挖法施工，轨顶至地表距离在 20 米以上，如图 6.2-20 中 3、4 所示。

3. 按车站的运营性质分类

按运营性质的不同，车站可分为以下六种，如图 6.2-21 所示。

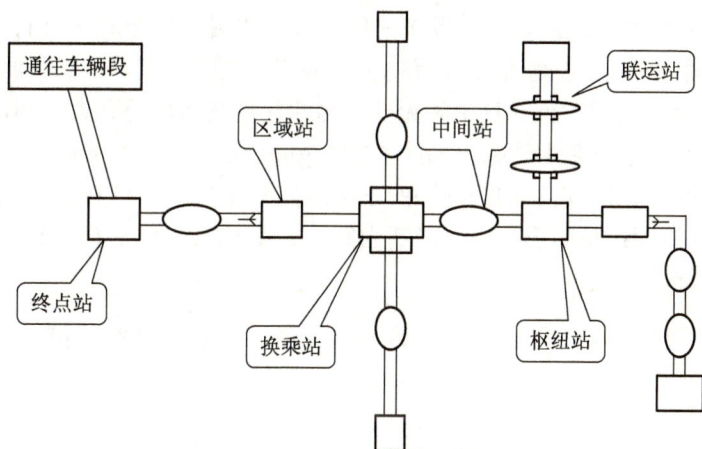

图 6.2-21　按车站的运营性质分类

(1) 中间站 (即一般站)：仅供乘客上下车之用且功能单一，是城市轨道交通线网中数量最多的车站。

(2) 区域站 (即折返站)：设在两种不同行车密度交界处的车站，设有折返线和设备。区域站兼有中间站的功能。

(3) 换乘站：位于两条及两条以上线路交叉点上的车站。换乘站除了具有中间站的功能外，乘客还可以从一条线路上的车站通过换乘设施转换到另一条线路上的车站。

(4) 枢纽站：由该站分出另一条线路的车站，可接送两条线路上的乘客。

(5) 联运站：车站内设有两种不同性质的列车线路进行联运及客流换乘，其具有中间站及换乘站的双重功能。

(6) 终点站：设在线路两端的车站，就列车上下行而言，终点站也是起点站 (或称始发站)，终点站设有可供列车折返的折返线和设备，也可供列车临时停留检修。

4. 按车站结构横断面形式分类

高架车站的结构基本上是以框架结构为主，地下车站结构横断面形式主要根据车站埋深、工程水文地质条件、施工方法、建筑艺术效果等因素确定。地下车站按车站结构横断面形式分类主要有以下四种，如图 6.2-22 所示。

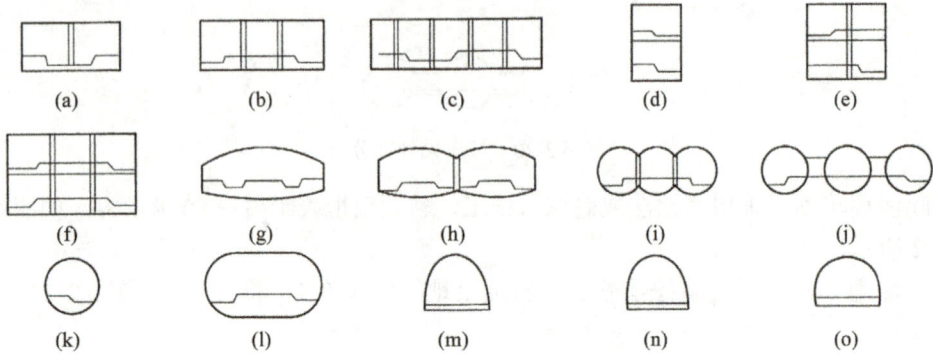

图 6.2-22　按车站结构横断面形式分类

(1) 矩形断面：车站中常选用的形式。一般用于浅埋车站，可以设计成单层、双层或多层，跨度可选用单跨、双跨、三跨及多跨的形式，如图 6.2-22(a) ～ (f) 所示。

(2) 拱形断面：多用于深埋车站，有单拱和多跨连拱等形式。单拱断面由于中部起拱，高度较高，两侧拱脚处相对较低且中间无柱，因此建筑空间显得高大宽阔，若建筑处理得当，则会得到理想的建筑艺术效果，如图 6.2-22(g) ～ (h) 所示。

(3) 圆形断面：用于深埋盾构法施工的车站，如图 6.2-22(i) ～ (k) 所示。

(4) 其他类型断面：马蹄形、椭圆形断面等，如图 6.2-22(l) ～ (o) 所示。

5. 按车站站台形式分类

按车站站台形式分类，可将车站分为岛式车站、侧式车站和岛侧混合式车站，如图 6.2-23 所示。

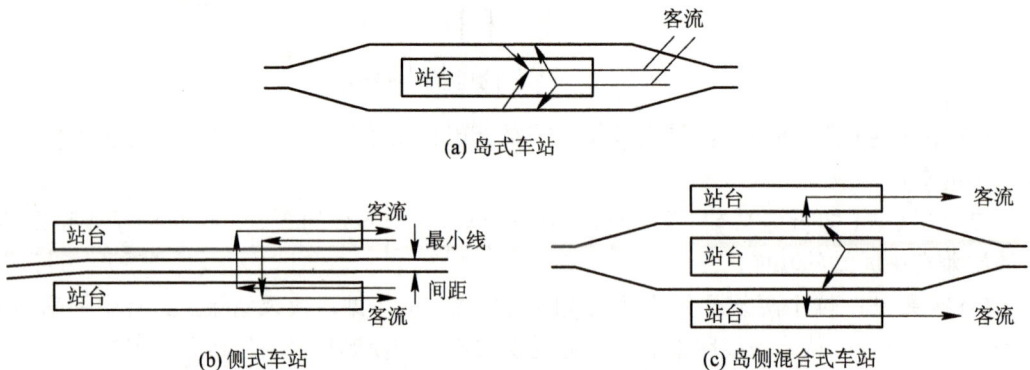

图 6.2-23　按车站站台形式分类

(1) 岛式车站 (Island Platform)：站台位于上下行行车线路之间的站台布置形式，具有岛式站台的车站称为岛式站台车站 (简称岛式车站)。岛式车站是常用的一种车站形式，具有站台面积利用率高、能调剂客流以及乘客途中改变乘车方向方便、车站管理集中、站台空间宽阔等优点，一般常用于客流量较大的车站。

(2) 侧式车站 (Side Platform)：站台位于上下行行车线路的两侧的站台布置形式，具有侧式站台的车站称为侧式站台车站 (简称侧式车站)。侧式车站站台上下行乘客可避免相互干扰，正线和站线间不设喇叭口，其造价低且改建容易，但站台面积利用率低，不可调剂客流，中途改变方向须经过地道或天桥，车站管理分散，站台空间不及岛式宽阔，多用于两个方向客流量较均匀 (或流量不大) 的车站及高架车站。

(3) 岛侧混合式车站：将岛式站台及侧式站台同设在一个车站内，具有这种站台形式的车站称为岛侧混合式站台车站 (简称岛侧混合式车站)。岛侧混合式车站主要用于两侧站台换乘或列车折返，站台可布置成一岛一侧式或一岛两侧式。

6. 按乘客换乘方式分类

按乘客换乘方式分类，车站可分为站台直接换乘，站厅换乘和通道换乘车站。

(1) 站台直接换乘车站：乘客在站台通过楼梯、自动扶梯等设施换乘到另一车站的站台。这种换乘方式线路短，换乘高度小，换乘时间短，换乘方便。

(2) 站厅换乘车站：乘客由某层车站站台经楼梯、自动扶梯到达另一车站站厅付费区，再经楼梯、自动扶梯到达站台。这种换乘方式线路较长，换乘高度大，换乘时间长。

(3) 通道换乘车站：两个车站不直接相交，相互之间可采用单独设置的换乘通道进行换乘。这种换乘方式换乘线路较长，换乘时间也长，老弱妇婴使用不便，既增加了通道，又增加了投资。

（三）城市轨道交通车站的组成

城市轨道交通车站一般包括车站主体、出入口及通道、通风道及风亭和其他附属建筑物。

城市轨道交通车站的组成如图 6.2-24 所示。

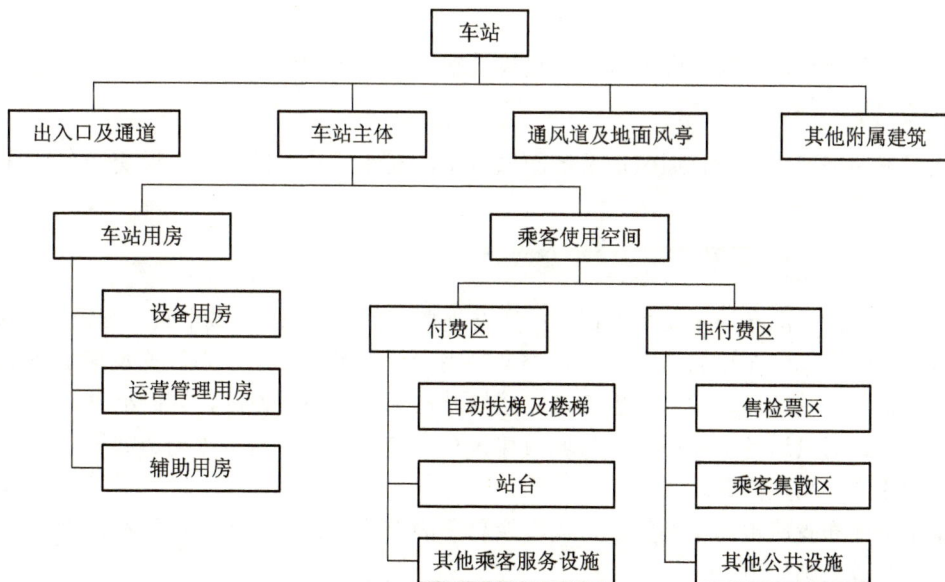

图 6.2-24　车站的组成

1. 车站主体

车站主体包括站台、站厅、设备用房、管理用房等。它是列车在线路上的停车点，其作用是供乘客集散、换乘，同时它又是城市轨道交通运营设备设置的中心和办理运营业务的地方。车站主体根据功能的不同，可分为以下两大部分。

1) 乘客使用空间

乘客使用空间可分为非付费区和付费区。

(1) 非付费区是乘客购票和正式进入车站前的活动区域，它一般应有较宽敞的空间，设置售票和检票设施，根据需要还可设置自助银行、公用电话、小卖部等设施。非付费区的最小面积一般可以参照能容纳高峰小时 5 分钟内可能聚集的客流量来推算。

(2) 付费区包括站台、楼梯和自动扶梯、导向牌等设施，是为乘客候车提供服务的设施。

乘客使用空间是车站设计布置的重点，要注意客流流线的合理性，以保证乘客方便、快捷地出入车站。

2) 车站用房

车站用房包括运营管理用房、设备用房和辅助用房三部分。

(1) 运营管理用房是为保证车站具有正常运营条件和营业秩序而设置的办公用房，由车站运营管理人员使用，主要包括站长室、行车值班室、业务室、广播室、会议室、公安保卫室、清扫员室等。

(2) 设备用房是为保证列车正常运行、保证车站内良好环境条件及事故灾害情况下及时排除灾情所需要的设备用房，主要包括环控机室、变电所、控制室、通信机械室、信号机械室、泵房、票务室、工区用房、配电室等。

(3) 辅助用房是为保证车站内部工作人员正常工作和生活所设置的用房，主要包括卫生间、更衣室、休息室、茶水间、储藏室等。

2. 出入口及通道

出入口及通道是供乘客进出车站的建筑设施。

3. 通风道及风亭

地下车站需要考虑设置通风道及地面通风亭，其作用是保证城市轨道交通车站具有一个舒适的地下环境。

（四）城市轨道交通车站的平面布局

车站建筑总平面布局主要是根据车站所在地周围的环境条件、城市轨道交通运营要求、城市有关部门对车站布局的要求、车站类型等因素，来确定车站中心位置及车站外轮廓范围，合理布设车站站厅、站台、出入口、楼梯及扶梯、风亭等设施，同时处理好站厅、出入口及通道、通风道及地面通风亭与城市建筑物、道路交通、地下过街道或天桥、绿地等的关系，使它们相互协调。

车站平面布置应根据车站规模、类型及总平面布置，合理组织客流路线，划分功能分区。具体布置原则如下：

(1) 进出站客流线路和换乘客流分开，尽量避免交叉和相互干扰；

(2) 乘客购票、问讯及使用公用设施时，均不应妨碍客流通行；

(3) 当城市轨道交通与城市建筑物合建时，城市轨道交通客流应自成体系；

(4) 车站公用区应划分为付费区与非付费区，由进出站检票口进行分隔，换乘一般设在付费区内；

(5) 车站的站厅、站台、出入口楼梯和通道、升降设备、售票口、检票口等部位的通过能力应相互适应，通过能力按远期高峰客流量确定；

(6) 有噪声源的房间应远离有隔声要求的房间及乘客使用区；对有高音质要求的房间，均采取隔吸声措施。

车站平面布局的形式按以下几种主要设施的具体布置来分别介绍。

1. 车站站厅

站厅的作用是将从车站入口进入的乘客迅速、安全、方便地引导到站台，或将下车的乘客同样引导至车站出口离开车站。对乘客来说，站厅是上下车的过渡空间，乘客一般要在站厅内办理上下车手续，因此站厅内需要设置售票、检票、问讯等为乘客服务的各种设施。同时站厅内设有地铁运营设备、管理用房和升降设备，起到组织和分配客流的作用。

站厅的位置与车站埋深、客流集散情况、所处环境条件等因素有关，站厅的布置与车站的类型、站台形式及布置关系密切，站厅布置是否合理直接影响到车站使用效果及站内的管理和秩序。站厅的布置有以下四种，如图 6.2-25 所示。

(1) 站厅位于车站一端。这种布置方式常用于终点站，且车站一端靠近城市主要道路的地面车站，如图 6.2-25(a) 所示。

(2) 站厅位于车站两侧。这种布置方式常用于侧式车站，一般用于客流量不大的车站，如图 6.2-25(b) 所示。

(3) 站厅位于车站两端的上层或下层。这种布置方式常用于地下岛式车站及侧式车站站台的上层，高架车站站台的下层。客流量较大者多采用这种布置方式，如图 6.2-25(c) 所示。

(4) 站厅位于车站上层。这种布置方式常用于地下岛式车站及侧式车站，其适用于客流量很大的车站，如图 6.2-25(d) 所示。

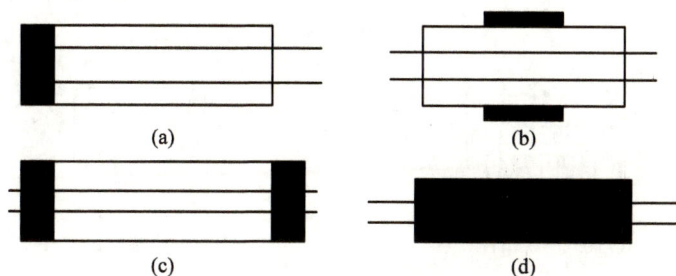

图 6.2-25　车站站厅布置示意图

布置站厅时，按照车站运营和合理组织客流的需要，一般将站厅划分为付费区和非付费区两大区域。其中付费区是指乘客需经购票、检票后方可进入的区域；非付费区也称免费区或公用区，乘客可以在本区内自由通行。

付费区内设有通往站台层的楼梯、自动扶梯、补票处，在换乘车站还设有通向另一车站的换乘通道。非付费区内设有自助售票和问讯机、公用电话等，必要时可增设金融、邮电、服务业等设施，其中售票口和自动售票机设置的位置与站内客流路线组织、出入口位置、楼梯及自动扶梯的布置关系密切，一般应沿客流进站方向纵向设置，布设在便于购票且比较宽敞的地方，尽量减少与客流路线的交叉和干扰。

进出站检票口（机）应分设在付费区与非付费区之间的分界线上，且应垂直于客流方向。为分散进出站客流，避免相互干扰拥挤，通常进站检票口（机）布置在通往站台下行客流方向的一侧；出站检票口（机）布置在站台层上行客流方向的一侧。检票口（机）宜设检票亭，便于对乘客进行监督和检查。需补票的乘客可到设在付费区内的补票处办理补票手续。若站厅位于整个车站上层时，则应沿站厅一侧留一条通道，使站厅两端的非付费区之间便于联系。

站厅面积一般除考虑正常所需购票、检票及通行面积外，还需考虑乘客作短暂停留及特殊情况下紧急疏散等，并应留有适当余地。

站厅内车站用房宜集中设置，以便于联系与管理，与乘客有联系的房间如售票、问讯、站长室、公安室等应面向或临近非付费区。

2. 车站站台

站台是供乘客上下车及候车的场所。站台层一般布设有楼梯、自动扶梯及站内用房。目前国内外地铁车站所采用的站台形式绝大多数为岛式站台与侧式站台两种断面形式，如图 6.2-26 所示。

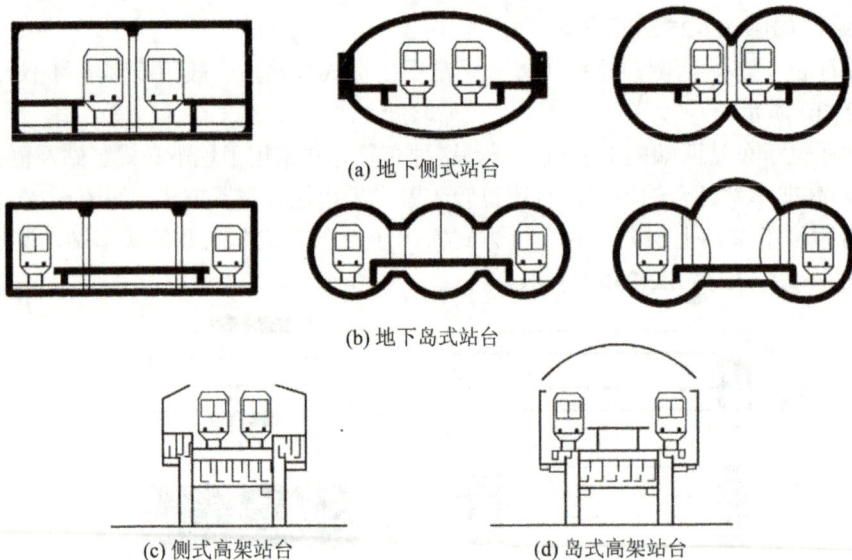

(a) 地下侧式站台

(b) 地下岛式站台

(c) 侧式高架站台   (d) 岛式高架站台

图 6.2-26　站台形式示意图

站台主要尺寸一般按下列方法确定。

1) 站台长度

站台长度分为站台总长度及站台计算长度两种。站台总长度是根据站台层房间布置的位置以及需要由站台进入房门的位置而定，是指每侧站台的总长度。站台计算长度是指远期列车编组总长度加上列车停站时允许的停车不准确距离，该停车不准确距离一般为 1～2

米。站台计算长度用公式表达为

$$L = l \cdot n + l'$$ (6.2-1)

式中：l——城市轨道交通列车车厢长度（钩中心至钩中心距离）；

n——车辆联挂节数；

l'——列车停站不准确的距离，通常取 1～2 米。

2）站台宽度

站台宽度主要根据车站远期预测高峰小时客流量大小、列车对数、结构横断面形式、站台形式、站房布置、楼梯及自动扶梯位置等因素综合考虑确定。

岛式站台的楼梯及自动扶梯应沿站台中间纵向布置，两侧布设侧站台。站台是乘客上下车及候车的场所，在站台计算长度范围内，其面积应不小于远期预测上行及下行高峰小时客流人数所需的面积。

侧式站台的楼梯及自动扶梯、车站用房均可布置在站台计算长度范围以外，在此情况下，站台宽度应满足乘客上下车、候车及进出站通路所需面积的要求。

单拱结构车站因为站内不设立柱，所以其站台宽度不考虑立柱宽度。矩形断面车站的站台设有立柱，侧站台宽度应考虑立柱宽度尺寸。

根据《地铁设计规范》(GB50157—2013)，站台宽度应按下列公式计算，并应符合表 6.2-4 的规定。

表 6.2-4　车站各部位的最小宽度 / 米

名　称		最小宽度
岛式站台		8.0
岛式站台的侧站台		2.5
侧式站台（长向范围内设梯）的侧站台		2.5
侧式站台（垂直于侧站台开通道口设梯）的侧站台		3.5
站台计算长度不超过 100 米且楼、扶梯不伸入站台计算长度	岛式站台	6.0
	测试站台	4.0
通道或天桥		2.4
单向楼梯		1.8
双向楼梯		2.4
与上、下均设自动扶梯并列设置的楼梯（困难情况下）		1.2
消防专用楼梯		1.2
站台至轨道区的工作梯（兼疏散梯）		1.1

（1）岛式站台宽度。

$$B_d = 2b + n \cdot z + t$$ (6.2-2)

（2）侧式站台宽度。

$$B_c = b + z + t$$ (6.2-3)

$$b = \frac{Q_{上} \cdot \rho}{L} + b_\alpha \tag{6.2-4}$$

$$b = \frac{Q_{上、下} \cdot \rho}{L} + M \tag{6.2-5}$$

上列各式中：

b——侧站台宽度，其在式 (6.2-2) 和式 (6.2-3) 中，应取式 (6.2-4) 和式 (6.2-5) 计算结果的较大值；

n——横向柱数；

z——纵梁宽度 (含装饰层厚度)；

t——每组楼梯与自动扶梯宽度之和 (含与纵梁间所留空隙)；

$Q_{上}$——远期或客流控制期每列车超高峰小时单侧上车设计客流量；

$Q_{上、下}$——远期或客流控制期每列车超高峰小时单侧上、下车设计客流量；

ρ——站台上人流密度，取 0.33 ～ 0.75 平方米 / 人；

L——站台计算长度；

M——站台边缘至站台门立柱内侧距离，无站台门时为 0；

b_α——站台安全防护带宽度，取 0.4 米，采用站台门时用 M 替代 b_α 值。

3) 站台高度

站台高度是指线路走行轨顶面至站台地面的高度。站台高度的确定主要根据车厢地板面距轨顶面的高度而定。

站台按高度可分为低站台和高站台，其选择需要与车型匹配。站台与车厢地板高度相同称为高站台，一般适用于客流量较大、车站停车时间较短的车站，考虑到车辆满载时弹簧的挠度，高站台的设计高度一般低于车厢地板面 50 ～ 100 毫米。站台比车厢地板低时称为低站台，适用于客流量不大的车站。

城市轨道交通车站站台应考虑排水要求，横断面设 1% 的坡度。

4) 轨道中心与站台边缘距离

根据车辆类型确定的建筑限界给定了从轨道中心到站台边缘的距离，实际设计时还要考虑 10 毫米左右的施工误差。若站台设在曲线上时，则需考虑线路加宽、超高和车辆偏移、倾斜的影响，轨道中心至站台边缘距离 L 可按下式确定。

$$L = L_1 + E + 0.8C \tag{9.2-6}$$

式中：L_1——轨道中心到建筑限界边的距离加 10 毫米的施工误差；

E——曲线总加宽；

C——线路超高值。

3. 出入口

车站出入口通道是乘客进出车站的咽喉，其位置的选择以及规模大小应满足城市规划和交通的要求，并应便于乘客进出站。

1) 出入口平面形式

地铁车站出入口平面一般有 "一" 字形、"L" 形、"T" 形三种基本形式和由基本形式变化而来的其他形式，如图 6.2-27 所示。

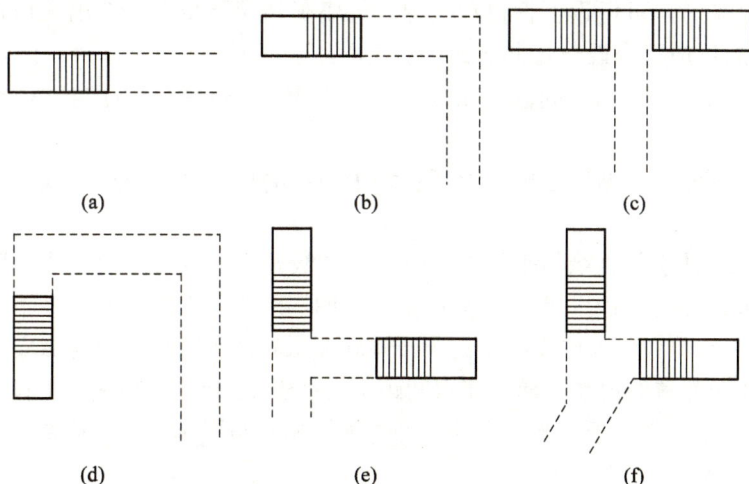

图 6.2-27　出入口及通道分布图

(1)"一"字形出入口指出入口、通道呈"一"字形布置。这种出入口占地面积少，人员进出方便。由于其口部宽度要求高，不宜修建在路面狭窄地区，如图 6.2-27(a) 所示。

(2)"L"形出入口指出入口与通道呈一次转折布置。由于其口部较宽，不宜修建在路面狭窄地区，如图 6.2-27(b) 所示。

(3)"T"形出入口指出入口与通道呈"T"形布置。这种形式人员进出方便，由于口部比较窄，适用于路面狭窄地区，如图 6.2-27(c) 所示。

(4) 其他形式一般根据出入口位置要求、地面交通换乘要求具体确定，常用的有"n"形和"Y"形出入口。"n"形出入口指出入口与通道呈两次转折布置，由于环境条件所限，在出入口长度按一般情况设置有困难时，可采用这种布置形式的出入口，这种形式的出入口使人员要走回头路，如图 6.2-27(d) 所示。"Y"形出入口布置常用于一个主出入口通道有两个及两个以上出入口的情况，这种形式布置比较灵活且适应性强，如图 6.2-27(e)、图 6.2-27(f) 所示。

2) 出入口数量

车站出入口数量应根据车站规模、埋深、车站平面布置、地形地貌、城市规划、道路条件并按照车站远期预测高峰小时客流量计算和综合考虑确定。《地铁设计规范》(GB50157—2013) 规定，每个公共区直通地面的出入口数量不得少于两个，每个出入口宽度应按远期或客流控制期分向设计客流量乘以不均匀系数 (1.1 ～ 1.25) 计算确定。

4. 楼梯及扶梯

车站内的楼梯、自动扶梯、步行通道用于连接地面大厅和地下或地上车站及车站内各个独立的站台，是车站的重要组成部分之一。

根据《地铁设计规范》(GB50157—2013) 中规定：

(1) 乘客使用的楼梯宜采用 26°34′ 倾角，当宽度大于 3.6 米时，应设置中间扶手。楼梯宽度应符合人流股数和建筑模数。每个梯段不应超过 18 级，且不应少于 3 级。休息平台长度宜为 1.2 ～ 1.8 米。

(2) 车站出入口、站台至站厅应设上下行自动扶梯，在设置双向自动扶梯困难且提升高度不大于 10 米时，可仅设上行自动扶梯。每座车站应至少有一个出入口设上下行自动扶梯；站台至站厅应至少设一处上下行自动扶梯。

(3) 车站出入口自动扶梯的倾斜角度不应大于 30°，站台至站厅自动扶梯的倾斜角度应为 30°。

(4) 当站台至站厅及站厅至地面上下行均采用自动扶梯时，应加设人行楼梯或备用自动扶梯。

(5) 自动扶梯扶手带外缘与平行墙装饰面或楼板开口边缘装饰面的水平距离不得小于 80 毫米；相邻交叉或平行设置的两梯 (道) 之间扶手带的外缘水平距离不应小于 160 毫米；当扶手带外缘与任何障碍物的距离小于 400 毫米时，则应设置防碰撞安全装置。

(6) 两台相对布置的自动扶梯工作点间距不得小于 16 米；自动扶梯工作点与前面影响通行的障碍物间距不得小于 8 米；自动扶梯与楼梯相对布置时，自动扶梯工作点与楼梯第一级踏步的间距不得小于 12 米。

5. 风亭

地下车站应按通风、空调工艺要求设置进风亭、排风亭和活塞风亭。在满足功能的前提下，根据地面建筑的现状或规划要求，风亭可集中或分散布置，风亭宜与地面建筑结合设置，但被结合建筑应满足地铁风亭的技术要求。

根据《地铁设计规范》(GB 50157—2013)，当采用侧面开设风口的风亭时，应符合下列规定：

(1) 进风、排风、活塞风口部之间的水平净距不应小于 5 米，且进风与排风、进风与活塞风口部应错开方向布置或排风、活塞风口部高于进风口部 5 米；当风亭口部方向无法错开且高度相同时，风亭口部之间的距离应符合顶面开设风口的风亭的第 (1)、(2) 条的规定；

(2) 风亭口部 5 米范围内不应有阻挡通风气流的障碍物；

(3) 风亭口部底边缘距地面的高度应满足防淹要求，当风亭设于路边时，其高度不应小于 2 米；当风亭设于绿地内时，其高度不应小于 1 米。

当采用顶面开设风口的风亭时，应符合下列规定：

(1) 进风与排风、进风与活塞风亭口部之间的水平净距不应小于 10 米；

(2) 活塞风亭口部之间、活塞风亭与排风亭口部之间水平净距不应小于 5 米；

(3) 风亭四周应有宽度不小于 3 米宽的绿篱，风口最低高度应满足防淹要求且不应小于 1 米；

(4) 风亭开口处应有安全防护装置，风井底部应有排水设施。

三、城市轨道交通车辆

(一) 城市轨道交通车辆概述

城市轨道交通车辆是用来运送旅客的运输工具，城市轨道交通车辆按车型主要分有 A 型车、B 型车、C 型车、L 型车、胶轮车、有轨电车和低地板轻轨车等，其中宽度为 3.0 米的车辆称为 A 型车，宽度为 2.8 米的车辆称为 B 型车，宽度为 2.6 米的车辆称为 C 型车，直线电机车辆 (Line) 称为 L 型车，轻轨车又可分为 70% 低地板和 100% 低地板两种。各类车型在国内部分城市的使用情况：上海城市轨道交通车辆 1、2、3、4、7、9、10、11号线，广州城市轨道交通车辆城市轨道交通 1、2 号线，深圳城市轨道交通 1、2、4、5 号线，南京城市轨道交通车辆 1、2 号线均使用 A 型车；广州城市轨道交通车辆 3 号线、广佛线，深圳城市轨道交通车辆 3 号线，武汉轻轨，大连城市轨道交通车辆、沈阳城市轨道交通车辆 1、2 号线，西安 2 号线，成都 1、2 号线均使用 B 型车；上海城市轨道交通车辆 5、6、8 号线，北京城市轨道交通车辆 1、2、13 号线、八通线部分老车均使用 C 型车；重庆轻轨 2 号线是跨坐式单轨胶轮车，广州珠江集运系统也是采用胶轮车。

目前，同时具有发展城市轨道交通的现实需要和经济实力的多为客流量大的大中型城市，其快速轨道交通系统发展的主流是以 A 型车或 B 型车为基础，基本编组单元为 2M + 1T(M 为动车，T 为拖车) 或 1M + 1T 的电动车组立体化运行。整个轨道交通系统正朝着地下铁道、高架轻轨和近郊地面三位一体的立体化、网络化方向发展。采用变频变压 (VVVF) 交流传动技术和轻量化铝合金或不锈钢车体，能够满足我国一些城市轨道交通系统的发展要求，并有一定的技术经济性，其走行部分为轻量化、低噪声的无摇枕转向架。列车控制系统采用计算机系统并实行网络化控制，具有体积小、性能稳定和控制范围广等优点。

1. 车辆的主要编组形式

从编组方面看，城市轨道交通车辆一般为电动车组，有单节式、双节式、三节式等编组形式，有头车 (即带司机室的车辆) 和中间车以及动车与拖车之分，目前大多数的城市轨道交通车辆的编组形式都是采用两个单元车进行连挂组成一列整车的编组。

2. 车辆主要设备

城市轨道交通车辆的主要设备包括牵引逆变器、辅助逆变器、蓄电池充电器、牵引电机、受电弓 (或集电靴) 和列车空调等。

(二) 城市轨道交通车辆的类型

城市轨道交通车辆以地铁车辆为代表。地铁车辆是地铁用来运输乘客的运输工具，按有无动力可分为两大类：第一类是拖车 (T)，即本身无动力牵引装置的车辆；第二类是动车 (M)，即本身装有动力牵引装置的车辆，动车又分为带有受电弓的动车和不带受电弓的动车，因为动车本身带有动力牵引装置，所以它兼有牵引和载客两大功能。地铁车辆在运营时一般采用动拖结合的固定编组，形成电动列车组。另外，城市轨道交通车辆按照其适用范围和车体基本宽度进行分类，见表 6.2-5。

表 6.2-5　城市轨道交通车辆的分类

系统	分类	车辆和线路条件	客运能力/(人次/小时) 和运营速度/(千米/小时)	运量	适用情况
地铁系统	A 型车辆	车长：24.4 米/22.8 米 车宽：3.0 米 定员：310 人 线路半径：≥ 300 米 线路坡度：≤ 35‰	N：4.0 万～7.5 万 V：≥ 35	高运量	适用于地下、地面或高架

系统	分类	车辆和线路条件	客运能力/(人次/小时)和运营速度/(千米/小时)	运量	适用情况
地铁系统	B 型车辆	车长：19.52 米 车宽：2.8 米 定员：230～245 人 线路半径：≥250 米 线路坡度：≤35‰	N：3.5 万～5.0 万 V：≥35	高运量	适用于地下、地面或高架
	直线电机B 型车辆	车长：17.2 米/16.8 米 车宽：2.8 米 定员：215～240 人 线路半径：≥100 米 线路坡度：≤60‰	N：2.5 万～4.0 万 V：≥35	中运量	适用于地下、地面或高架
轻轨系统	C 型车辆	车长：18.69～30.4 米 车宽：2.6 米 定员：200～315 人 线路半径：≥50 米 线路坡度：≤60‰	N：1.0 万～3.0 万 V：25～35	中运量	适用于地下、地面或高架
	直线电机C 型车辆	车长：16.5 米 车宽：2.5 米 定员：150 人 线路半径：≥60 米 线路坡度：≤60‰	N：1.0 万～3.0 万 V：25～35	中运量	适用于地下、地面或高架
	有轨电车系统（单车或铰接车）	车长：12.5 米/28 米 车宽：≤2.6 米 定员：110/260 人 线路半径：≥30 米 线路坡度：≤60‰	N：0.6 万～1.0 万 V：15～25	低运量	适用于地面道路混行
单轨系统	跨坐式单轨车辆CJ231	车长：15 米 车宽：3 米 定员：150～170 人 线路半径：≥60 米 线路坡度：≤60‰	N：1.0 万～3.0 万 V：≥35	中运量	主要适用于高架
	悬挂式单轨车辆	车长：14 米 车宽：2.6 米 定员：80～100 人 线路半径：≥60 米 线路坡度：≤60‰	N：0.8 万～1.5 万 V：≥20	中运量	主要适用于高架

系统	分类	车辆和线路条件	客运能力/(人次/小时)和运营速度/(千米/小时)	运量	适用情况
磁浮系统	低速磁浮车辆	车长：12～15.5米 车宽：2.6～3.0米 定员：150人 线路半径：≥70米 线路坡度：≤70‰	N：1.5万～3.0万 最高运行速度：100	中运量	主要适用于高架
磁浮系统	高速磁浮车辆	车长：24～27米 车宽：3.7米 定员：100人 线路半径：≥300米 线路坡度：≤100‰	N：1.0万～2.5万 最高运行速度：430	中运量	主要适用于郊区高架
自动导向系统	胶轮导向车辆	车长：8.4米 车宽：≤2.4米 定员：75人 线路半径：≥30米 线路坡度：≤60‰	N：0.6万～1.5万 最高运行速度：430	低运量	主要适用于高架
区域快速系统	特型车辆	车长：22～25米 车宽：≤3.4米 定员：≥120人 线路半径：≥400米 线路坡度：≤30‰	V：120～160	高运量	适用于城市区域交通方式，日客运量可达50～80万人次

（三）城市轨道交通车辆的选用要素

1. 客流特点

城市轨道交通运送的主要对象是市内常住人口的上下班客流、车站和机场的集中到达客流、节假日及大型活动的集中客流、流动人口集中进出城市的客流等。建设城市轨道交通的最终目的是缓解城市公共交通压力，改善人们的出行条件，促进城市的经济发展。

2. 客流量

根据单向高峰小时最大断面客流量，通常单向高峰小时最大断面客流量在0.6～1万人次，宜采用地面公共交通车辆；1～3万人次可采用轻轨交通车辆；3～7万人次应选择地铁交通车辆。

3. 旅行速度

市区采用地面公交车辆，旅行速度为10～25千米/小时；市区交通采用轻轨、地铁交通车辆，旅行速度可为30～40千米/小时；城郊间采用快速轨道交通车辆，旅行速度为50～60千米/小时；城际区域间则要采用更高旅行速度的车辆。

4. 线路条件

若由于地形限制，线路半径小、坡度大的区段特别多，则要考虑采用单轨车辆、直线电机车辆或低速磁浮车辆。

（四）城市轨道交通车辆的机械组成

1. 车体

城市轨道交通的车体既是容纳乘客和司机（对于有司机室的车辆）的处所，又是安装与连接其他设备和部件的基础。近代轨道交通车辆车体采用大断面挤压铝型材料、模块化组装等材料制造，整体承载的铝合金焊接车体、铝质蜂窝状地板等先进技术和材料，使整车质量更轻，能耗更低，充分发挥了车体各个构件的强度，大大提高了车体整体刚度，并具有良好的防火、防霉、防潮等性能。车辆采用宽通道连接，使旅客在列车内容易流动，增加了有效载客量。每车两侧设有多个车门，乘客上下车方便快捷。

城市轨道交通车辆的车体结构与一般铁路客车车体有许多相同之处，主要包括底架、侧墙、端墙（司机室）、车顶等部分。它是从强度上保证乘客安全的主要部件，也是减轻车辆自重的关键部件。一般车体结构的自重约占车辆自重的 20% ～ 25%。相对较轻的车体不仅可以节省制造费用，而且可以减少车辆走行部分和线路的磨耗，延长部件使用寿命，减少牵引能耗，带来很好的经济效益。

1) 车体结构分类

(1) 车体按使用材料可以分为普通碳钢车体、高耐候结构钢车体、不锈钢车和铝合金车四种。

(2) 车体按承载方式可以分为底架承载、侧墙承载和整体承载三种方式。

(3) 车体按结构形式分为有板梁组合结构、开口型材与大型中空型材组合结构、大型中空型材结构三种形式。这些结构都属于整体承载结构。

(4) 车体按结合方式分为焊接、铆接、螺栓连接或混合连接结构。目前整体焊接技术已在大部分轨道交通车辆上广泛使用，如广州地铁 1、3、4 号线上使用的轨道交通车辆。

(5) 车体按组合方式可以分为一体化设计和模块化设计。例如，广州城市轨道交通 1 号线车辆采用的是一体化设计，而 2 号线采用的则是模块化设计。

2) 车体各部分组成

车体不仅要求具有良好的隔声、隔热性能，而且要求造型美观、色彩新颖，以便为乘客创造良好的乘坐条件。另外，还应选用不燃、阻燃、少烟、低毒的材料，以保证乘客的安全。车体一般分为底架、侧墙、端墙、车顶等几大部件。

(1) 底架。一般城市轨道交通车辆所采用的底架由地板、地板布、支撑梁、隔声材料、隔热材料和阻尼浆等组成。地板有的用胶合板组成（如北京早期城市轨道交通车辆），后来为了解决防火等问题，有的采用铝蜂窝夹层复合铝板制成（如广州城市轨道交通车辆）。地板布一般都由聚氯乙烯 (PVC) 制成，厚度一般为 2 ～ 3 毫米，它具有耐磨、防滑、防火、抗化学腐蚀和易清洗等特点。

(2) 侧墙和端墙。侧墙和端墙的结构基本相似，均由墙板、支撑梁、隔声材料、隔热材料和阻尼浆组成。北京城市轨道交通车辆 DK6 型以前的车辆侧墙与端墙板均采用两面黏结塑料贴面板的胶合板，支撑梁采用木质件，隔声材料、隔热材料采用超细玻璃棉和阻尼浆。这些材料的突出特点就是防火性能差。针对这一特点，对后期生产的车辆进行了技术改进，主要措施是减少木材用量和对适用的木质件进行防火处理，采用复合铝板代替胶合板，使防火性能得到改善。

上海、广州城市轨道交通 1 号线车辆的侧墙和端墙的墙板采用非饱和聚酯玻璃钢板黏结泡沫状密胺树酯和铝板的复合板，支撑梁采用金属梁，隔声材料、隔热材料采用矿渣棉并用铝箔包装，金属铝墙的内表面涂有阻尼浆。

(3) 车顶。在车辆内装设计中，车顶是较为复杂的一个部件，因为在该部件上需要安装风扇或空调风道及风口、灯具、立柱等设备，所以顶板的安装应当与上述设备统一协调优化才能收到良好效果。

上海、广州城市轨道交通 1 号线车辆设有空调，它们车顶的内装与北京城市轨道交通车辆有明显不同，风道设在车顶中部，由铝合金薄板制成；整个风道外表面均覆盖隔热材料，以防止风道冷量的损失和结露。风道的出风口在风道底部的两侧，灯带设在风道的两侧，三排立柱上端固定在内顶板上。

内顶板由带有表面涂层的铝蜂窝夹层复合铝板制成，其悬吊及支撑梁由金属材料制成，隔热材料、隔声材料为矿物棉并用铝箔包装，在铝顶板的内表面涂有阻尼浆。

2. 车钩

1) 车钩功能

车钩是用来连接列车的各车辆，并使彼此间保持一定的距离，以及传递和缓冲列车在运行中或在调车时所产生的纵向力或冲击力的一种部件。车钩就结构而言，有密接式和非密接式之分。

2) 车钩分类

我国地铁车辆都采用密接式车钩，如北京地铁车辆采用的车钩装置有两种形式，即自动车钩 (密接式牵引缓冲装置) 和半永久牵引杆 (中间钩橡胶缓冲装置)；广州城市轨道交通车辆 1、2 号线和上海城市轨道交通车辆 1 号线使用的车钩缓冲装置有三种形式，分别为自动车钩、半自动车钩和半永久牵引杆。

(1) 自动车钩。它位于 A 车头的司机室端，其电气和气路系统都组装在钩头上，当连挂时，车钩的机械、电气、气路系统能自动连接；解钩时，可在司机室控制自动解钩或采用手动解钩。解钩后，车钩即处于挂钩准备状态；电气连接器通过盖板自动关闭，以防止水和尘土进入；主风管连接器也气动关闭，防止压缩空气泄漏。

(2) 半自动车钩。半自动车钩和自动车钩基本相同，其不同有以下几点：
① 电气连挂只能用手工连接。
② 解钩时，机械和气路部分可自动也可手动操作完成，但不能在司机室集中控制。
③ 电气连接装置只能用手动操作。
④ 半自动车钩上设有贯通道支撑座。

(3) 半永久牵引杆。半永久牵引杆的两牵杆的端部各有一个锥孔和锥柱，在连挂时起定位作用，通过套筒式联轴器将两个牵引杆刚性相连，它与电气、气路通过机械紧固获得永久连接。这种连挂通常只有在维修时分解，在半永久牵引杆上设有贯通道支撑座。

3. 转向架

1) 转向架概述

转向架是支撑车体及其载重并引导车辆沿着轨道运行的走行装置，它的结构是否合理直接影响车辆的运行安全及动力学性能。为了便于通过曲线，在车体和转向架之间设有中心盘或中心回转装置，使转向架可以实现相对于车体的转动。为了改善车辆运行的品质和满足运行的要求，在转向架上设有弹簧减振器装置和制动装置。对于动车来说，转向架上还装有牵引电动机和减速机构，用以驱动车辆运行。目前转向架减振系统设计先进，针对于列车运行速度、车型、载客量的不同，车辆的一系弹簧分别采用"人"字形金属橡胶弹簧、金属钢弹簧和圆锥金属橡胶弹簧等；二系弹簧采用空气弹簧，在运行时可根据乘客多少调节弹簧内的空气压力，保持地板高度不变，其减振性能良好，使得旅客乘坐舒适平稳。

2) 转向架的主要功能及结构

(1) 支撑车体及传递载荷。转向架可以承受车辆的自重和载重，使轴重均匀分配，同时传递从车体至轮对之间或轮轨至车体之间的各种载荷及作用力。

(2) 使车辆顺利通过曲线。转向架可以相对于车体旋转，能灵活地沿着直线线路运行或顺利地通过曲线，减小运行阻力与噪声，提高运行速度，保证车辆安全运行。

(3) 传递牵引力和制动力。转向架充分利用轮轨之间的黏着，根据工况通过轴承装置使车轮沿钢轨的滚动和车体沿线路运行的平动相互转化，从而传递牵引力(动车)和制动力。牵引时，牵引电动机产生转矩并通过齿轮传动装置使轮对沿钢轨滚动，轮对与钢轨之间的黏着作用使车轮滚动力矩转化为向前的轮周牵引力，使车辆沿轨道前行；制动时，牵引电动机或踏面制动器给轮对施加一个与轮对转动方向相反的力矩，轮对与钢轨之间的黏着作用使该力矩转化为向后的制动力。制动力与牵引力的传递过程相同，只是方向相反。

(4) 缓和振动和冲击，提高乘坐舒适性。转向架的结构要便于弹簧减振装置的安装，使之具有良好的减振特性，以缓和车辆和线路之间的相互作用，减少振动和冲击，减小动应力，提高车辆运行的平稳性和安全性。

（五）其他车辆

在城市轨道交通领域还有用于设备检修维护的生产辅助车辆，如轨道(牵引)工程车、接触网检测车、轨检车、接触网作业车、轨道探伤车、钢轨打磨车等，它们在满足轨道限界要求的前提下分别具有如下功能。

1. 轨道（牵引）工程车

轨道(牵引)工程车是轨道运输的动力来源，目前轨道工程车主要是以柴油机作为动力，并以机械传动，该车辆具有良好的牵引、爬坡和制动能力。

2. 接触网检测车

接触网检测车是为保证电气化铁路接触网的安全运营，用于检测接触网技术参数的专用车辆。它能检测接触线的拉出值、导线高度、定位管坡度、线岔状态、网压、接触悬挂硬点(振动)、离线、杆位(杆号)和速度(里程)等多项机械及电气技术参数。它能自动打印、显示和存储实时检测数据，还能够监视弓网工况及实现快速字幕图像合成，并记录弓网运行实况。通过检测能够发现隐患，找出极限和超限状态，为状态维修、周期维修和定时维修提供技术依据。

3. 轨检车

轨检车是对轨道进行动态检测，掌握线路在列车实际动载作用下检测轨道几何尺寸偏差的检测设备。它具有轨距检测、曲率检测、水平检测、高低检测、方向检测等功能。

4. 钢轨打磨车

钢轨打磨车是以延长钢轨使用寿命为目的发展起来的，主要用于消除钢轨表面磨损、变形和其他缺陷。目前运用较为广泛的钢轨打磨车全车设有 48 个打磨头，其打磨精度高，打磨工作全部由计算机控制，已实现自动检测和调整打磨量。

5. 接触网作业车

接触网作业车是用于接触网设施的安装、维修和抢险工作的车辆。它可分为带动力和不带动力两种，车上装有旋转式升降作业平台和液压吊机，并可承载少量的设备材料。

6. 轨道探伤车

轨道探伤车是在移动过程中检测轨道内部是否产生了伤痕及磨损等情况的铁道线路维护用车。目前运用较多的是用超声波对轨道进行探伤，超声波脉冲射入轨道内部后，根据反向回波来检测缺陷的有无及种类。此外，部分探伤车还具有检测波状磨损 (即利用激光来检测影响客车乘坐舒适度及产生噪声的轨道磨损) 和利用电荷耦合器 (CCD) 相机拍摄的图像进行图形处理，以检测轨道截面的磨损等功能。

四、城市轨道交通供电系统

（一）供电系统的组成

城市轨道交通供电电源一般取自城市电网，通过城市电网一次电力系统和城市轨道交通供电系统实现输送或变换，然后以适当的电压等级供给城市轨道交通各类用电设备。

城市轨道交通的供电系统按功能分类主要由主变电所 (集中供电方式)、牵引供电系统、动力照明系统、电力监控系统组成；按设备分类主要由变电所设备、接触网 (轨) 设备和电力监控设备组成。

城市轨道交通系统是一个重要的用电负荷。按规定应为一级负荷，即应由两路电源供电，当任何一路电源发生故障中断供电时，另一路应能保证城市轨道交通重要负荷的全部用电需要。在城市轨道交通供电系统中，牵引用电负荷为一级负荷，而动力照明等用电负荷根据它们的实际情况可分为一级、二级或三级负荷。城市轨道交通的外部电源供电方案，应根据线网规划和城市电网的具体情况进行规划设计，而不应局限在某一条线路上。

1. 集中供电

集中供电方式是指在线路的适中站位，根据总容量要求设主变电所，由发电厂或城市电网区域变电所以高压 (如 110 千伏) 向主变电所供电，经降压并在沿线结合牵引变电所、降压变电所进线形成 35(33) 千伏或 10 千伏中压环网，由环网供沿线设置的牵引变电所经降压整流为直流电(如750伏或1500伏),从而对电动列车供电;各车站机电设备则由降压变电所降压为380/220伏进行供电。这种供电方式的中压网络的电压等级应根据用电容量、供电距离、城市电网现状及发展规划等因素,经技术经济综合比较后确定。为了便于城市轨道交通供电系统的统一管理,提高自身供电的可靠性和灵活性,城市轨道交通供电系统目前较多地采用集中供电方式。

2. 分散供电

分散供电方式是指不设主变电所,而直接由城市电网区域变电所的35(33)千伏或10千伏中压输电线直接向城市轨道交通沿线设置的牵引变电所、降压变电所供电并形成环网。采用这种方式的前提必须是城市电网比较发达,在有关车站附近有符合可靠性要求的供电电源。其中压网络的电压等级应与城市电网相一致。在这种方式下,可设置电源开闭所,并可与车站变电所合建。

3. 混合供电

混合供电方式就是上述两种供电方式的混合,即指对一条轨道交通线路的供电,一部分采用集中供电,另一部分采用分散供电。

(二)电气设备

1. 变压器

变压器是一种传送和变换变流电能的静止变换器。

2. 断路器

断路器是一种能对电路进行控制和保护的高压电器。它有断弧能力,可以切断负载电流和短路电流。

3. 隔离开关

隔离开关是一种没有熄弧装置的高压电器。它不能切断负载电流和短路电流,在无负荷电流时接通和断开电路,断开时能起到隔离电压的作用,可以为运行、操作和检修提供方便。

4. 母线

母线是一种汇总和分配电能的导电线。在室外用软母线(钢芯铝绞线);室内用硬母线(铝排或铜排)。对于母线标志,在三相交流系统中,U相——黄色,V相——绿色,W相——红色;在直流系统中,正极——红色,负极——蓝色;零线及地线——黑色。

5. 熔断器

熔断器是一种过负荷和短路电流导致熔体发热熔断的保护电器。任何一种熔断器在电流超过其最小熔断电流时都会熔断,其熔断时间随电流增大而缩短。熔断器一般用来保护电力线路、小功率变压器和电压互感器等电气设备。

6. 电压互感器

电压互感器是电气测量、控制和保护回路用的变压器。电压互感器一次侧并联在高压回路上,二次侧额定电压一般为100伏。并联在二次侧的电压表可间接指示一次电压值,二次电压也可在控制和保护回路中作电源或电压信号用。

7. 电流互感器

电流互感器是电气测量、控制和保护回路用的变流器。电流互感器一次线圈串联在高压回路中，二次线圈额定电流一般为 5 安或 1 安。串联在二次线圈回路中的电流表可间接指示一次电流值，二次电流也可在控制和保护回路中作电源或电流信号用。

近年来，电子式互感器逐步得到应用，它包括连接传输系统和二次变换器的一个或多个电流或电压传感器，将测量值按比例传送给测量仪器（表）和保护控制装置。实际上电子式电流互感器和电子式电压式互感器往往组成一个装置，即复合式电流电压式传感器。

8. 避雷器

避雷器是防止从线路侵入的雷电波和操作过电压损坏电气绝缘的保护设备，常用的有保护间隙（角型）、管型和阀型及氧化锌避雷器。

9. 金属封闭开关设备（开关柜）

制造厂根据用户对高压一次接线的要求，将断路器、负荷开关、熔断器、隔离开关、接地开关、避雷器、互感器以及控制、测量、保护等装置和内部连接件、绝缘支撑件、辅助件固定连接后，安装在一个或几个接地的金属封闭外壳内的成套配电装置即开关柜。按照开关柜内部绝缘介质的不同，一般分为以大气绝缘和以六氟化硫气体为绝缘介质的开关柜。按电压等级又可划分为 3.6 ～ 40.5 千伏（即中压）和 72.5 千伏及以上（即高压）两大类。

10. 整流器

整流器是与整流变压器组合成整流机组的电流变换器。整流变压器供给的交流电能通过整流器变为一定电压等级的直流电。整流变压器是多相变压器时，经整流器变为直流电时就比较平滑。牵引用的整流器一般是由大功率的硅整流元件组成。其冷却方式有自冷式、风冷式、水冷式等。

11. 继电保护装置

在电力系统出现故障或不正常工作状态时，能使断路器跳闸或发出报警信号的自动装置，称为继电保护装置。它的任务是在系统出现故障时，使靠近故障点的断路器跳闸，切除故障部分，恢复系统的其他部分正常运行；在系统出现不正常工作状态如过负荷时，发出报警信号，提醒值班员注意和处理。继电保护装置与自动装置配合，可进一步实现电力系统自动化。

（三）接触网

1. 接解网的基本要求

接触网是牵引供电系统的重要组成部分，一旦损坏将中断牵引供电。为此，接触网应满足以下基本要求：

(1) 由于接触网在工作中无备用网，因而要求接触网强度高且安全可靠。

(2) 要求接触网在各种气候条件下均能受流良好。

(3) 因为接触网部件更换困难，所以要求接触网性能好、运行寿命长。

(4) 因为接触网维修是利用行车中的间隔时间进行的，所以要求其结构轻巧、零部件互换性强，以便于施工、维护和抢修。

(5) 因为接触网无法避开腐蚀性强、污秽严重等异常环境，所以应采取耐腐蚀和防污秽技术措施。

(6) 因为接触网采用与受电器摩擦接触的受流方式，所以要求接触网有较均匀的弹性，接触线等部位要有良好的耐磨性。

2. 接触网的结构形式

接触网是向列车传输电能的重要设备，是城市轨道交通牵引供电系统的重要组成部分，一旦发生故障，轻则影响行车速度，重则造成行车中断。接触网按照结构可分为架空式接触网和接触轨，而架空式接触网按悬挂方式不同又可分为柔性接触网和刚性接触网。

1) 柔性接触网

柔性接触网分为简单接触悬挂和链形接触悬挂两种基本类型，主要由支柱与基础（隧道为支撑部件）、支持定位装置、接触悬挂及附加导线等几部分组成。

(1) 支柱与基础。支柱与基础（支撑部件）承受着接触悬挂和支持装置所传递的负荷（包括自身质量），并将接触线悬挂到一定的高度上。

在城市轨道交通中，一般使用金属支柱和等径预应力钢筋混凝土支柱，金属支柱又有普通桁架结构式钢支柱、整体型材"H"形钢支柱和圆形钢支柱。

基础承受支柱所传递来的力矩并将其传给土体，是起支持作用的。一般所谈的基础主要是指金属支柱的基础，钢筋混凝土支柱的地下部分代替了基础的作用。

(2) 支持定位装置。支持定位装置是用来支持悬挂，并将悬挂的负荷传递给支柱的装置。支持定位装置可分为腕臂形式和软硬跨（梁）形式。腕臂形式的支持定位装置包括腕臂、拉杆及定位装置等；软横跨、硬横跨（梁）形式的支持定位装置主要包括横向承力索、上下部定位绳及定位器和吊弦等。软硬跨（梁）形式广泛地应用于城市轨道交通的车辆段和地面咽喉地区，是多线路上的专用支持定位装置。

(3) 接触悬挂。接触悬挂是将电能传导给电动车组的供电设备，它包括承力索、接触线、吊弦、补偿装置、悬挂零件及中心锚结和附架线索等零部件。

虽然接触悬挂的类型很多，但概括起来可分为简单悬挂和链形悬挂两类，因具体条件不同及运行速度的差异而使用不同类型的接触悬挂。

简单接触悬挂即是由一根或几根互相平行的直接固定到支持装置上的接触线所组成的悬挂。简单接触悬挂的优点是结构简单、投资少；缺点是弛度大且弹性（受电弓单位接触压力所引起的接触线的升高）不均匀，这样会由于受电弓上下追随速度和机车运行速度不同步而发生离线和冲击现象。

链形悬挂即接触线通过吊弦（或辅助索）而悬挂到承力索上的悬挂。链形悬挂可以在某一温度下使接触线处于无弛度状态，也就是在整个跨距内，可使接触线至轨面保持相等的高度。这种悬挂由于接触线是悬挂在承力索上的，因而基本上消除了悬挂点处的硬点，使接触悬挂的弹性在整个跨距内都比较均匀。由于链形接触悬挂具有高度一致、弹性均匀、稳定性好等优点，且具有较好的取流性能，因此在运量大、速度高的干线上多采用这种悬挂形式。

2) 刚性接触网

刚性接触悬挂是和弹性接触悬挂相对应的一种接触悬挂方式，所谓刚性接触悬挂就是要考虑整个悬挂导体的刚度。架空刚性接触悬挂是刚性接触悬挂的一种，一般由具有相应刚度的导电轨或具有相应刚度的汇流排与接触线组成。

架空刚性接触网有两种典型代表（按汇流排的形状分类），即以日本为代表的"T"形结构（如图 6.2-28 所示）和以法国、瑞士等国为代表的"Ⅱ"形结构（如图 6.2-29 所示）。

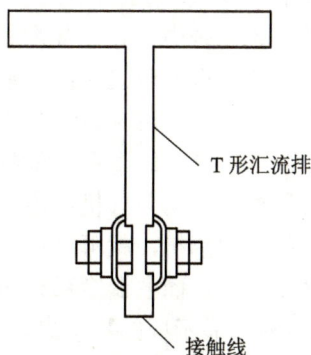

图 6.2-28　"T"型结构刚性接触悬挂　　　图 6.2-29　"Ⅱ"型结构刚性接触悬挂

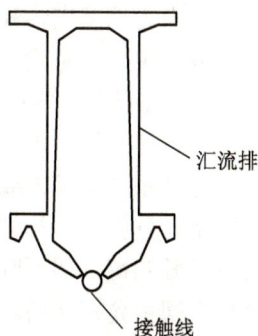

五、城市轨道交通通信与信号系统

（一）城市轨道交通通信系统

为了保证城市轨道交通系统能可靠、安全、高效运营，有效地传输与轨道交通运营、维护、管理相关的语音、数据及图像等信息，必须建立可靠的、独立的通信系统。

城市轨道交通的通信系统包括光纤数字传输系统、调度指挥通信系统、视频监控系统、无线通信系统及车站广播系统等部分。具体来说，它们共同为城市轨道交通系统列车运行的调度指挥、无线通信、公务通信、旅客信息广播、系统运行状况监视等提供支持。图 6.2-30 所示为一个典型城市轨道交通通信系统。

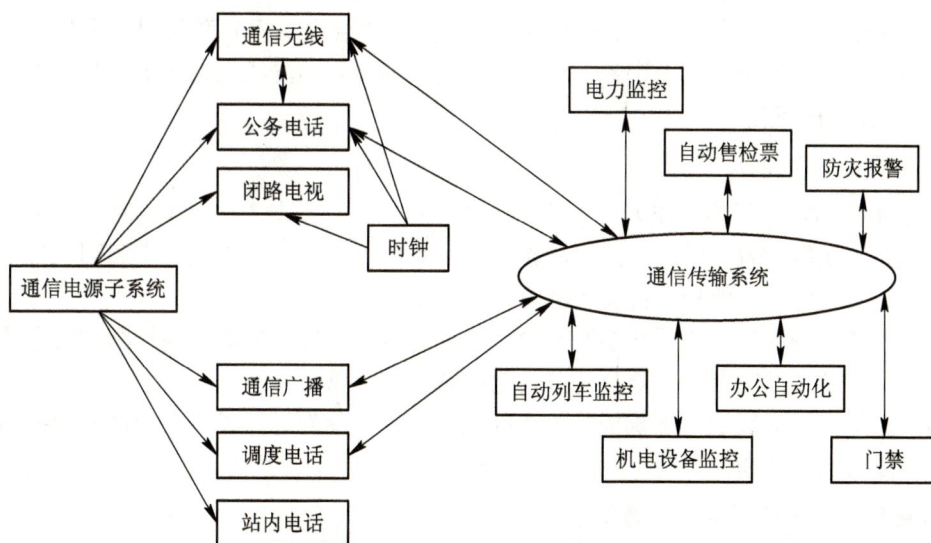

图 6.2-30　典型城市轨道交通通信系统

1. 调度指挥系统

调度指挥通信系统包括有线调度电话、站间行车电话和区间电话。

1) 有线调度电话

根据城市轨道交通列车运行组织和业务管理的要求，一般设置三种有线调度电话系统，即列车调度电话、电力调度电话和防灾环控调度电话。该系统由中心设备、车站设备和传输通道三部分构成。中心设备设于调度中心，由不同功能的调度台组成；车站设备设于各车站、变电所、环控(防灾)值班室、车场值班员处，分别设有相应的调度分机；传输通道是介于中心设备和车站设备之间的传输媒介，由光缆数字复用传输系统提供服务。

对有线调度电话系统的基本要求是各调度台通过程控交换网与分机连接，要能迅速地实现单呼或全呼下属分机，下达调度命令；各调度分机只要摘机，就可以呼叫各自的调度台，各调度台按下呼叫键，即可呼出或应答相应的调度分机，而各调度系统的分机之间及其他系统的分机之间不允许通话。调度台通常采用带有液晶显示屏的数字式多功能电话机。

2) 站间行车电话

站间行车电话又称闭塞电话，是相邻车站值班员间进行行车业务用的直通电话，是利用程控交换网在站间建立的双向热线行车电话。该系统由专用电话总机、分机及传输通道三部分组成。专用电话总机设于车站值班员处；分机设于站长室、公安值班室、变电所值班室、环控(防灾)值班室、站台两侧的室外电话箱内等处；站间传输通道由光缆数字复用传输系统提供，或采用电缆实回线(站内传输通道采用电缆实回线)。为提高通话效率，防止差错，在其回路上禁止接入其他业务性质的电话。

3) 区间电话

区间电话是供列车司机和维修人员在轨道沿线随时与相邻行车值班员及相关部门紧急联系或通话使用的专用通信设备。区间电话系统由电话机箱、便携式电话机和传输线路组成。在信号机、道岔、接触轨(网)开关柜、通风机房、隔断门等附近应设置电话机箱。沿线每隔150～200米左右设置一台轨旁电话，1～3台电话机并联使用一个号码，通过专用电缆连向最近的车站交换设备，程控交换网可为所有的沿线电话机提供与其他分机及各调度台联系的功能。

2. 无线通信系统

为了使移动状态下的工作人员(司机、检修人员以及公安人员等)及时与有关指挥部门取得联系，还需设置无线通信系统。无线通信系统主要用于城市轨道交通列车运行的指挥、治安、防灾应急通信和设备及线路的维修施工通信。

城市轨道交通无线通信系统由基地台、天线及射频电线、隧道内的泄漏同轴电缆、列车无线电台设备、控制台、电源及便携式无线电台等组成。

城市轨道交通无线通信系统按其工作区域不同，可分为运行线路上的调度无线通信系统和车辆段内的无线通信系统。

1) 运行线路上的调度无线通信系统

该系统由位于调度中心的控制设备(包括控制台、计算机、录音设备等)和基地台以及列车上设置的列车台、维修人员使用的携带台，加上有线传输网络和自动电话或专用电话组成。隧道内还需设置隧道基地台或隧道中继器,以及沿隧道敷设的泄漏同轴电缆。

2) 车辆段内的无线通信系统

为满足值班员 (车辆段)、司机 (列车台)、流动人员 (携带台) 三者之间的通话需求,设有车辆段内的无线通信系统。该系统由位于车辆段值班室的控制设备和基地台、列车上设置的列车台以及流动人员使用的携带台三部分组成。

3. 公务通信系统

在组织列车运营中,公务通信系统是城市轨道交通运营控制的重要通信工具,主要用于城市轨道交通系统内部工作人员间和对外部的公务联络用。

4. 广播系统

广播系统由中心广播、车站广播、车辆段广播系统组成,通过使用控制中心、车辆段的操作终端操控整条运营线路及车辆段内的广播,将语音信息传送到相应的车站及车辆段,使整条线路中的车站和车辆段广播系统既独立又成为统一的整体。

5. 视频监控系统

视频监控系统 (CCTV) 的主要作用是使调度管理人员、车站值班员、站台工作人员等,能实现以实时监控或事后查看方式监控到所管辖车站的客流、列车出入站及旅客上下车等情况,以确保车站、乘客安全和合理进行客流组织。

视频监控系统主要由中央级视频监控系统和站级视频监控系统两部分组成。中央视频监控系统通常位于运营线路控制中心的通信设备室,站级视频监控系统设备则安装在各车站的通信设备室。该系统的外围设备 (如摄像机、监视器等) 则分布在各站站厅、站台等区域。

6. 传输系统

通信网的主干是基于光纤的传输系统,它是轨道交通通信系统中最重要的子系统之一,能够为其他通信子系统和列车自动监控 (ATS)、综合监控 (BAS)、火灾报警 (FAS)、自动售检票 (AFC)、电力监控 (SCADA) 等系统提供高可靠性的、冗余的、接口灵活的多种宽窄带传输通道,从而构成传送语音、数据和图像等信息的综合业务传输网。

传输系统由光网络终端、光网络单元及光缆组成,光网络单元之间通过光纤连接。光网络终端设置于控制中心,光网络单元设置于远端各车站、车辆段。该系统组成通道保护环,既提供通道保护又具备系统自愈能力,可以满足轨道交通对高可靠性的要求。光网络单元具有丰富的接口,可为车站、车辆段提供公务电话、调度电话、语音广播、无线电话等模拟语音接口,也可为电话、时钟、广播、SCADA、FAS 和 AFC 等提供各种数字接口。此外,还可为公务电话等系统提供数字接口,为视频监控系统提供视频接口。

7. 时钟系统

时钟系统通过全球卫星定位系统 (GPS),为轨道交通的乘客提供了一个标准的时间信息,为轨道交通通信系统、自动售检票系统、综合监控系统、电力监控系统、火灾报警系统等提供了统一的时间信息。

时钟系统一般分为中央级和站级。时钟系统的外部设备包括 GPS 天线 (含雷电保护器) 和子钟。通常情况下,中央时钟系统设备以及 GPS 接收设备位于轨道交通线路控制中心的通信设备室,站级时钟系统设备安装在各车站及车辆段的通信设备室,子钟则安装在各站点、车辆段、控制中心等场所。

(二)信号系统

城市轨道交通信号是应用于城市轨道交通系统中，人工或自动实现行车指挥和列车运行控制、安全间隔控制技术的总称。城市轨道交通信号是计算机技术、现代通信技术和控制技术在城市轨道交通运输生产过程中的具体应用，是城市轨道交通运营的"中枢神经"，是城市轨道交通现代化的重要标志之一。

城市轨道交通信号系统是保证列车运行的重要设备之一，其作用一是保证列车运行安全，二是提高通过能力(效率)。它包括信号设备、联锁设备和闭塞设备三部分。信号设备是轨道交通列车运行的指挥装置；联锁设备保证轨道交通车站内(包括车辆基地)列车运行的安全；闭塞设备则是保证区间内列车运行安全的专门装置。

作为行车指挥与列车运行控制系统的信号系统，是在改进行车指挥水平、参与运营管理、提高行车效率及保证行车安全的过程中不断发展的。当前，轨道交通信号已改变了传统的以地面信号显示指挥列车的方式，实现了以车载信号为主体信号，用计算机系统完成速度控制、进路选择和进路控制等项目的自动控制系统，并逐步向无人驾驶的方向发展。

如图 6.2-31 所示为轨道交通信号系统的组成。

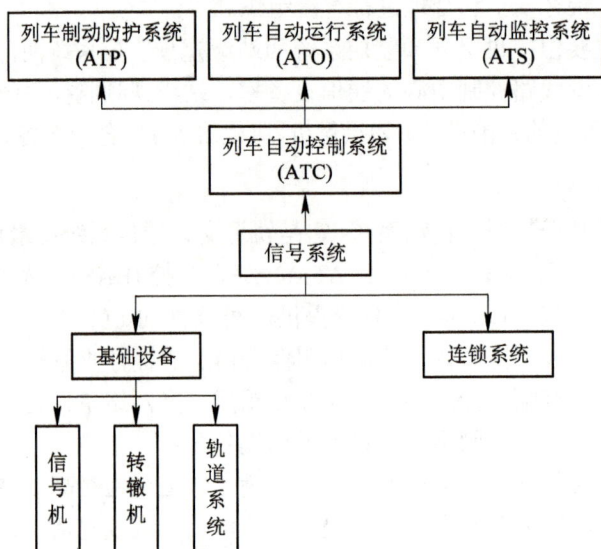

图 6.2-31　轨道交通信号系统的组成

1. 信号设备

1) 信号机

信号机的作用是指挥行车，以保证列车行车安全。城市轨道交通的信号机多采用透镜式色灯信号机。为提高显示距离，透镜式射灯信号机后来又发展为组合式射灯信号机。为了同时便于安装和维护，LED 色灯信号机也得到了很好地运用。

由于城市轨道交通采用右侧行车制，因此，不论在正线上还是在车辆段内，地面信号机通常设于列车运行方向的右侧，若在地下则一般安装在隧道壁上。

(1) 进站信号机。凡车站的列车入口 (站界) 外方适当距离处都必须装设进站信号机，用以防护车站安全，指示列车能否由区间进入车站，保证接车进路的正确和安全可靠。

当采用列车自动防护系统 (ATP) 时可不设进站和出站信号机。

进站信号机信号显示有以下两种方式：

① 一个红色灯光——不准列车越过该进站信号机 (不准进站)；

② 一个绿色灯光——允许列车按规定速度越过该进站信号机 (允许进站)。

(2) 出站信号机。车站发车线端部 (车站出口) 都必须装设出站信号机，用以区间防护，作为列车占用区间的凭证，它将指示列车能否由车站进入区间。

出站信号机信号显示有以下两种方式：

① 一个红色灯光——不准列车越过该出站信号机 (不准出站)；

② 一个绿色灯光——一允许列车越过该出站信号机，出发进入区间 (站外区间有足够的制动距离保证列车按限定速度安全运行)。

(3) 调车信号机。调车是指列车在车站内有目的地移动的过程。调车信号机设置在有联锁设备的车站调车作业的进路始端，用来确保调车进路的安全可靠，指示列车能否进入调车进路进行调车作业。

调车信号机信号显示有以下两种方式：

① 一个白色灯光——允许越过该调车信号机 (调车进路空闲)；

② 一个蓝色 (或红色) 灯光——不准越过该调车信号机 (调车进路未排列完毕或该调车进路无空闲)。

(4) 防护信号机。它设置在道岔处或进路的始端处，对通过道岔的列车显示信号，防护道岔开通的线路或进路的安全。

防护信号机信号显示有以下四种方式：

① 一个绿色灯光——所防护进路的道岔开通区间，准许列车按规定速度越过该防护信号机进入区间；

② 一个白色灯光——所防护的道岔开通折返线，准许列车按规定速度越过该信号机，运行至折返点；

③ 一个红色灯光——不准越过该信号机 (该道岔开通的进路无空闲)；

④ 一个白色灯光加一个红色灯光——所防护的区间要求列车以不超过 20 千米 / 小时的速度越过该防护信号机 (有条件进入区间)。

(5) 出站信号机的复示信号机。当出站信号机因地形、地物影响而观察不清时，需在出站信号机的内方设置复示信号机，复示出站信号机的显示信号。

(6) 阻挡信号机 (遮断信号机)。它一般设在尽头线的终端，表示列车停车位置。

阻挡信号机的信号显示方式：一个红色灯光——列车或车辆不准越过该信号机。

(7) 引导信号机。引导信号机就是当主体信号机因故障等原因不能正确显示信号时，通过人工办理手续，显示一个白色灯光加一个红色灯光 (闪光)。其显示意义为准许列车以低速 (不超过 20 千米 / 小时) 越过该信号机进站，并随时做好停车准备。

(8) 列车速度信号 (速度表)。它设置于司机室便于司机确认的合适位置，是一种双指针数字速度计。其中红指针指的是最大允许速度 (带警示功能)，黄指针指的是列车即时实际运行速度。

2) 信号表示器

信号表示器是对行车人员传达行车或调车意图，或对信号进行某些补充说明所用的器具，反映信号设备位置的装置，自身并没有信号意义。

(1) 警冲标：设在两条会合线路间距离为4米的中间位置，用来指示机车车辆的停留地点，防止机车车辆的侧面冲撞，如图6.2-32所示。

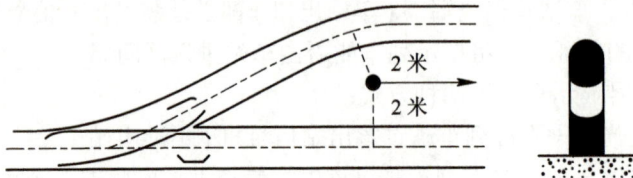

图 6.2-32　警冲标

(2) 进路表示器：表示股道上进路开通的方向。

(3) 道岔表示器：表示道岔的位置及其开通的方向。

(4) 发车表示器：设置在站台上列车发车始端位置，向司机表示能否关车门及发车时间。平时不亮灯，列车停靠后其灯光显示为白色闪光，表示离发车还有5秒，提示司机关车门；一直显示白色灯光，表示可以发车；无显示则表示不能关车门和发车。

3) 转辙设备

转辙设备用于完成道岔的转换和闭锁，设备的质量直接影响着行车安全。转辙设备由转辙机(转换、锁闭道岔尖轨并表示其位置状态的机械)及附属杆件组成。

转辙机是道岔控制系统的执行机构，除转辙机本身外，还包括闭锁装置、安装装置和杆件，它们共同完成道岔的解锁、转换和锁闭。道岔锁闭是指道岔尖轨与基本轨贴紧到使列车可以安全通过的状态；道岔解锁是指道岔解除锁闭；道岔转换是指用转辙机或握柄牵引道岔尖轨动作的过程。

转辙机安装在道岔一侧，控制道岔的转换与锁闭，是直接关系行车安全的关键设备，如图6.2-33所示。

图 6.2-33　转辙机的设置

4) 轨道电路

轨道电路是以钢轨做导体，两端加以机械 (电气) 绝缘，接入送电和受电设备构成的电路。基本的轨道电路组成如图 6.2-34 所示。

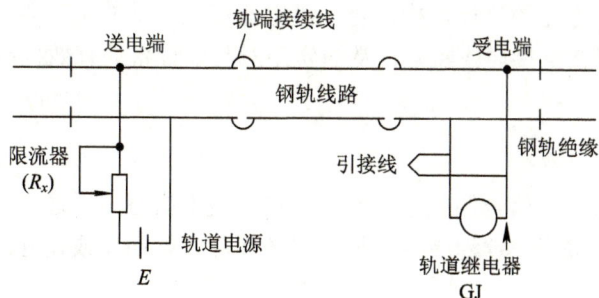

图 6.2-34　轨道电路的组成

轨道电路的工作原理可用其调整状态 (无车占用)、分路状态 (有车占用) 和断车状态三种工作状态来表示。

轨道电路的调整状态就是轨道电路完整和空闲，接收设备 (如轨道继电器) 正常工作时的状态。在调整状态，两根钢轨完好又无列车占用，电流通过两根钢轨和轨道继电器产生电磁感应，轨道继电器保持吸起状态。

轨道电路的分路状态就是有列车占用轨道区段时的状态。在分路状态时，车辆的轮对电阻比轨道继电器线圈电阻小得多，电流被列车轮轴分路，而流经继电器线圈的电流很小，使轨道继电器因得不到足够的电流而失磁落下。

轨道电路的断轨状态也叫开路状态，就是轨道电路发生断轨、断线故障时的状态。在断轨状态时，轨道电路会因接收电流减小而使轨道继电器失磁落下。

5) 继电器

继电器是城市轨道交通信号控制中必不可少的元件，主要用于闭合或断开控制电路。

继电器是一种电磁开关，能以极小的电信号控制执行电路中相当大功率的对象，并能控制数个对象或数个回路，具有典型的继电特性。

继电器的类型很多，一般由电磁系统和接点系统两部分组成。其中电磁部分由线圈、固定的铁芯、轭铁以及可动的衔铁组成；接点部分由动接点和静接点构成。

继电器的工作原理如图 6.2-35 所示，其工作流程为：线圈通电→产生磁通 (衔铁、铁

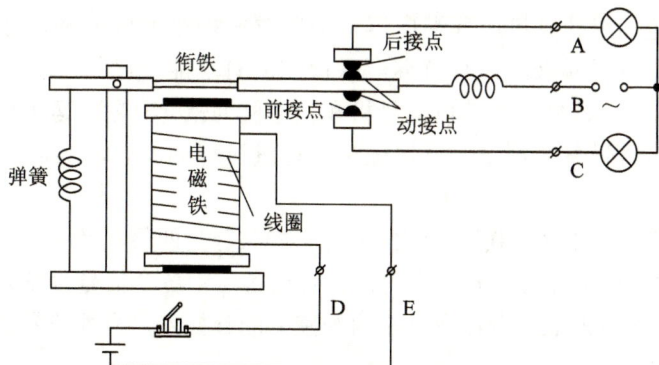

图 6.2-35　继电器的工作原理

芯)→产生吸引力→克服衔铁阻力→衔铁吸向铁芯→衔铁带动动接点动作→前接点闭合、后接点断开→线圈断电→吸引力下降→衔铁依靠重力落下→动接点与前接点断开→动接点与后接点闭合。

继电器接点是继电器的执行机构，随同继电器衔铁启动的接点叫动接点。随着衔铁的动作，使动接点和静接点接通或断开，从而实现对其他设备的有效控制。

2. 联锁

1) 联锁与进路

联锁是城市轨道交通信号保证行车安全的重要技术措施。通过一定的技术方法，使信号、道岔和进路必须按照一定程序并满足一定条件，才能动作或建立起来的相互关系称为联锁关系，简称联锁。

进路是指列车或调车车列在站内及车辆段行驶时所经过的路径。在车站为列车进站、出站所准备的路径称为列车进路；为各种调车作业准备的通路称为调车进路。一般每一个列车、调车进路的始端都应有一架信号机进行防护，以保证作业时的安全 (信号机外方即信号机的前方，是信号机机构正面所对的方向；信号机内方即信号机的后方，是信号机机构背面所对的方向，信号机内方则为其防护的进路)。

2) 联锁设备

控制车站的道岔、进路和信号，并实现它们之间联锁关系的设备称为联锁设备。用继电器实现联锁关系的称为继电联锁；用计算机实现联锁关系的称为计算机联锁。城市轨道交通采用的是计算机联锁。

(1) 继电联锁又称电气集中联锁，是用电气的方法集中控制和监督全站、车辆段内的道岔、进路和信号，并实现联锁关系的联锁设备。这种设备的主要特点是室外采用色灯信号机，道岔由转辙机转换，进路上所有区段均设有轨道电路，由继电器电路实现对室外设备的控制并实现联锁，操作人员通过在信号楼的控制台集中操纵和监督。

(2) 计算机联锁利用计算机实现车站的联锁关系，用继电器电路作为计算机主机与室外信号机主机、室外信号机、转辙机、轨道电路的接口设备，操作人员通过计算机显示器等设备实现对现场设备的控制和监督。计算机联锁充分发挥了计算机的特点，操作表示功能完善，并方便设计、施工、维修和使用，便于实现信号设备的远程监督、远程控制和自动控制。

计算机联锁是利用计算机取代继电器构成联锁机构来完成车站信号的联锁任务，它是从继电联锁系统发展起来的，具有继电联锁的所有功能，以信号机、转辙机、轨道电路和区间闭塞的状态为联锁条件，以信号机和转辙机为驱动对象，运用计算机强大的逻辑运算能力完成对信号设备的控制，以保证车列行进过程的安全，实现车站信号设备控制自动化。

如图 6.2-36 所示，计算机联锁系统的硬件结构共分为四层，其中，人机接口层、联锁控制层和采集 / 驱动层中设备分布于室内，信号设备层中各个信号设备为室外设备，信号设备是联锁系统的控制对象，分线盘是室内和室外的分界点，室外信号设备通过电缆连接到分线盘。

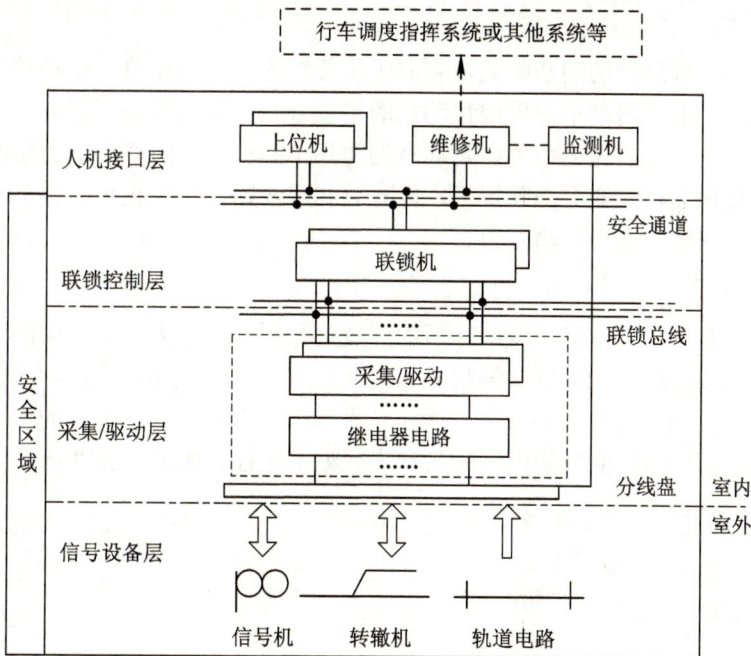

图 6.2-36　计算机联锁系统

3. 闭塞

两个车站之间的线路称为区间。为保证区间内列车的运行安全，防止列车发生对向冲突（单线）或同向尾追（单一线或双线），用信号或凭证保证列车之间必须保持一定间隔距离运行的技术方法，称为行车闭塞（简称闭塞）。用于完成闭塞手续的设备称为闭塞设备。

适用于城市轨道交通的闭塞类型有电话、半自动及自动闭塞等。其中，自动闭塞又可分为固定、准移动和移动闭塞。

1) 固定闭塞

固定闭塞将线路划分为固定的区段，不论前后列车的位置，还是前后列车的间距都是用固定的地面设备（如轨道电路等）来检测和表示的。对于传统的固定闭塞制式来说，列车定位是以固定区段为单位，系统只知道列车在哪个区段中，而不知道在区段中的具体位置，因而列车制动的起点和终点总在分界点位置，其速度控制模式为分级的台阶式。为充分保证安全，必须在两列车间增加一个防护区段，这使得列车间的安全间隔较大，影响了线路的使用效率，无法满足提高系统能力、安全性和互用性的要求。传统的列车自动防护系统的传输方式采用固定闭塞，通过轨道电路判别闭塞分区占用情况并传输信息码。这种闭塞类型需要大量的轨旁设备，维护的工作量较大。

2) 准移动闭塞

准移动闭塞又称半固定闭塞，是介于固定闭塞和移动闭塞之间的一种闭塞方式，它对前后列车的定位方式是不同的。前行列车的定位仍沿用固定闭塞的方式，而后续列车的定位则采用连续的或称为移动的方式，准移动闭塞可解释为"预先设定列车的安全追踪间隔距离，根据前方目标状态设定列车的可行车距离和运行速度，介于固定闭塞和移动闭塞之间的一种闭塞方式"。

3) 移动闭塞

移动闭塞是一种新型的闭塞制式，它取消了传统的信号机和轨道电路等地面设备，不设固定闭塞区段，前后两列车都采用移动式的定位方式。移动闭塞可解释为"列车安全追踪间隔距离与列车运行的速度相关，是动态的随列车的移动不断移动并变化的闭塞方式"。这种闭塞方式在保证行车安全的前提下，能充分利用线路，实现较小的行车间隔，以最大限度地增大行车密度，提高运输能力。

4) 半自动闭塞

半自动闭塞是以出站信号机或线路所的通过信号机显示作为列车占用区间凭证，发车站的出站信号机或线路所的通过信号机必须经两站同意并办理闭塞手续后才能开放。列车进入区间后自动关闭，而且在列车未到达接车站以前，向该区间发车用的所有信号都不得开放，这就保证了两站间的区间内同时只有一列列车运行。如图 6.2-37 所示。

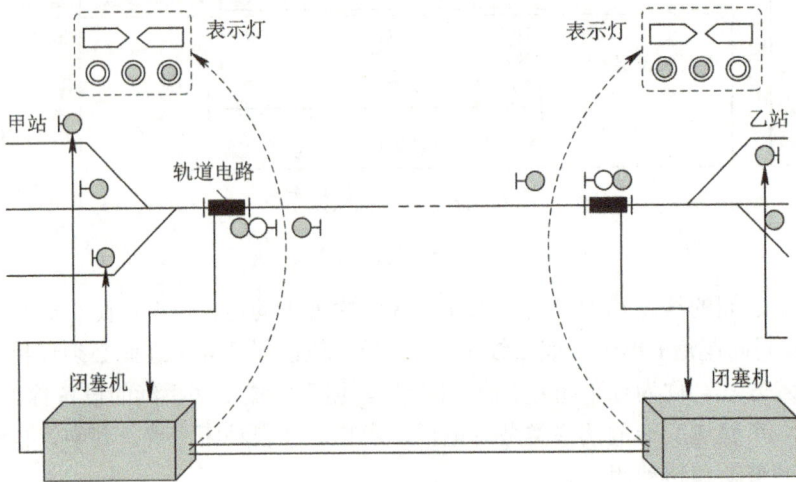

图 6.2-37 单线继电半自动闭塞

5) 电话闭塞

电话闭塞是当基本闭塞设备发生故障不能使用时，由故障区间两端车站的车站值班员利用站间闭塞电话，以电话记录的方式办理闭塞指挥行车的方法，是一种代用闭塞法。一般而言，电话闭塞没有机械和电气设备的控制，全凭制度和人为控制，安全性较差。在停用基本闭塞法改按电话闭塞法办理行车工作或恢复基本闭塞法办理行车工作时，都必须先确认区间空闲，并根据列车调度命令办理。遇列车调试电话不通时，闭塞法的变更或恢复应由该区间两端站的车站值班员确认区间空闲后，直接以电话记录办理。

第三节　城市轨道交通运营组织

一、城市轨道交通行车组织

城市轨道交通行车组织工作是指在运输生产过程中，为完成运送乘客的任务而进行的一系列与运输有关的工作。由于城市疏导交通系统耗资巨大，而行车组织工作担负着指挥列车运行、保证行车安全和提高运输效率的重要任务，因此行车组织工作的好坏对城市轨道交通系统的运营效益将产生直接的影响，它是整个城市轨道交通运输生产工作的核心任务。

（一）城市轨道交通列车运行计划

为经济合理地运用技术设备，实现高服务水平、高效率和低成本的运营目标，城市轨道交通的运营组织必须以列车运行计划为基础。列车运行计划由列车开行方案、车辆配备计划和列车运行图组成。

1. 列车开行方案

列车开行方案包括列车交路计划、列车编组方案和列车停站方案三部分。

1) 列车交路计划

列车交路计划规定了列车的运行区间、折返车站等内容。城市轨道交通列车运行大多采用长交路的形式，运行区间覆盖整条线路，并在始发终到站折返。根据客流空间分布的特点，也有城市轨道交通列车采用大小交路的形式，即在一条大交路的基础上，选择客流密度存在明显差异的车站作为折返站，另外开行一条小交路。

2) 列车编组方案

列车编组方案规定了列车的编组形式、编组数量等内容。城市轨道交通车辆一般分为 A 型车、B 型车和 C 型车。由于 C 型车的运力较小，一般应用于轻轨或其他较小运力的轨道交通线路中；A 型车与 B 型车则是地铁车辆的主流。地铁常见的编组方案为 6 节或 8 节的固定编组，也有部分运营企业根据客流预测规模采用其他的列车编组方案。例如广州地铁 3 号线在运营初期曾采用 3 节、6 节固定编组混跑的模式，在运营中后期均采用 6 节固定编组的模式。

3) 列车停站方案

列车停站方案规定了列车的停站次数、停站地点和停站方式等内容。城市轨道交通列车停站方案通常采用站站停的方式，但也有一些地区的城市轨道交通采用快慢车运行模式，减少了部分列车的停站次数。

2. 车辆配备计划

车辆配备计划是指在一定类型设备和行车组织方法条件下，为完成一定的运输任务而必须保有的车辆。车辆按运用上的不同，分为运用车、检修车和备用车三类。城市轨道交通某一条线路需要配置的车辆总数则为这三类车辆的数量之和。

1) 运用车

运用车是为了完成日常客运任务而配备的技术状态良好的车辆。

2) 检修车

检修车是指处于定期检修状态的车辆。车辆经过一段时间的正线运行后，各部件会产生磨耗变形或损坏，为保证车辆技术状态良好，确保列车运行安全和延长车辆使用寿命，需定期对车辆进行各种修程的检修，此时将安排部分运用车暂不投入运营，进行车辆检修作业。

3) 备用车

为适应客流变化，确保完成临时紧急的运输任务以及预防运用车发生故障，必须保有若干技术状态良好的备用车。备用车的数量一般控制在运用车数量的 10% 左右。备用车原则上停放在停车场内，在正线正式运营后，调度可根据所管辖线路的客流特征，适当安排备用车停放于始发终到站或具有折返和存车能力的中间站，用以增加部分区段的行车密度。

3. 列车运行图

列车运行图是列车运行的时间与空间关系的图解，它表示列车在各区间运行及在各车站停车或通过状态的二维线条图。列车运行示意图如图 6.3-1 所示。其中：纵轴表示距离，纵轴上的"a、b、c、d"表示车站名称；横轴表示时间；斜线表示列车的运行线，且不同颜色代表不同列车种类（红色代表上行列车，绿色代表下行列车，蓝色代表调试或回空列车，黑色代表出入段列车），运行线上的数字表示列车到达各车站的时刻。

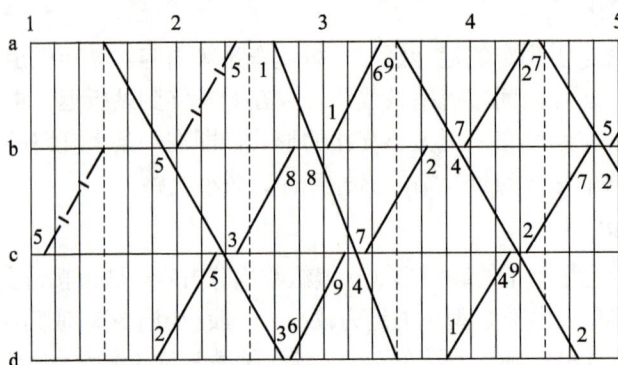

图 6.3-1　列车运行示意图

列车运行图的作用主要体现在以下两点：

(1) 列车运行图是组织列车运行的基础。列车运行图规定了各次列车占用区间的顺序，列车在区间的运行时分、在车站到达与出发（或通过）时刻、在车站的停站时间和折返站的折返作业时间，以及列车交路和出入停车场时刻等。

(2) 列车运行图是运行组织的一个综合性计划。城市轨道交通运营生产是统一的整体，涉及运营的各业务部门都需要根据列车运行图所规定的要求来安排作业。例如，车辆运转部门要根据列车运行图的要求来确定列车的派出时刻和乘务员的作息计划。

（二）城市轨道交通行车调度指挥

1. 行车调度指挥的基本原则

城市轨道交通行车组织指挥工作，必须贯彻安全生产的方针，坚持高度集中、统一指挥和逐级负责的原则。行车有关人员必须服从行车调度员指挥，执行行车调度员的命令，同时行车调度员应严格按运营时刻表（或列车运行图）指挥行车。

在城市轨道交通行车组织工作中，全线列车运营与车厂各自分开管理。其中，正线和辅助线（出入段线、折返线、存车线、渡线、联络线、安全线等）一般由城市轨道交通运营控制中心（Operating Control Center，OCC）管理，车厂线由车厂控制中心（Depot Control Center，DCC）管理。指挥列车在正线运行的命令只能由运营控制中心指挥下的行车调度员发布。

1) 行车时间的规定

城市轨道交通企业规定的行车时间以北京时间为准，从零时起计算，实行24小时制。行车日期划分以零时为界，零时以前办妥的行车手续，零时以后仍视为有效。

2) 关于上、下行方向的规定

每条线路在划分上、下行时都有一定的原则和因素。

3) 统计列车晚点的规定

城市轨道交通企业统计列车晚点，是根据列车运行到达终点站时，比照《运营时刻表》中的列车允许晚点时间，判定其是否属于晚点列车。一般允许晚点时间是根据具体线路的开通运营情况、行车间隔等各种因素设定的。各城市轨道交通企业存在一定差异，例如北京地铁的列车允许晚点时间是3分钟。

4) 列车车次的规定

列车车次一般由服务号、目的地码和序列号等要素组成，同时个位是偶数的为上行，奇数的则为下行，并按顺序编号。目前，车次的具体排列次序及位数没有统一的标准，例如广州地铁1、2号线的列车车次为6位数，左边两位为目的地码，中间两位为服务号，右边两位为序列号；沈阳地铁1号线的列车车次则由5位代码组成，前三位为服务号，后两位为目的地码。

5) 行车工作中数字的标准发音

调度电话和无线电话用于行车时各工种间的工作联系，通话中须使用数字的标准发音，如表6.3-1所示。

表 6.3-1 行车工作中数字的标准发音

数字	1	2	3	4	5	6	7	8	9	0
发音	yāo	liǎng	sān	sì	wǔ	liù	guǎi	bā	jiǔ	dòng
	幺	两	三	四	五	六	拐	八	九	洞

2. 行车指挥体系

对于单一线路而言，城市轨道交通企业运营指挥一般分为两个指挥层级，第一层级是城市轨道交通运营控制中心，第二层级包括环控调度、行车调度、电力调度与车厂调度，如图6.3-2所示。第二层级要根据各自的职责和任务独立开展工作，并服从第一层级(运营控制中心)的总体协调与指挥。

图 6.3-2 城市轨道交通行车组织指挥层级

城市轨道交通运营控制中心(OCC)是轨道交通系统的日常运营、设备维护及行车组织的指挥中心，运营信息收发中心的信息均需通过OCC集散。在处理特殊应急事件时，运营控制中心则代表城市轨道交通运营公司与外界协调联系救援工作。

在正常情况下，城市轨道交通的正线行车工作由行车调度员统一指挥，供电设备运作由电力调度员统一指挥，环控和防灾报警设备由环控调度员统一指挥，车厂内的调车作业由车厂调度员统一负责。

二、城市轨道交通客运组织

（一）城市轨道交通客运组织的内涵

城市轨道交通客运组织是通过合理布置客运有关设备、设施以及对客流采取有效分流或引导措施来组织客流运送的过程。城市轨道交通主要通过合理的客运组织来完成大容量的客运任务。根据组织层次，城市轨道交通客运组织可分为网络和车站两个层面，如图6.3-3所示。

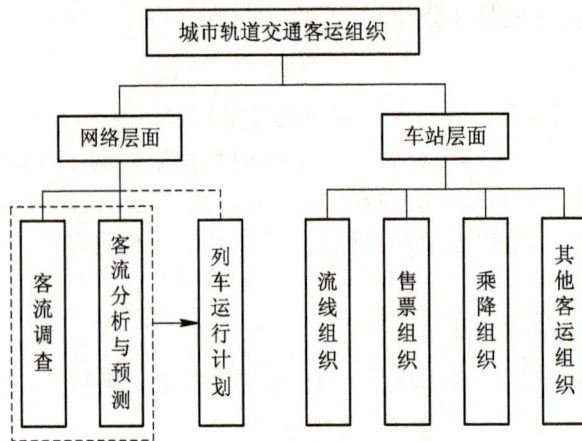

图6.3-3　城市轨道交通客运组织的内容

网络层面侧重于把握客流的整体特征，主要目标是通过准确地把握客流规律，制订出合理、均衡的列车运行计划，组织全网客流安全、舒适、高效地运输。

车站层面侧重于对车站客流的组织、引导与服务工作，主要目标为安全、高效、顺畅地组织乘客完成乘降与集散任务。

1.城市轨道交通客运组织的特点

城市轨道交通客运组织的特点如下：

(1) 因为客运组织服务的对象是市内交通乘客，所以不办理行李包裹的托运服务。

(2) 城市轨道交通全日客流分布在时间上有较为明显的高峰与低谷之分，客流高峰主要体现在平日的早、晚高峰上。

(3) 城市轨道交通的服务对象较为广泛，包括各地、各阶层与各种职业的固定居民和流动人口。

2.客运组织工作的基本要求

客运组织工作的基本要求如下：

(1) 安全。为保证乘客安全乘车，要制定并严格执行各项安全制度，采用先进的安全控制系统，定期检查所有的运营设备，并保证其处于良好状态。

(2) 准时。运营生产各部门应相互配合，严格按照列车运行图组织工作，确保列车按运行图规定的时间运行。

(3) 迅速。运营生产各部门应相互配合，提高列车运行速度，缩短列车间隔时间，减少设备故障，以确保乘客快捷到达目的地。

(4) 便利。车站内外导向标识明显，地下通道、出入口与地面其他交通工具衔接紧密，以方便乘客换乘。

(5) 优质服务。客运服务工作人员应严格遵守职业道德，礼貌待客，耐心、正确地解答乘客的问询，并主动热情地为乘客服务。

（二）城市轨道交通客流特征分析

客流是对乘客有目的流动的宏观描述。客流由流量、流向、流距和流时四个要素组成，分别表示客流的数量、方向、行程和客流产生的时间。随着城市轨道交通运营网络的不断扩张，客流量不断增大，乘客换乘机会增多，客流变化与规律比单一线路或简单网络下的客流情况更加复杂。然而，在一定时间范围内，客流具有明显的特征，主要体现在客流量大且持续增长、客流分布不均衡以及换乘量大等方面，这对城市轨道交通的客运组织提出了更高的要求。

1. 城市轨道交通客流分类

因为不同类型的乘客有着不同的服务需求，所以应对城市轨道交通的客流进行细分。通过分析各类客流的出行规律与服务需求，不断优化运营组织方式，尽量满足所有乘客的出行需求。

1) 按出行目的划分

根据乘客的出行目的，客流主要分为通勤客流与休闲/旅游客流。

(1) 通勤客流：主要包括以上下班、外出办事或学生上下学等为出行目的的乘客。通勤客流的特点在于客流量大且稳定，出行规律性强，乘车时间相对集中，对出行时间的要求高等。

(2) 休闲/旅游客流：主要是城市中以文化、生活需要(如购物、就医、探亲访友、文体活动等)为出行目的的乘客。这种客流的特点在于工作日客流量较小，周末与节假日客流量较大且不稳定，出行目的地分散，且易受气候与环境影响等。

2) 按出行距离划分

根据乘客的出行距离，客流可分为短途客流、中途客流与长途客流。关于城市轨道交通出行距离的划分，因不同城市的土地开发、交通规模和经济发展程度存在差异，目前尚无统一标准。但从城市交通结构的合理性角度来分析，城市轨道交通应负担更多的中途客流、长途客流，而短途客流主要由公交承担。

3) 按形成原因划分

根据客流形成的原因，客流可分为常态客流与突发客流。

(1) 常态客流：主要包括城市轨道交通日常运营状态下的客流，也包括工作日与周末状态下的客流。

(2) 突发客流：由突发事件导致的新增或流向发生变化的客流。例如，由于设备故障或行车事故导致部分车站乘客滞留；由于大型活动导致场馆周边的车站在短时间内新增大量客流等。

4) 按乘客性别划分

有些国家或地区，出于对宗教或其他因素（如安全）的考虑，在城市轨道交通列车上专设供女性乘客使用的空间。

2. 城市轨道交通客流分布不均衡特征

城市轨道交通客流具有分布不均衡的特征，主要体现在时间与空间两个方面。

1) 客流时间分布不均衡

(1) 一日各小时客流量。城市轨道交通系统的进站、出站以及换乘客流量在早晚高峰期间，相对于全日的其他时段，会出现列车车厢拥挤度高、车站站台客流密度大和换乘通道乘客走行速度慢等现象。城市轨道交通的平日早晚高峰现象主要受通勤、通学客流的影响，这部分客流的出行时间大多集中在早晚高峰时段，而平峰时段乘客数相对较少。某城市工作日轨道交通小时客流分布如图 6.3-4 所示。

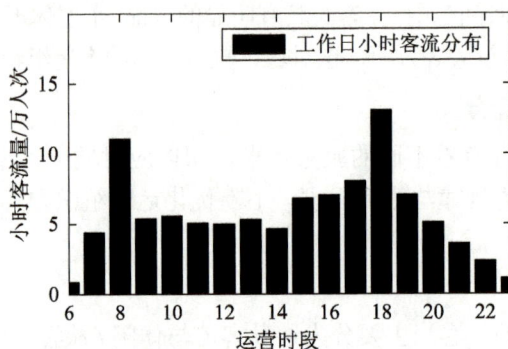

图 6.3-4　某城市工作日轨道交通小时客流分布

(2) 一周每日客流量。由于工作日的城市轨道交通客流以通勤、通学客流为主，周末则以旅游、休闲客流为主，不同类型客流的出行特征存在差异，因此，一周内的工作日客流与周末客流也存在明显差异。在以通勤、通学客流为主的线路上，工作日的日均客流量将大于周末的日均客流量；在以旅游、休闲客流为主的线路上，工作日的日均客流量将小于周末的日均客流量。根据这一客流特点，城市轨道交通运营企业一般会编制平日与周末两种列车运行图，以实现运力与客流需求的最佳匹配。

(3) 节假日客流量。节假日期间的城市轨道交通客流量会与平日产生较大区别。在以国庆节、劳动节和中秋节等旅游、休闲客流为主的节假日，城市轨道交通客流量会出现大幅上升；在以春节为主的节假日，由于春节前后会有大批务工人员返乡，春节期间的城市轨道交通客流量反而较平日有所下降。

2) 客流空间分布不均衡

(1) 同一条线路上、下行方向客流量不均衡。早高峰期间会出现因通勤、通学客流出行导致的居住区附近车站的进站量和学习办公区附近车站的出站量明显高于其他普通车站的现象；晚高峰期间因返程会出现相反的现象，居住区和学习办公区周边的车站客流集中，甚至会出现拥挤、乘客滞留车站的现象。

(2) 各断面客流量不均衡。断面客流量是指在单位时间内，沿同一方向通过轨道交通线路某断面的乘客数量，即通过该断面所在区间的客流量。在城市轨道交通线路上，由于各个车站的乘降人数不同，必然会造成线路单向各个断面客流量不均衡的现象。

(3) 各线路间客流量不均衡。在城市各功能区日趋成熟和完善的条件下，根据城市总体规划与布局，城市中居民的居住区和办公区、学习区、娱乐区等位于不同的区域，居民会根据不同的出行目的在各区域的城市轨道交通车站进出站，因此，该区域的客流量将高于其他普通车站。

（三）城市轨道交通客运组织工作

1. 客流调查

客流调查是城市公共交通组织的基础工作之一，通过客流调查能使运营管理人员随时掌握客流动态与变化的规律，及时调整、配备与之相适应的运输能力，为乘客提供良好的服务。为反映客流的不同特征，达到不同的调查效果，城市轨道交通的客流调查主要有以下几种。

1) 全面客流调查

全面客流调查是对全线客流的综合调查，通常也包含乘客情况抽样调查。全面客流调查的时间长、工作量大，对调查人员数量的需求较大。但通过对调查资料的整理和分析，能对客流现状与客流规律有一个较为全面而清晰的了解。

全面客流调查有随车调查和站点调查两种调查方式。随车调查是在车门处对全日运营时间内所有运行列车的上、下车乘客进行调查；站点调查是在车站检票口对全日运营时间内所有在车站上、下车乘客进行调查。城市轨道交通系统全面客流调查多采用站点调查的方式，调查时间一般持续两至三天，并要考虑工作日与周末的不同客流特征。

2) 乘客情况抽样调查

抽样调查是用样本来近似地代替总体，其有利于减少客流调查的人力、物力和时间消耗。乘客情况抽样调查通常是用问卷方式进行的，调查内容主要包括乘客的构成情况和乘车情况，以及乘客满意度调查等。

(1) 乘客构成情况调查一般在车站进行。调查内容包括年龄、性别、职业、居住地和出行目的等，调查时间可选择在客流较稳定的运营时段。

(2) 乘客乘车情况调查可根据需要分类进行，也可在特定的时间、地点进行。调查内容除年龄、性别和职业外，还可包括家庭住址、家庭收入、日均乘车次数、上车站和下车站、到达车站的出行方式（如步行、自行车、公交车等）与所需时间，以及下车后到达目的地的出行方式与所需时间等。

(3) 乘客满意度调查反映城市轨道交通系统使用者对交通设施状况、供给水平和服务质量的评价，通过各种调查方式，可以准确掌握客运交通系统的改善方向，为提高客运管理水平提供改进依据。

3) 断面客流调查

断面客流调查是一种经常性的客流抽样调查，可选择某条线路的 $1 \sim 2$ 个断面进行调查。一般是对线路的最大客流断面进行调查，调查人员采用直接观察的方法调查列车上的乘客人数。目前，城市轨道交通大多采用自动化的检票系统，因此，断面客流数据也可通过自动售检票系统记录的数据，由特定的数学模型与参数推算得到。

4) 节假日客流调查

节假日客流调查是一种专题性客流调查，重点对春节、元旦、国庆节、周末以及若干特定节日期间的客流进行调查。调查内容除节假日期间城市轨道交通客流量外，还包括学校、企业等单位的休假安排等。该项调查一般通过问卷方式进行。

2. 客流预测

客流预测是指对城市轨道交通在未来一定时间范围内客流的流量、流向进行的估计。城市轨道交通客流预测的作用如下：

1) 为城市轨道交通的线路规划设计提供客流依据

客流预测是城市轨道交通线路规划的基础性工作，由于城市轨道交通的服务对象是乘客，因此，客流预测的结果对城市轨道交通的线路经由、车站位置的选取和车站功能与规模的确定等都有主导性影响。

2) 为城市轨道交通运营方案的制订提供客流依据

通过客流预测，能使运营人员大致掌握预测时段内的客流量，及其在城市轨道交通系统内的分布情况，进而有利于城市轨道交通运营方案的制订。

3) 为城市轨道交通运营企业及相关部门的经济预算提供依据

客流预测的结果能为城市轨道交通相关部门进行项目建设评估提供客观的客流数据依据，从而减少投资的盲目性，降低经济损失。同时，还能为城市轨道交通票价和票制的制定提供参考，以便优化城市交通结构。

根据不同的分类标准，城市轨道交通客流预测主要有以下几种类型。

1) 按预测时间划分

根据预测时间，客流预测可分为长期预测、中期预测、短期预测与短时预测。一般长期预测的周期在 10 年以上，中期预测的周期在 6 ～ 10 年，短期预测的周期在 5 年以内。短时预测尚无具体的预测周期划分，但与年、月相比具备更小的预测周期。

2) 按预测目的划分

根据预测目的，客流预测可分为日常（工作日）客流预测、特殊时段客流预测以及新线客流预测。其中，日常与特殊时段的客流预测均针对已开通运营的城市轨道交通线路，特殊时段包括周末与节假日；新线客流预测则是针对新建的城市轨道交通线路，为了设计初期运营方案，在充分调查地区经济和社会发展的基础上所做的预测。

3) 按预测范围划分

根据预测范围，客流预测可分为宏观预测与微观预测。其中，宏观预测是针对城市轨道交通网络、线路或车站的客流总量与构成进行的预测；微观预测是针对特定车站、特定日期和特定时段的客流量进行的预测，其预测精度要求高，且预测难度较大。

3. 车站客流组织

1) 车站功能分区

城市轨道交通的各类车站一般均由车站主体、通风道与通风亭以及其他附属建筑物组成，如图 6.3-5 所示。车站主体分为两大部分：一部分是付费区，包括站台、换乘通道等；另一部分是非付费区，包括售检票区与出入口通道。在车站站厅层放置的自动检票机 (AFC 闸机) 就是分隔车站付费区与非付费区的设备。

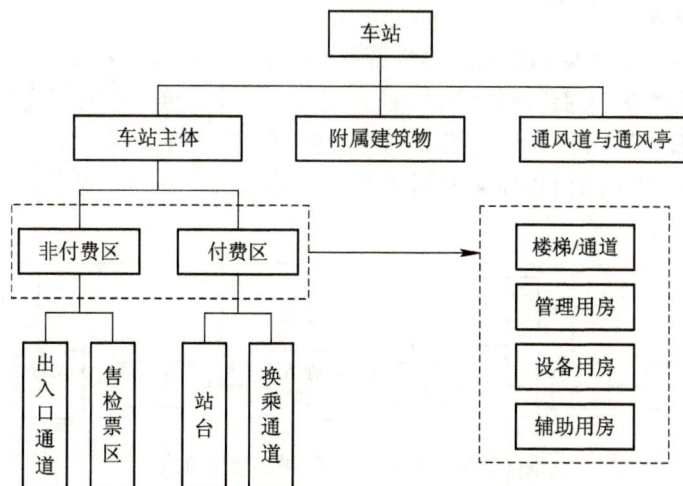

图 6.3-5　城市轨道交通车站功能结构

(1) 站台。站台是车站功能的直接体现，它的主要作用包括列车停靠、乘客候车与乘降。站台的形式与规模取决于城市轨道交通线路设计之初对高峰小时客流量的远期预测。对于列车编制一般为 6 ～ 8 辆的城市轨道交通系统，其站台长度一般在 120 ～ 180 米。站台两侧一般设置设备用房、办公用房与洗手间等，站台上通常会设置座椅供乘客休息。由于站台直接与轨道相连，一般会在站台边缘设置站台门来保障乘客乘车与候车的安全。

(2) 站厅。站厅主要用于售检票作业，一般与站台用通道或扶梯相连。站厅内设置自动售检票机、问讯处和乘客自助查询设备等车站服务设施，其布局方式一般取决于车站的客流特性，应尽量避免进出站以及换乘客流的交叉，减少乘客在站内的停留时间。

(3) 管理用房。管理用房是车站工作人员的办公用房，包括车站控制室、站长室、票务室、值班室与警务办公室等。车站控制室是车站运营与管理的中心，一般设在便于对售票、检票以及自动扶梯口等部位进行监视的地方。

(4) 设备用房。设备用房是安置各类设备并对其进行日常维护与保养的场所，主要包括综合监控室、AFC 检修室、通风空调电控室、通信设备室、照明配电室和通风空调机房等。其中，有噪声源的设备用房应设置在远离乘客活动的区域。

(5) 辅助用房。辅助用房是为保证车站内部工作人员正常工作与生活所设置的用房，主要包括卫生间、更衣室、休息室和茶水间等。

(6) 通风道与通风亭。通风道与通风亭一般设置在车站出入口附近，主要承担着城市轨道交通地下车站及隧道的通风换气功能。地下车站的深度在地下 15 ～ 20 米，受封闭空间所限，空气无法正常流通，因此，全靠安装在地面的通风亭来实现地下与地上的空气流通和交换功能。

2) 车站流线组织

在城市轨道交通车站内，由乘客的集散活动产生了一定的流动过程和流动路线，称之为流线。流线组织是车站客流组织的重点工作之一。按流动方向的不同，城市轨道交通车站流线可分为进站流线、出站流线和换乘流线。车站的流线组织工作就是根据各类流线的特征，结合车站实际空间布局条件，采用合理的组织管理手段，使乘客安全、便利、舒适地完成站内流动需求。

车站流线组织一般遵循的原则为尽量避免和减少各种流线的相互交叉干扰，最大限度地缩短乘客的流动距离，避免流线迂回，防止对流，保障安全。不同流线的特点存在差异，进站流线（如图 6.3-6 所示）需经过购票、安检、验票与候车等过程，占用车站的时间较长；出站流线（如图 6.3-7 所示）的特点是乘客集中、速度快，占用车站的时间短。乘客换乘流线如图 6.3-8 所示。

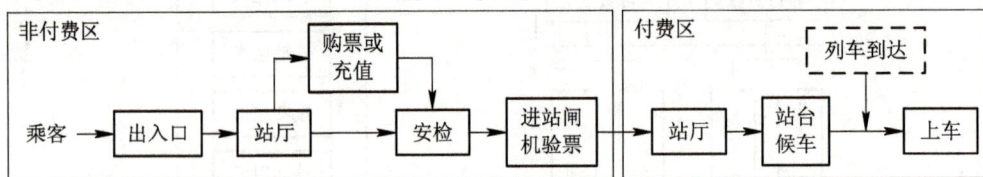

图 6.3-6　城市轨道交通乘客进站流线

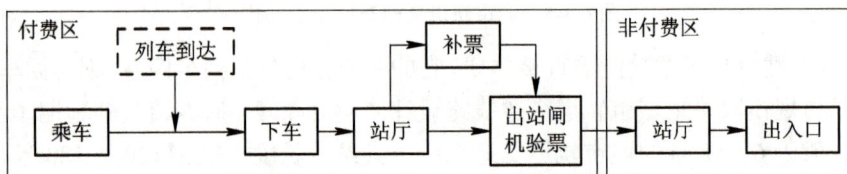

图 6.3-7　城市轨道交通乘客出站流线

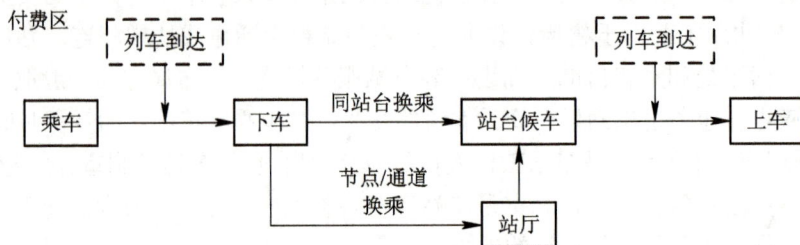

图 6.3-8　城市轨道交通乘客换乘流线

城市轨道交通的车站流线组织主要从以下三个方面考虑：

(1) 缩短乘客走行距离，避免流线迂回，以提高乘客的出行效率；

(2) 错开不同乘客流线，避免交叉干扰，以提高乘客的站内舒适性，确保乘客在站内有序流动；

(3) 设计乘客流线时，应充分考虑城市轨道交通车站设施设备的布置和利用，通过合理安排售检票设备和楼梯的位置，尽量减少客流交叉。

3) 车站客运服务

城市轨道交通车站的服务工作包括票务服务、导乘服务、问询服务、乘降服务、特殊服务和附加服务等。

(1) 票务服务。凡涉及车票、票务政策等方面内容的服务，均是票务服务。

(2) 导乘服务。导乘服务是指通过城市轨道交通车站的各种导向标识、广播和乘客信息系统等设施设备向乘客提供的导向服务。导乘服务不仅是对乘客流线的引导工作，而且包括当列车运营计划变更或列车运营中断时，能采取有效措施及时将相关信息告知乘客，以便乘客掌握城市轨道交通当前的运营状况，并据此作出继续等待或退票出站的决策。

(3) 问询服务。为方便乘客了解城市轨道交通系统，加强乘客与城市轨道交通的运营企业之间的沟通，车站应提供问询服务。在车站站厅层一般会安排工作人员提供现场问询服务，设置地点一般与人工售票处同处 (如图 6.3-9 所示)。

图 6.3-9　城市轨道交通车站问询服务处

(4) 乘降服务。乘降服务是指组织乘客安全而有序地上、下列车的服务。乘降服务是城市轨道交通站务员的重要工作之一。列车进站前，站务员应站于车站客流集中的站台一端，密切注视站台乘客动态，组织乘客排队候车，防止乘客出现超越安全线 (如图 6.3-10 所示) 和倚靠站台门等危险动作。发生突发事件时，站务员应立即按压紧急停车按钮，并及时呼叫列车司机。列车关门时，站务员应阻止乘客往列车上冲，注意有无人员及物品超越安全线，站台门与车门间隙有无夹人、夹物等现象。

(5) 特殊服务。除普通乘客外，城市轨道交通运营企业还要考虑针对老、幼、病、残、孕等特殊群体的服务，完善相关服务并制定相应的政策与特定服务措施，以提高服务质量。如图 6.3-11 所示的楼梯升降机就是提供给坐轮椅的乘客上、下楼梯使用的。在楼梯升降机的上、下端均设有对讲设备，可供乘客与车站控制室对话，乘客可要求工作人员提供相关服务。

图 6.3-10　城市轨道交通站台安全线

图 6.3-11　楼梯升降机

(6) 附加服务。城市轨道交通车站还应提供协助寻人或寻物等附加服务。

4. 突发事件车站客流组织

城市轨道交通的突发事件是指发生在城市轨道交通运营管辖范围内，由于运营故障、自然灾害或人为灾害等因素，造成人员伤亡、财产损失和运营中断等的事件。根据突发事件产生的原因，可将其划分为以下三类：

(1) 运营安全事件：包括列车冲突、脱轨，道床伤亡，突发大客流和大面积停电等。

(2) 公共安全事件：包括火灾、爆炸、投毒和恐怖袭击等。

(3) 自然灾害事件：包括水灾、雷击和地震等。

突发事件发生后，城市轨道交通的正常运营会受到影响，最为直接的反应就是一个或多个车站的客流出现异常。由于城市轨道交通系统内客流量大、人流集中，一旦突发安全事件，若不能得到及时妥善处理，将导致难以预计的后果(如东京地铁毒气事件)。因此，车站管理人员应做到灵活机动，在做好应急应对预案的前提下，把乘客与工作人员的人身安全放在首位，并及时化解突发事件带来的负面影响，进一步避免其在城市轨道交通网络中的负面影响扩大。

1) 突发事件应急处置基础工作

突发事件应急处置的基础工作包括建立城市轨道交通应急指挥系统、编制与落实城市轨道交通突发事件应急预案。

(1) 建立应急指挥系统。应急指挥系统是城市轨道交通系统组织应急救援的现代化指挥平台，承担城市轨道交通突发事件的应急处置职能。发生重大突发事件之后，相关人员可在网络应急指挥中心，通过专用通信设施了解、汇总和分析相关场所的语音、视频与数据信息，实施应急指挥并组织救援。

(2) 编制应急预案。突发事件应急预案是应急处置和组织救援的基础。编制应急预案的目的是保证突发事件的应急处置能及时、有序、高效地进行，防止突发事件的扩大与升级，以减轻突发事件带来的负面影响。

(3) 落实应急预案。突发事件应急预案的落实包括完善应急救援组织体系及加强救援培训与演习等，使相关人员对应急预案的内容、救援知识与救援技术做到应知应会。同时，通过救援演习还能进一步检验应急预案的可行性，发现应急预案及应急联动等方面可能存在的问题，以便进一步完善应急预案。

2) 突发大客流车站客流组织

大客流是指进站客流量超过了车站能够容纳的最大客流量。大型活动或节假日等均可能导致城市轨道交通大客流事件的发生。对此，城市轨道交通运营企业应做好突发大客流事件的应急预案，做好客流预警工作，对大客流进行及时而有效地疏导。

目前，城市轨道交通运营企业针对大客流事件均有相应的应急预案与客流预警级别设置。以表 6.3-2 所示的城市轨道交通客流预警级别与处置方式为例，当列车在连续两个区间上满载率超过 130% 时，则达到红色预警级别，为减小客伤风险(如客流拥挤导致的踩踏事故等)，应考虑封停部分城市轨道交通车站。例如 2016 年 2 月 8 日(大年初一)北京地铁 2 号、5 号线的雍和宫站于 5:30—17:30 期间采取封站措施。当列车在连续两个区间上满载率在 120% ～ 130% 时，则达到橙色预警级别，此时部分车站应采取限流措施。

表 6.3-2　客流预警级别与处置方式

级别	定义	特点	客伤风险	常见处置
一级（红）	大客流爆满	连续两断面满载率在 130% 以上	95% 以上	封停部分车站
二级（橙）	大面积大客流	连续两断面满载率在 120% 以上	90% 以上	车站限流
三级（黄）	局部大客流	满载率至 100%	80% 以上	临时加开列车
四级（绿）	大客流前兆	满载率大于 80%	60% 以上	一般性预警

对城市轨道交通车站的限流、控流措施，主要包括以下几点。

(1) 限制乘客进入车站。例如：限制 AFC 进站闸机的开启数量，利用员工及障碍物延缓乘客的进站速度，必要时也可以临时关闭车站。

(2) 引导、控制站内客流。例如：利用栅栏等设施将流动人群分隔，引导进入站台的乘客至较不拥挤的区域等候。

(3) 加快乘客出站速度。例如：转换出口的电动扶梯和闸机的方向，提高乘客出站设备的通过能力；引导乘客在不繁忙的出入口离开车站；工作人员引导乘客快速、安全地离开车站。

三、城市轨道交通票务组织

城市轨道交通在减轻地面交通压力、疏散城市中心人口、改善城市环境等方面有积极作用，同时也存在初始投资规模大、经营成本高、投资回收期长、需要政府补贴等经济性问题。合理地制定城市轨道交通票制票价，科学地分析城市轨道交通系统的运营成本构成、补贴机制和企业运营指标是保证城市轨道交通可持续发展的关键。本节将介绍城市轨道交通的票制票价基本理论，分析系统的运营成本和补贴机制，阐述城市轨道交通系统的企业运营指标体系。

（一）票制的基本理论

城市轨道交通票制是指收费方式和票价变化的结构。合理设置城市轨道交通的票制，对于吸引客流、增加运营收入、发挥轨道交通运输骨干作用、促进公共交通资源合理配置具有重大意义。

1. 票制类型

城市轨道交通的票制类型在很大程度上影响着其客流规模以及运营管理模式。目前国内外比较常见的城市轨道交通票制类型主要包括固定票制、多级票制和联合票制。

1) 固定票制

固定票制主要是指单一票制，不分乘坐距离和乘坐时间，全网实行单一票价车票的票制。纽约、莫斯科、北京等城市轨道交通系统采用过固定票制。

2) 多级票制

多级票制主要包括计程票制、分区票制和计时票制三种。

(1) 计程票制主要是指按照乘客的乘坐距离进行计价，包括里程计程和分段计程。里程计程即全程是单一费率，以千米作为基本计价单位；分段计程是以规定里程作为基本计价单位，进行累计加价，费率一般采用递远递减的原则。世界上多数城市轨道交通系统采用计程票制。

(2) 分区票制是指按运营区间计费，将轨道交通线网分成若干区，在同一区内出行，只需支付该区的票价，跨区则需支付各区段内的费用。分区票制一般适用于网络较为发达和完善的城市轨道交通系统。

(3) 计时票制是按照乘客在城市轨道交通系统中停留的时间进行计费的票制。为避免系统客流负荷过高，在不同时间段可实行不同的计费标准，一般高峰期的票价高于其他时段的票价。

3) 联合票制

联合票制是指将多种计费模式叠加来计算票价的一种计费方式，主要有计程计时和计次计时两种模式。计程计时和计次计时模式是对计程票制和单一票制的乘客在付费区停留的时间加以限制，乘客一旦超过规定的停留时间，需支付额外费用。

上述各种票制的优缺点如表 6.3-3 所示。

表 6.3-3　不同类型票制的优缺点

票制	优　点	缺　点	代表城市
单一票制	操作简单、所需人工及设备资源少	计费缺乏公平性	纽约、莫斯科
计程票制	体现票价与运营成本的关系	增加售检票工作量	新加坡、中国香港
分区票制	可缓解中心城区的客流压力	区间划分与收费标准较难确定	巴黎
计时票制	引导调节客流、缓解拥挤	难以体现服务与价格之间的关系	温哥华
联合票制	可实现多重目标	操作较为复杂	伦敦

2. 票制类型

影响票制选择的主要因素包括城市轨道交通特性、乘客特征、路网规模、城市公共交通一体化发展的需要等。

1) 城市轨道交通特性

城市轨道交通是城市大、中运能的快速交通骨干客运手段，具有建设投资大、回收周期长的技术经济特性。为缓解城市交通拥堵和尾气排放，城市轨道交通运营服务价格一般低于市场价格，以鼓励居民优先选择城市轨道交通等公共交通出行方式。因此，城市轨道交通票制的选择应充分考虑其技术经济特性和社会公益性。

2) 乘客特征

城市轨道交通的票制选择需考虑乘客的特征，它包括乘客的构成、职业、收入、出行时间、出行目的、出行距离、是否拥有小汽车等。应通过设置合理的票制，满足不同乘客群体的需求，达到最大化吸引客流并降低企业运营补贴额度的社会效益最大化目的。

3) 路网规模

路网规模也是城市轨道交通票制选择中的重要影响因素。路网长度较短时，可以考虑采用单一票制，减少乘客在换乘、购票等方面的延误，并在一定程度上减少了运营企业在收费系统上的投资，从而降低了运营成本。随着路网规模的扩张和乘客平均出行距离的增加，不同乘客的出行距离差异较大，为了保护短距离乘客的利益，一般采用计程或计时票制。

4) 城市公共交通一体化发展的需要

一体化是城市公共交通发展的必然趋势。因此，在制定轨道交通票制的时候必须考虑到公共交通一体化发展的需要，综合考虑不同公交方式协调服务的需求。

3. 票制的选择

城市轨道交通在不同的发展阶段，其客流吸引能力的差异较大。因此，应针对城市轨道交通不同发展阶段的特点，制定不同时期的合理票制，促进居民出行方式的调整，实现城市公共交通资源的有效整合。

1) 运营初期的票制选择

计时票制主要用于客流高峰小时系数特征明显时的客流调节，因此，城市轨道交通运营初期一般不采用计时票制。运营初期较为常见的票制是单一票制和计程票制。单一票制的票务管理简单，票制投资成本较低，但票价的制定很难兼顾提高其竞争力的需要与运营补贴的控制。计程票制需要依托高效的检售票系统，其初期投资成本相对较高，但可以通过设置合理的起步价和费率，并辅以多样化票种和优惠措施，提高其客流吸引力。

2) 运营发展期的票制选择

处于运营发展期的城市轨道交通线网规模逐渐扩大，以占领客运市场为主要运营目标，单一票制不具有长久的客流吸引力。因此，应充分考虑轨道交通的特性与乘客需求，灵活设置票制并优化票价、票种、票卡产品的合理配置，这样有利于其进一步提高市场份额。

3) 运营成熟期的票制选择

在运营成熟期，城市轨道交通一般以维持市场占有率最大化、引导城市公共交通发展为主要目标。单一票制很难满足上述要求，需要根据实际情况，综合考虑各种因素，选择合理票制，一般采用联合票制。

（二）票价的基本理论

1. 影响票价制定的因素

票价制定时，不仅要考虑成本的补偿问题，而且要考虑乘客的接受能力和与其他交通方式的竞争状况。城市轨道交通的定价目标应随企业所处的不同时期和不同市场条件进行调整，不管是以利润为导向或是以竞争为导向，还是以社会责任为导向的定价目标，都不可能单纯从运营上获取较高利润，必须以社会责任为先导，同时兼顾社会和企业效益。

1) 运输成本

运输成本是影响票价制定的主要因素之一。城市轨道交通的全成本包括建设成本和运输成本。单纯依据全成本制定票价，将超出乘客承受能力，缺乏市场竞争力。制定城市轨道交通票价时，不应只考虑成本的需要，还需考虑城市轨道交通的社会公益性。

2) 政府财政承受能力

政府可以通过政策及资金支持来影响城市轨道交通票价的制定。首先政府应制定政策保证城市轨道交通为准公共产品的特点，通过最高限价、限定利润率及加强监管等措施，维持城市轨道交通的社会效益。另一方面，世界上大部分城市的轨道交通系统因巨大的投资而无法收回成本，需要政府的补贴，使企业可以继续维持正常运营。因此，在制定票价时应结合城市轨道交通所处的发展阶段，综合考虑社会效益最大化和政府的财政承受能力。

3) 线网条件

从提高城市轨道交通市场份额的角度出发，票价制定的目标是在其运能范围内吸引足够多的客流量。城市轨道交通的竞争力在一定程度上取决于线网的可达性和站点布局。因此，制定票价时需考虑城市轨道交通线网的自身条件。可达性好且布局合理的线网，由于竞争力较强，可以制定较高的票价。在线网规模和站点布局确定的情况下，城市轨道交通的服务水平(如发车间隔、乘坐舒适性、安全性和准点率)也对制定票价有一定的影响。

4) 市场需求

在市场经济社会，需求和供给决定价格水平。城市轨道交通票价的制定需要适应运输市场的需求，又要可以有效引导居民对出行方式的选择。因此，在制定城市轨道交通票价时，需充分考虑运输需求以及与其他交通方式票价的竞争力。

5) 居民出行支付能力

居民出行支付能力一般是指居民对票价的经济承受能力，其取决于社会经济发展水平。为了保证城市轨道交通的市场竞争力，居民出行支付能力是制定票价不可忽略的因素。任何超出居民承受能力的票价，都会削弱城市轨道交通的吸引力，影响其社会效益。

2. 票价制定原则

考虑到城市轨道交通的特性，其票价制定的原则主要包括公益优先原则、合理性原则、相对稳定性原则、公开性原则和可持续发展原则。

1) 公益优先原则

城市轨道交通票价是发挥其社会效益、引导交通需求的重要经济杠杆。作为直接面向普通市民的社会公共产品，城市轨道交通票价应顺应出行方式多样化需求，充分考虑市民的经济承受能力。运营初期，要突显城市轨道交通的公益性定位。票价的制定应满足民生需求，将培育客流置于核心地位，最大限度地发挥城市轨道交通的社会效益。

2) 合理性原则

合理性原则是指价格水平的高低要合理。首先，合理的票价要有利于优化社会资源的配置和改善市场绩效；其次，城市轨道交通的定价目标，要能够兼顾乘客、政府和运营企业等多方面的经济利益；最后，票价应有利于轨道交通的可持续发展。

3) 相对稳定性原则

相对稳定性原则是指对已经制定执行的城市轨道交通价格方案，要使其保持相对稳定。一方面，城市轨道交通票制票价方案一经制定，在一定时间内应保持稳定，不应随市场短期的供求波动而变化。另一方面，稳定性是相对的，票价制定应该兼顾灵活性。当居民可支付能力发生较大变化或城市轨道交通发展阶段发生变化时，政府和运营单位应根据实际情况对城市轨道交通票制票价的整体方案进行有计划地调整。

4) 公开性原则

公开性原则是指定价程序要公开。政府相关部门在确定城市轨道交通票价制定方案时，要按照《价格法》规定举行听证会，征求消费者、运营商和有关方面的意见，论证其必要性和可行性，保证价格的合理性。在进行价格听证时，政府价格主管部门、运营商、投资者等应向参会人员或其他有关人员提供城市轨道交通的成本费用、盈利状况及其他必要的资料。此外，还应建立信息披露制度，定期向社会公布城市轨道交通运营单位执行政府定价和在既定价格下的经营状况。

5) 可持续发展原则

城市轨道交通建设成本和运营成本大，实现财务平衡的周期长，合理收益见效缓慢。因此，其票价的制定不同于一般产品的价格制定，应在兼顾政府财力投资有限的同时，既要保证乘客的短期利益，又要维护其长远利益。

综上所述，根据城市轨道交通行业的定位及其特点，应正确处理好乘客、企业和政府三者之间的关系，遵循合法、公平、实事求是的原则，科学合理制定票价，实现城市轨道交通系统的社会效益最大化。

本章练习

1. 城市轨道交通的定义与特点是什么？
2. 城市轨道交通按系统制式分类可分为哪些？
3. 简述世界城市轨道交通的发展历程。
4. 简述城市轨道交通线路的分类。
5. 简述城市轨道交通线路的组成。
6. 简述普通单开道岔的构造。
7. 城市轨道交通车站的功能有哪些？
8. 简述城市轨道交通车站的分类。
9. 转向架的主要功能是什么？
10. 列车开行方案包括哪几部分？
11. 请详细说明列车运行图。
12. 请详细说明行车工作中数字的标准发音。
13. 城市轨道交通客运组织的内容有哪些？
14. 请详细阐述城市轨道交通客流的分类。
15. 请绘图说明城市轨道交通乘客的进站、出站及换乘流线。
16. 什么是城市轨道交通的突发事件？其如何分类？
17. 城市轨道交通的票制类型有哪些？

第七章 综合运输系统

学习目标

知识目标

理解并掌握综合运输系统的概念和构成；了解综合运输体系的发展方向；了解综合运输系统在交通强国建设中的地位。

能力目标

能够归纳总结综合运输系统的优点以及交通运输可持续发展的意义；能够运用所学的知识解释发展综合运输和交通运输可持续发展的必要性。

素质目标

通过本章的学习，学生应能理解我国从交通大国到交通强国还需要做出的努力，进一步培养学生的家国情怀；应能理解交通运输的可持续发展对于国家发展的重要性，感知党和国家为人民谋幸福、为民族谋复兴的初心和使命。

本章导读

据中央广播电视总台中国之声《新闻纵横》报道，十三届全国人大常委会第二十九次会议于2021年6月9日下午举行联组会议，审议国务院关于建设现代综合交通运输体系有关工作情况的报告并开展专题询问，报告的关键词是"建设现代综合交通运输体系"。报告指出，经过长期发展，我国已成为名副其实的交通大国，并且正在加快建设交通强国。截至2020年底，铁路营业里程14.6万千米；公路通车里程520万千米；内河航道通航里程12.8万千米；城市轨道交通运营里程7354.7千米；民航运输机场已覆盖92%的地级市。报告同时指出，综合交通运输体系仍存在发展不平衡和不充分的问题。

党中央、国务院高度重视现代综合交通运输体系建设。习近平总书记多次作出重要指示，为现代综合交通运输体系发展指明了方向、提供了根本遵循。习近平总书记强调，综合交通运输进入了新的发展阶段，在体制机制、方式方法、工作措施上都要勇于创新、敢于创新、善于创新，各种运输方式都要融合发展，提高效率和质量，支撑经济发展和民生不断改善；要做立体的规划，整体设计综合交通运输；要加快形成安全、便捷、高效、绿色、经济的综合交通体系。李克强总理要求，立足构建大交通体系，加强交通基础设施网络建设，调整运输结构，提高综合运输效率，让物畅其流、人畅其行，促进经济发展和民生改善，使交通真正成为发展的先行官。栗战书委员长要求，把交通建设放在优先发展的战略位置，加快构建现代综合交通运输体系。党的十九大作出建设交通强国的战略部署，党中央、国务院印发了《交通强国建设纲要》和《国家综合立体交通网规划纲要》，明确了当前和今后一个时期现代综合交通运输体系建设的总体思路、主要目标和重点任务。

想一想

请谈一谈综合运输系统对我国交通强国建设的意义。

第一节　综合运输系统概述

一、综合运输体系

综合运输 (Comprehensive Transportation) 是主要研究综合发展和利用铁路、公路、水路、航空和管道等各种运输方式，以逐步形成和不断完善一个技术先进、网路布局和运输结构合理的交通运输体系的学科。

目前，世界交通运输业的发展呈现出两个趋势：一是随着世界新技术革命的发展，新技术被广泛应用于交通运输业，提高了运输工具和设备现代化与运输管理信息化水平；二是由于运输方式的多样化和运输过程的统一化，各种运输方式朝着分工协作、协调配合、建立综合运输体系的方向发展。

1. 综合运输体系的概念

综合运输体系是指各种运输方式在社会化运输范围内和统一运输过程中，按其技术经济特点组成的分工协作、有机结合、连接贯通、布局合理的交通运输综合体，即由铁路、公路、水路、管道和航空等各种运输方式及其线路、站场等组成的综合体系。每种运输方式有其特定的运输线路和运输工具，形成各自的技术运营特点、经济性能和合理使用范围。综合运输体系是各种运输方式在分工的基础上协作配合、优势互补的有机结合。

综合运输体系的发展必须符合以下原则：满足经济社会发展的需求；与国情和国力相适应；遵守可持续发展的原则等。综合运输体系的经济基础是各运输方式能够整合到"门到门"的运输链中，并显示出各自合理的内在经济特性和运行特性，以提高运输系统的总体效率。各运输方式间的整合主要体现在基础设施和其他硬件（例如装卸设备、车辆和通信设备等）、运行和服务以及相关法规条件等层面上。

2. 发展综合运输体系的意义

发展综合运输体系是当代运输发展的新趋势、新方向。发展综合运输体系是我国运输发展的新模式，我国传统的工业和交通运输管理基本上是以"纵向"为主的，各种运输方式的"横向"联系欠缺。由此往往造成应该建设的项目没有及时建设，而不应该建设的反而建成，造成浪费。运输业的建设从单一的、孤立的发展模式向综合的、协调的模式转变，无疑会给我国经济建设带来良好效果。发展综合运输体系可增强有效运输生产力，缓解交通运输紧张的状况。交通运输是一个大系统，各种运输方式、各条运输路线、各个运输环节如果出现不协调，都不能充分发挥有效的运输生产力。多年来，我国交通运输出现的发展不平衡状况，如有些线路压力过大，而有些线路运力得不到充分发挥；有些运输方式严重超负荷，而有些运输方式又不能充分发挥作用等。采取综合运输体系将有效地改变这一不协调、不平衡的现状。发展综合运输体系是提高运输经济效益的重要方法。按照各种运输方式的技术特点，建立合理的运输结构，可以使各种运输方式扬其所长、避其所短，既可扩大运输能力，又可提高经济效益。

二、现代综合交通运输体系建设主要进展和成效

经过长期发展，我国综合交通运输实现了由"瓶颈制约"到"总体缓解"再到"基本适应"的历史性转变，我国已成为名副其实的交通大国。近年来，交通运输行业认真贯彻落实党中央、国务院决策部署，紧紧抓住交通运输基础设施发展、服务水平提高和转型发展的黄金时期，牢牢把握"先行官"定位，加快建设现代综合交通运输体系，开启了交通强国建设的新征程。

1. 综合立体交通网络加快构建，有效支撑国家重大战略实施

一是交通基础设施加速成网。基本形成以"十纵十横"综合运输大通道为主骨架、内畅外通的综合立体交通网络。截至 2020 年底，铁路营业里程 14.6 万千米，其中高铁 3.8 万千米；公路通车里程 520 万千米，其中高速公路 16.1 万千米；内河航道通航里程 12.8 万千米，其中高等级航道 1.6 万千米；城市轨道交通运营里程 7354.7 千米。我国高速铁路里程、高速公路里程、城市轨道交通运营里程、沿海港口万吨级及以上泊位数都稳居世界第一，铁路、高速公路对城区常住人口 20 万以上城市的覆盖率均超过 95%，民航运输机场已覆盖 92% 的地级市。二是综合交通枢纽布局逐步完善。45 个国家级物流枢纽建设工作稳步推进，"通道＋枢纽＋网络"的现代物流运行体系框架基本形成。上海虹桥、北京大兴等一批现代化综合交通枢纽项目建成投运，有效提升了综合运输能力和效率。北京、上海、广州、深圳等综合交通枢纽城市的国际竞争力、影响力全面提升。三是重点区域交通运输协调发展水平不断提升。京津冀、长三角交通一体化取得明显进展，长江经济带综合立体交通走廊加快建设、粤港澳大湾区交通互联互通稳步推进，黄河流域、成渝地区双城经济圈综合立体交通布局不断完善，为优化区域经济布局以及促进区域协调发展奠定了坚实基础。

2. 综合交通运输服务能力大幅提升，人民群众获得感明显增强

一是旅客出行更加便捷舒适。2019 年，完成营业性客运量约 176 亿人、旅客周转量约 3.5 万亿人千米。以道路运输为基础，高铁、民航快速发展的出行服务体系不断完善。动车组列车承担铁路客运量比例约 70%，高铁旅客发送量达 23.6 亿人次。枢纽机场轨道接入率达 68%，民航航班正常率连续 3 年超过 80%。公交优先战略深入实施，国家公交都市建设取得显著成效，公交运营线路长度达 148 万千米，公交专用道超过 1.6 万千米，服务保障能力明显提升。二是货物流通更加经济高效。2020 年，完成营业性货运量约 464.4 亿吨、货物周转量超过 19 万亿吨千米。大宗物资"公转铁""公转水"深入推进，铁水联运、公铁联运、空铁联运、江海联运等运输组织模式创新发展，"十三五"时期集装箱铁水联运量年均增长约 23%。取消高速公路省界收费站，实现全国高速公路"一张网"运行、"一体化"服务。"十三五"时期公路、铁路、水路可量化措施降低物流成本超过 5500 亿

元。三是全面打赢交通运输脱贫攻坚战。"四好农村路"建设取得重要成效，具备条件的乡镇和建制村全部通硬化路并通客车，"十三五"时期解决了 2.8 万个贫困地区建制村通客车难题，使 3500 万贫困地区农村人口受益。全国 81 对公益性"慢火车"常态化开行，建成 155 个无轨站，惠及 600 余个边远山区县的百姓出行。建成贫困地区运输机场 72 个、通用机场 46 个，民航对贫困人口覆盖率达 82.6%。县乡村三级农村物流网络体系基本建立，实现了村村直接通邮、乡镇快递网点基本覆盖。城乡交通运输一体化水平明显提升，农村出行难已成为历史，实现了"小康路上不让任何一地因交通而掉队"的庄严承诺。

3. 综合交通运输创新能力显著提升，发展质量持续提高

一是科技创新能力大幅跃升。跨海桥隧、深水航道、自动化码头等成套技术跻身世界前列，港珠澳大桥、京张高铁、上海洋山港自动化码头等一批超级工程建成，油船、散货船、集装箱船三大主流船型的智能示范船交付运营，复兴号系列动车组上线运行，C919 大型客机全面开展试验试飞，ARJ21 支线客机进入规模化运营阶段。二是智慧交通发展步伐加快。多种智能交通方式建设有序推进，无人机、智能船舶、智能网联汽车、无人仓加快应用，北斗系统在交通运输领域深入推广，共享单车、网约车、无人机投递、网络货运等新业态、新模式蓬勃发展。三是节能降碳和污染治理取得实效。严格实施能源消费总量和强度双控制，推广应用新能源和清洁能源运输装备，城市公交、出租车和货运配送成为新能源汽车应用的主要领域，使用量超过 120 万辆，新能源公交车占城市公交的比例超过 60%，铁路电气化率达 72.8%，电力机车完成的牵引工作量接近 90%，"十三五"时期交通运输碳排放强度下降率达 7.5%。坚决打好交通运输领域污染防治攻坚战，加快淘汰老旧和高排放装备，设立船舶大气污染物排放控制区，抓好长江经济带船舶和港口污染突出问题整治，打赢民航蓝天保卫战，推进快递包装绿色转型。全面开展运输结构调整三年行动，与 2017 年相比，2020 年铁路货运增量 8.63 亿吨，水路货运增量 9.38 亿吨，沿海港口大宗货物公路运输量减少 3.7 亿吨。

4. 交通运输安全体系不断健全，安全应急保障能力显著提升

一是安全生产形势总体稳定。"十三五"时期，铁路未发生重大事故，道路运输重大事故起数和死亡人数分别下降 75% 和 69%，水上较大等级以上交通事故起数大幅下降，民航实现持续安全飞行 124 个月的新纪录，邮政快递未发生较大以上安全生产事故。二是应急救援处置能力不断提升。深入实施高铁安全防护和公路安全生命防护等工程，及时防范化解交通重大安全风险，有效应对和处置各类灾害事故，海上搜救成功率达 96.2%。三是有效保障疫情防控和复工复产。实施"一断三不断"部署，推出铁路"七快速"、公路"三不一优先"、水运"四优先"、民航客运"五个一"、邮政"绿色通道"等政策措施，全力阻断病毒通过交通工具传播，保障应急物资和生活必需品运输。建立国际物流保障协调工作机制，加强多种运输资源统筹调度，确保国际物流供应链稳定畅通。

5. 交通运输对外开放合作持续深化，国际影响力明显增强

一是对外交通运输网络逐步形成。服务"六廊六路多国多港"的交通互联互通架构基本形成，中欧班列通达 21 个国家，国际道路运输合作范围拓展至 19 个国家，水路国际运输航线覆盖 100 多个国家，民航航线通达 64 个国家和地区。二是积极参与全球交通运输治理。深化交通运输领域对外交流与合作，加入近 120 项交通运输领域多边条约，积极参

与国际组织事务，多次当选或连任国际海事组织 A 类理事国、国际民航组织一类理事国、万国邮政联盟相关理事会理事国。三是"走出去"步伐不断加快。合作建成中巴"两大"公路、拉合尔"橙线"轨道、中俄黑河公路大桥等重大项目，积极参与希腊比雷埃夫斯港、斯里兰卡科伦坡港、巴基斯坦瓜达尔港等海外港口的建设和运营，对外开放合作水平明显提高。

6. 综合交通运输体制机制逐步完善，治理效能不断提升

一是综合交通运输管理体制初步构建。形成了"一部三局"综合交通运输管理体制架构，省级综合交通运输管理体制改革逐步推进，运行机制逐步健全。二是综合交通运输协调机制持续完善。成立了交通强国建设纲要起草组，着力完善综合交通运输发展规划体系。建立健全海上搜救和重大海上溢油应急处置、交通运输新业态协同监管、铁路沿线安全环境治理等部际联席会议制度，加强在国际物流、国内"春运"等方面的跨部门协作。三是重点领域和关键环节改革纵深推进。交通运输"放管服"改革、综合行政执法改革、财政事权与支出责任划分改革、投融资体制改革等取得积极进展。铁路、邮政公司制改革总体完成，收费公路制度改革、农村公路管理养护体制改革、区域港口一体化改革、出租车改革等持续推进，通用航空改革不断深化。四是法律法规和标准体系加快形成。初步形成了包括 8 部法律、43 部行政法规、300 部地方性法规、288 件部门规章、290 件地方政府规章的综合交通法规体系。成立了全国综合交通运输标准化技术委员会和交通运输部标准化管理委员会，形成了包括 3850 余项国家和行业标准的综合交通运输标准体系。

三、建立综合运输体系的依据

1. 自然地理条件

各种运输方式的合理分工，要根据具体地区的自然地理条件，宜水则水，宜陆则陆，宜空则空。

2. 社会经济条件

要与该地区的经济和社会发展相适应，要充分满足这一地区的运量增长的要求。空间布局要与该地区的工农业生产布局相适应。

3. 运输结构条件

要考虑历史上已经形成的运输结构，如水陆分工，公铁分工；运输部门、物资部门已经形成的设备能力，如铁路专用线、站场、港口等，要充分利用这些设备。应根据今后国民经济的发展，逐步发展或调整运输分工，形成合理的联合运输结构。

4. 经济效益条件

在建立综合运输体系和组织联合运输时，要讲究经济效益，要进行技术论证，以最少的社会劳动消耗，取得最大的国民经济和社会经济利益作为衡量准则。

5. 国家运输政策

各种运输方式要在国家制定的各项政策指导下进行分工，如产业政策、技术政策、投资政策、运价政策等，这些政策与运输方式的分工和协调发展密切相关。

四、现代综合交通运输体系建设面临的主要问题

当今世界正经历百年未有之大变局，世界经济格局深度调整，新一轮科技革命和产业变革深入发展，受新冠肺炎疫情等影响，全球产业链和供应链受到冲击，综合交通运输发展面临新机遇与新挑战。我国区域经济布局、国土开发保护格局、人口结构分布、消费需求特征、要素供给模式等正发生深刻变化，对综合交通运输加快补齐短板、促进一体融合、深化改革创新、提升整体效能提出了新要求。面对加快建设交通强国、服务全面建成社会主义现代化国家的新形势和新任务，综合交通运输体系仍存在质量不优、效率不高、韧性不强等发展不平衡和不充分问题，主要包括以下五个方面。

1. 综合交通网络布局有待完善

部分战略骨干通道亟需强化，京沪、京港澳、长深、沪昆、连霍等部分路段方向的通过能力长期紧张。西部地区铁路网覆盖仍需加强，普通国道有9000千米待贯通路段，内河建设尚存短板，对照2035年规划目标还有约9000千米高等级航道需要建设，民用运输机场布局尚需加快完善。部分农村地区、边境地区交通通达深度仍需提升且条件有待改善。

2. 各种运输方式衔接协同有待强化

资源要素集约利用和共建共享的水平不高。旅客联程运输发展滞后，部分综合客运枢纽换乘不便、换乘设施不完善。多式联运货运量和沿海港口"铁水联运"占比较低，铁路与港口等大型货运枢纽之间仍存在"邻而不接""接而不畅"等问题。

3. 综合交通可持续发展能力有待提高

交通运输总需求仍处于增长阶段，运输结构调整有待进一步深化，污染控制和减排难度不断加大，实现碳达峰、碳中和目标面临较大挑战。支撑交通运输发展的土地、空域、资金等要素资源保障亟待加强。

4. 交通运输重点领域改革有待深化

综合交通运输职能体系有待健全，体制机制改革有待深化。统一开放的交通运输市场体系亟待建立健全，部分市场定价、准入与退出机制还不完善。各种运输方式间、区域间隐性壁垒仍然存在。交通运输行政执法规范化水平需进一步提升，交通运输平台经济等新业态、新模式监管能力仍待提高。

5. 综合交通法律法规和标准体系有待完善

综合交通运输法规体系需进一步建立健全，促进各种运输方式深度融合的"龙头法"亟需制定，不同运输方式的法律、法规、规划、政策等统筹衔接有待加强。综合交通枢纽、旅客联程运输、货物多式联运、新业态、新模式等领域的标准规范亟待进一步完善，各种运输方式之间的技术标准规范亟待进一步协调衔接。

▶ 第二节　综合运输系统的构成

综合运输系统是运输生产力发展到一定阶段的产物。随着社会经济发展及科学技术进

步，运输过程向多样化发展，运输工具由简陋向现代化发展，人流和物流的全过程一般需要使用多种运输工具才能实现。这是因为一方面各种运输方式在生产过程中有协助配合、优势互补的需要，客观上要求在运输的各个环节上连接贯通；另一方面，运输市场和技术发展促使企业相互竞争，货主在选择运输方式上要求速度、时间和方便，这样就要求各种运输方式联合起来，以满足需要。

一、综合运输系统的概念

从运输方式划分上看，综合运输系统由公路、铁路、水路、航空、管道五种运输方式组成。根据系统理论的观点，这五种运输方式属于综合运输系统形成的基本要素。每一种运输方式都有其优势与劣势，虽然在一定范围内存在可以互相替代的现象，但从整体趋势来看，势必需要互相补充、互相配合，不能单独存在，正是这一特点促成了综合运输系统整体的形成。

1. 狭义概念

狭义上的综合运输系统是指灵活运用各种运输方式所具有的安全、准时、大量、高速、舒适等特性，综合组织成最有效和最适合运输需求的运输系统。

2. 广义概念

广义上的综合运输系统是指用综合和长远的观点，把各种运输方式最合理地组织而成的运输系统。它不单纯着眼于运输的质和量所要求达到的直接目的，同时还考虑到对沿线产业和居民生活等的影响、对国民经济的促进作用、对节能的间接影响等因素。

二、综合运输系统的构成

综合运输系统必须拥有发达的基础设施、先进的运输装备和高效的组织管理，并且符合可持续发展原则。各种运输方式作为一个有机整体，充分发挥各自的比较优势，实现高效运行与衔接，提供运输全过程的安全、快捷、方便、舒适、经济和优质服务。这种系统应该是在经济上高效、环境上合理、安全可靠又符合伦理的，它大致由三个子系统构成。

1. 具有一定技术装备的综合运输网及其综合部系统

综合运输网包括各种运输方式不同层次和等级网络间的衔接配合，使旅客或货物可便捷地从一种运输方式转移到另一种运输方式，这是综合运输体系的物质基础。系统的布局要合理协调，运输环节要相互衔接，技术装备要成熟配套，运输网络要四通八达。

2. 综合运输生产系统

综合运输生产系统即各种运输方式的联合运输系统，例如集装箱多式联运。这个系统主要是为了实现运输的高效率、高经济效益、高服务质量，充分体现了各种运输方式综合利用的优越性。

3. 综合运输组织、管理和协调系统

综合运输组织、管理和协调系统即各种运输方式的联合组织、经营和后勤支持系统，包括相应运输工具、技术装备、工艺和标准等的协调一致。这一系统是综合运输实现生产高效率、经营高效益和服务高质量的关键。这个系统要有利于宏观调控、统筹规划和组织协作。

在构成系统的各要素协调发展的前提下，综合运输系统整体的产出 (生产效率、经济效益等) 应大于每种运输方式产出的简单相加，这正是大力发展综合运输系统的根本原因。传统的运输系统中，各运输方式间存在着隔离，不能发挥出整体功能和系统功能。在理想的综合运输系统中，各运输方式的优势能得到最大程度地发挥，加上各运输方式形成有机整体后带来的系统功能，同样的运输资源消耗可以取得最大的产出。

三、综合运输系统的特性

1. 基本特性

(1) 目的性。任何一个人造系统都具有目的性，构建综合运输系统的目的是为了承担社会上的客货运量。

(2) 整体性。首先综合运输系统内部有五种运输方式的子系统，它们虽然各有各的特点和适用领域，但共同承担客货运任务；其次，每一个子系统也由各种设施组成。

(3) 层次性。按照不同的功能、作用、规模、行政级别等划分方式，综合运输系统可以划分为不同的层次，每一个层次有不同的特点、等级和服务范围。

(4) 内部要素彼此相关。组成综合运输系统的要素是各子系统，如果各要素彼此之间的协调程度较低，那么势必会影响整体的功效。

(5) 发展必须与外部环境相适应。综合运输系统的外部环境主要包括所在国家或地区的经济条件、自然环境、交通资源 (如交通用地、空域、港址、航道、山口等)、人口状况、科技水平、管理能力等。

2. 大系统特性

在各种运输方式蓬勃发展的今天，不论从地区范围、国家范围还是全球范围来看，综合运输系统都是一个复杂的大系统。其中每一个子系统都能进行运行和管理，而集成后的系统整体又能涌现出单一系统所不具备的功能和特点。综合运输系统的大系统特征具体表现在以下几个方面。

(1) 功能复杂多样。一般来说，大系统是多功能的，也是多目标的。综合运输系统最主要的功能为生产功能、旅客运输功能、循环功能和国防功能。

(2) 结构庞大复杂。综合运输系统包括多种多样的基础设施和控制管理设备，以及众多的从业人员。

(3) 信息复杂且量大。

(4) 采用大系统的协调和控制的理论方法。因为综合运输系统是一个巨大而复杂的系统，所以必须把这个系统分解成若干个互相关联的子系统进行控制和管理。

四、综合运输系统的意义

综合运输系统是文明社会从混乱走向有序所需要的工具之一，在社会发展迅猛的今天，对于一个国家或地区具有如下深远的意义。

1. 经济意义

完善、高效率的综合运输系统能降低商品的成本，促进商品的流通，增加商品的市场范围，令商品的经济价值发挥更大的效用。

2. 政治意义

首先，政府是交通运输的管理和协调者。其次，综合运输系统是国防力量中的重要组成部分，保持运输补给网络的完善和灵活，对于国家安全和国家的和谐统一有着深远的意义。

3. 社会意义

综合运输系统紧密联系着社会中的用户、承运者和政府，并通过影响这三类群体来影响社会的方方面面，例如为社会提供就业岗位、刺激旅游业发展、影响城市组团结构等。

4. 环境意义

交通运输往往会对环境造成污染，对自然资源进行消耗，协调发展的综合运输系统势必有利于生态保护、资源全面节约和高效利用。

第三节 交通运输的可持续发展

交通运输作为社会生态经济系统的一个子系统，它的发展是社会国民经济可持续发展的一个重要组成因素。没有交通运输的发展就无法呈现社会国民经济的发展，也就是说需要有一个完整合理且可持续发展的交通运输体系，才能有社会国民经济的可持续发展。所以，为了适应社会经济可持续发展，交通运输必须采取可持续发展的策略。

一、可持续发展的定义及内涵

可持续发展从表面上可以理解为寻求一条能源、土地、人口、环境等因素相协调的，既能满足当代人的需求，又不会对后代人构成威胁的道路。可持续是指人们消耗或损害资源的速度不能超过资源再生成后续资源的速度。发展就是人们只有不断发展和不断进步，才能拥有更美好的生活。

自 1980 年提出以来，可持续发展理论引起了各界人士的关注，并且逐渐向社会国民经济各个方向延伸，它同科教兴国战略一起被确定为我国走向 21 世纪的两大基本战略。进一步来看，可持续发展可分为三大类，分别是可持续生态、社会和经济的发展，强调人们在可持续发展中注重经济效能的同时保护生态环境，最终实现社会的全面发展。

二、现代交通运输发展过程中存在的问题

1. 交通拥堵

随着社会经济的迅猛发展和城市化进程的加快，城市交通拥堵问题也愈发严重。这不仅给人们的生活带来诸多的不便，而且存在着很大的交通安全问题。交通运输的迅猛发展造成的交通拥堵是很多国家都面临的问题。交通拥堵不仅增加了不必要的等待时间，大大降低交通运输系统的工作效率，而且减少了燃料的利用能力，增大了交通污染物的排放量。交通拥堵时，交通工具使用的燃料在不完全燃烧状态下形成的污染排放量远远大于正常行驶时的排放量。

2. 交通事故

根据联合国卫生组织的调查，全世界每年大约有 70 余万人因交通事故死亡，每两秒就有一人因交通事故受伤。另据不完全统计，自汽车出现以来，约有 3100 余万人死于交通事故。交通事故的财产损失及人身损失极高。

3. 环境污染

随着社会的进步，世界人口的增加和汽车保有量的增加，交通运输消耗了许多的再生能源和不可再生能源，给大自然和人们的生活环境带来了不可逆转的污染。在一些工业化国家的交通运输中，汽车耗油量极大，大约是铁路的十倍，可见汽车在环境污染上影响最大。

4. 土地占用

土地属于宝贵的不可再生环境资源，我国人均土地不到世界人均数量的二分之一。土地资源与社会经济发展、各个民族安危有重要的联系，也是我国 14 多亿人口及子孙后代的生存之地，如果不加以重视，那么对我国的社会经济发展会产生想象不到的危害。所以土地资源也是我国可持续发展的根本所在，交通运输所必需的道路设施，都需要占用大量的土地资源，公路占用土地资源最多，远远高于铁路。例如，一级公路的双向四车道每千米需要占用 105 亩土地，而公路建设后，汽车也会加快增多，从而造成交通进一步拥堵。有西方科学家曾说："交通会一直超出道路的容纳程度，道路不能满足交通的需求"，意思就是建设交通设施或扩大公路道路，会使当代交通运输拥堵的问题更加严重。

5. 能源消耗

能源分为可再生能源、不可再生能源、轻污染或无污染能源、高污染能源四大类。土地是轻污染不可再生能源，石油、煤矿是不可再生高污染能源，交通运输系统会大量消耗各种能源。可持续发展的意义是需要创建一个低消耗、低能源的社会发展体系，促进各种资源的节省，严禁浪费和减少消耗各类资源，提高各种资源的使用率和单位资源的人口承受力，增加我国社会经济发展对各种资源的使用，缓解资源的供给需求问题。

三、可持续发展对我国交通运输的要求及策略

交通运输对能源有强大的依靠性，在我国除了铁路电力机车使用无污染的电力能源外，汽车、飞机、轮船等大部分交通运输工具依靠石油资源。交通运输业的石油消耗数量占全国石油消耗总量的比重越来越大，然而我国的石油资源严重匮乏，使交通运输发展因石油资源的限制越发严重，这一系列问题亟需我们调整交通运输业的能源消费结构，提倡发展少用石油的交通运输方式，以确保我国能源产业和交通运输业实现可持续发展。

交通运输设备需使用大量的土地资源，它与商业、农业等其他产业用地相互牵制。随着社会经济飞速发展和城市化的加快，道路建设使用的土地也会不断扩大，对于交通运输业的发展需要提升土地的使用量，最大程度发挥土地资源效率。

实现交通运输的可持续发展的另一重大影响因素就是减少生态环境污染。在我国，城市的空气污染越来越严重，空气污染的重要来源是来自交通运输中各种工具排放的尾气或污染气体。可想而知，随着道路数量和面积的不断拓展，各种汽车车辆也会增加，城市的空气环境很难治理，只有通过调整交通运输的结构来降低污染来源的数量，才能从根本上

降低空气污染，保护生态环境。

四、交通运输业可持续发展的重要意义

交通运输业是国民经济的基础性产业，它的健康运行是国民经济健康增长的物质前提，同时，它的发展也必将对中国的可持续发展产生极其重要的影响。

当代交通运输业是一个很大的污染源，交通运输业又是国民经济和社会经济发展的基础，为了可以更好地为我国社会经济建设做贡献，需让交通运输业向合理的方向发展。国家经济方案的推出要展现出可持续发展的特性，对合理运用能源和保护环境的运输方式应大力宣传。

我国作为发展中国家，要把国家的可持续发展和国民经济放在前面，以及要把交通运输业的可持续发展放在首位。要以不断创新的精神，参考各国的经验和教训，尤其是有关合理运用能源、资源与保护环境的成功例子，仔细分析并结合我国国情制定出适合我国的交通运输发展政策，以此来实现我国社会经济和交通运输业的可持续发展。

我国是社会主义国家，具备各种运输方式协调发展的有利条件，因此在配置综合运输网时，必须强调各种运输方式的协调可持续发展，以适应国民经济不断发展的需要。

本章练习

1. 现代综合交通运输体系建设面临的主要问题有哪些？
2. 简述综合运输系统的构成。
3. 试着阐述交通运输业的可持续发展对于我国建设交通强国的意义。

第八章　实　训

第一节　现代交通运输系统综合认识实例

一、实训目的

掌握现代交通运输方式；掌握各交通运输方式的现状；掌握交通运输统计数据的查询。

二、实训内容

根据课堂上所介绍的现代交通运输方式，查阅相关文献资料与统计数据，并规范整理近五年来交通运输行业数据。应包含以下内容：

(1) 交通运输业就业人员数量。

(2) 交通运输线路的长度以及交通运输线路的质量。

(3) 各种交通运输方式的客运量、旅客周转量。

(4) 各种交通运输方式的货运量、货物周转量。

(5) 各种交通运输方式的旅客、货物平均运距。

(6) 铁路机车拥有量、国家铁路客货车拥有量。

(7) 私人汽车拥有量、公路营运汽车拥有量。

(8) 民用运输船舶拥有量。

(9) 民用航空航线条数。

三、实训过程

(1) 根据教学安排，课前下发本实训项目的指导书及相关基础资料。

(2) 针对该实训项目，组织学生对本实训项目的意义、内容、特点、任务、实训要求、需提交成果进行分析和讨论。

(3) 根据分析和讨论的情况，查阅相关资料并开展实训。

(4) 学生根据项目要求进行实训练习，教师答疑。

(5) 实训成果提交、展示、批阅等。

四、实训要求

(1) 根据实训要求进行成果提交，不得抄袭，发现雷同按零分记。

(2) 遵守实训课堂纪律，不得擅自动用非实训设备。

(3) 遵守实训场地的安全管理规定。

五、实训报告

提交实训报告一份。

要求：(1) 所有数据均用 A4 纸列表手写或打印；

(2) 报告格式符合规定。

六、实训评价

	内　　容	分值	学生自评	教师评价	实际得分
评价标准	文献资料丰富、数据可靠	30			
	内容翔实、条理清楚	30			
	实训报告完成情况	20			
	陈述或展示效果	20			
合　　计		100			

▶ 第二节　铁路运输综合认识实训

一、实训目的

通过了解铁路运输发展史，结合对铁路运输线路、信号、车站、车辆的认知，充分认识铁路运输在国民经济发展中的重要地位和作用，熟悉铁路运输的大体流程，提高学生对铁路运输设施设备的设置及其功能的掌握。

二、实训内容

通过理论学习了解铁路运输发展史，了解铁路运输线路，了解铁路运输信号，了解铁路运输车站，了解铁路运输车辆，掌握铁路运输流程。

(1) 铁路运输的发展概况及特征。

(2) 铁路线路。

(3) 铁路信号与通信。

(4) 铁路车站。

(5) 铁路车辆。

(6) 动车组。

三、实训过程

(1) 根据教学安排，课前下发本实训项目的指导书及相关基础资料。

(2) 针对该实训项目，组织学生对本实训项目的意义、内容、特点、任务、实训要求、需提交成果进行分析和讨论。

(3) 根据分析和讨论的情况，查阅相关资料并开展实训。

(4) 学生根据项目要求进行实训练习，教师答疑。

(5) 实训成果提交、展示、批阅等。

四、实训要求

(1) 根据实训要求进行成果提交，不得抄袭，发现雷同按零分记。

(2) 遵守实训课堂纪律，不得擅自动用非实训设备。

(3) 听从实训老师指导，注意用电安全，不得对电源进行私拉乱接。

(4) 遵守实训场地的安全管理规定。

五、实训报告

提交实训报告一份，实训报告包含以下内容。

(1) 轨道的组成。现场拍照并注明各组成部分。

(2) 识别固定信号机。查找每种类型的信号机图片，并进行简单说明。

(3) 铁路车站。调研一个实际的铁路车站，进行简单介绍并附照片。

(4) 铁路车辆。认识各种类型的客货运车辆，附图片并进行简单说明。

要求：(1) 用 A4 纸手写或打印；

(2) 报告格式符合规定。

六、实训评价

	内　容	分值	学生自评	教师评价	实际得分
评价标准	文献资料丰富、数据可靠	30			
	内容翔实、条理清楚	30			
	实训报告完成情况	20			
	陈述或展示效果	20			
合　计		100			

▶ 第三节　城市轨道交通综合认识实训

一、实训目的

通过轨道交通实训中心实训室现有实训设备，对学生进行实训任务的开展，通过观察实训设备并进行认识学习，提高学生对车站客运设施设备的设置及其功能的掌握。

二、实训内容

通过理论学习掌握城市轨道交通的种类、城市轨道交通车站类型、城市轨道交通信号系统、城市轨道交通牵引供电、城市轨道交通车站设备。

(1) 城市轨道交通的种类。

(2) 城市轨道交通车站类型。

(3) 城市轨道交通信号系统。

(4) 城市轨道交通牵引供电。

(5) 城市轨道交通车站设备。

三、实训过程

(1) 根据教学安排，课前下发本实训项目的指导书及相关基础资料。

(2) 针对该实训项目，组织学生对本实训项目的意义、内容、特点、任务、实训要求、需提交成果进行分析和讨论。

(3) 根据分析和讨论的情况，查阅相关资料并开展实训。

(4) 学生根据项目要求进行实训练习，教师答疑。

(5) 实训成果提交、展示、批阅等。

四、实训要求

(1) 根据实训要求进行成果提交，不得抄袭，发现雷同按零分记。

(2) 遵守实训课堂纪律，不得擅自动用非实训设备。

(3) 听从实训老师指导，注意用电安全，不得对电源进行私拉乱接。

(4) 遵守实训场地的安全管理规定。

五、实训报告

提交实训报告一份，实训报告包含以下内容。

(1) 城市轨道交通的种类。查找各类型城市轨道交通方式的图片 (按运能范围)，并进行简要说明。

(2) 城市轨道交通车站类型。进行实训室沙盘学习，指出实训室城市轨道交通车站的几种类别并附图。

(3) 城市轨道交通信号系统。说明 ATC 的原理及组成。

(4) 城市轨道交通牵引供电。进行实训室沙盘学习，指出实训室城市轨道交通牵引供电的方式并附图。

(5) 城市轨道交通车站设备。结合实训室设备说明城市轨道交通车站有哪些设备并附图。

要求：(1) 用 A4 纸手写或打印；

(2) 报告格式符合规定。

六、实训评价

评价标准	内　　容	分值	学生自评	教师评价	实际得分
	文献资料丰富、数据可靠	30			
	内容翔实、条理清楚	30			
	实训报告完成情况	20			
	陈述或展示效果	20			
合　　计		100			

附　录

附录 1　普通国道路线的名称和编号

附录 2　国家高速公路主线及其联络线、并行线的名称和编号

附录 3　国家高速公路城市绕城环线的名称和编号

参 考 文 献

[1] 交通运输部，等 . 交通运输大事记 (1949—2019)[M]. 北京：人民出版社，2021.

[2] 交通运输部 . 2020 年交通运输行业发展统计公报 [R]. 交通运输部网站，2021.

[3] 欧国立，等 . 建党百年看中国交通运输发展：铁路篇 [M]. 北京：经济科学出版社，2021.

[4] 吴文化，等 . 建党百年看中国交通运输发展：综合交通运输篇 [M]. 北京：经济科学出版社，2021.

[5] 2020 铁道统计公报 [R]. 2020.

[6] 2020 年民航行业发展统计公报 [R]. 2020.

[7] 国家统计年鉴 (2002—2020)[R]. 2020.

[8] 陈维亚，等 . 现代交通运输概论 [M]. 2 版 . 北京：中国铁道出版社，2012.

[9] 杨浩 . 交通运输概论 [M]. 2 版 . 北京：中国铁道出版社，2012.

[10] 中华人民共和国国家标准 . 公路线路标识规则和国道编号 (GB/T 917—2017).

[11] 中华人民共和国行业标准 . 公路工程技术标准 (JTG/B01—2014).

[12] 中华人民共和国国家标准 . 中华人民共和国行政区划代码 (GB/T 2260).

[13] 中华人民共和国国家标准 . 县级以下行政区划代码编制规则 (GB/T 10114).

[14] 凌天清 . 道路工程 [M]. 北京：人民交通出版社，2007.

[15] 中华人民共和国国家标准 . 公路路线设计标准 (JTG D20-2017).

[16] 余得生，徐国权 . 城市轨道交通概论 [M]. 北京：北京出版社，2017.

[17] 王明生 . 城市轨道交通概论 [M]. 北京：人民交通出版社，2012.

[18] 中华人民共和国国家标准 . 地铁设计规范 (GB50157—2013).

[19] 佟立本 . 铁道概论 [M]. 北京：中国铁道出版社，2018.

[20] 陈红 . 交通与环境 [M]. 北京：人民交通出版社，2011.

[21] 孟祥海，李洪萍 . 交通工程设施设计 [M]. 哈尔滨：哈尔滨工业大学出版社，2012.